Tanja Noy

Todesruhe

Thriller

MIRA® TASCHENBUCH
Band 25802
1. Auflage: Januar 2015

MIRA® TASCHENBÜCHER
erscheinen in der Harlequin Enterprises GmbH,
Valentinskamp 24, 20354 Hamburg
Geschäftsführer: Thomas Beckmann

Copyright © 2014 by MIRA Taschenbuch
in der Harlequin Enterprises GmbH

Originalausgabe

Konzeption / Reihengestaltung: fredebold&partner GmbH, Köln
Umschlaggestaltung: pecher und soiron, Köln
Redaktion: Thorben Buttke
Titelabbildung: Thinkstock / Getty Images, München; pecher und soiron, Köln
Autorenfoto: © Harlequin Enterprises S.A., Schweiz
Satz: GGP Media GmbH, Pößneck
Druck und Bindearbeiten: CPI books GmbH, Leck – Germany
Printed in Germany
Dieses Buch wurde auf FSC®-zertifiziertem Papier gedruckt.
ISBN 978-3-95649-092-7

www.mira-taschenbuch.de

Werden Sie Fan von MIRA Taschenbuch auf Facebook!

Für Katja.
Immer.

PROLOG

April 2010

Es war 3:34 Uhr, als Dr. Michael Jöst im Klinikum Hannover angepiepst wurde. Kurz darauf teilte man ihm mit, dass gerade zwei Frauen eingeliefert worden seien. Eine von beiden hätte schwere Schussverletzungen.

„In Ordnung", sagte Jöst müde. Er hatte seit zwölf Stunden Dienst und gerade erst einen Schwerverletzten hinter sich gebracht, der nach einem Unfall von der Feuerwehr aus seinem Auto herausgeschnitten werden musste. Nun saß er im Bereitschaftszimmer, blickte aus dem Fenster und sah, dass es am Himmel heftig blitzte. Er nahm einen letzten Schluck kalten Kaffee, dann eilte er mit schnellen Schritten in die Notaufnahme.

Sein Kollege kümmerte sich um die erste Patientin, die hereingefahren wurde: Die Frau war eindeutig unterkühlt, mit diversen Schnittverletzungen und Löchern in Händen und Füßen. Es sah gerade so aus, als wären große Nägel hindurchgeschlagen worden.

Jöst selbst fiel es zu, sich um die zweite Patientin zu kümmern, die Frau mit den Schussverletzungen. Er untersuchte die Bewusstlose kurz und stellte fest, dass sie dreckverkrustet, blutverschmiert und schwer verletzt war. Eine Kugel war in die linke Seite eingeschlagen und zwischen der zweiten und dritten Rippe stecken geblieben. Die andere steckte knapp unterhalb des Herzens.

„Wir haben ihren Ausweis", sagte eine der Krankenschwestern. „Ihr Name ist Julia Wagner."

„Röntgen."

Und dann begann seine Arbeit.

Zur selben Zeit warf Polizeiobermeister Arnulf Ebeling todmüde einen Blick auf die Uhr, während die Worte eines sichtlich erbosten Polizeichefs in Schallgeschwindigkeit an ihm vorbei rauschten. „Dilettant" und „personifizierte Inkompetenz" war noch das Freundlichste, was ihm um die Ohren flog. Und es war noch lange nicht zu Ende: „Wie konnten Sie alleine in diese Kapelle stürmen, wo Sie doch davon ausgehen mussten, dass sich dort ein hochgefährlicher Serienmörder aufhält? Der Mann hat mindestens fünf Menschen umgebracht, nach allem, was wir bis jetzt wissen. Und da marschieren Sie einfach so rein, als hätte er betrunken eine Spazierfahrt gemacht?"

Ebeling schloss für einen kurzen Moment die Augen. Er hatte gewusst, seine Zeit bei der Polizei war ohnehin beendet. Er hatte Fehler gemacht. Zu viele Fehler. Und vielleicht war gerade das der Grund gewesen, weshalb er, ohne noch einmal darüber nachzudenken, in die Kapelle gestürmt war, wo er Wolfgang Lange erschossen hatte, nachdem er den Anruf von Edna Gabriel bekam.

Nun lag ein hoch geachteter Kriminalbeamter tot auf dem Boden der alten Kapelle. Daneben ein ebenso erschossener katholischer Pastor und zwei Frauen: die eine mit zwei Kugeln im Leib, die andere lebendig an ein Kreuz genagelt.

Das war gar nicht gut. Und so war die erste Amtshandlung, die Ralf Jockel beging, kaum dass er am Tatort angekommen war, zu brüllen, dass er gefälligst eine Erklärung erwarte „für die verfluchte Scheiße hier"!

Ebeling erklärte ihm so ruhig wie möglich, dass Wolfgang Lange – der hoch geachtete Polizist – ein Satanist gewesen sei.

„Satanist?", spie Jockel aus und wies einen Kollegen an, Ebeling fortzuschaffen und ins Irrenhaus zu bringen.

Ebeling protestierte und erklärte, dass Lange tatsächlich ein hochgefährlicher Mann gewesen sei. Es hätte nicht so viele Tote gegeben, so gestand er immerhin ein, wenn er sich früher eingeschaltet und durchschaut hätte, was in seiner Dorfgemeinschaft in Wittenrode tatsächlich vor sich ging.

Daraufhin blickte Jockel überhaupt nicht mehr durch. Er nannte Ebeling einen inkompetenten Trottel und brüllte: „Ich werde Sie wegen jedem einzelnen Ihrer Dienstvergehen drankriegen! Sie werden auf einem Polizeirevier nicht einmal mehr Bleistifte anspitzen! Darauf können Sie sich verlassen!"

Das wusste Ebeling, und deshalb schwieg er. Selbst wenn er hätte antworten wollen, er wäre gar nicht dazu gekommen, weil Jockel bereits die nächste Frage in Richtung Himmel brüllte: „Und warum, in drei Teufels Namen, wollte Lange ausgerechnet diese beiden Frauen umbringen?"

„Ich vermute, es geht um Sven Wagner."

„Sv…" Jockel brach ab und hustete. „Was hat Sven Wagner damit zu tun?"

Ebeling wischte sich den Schweiß von der Stirn. „Eine der beiden Frauen ist seine Tochter."

Einen kurzen Moment hielt Jockel inne. Dann hob er langsam eine Hand und deutete dem Krankenwagen hinterher, der schon lange nicht mehr zu sehen war. „Das war Julia Wagner?"

„Sie kennen sie?"

„Natürlich kenne ich sie! Wie ich auch Sven Wagner kannte. Er hat 1987 die Anklage gegen Bruno Kalis erhoben. Den Teufelsmörder!"

„Kalis war nicht der Teufelsmörder. Der Fall war manipuliert."

„Manipuliert."

Ebeling lächelte schwach, weil ihm selbst klar war, wie verrückt sich die ganze Geschichte anhören musste. „Sie haben Kalis mit Absicht über die Klinge springen lassen, weil sie einen Mörder brauchten. Für die Presse und für die Öffentlichkeit. Vielleicht steckt aber auch noch mehr dahinter. Ich weiß nicht, worum es wirklich ging."

„Sie?", zischte Jockel.

„Wolfgang Lange, der damals leitende Ermittler. Ta Quok, sein Kollege bei der Kripo. Sven Wagner, der leitende Staatsanwalt. Und der damalige Polizeichef Norbert Kämmerer."

Jockel wurde immer blasser.

„Sie werden auf Frau Wagners genaue Aussage warten müssen, aber ich weiß, dass Wolfgang Lange der wahre Teufelsmörder war", fügte Ebeling hinzu. „Über zwanzig Jahre hat er nach den drei Morden damals stillgehalten. Jetzt hat er wieder zugeschlagen. Und alles mit dem Ziel, Julia Wagner zu töten. Und das hat irgendetwas mit ihrem Vater zu tun."

„Sven Wagner ist seit über zwanzig Jahren tot", stellte Jockel fest.

„Ich weiß." Ebeling hob müde die Schultern. „Und trotzdem …"

„Und wenn er damals tatsächlich vorsätzlich eine falsche Anklage erhoben hat", zischte Jockel hinterher, „dann war er kriminell."

„Ja. Das waren sie wohl alle. Irgendwie."

Dreizehn Stunden später
16:34 Uhr

Oberstaatsanwältin Carina Färbert verschaffte sich einen Überblick über die Situation. Was sich da in dem kleinen Örtchen Wittenrode abgespielt hatte, war eine grauenhafte Geschichte, und in den letzten Stunden waren in dem gerade mal vierhundert Einwohner zählenden Nest von allen Seiten Unmengen an Überstunden angehäuft worden.

Kein Wunder, denn hier ging es gleich um mehrere Verbrechen: der Mord an dem örtlichen Schlachter und der Selbstmord seiner Frau, die hinterhältig in den Tod getrieben worden war; der Mord an einem ehemaligen Polizeichef sowie an einer Bäckersfrau, der von ihrem Mann die Kehle durchgeschnitten worden war – wenigstens dafür schien Wolfgang Lange nicht verantwortlich zu sein. Dann der Mord an einem gewissen Greger Sandmann aus Berlin und an einem katholischen Pastor.

Und zuletzt die gefährliche Körperverletzung an einer Frau aus Hamburg, die lebendig an ein Kreuz genagelt worden war, sowie der Mordversuch an einer gewissen Julia Wagner. Zählte man die drei Verbrechen von vor zwanzig Jahren hinzu, konnte Wolfgang Lange inzwischen mit sieben Morden in Verbindung gebracht werden. Und als würde das noch nicht reichen, hatte sich inzwischen herausgestellt, dass er seine Finger offenbar auch noch in anderen kriminellen Geschäften hatte. Genau genommen war der Mann durch und durch böse und korrupt gewesen.

Carina Färbert klappte den Ordner mit den Unterlagen der Voruntersuchung zu und machte sich eine kurze Notiz mit ihrem goldenen Füller, ehe sie zu Klaus Martin hinübersah, Leiter des LKA Niedersachsen, dem sie gegenübersaß und der sie aufmerksam beobachtete.

„Hübsch", bemerkte er und meinte den Füller.

Sie antwortete nicht darauf, lehnte sich nur etwas zurück. „Leider können wir Lange nicht mehr verhaften", sagte sie. „Es wäre mir ein Vergnügen gewesen, ihn auf der Anklagebank zu sehen."

Martin nickte. Ihm auch. Weiß Gott. „Diese Geschichte wird lästig werden. Sehr lästig."

Die Oberstaatsanwältin nickte, richtete sich wieder etwas auf und steckte mit langsamen Bewegungen die Kappe zurück auf den Füller. „Lassen Sie uns auf Frau Wagner zu sprechen kommen. Was wissen wir bisher über sie? Ich meine, abgesehen davon, dass sie die Tochter des toten Staatsanwaltes Sven Wagner ist."

Martin räusperte sich und begann in einem Notizblock zu blättern, der auf seinem Schoß lag. „Julia Wagner ... am 20. 12. 1977 in Hannover geboren. Größe 1,66 m, Gewicht 55 kg. Dunkelbraunes, halblanges Haar, braune Augen. War bis Januar dieses Jahres in Mainz gemeldet, wo sie bei der Mordkommission gearbeitet hat."

Carina Färbert hob eine ihrer beiden elegant gezupften Augenbrauen in die Höhe und wiederholte: „Mordkommission?"

„Richtig. Allerdings hat sie den Job nur sechs Jahre gemacht, dann warf sie ihn hin. Dieses Jahr im Januar, wie gesagt. Bis dahin gab es jede Menge Empfehlungen, sie hatte eine Aufklärungsquote von siebenundneunzig Prozent." Martin brach kurz ab, weil er diese Art von Berichten eigentlich nicht mochte, die sich irgendein Sesselfurzer irgendwann einmal ausgedacht hatte, damit wieder andere Sesselfurzer die Effektivität der Polizisten im Dienst in kleinen Diagrammen verfolgen konnten, um sie regelmäßig in Rankings an Schwarze Bretter zu hängen. Bildlich gesprochen. „Auf jeden Fall war sie ziemlich gut. Und ziemlich schnell." Er blätterte. „Machte 1995 Abitur. Danach ging sie sofort zur Polizei. Dann folgte ein geradezu rasanter Aufstieg. Wurde bereits sehr früh zur Kommissarin befördert." Martin sah auf. „Man hätte sie gerne in Hannover behalten, aber sie zog schon wenig später nach Mainz und arbeitete von da an dort für die Mordkommission."

„Warum ausgerechnet nach Mainz?", wollte die Oberstaatsanwältin wissen.

Martin hob die Schultern. „Wir überprüfen das noch. Übrigens war sie in Mainz vor drei Jahren an einer ziemlich großen Sache dran, zusammen mit ihrem damaligen Kollegen, es ging um doppelten Kindsmord. Die beiden haben den Fall gemeinsam gelöst und ernteten dafür jede Menge Applaus."

„Hat dieser Kollege auch einen Namen?"

Martin blätterte wieder. „Zander. Ist immer noch bei der Kripo in Mainz."

„Wenn Frau Wagner über einen solch guten Ruf bei der Polizei verfügte", sinnierte die Oberstaatsanwältin, „warum hat sie den Job dann aufgegeben?"

„Das wissen wir noch nicht. Wir wissen nur, dass sie im Januar, quasi von heute auf morgen, Job und Wohnung gekündigt hat und dann für ein paar Wochen ohne festen Wohnsitz unterwegs war. Sie übernachtete immer nur für kurze Zeit in irgendwelchen Hotels und fuhr dann weiter. Immer an der Ostseeküste entlang."

„Und wissen wir auch, warum sie das getan hat?"

„Nein. Bisher leider noch nicht. Das müssten Sie schon sie fragen, Frau Oberstaatsanwältin."

„Wenn ich sie fragen könnte, würde ich nicht mit Ihnen hier sitzen."

Eine passende Antwort formte sich in Martins Geiste, doch er hatte sich im Griff. „Die Besitzer der Hotels, in denen sie in den letzten Wochen abgestiegen ist, sagen alle unisono, dass sie nicht sehr viel gesprochen hätte, aber freundlich und unkompliziert gewesen wäre. Sie benutzt eine Kreditkarte, die sie für fast alles verwendet und deren Konto sie jeden Monat ausgleicht."

„Und woher nimmt sie das Geld dafür, wenn sie nicht mehr arbeitet?"

„Auch das konnten wir bisher noch nicht nachvollziehen. Offiziell heißt es, sie hätte eine Erbschaft gemacht. Allerdings gestaltet sich die Glaubwürdigkeit dieser Aussage etwas schwierig, da sich weit und breit kein Verwandter mehr in Frau Wagners Umfeld befindet, der ihr etwas vererben könnte, weder lebend noch tot. Und da sie auch kaum Freunde und Bekannte hat … bis auf jene beiden ehemaligen Schulfreunde, mit denen sie sich in Wittenrode getroffen hat, Greger Sandmann und Eva Haack. Sandmann ist inzwischen nicht mehr am Leben, wie wir wissen. Frau Haack wurde in der Kapelle an ein Kreuz genagelt und hat die Sache nur knapp überlebt. Beide verfügen über keinerlei Vorstrafen und scheinen nur durch Zufall in die Geschichte geraten zu sein."

„Wissen wir, warum sich die beiden mit Frau Wagner in Wittenrode trafen?"

„Zur Beerdigung einer weiteren alten Freundin: Kerstin Jakob. Sie hatte sich im Gefängnis das Leben genommen, nachdem sie den Mord an ihrem Mann gestanden hatte."

„Dem Schlachter von Wittenrode", erinnerte sich Carina Färbert. „Den sie aber gar nicht getötet hat."

„Nein. Auch dahinter steckte Wolfgang Lange."

Die Oberstaatsanwältin zog düster die Augenbrauen zusammen, und Martin kam eilig zum Ende: „Julia Wagner verfügt über keinerlei uns bekannten Schulden. Kein Ärger mit dem Finanzamt. Sie fährt einen ziemlich alten Volvo. Mit amtlicher Zulassung und bezahlter Versicherung. Das war es." Damit klappte er den Notizblock zu und legte ihn zurück auf seinen Schoß.

Zwanzig Sekunden blieb es daraufhin still, während Carina Färbert nachdenklich an ihrer Unterlippe zupfte. Dann richtete sie sich auf und sagte: „Gut. Nein, ganz und gar nicht gut." Sie seufzte. „Wir werden uns mit Frau Wagner unterhalten, sobald sie in der Lage dazu ist."

„Wir?" Martin blinzelte.

„Nun, ich war schon lange nicht mehr draußen auf dem Schlachtfeld. An der Basis, sozusagen." Carina Färbert nickte unterstreichend. „Und in diesem Fall bin ich unbedingt der Meinung, dass ich mich persönlich mit Frau Wagner unterhalten sollte. Und dann … Nun ja, je eher die Akte geschlossen ist, desto besser."

„Und Sie arbeiten wirklich bei der Mordkommission?", fragte Sissi, deren Nachname Zander schon wieder entfallen war, zur gleichen Zeit und zog dabei kokett die blonden Augenbrauen nach oben. „Wie ist das so? Was müssen Sie da so alles sehen? Lieber Himmel, das muss ja aufregend sein!" Sie gestikulierte mit den Händen, während die Worte ohne Atempause aus ihrem Mund purzelten.

Zander lehnte sich schwer in seinen Stuhl zurück. „Es ist ein Job. Und irgendjemand muss ihn schließlich machen, nicht wahr?"

Nebeneinander saßen sie am Ende eines ausgezogenen Wohnzimmertisches, bei seiner Schwester Nicole in Mainz. Er trank einen großen Schluck Kaffee und ließ den Blick zum Schrank schweifen, der die ganze Wand einnahm. Er war deckenhoch und erdrückte alles andere im Raum. Symptomatisch für den Rest des Hauses bogen sich die Borde unter einer Flut von Porzellan, Kleinkram und von Kindern getöpferten Kunstwerken und Bildern. Überall verteilt standen Familienfotos, darunter auch eins von ihm selbst.

Auf der anderen Seite des Tisches saß Nicole, die ihr glattes dunkles Haar lose hochgesteckt hatte und mit ihrem Mann Jonas und den beiden Kindern gestikulierte. Es war ihr dreiundvierzigster Geburtstag, deshalb saßen sie alle zusammen hier, aßen Kuchen und tranken Kaffee. Das Lachen und die hohen Stimmen hallten von der niedrigen Decke wider und versetzten Zanders rundem Schädel, der ohnehin schon ohne Unterlass brummte, noch zusätzliche spitze Stiche. Für gewöhnlich freute er sich, mit seiner Familie zusammen zu sein, aber er hatte in der letzten Nacht nicht gut geschlafen. Eigentlich passierte ihm das selten, er hätte auch nicht sagen können, warum.

„Es tut mir leid", sagte Sissi.

Mühsam konzentrierte er sich wieder auf sie. „Was?"

„Ich wollte nicht so überrascht klingen, aber ich verbringe meine Tage mit Vorschulkindern im Kindergarten, während Sie … Kann ich mir das vorstellen wie im Fernsehen? Wie im *Tatort*, oder so?"

„Nein, in der Wirklichkeit ist es ganz anders."

„Mein Bruder hatte schon mit einigen sehr interessanten Fällen zu tun", schaltete Nicole sich in das Gespräch ein, während sie ihm ein weiteres Stück Käsekuchen auf den Teller schaufelte. „Frag ihn, ob er dir davon erzählt, Sissi."

Sissi produzierte ein schwaches Lächeln, und Zander warf seiner Schwester einen warnenden Blick zu, den sie jedoch ignorierte.

Er seufzte leise auf. Das hatte sie sich fein ausgedacht. In drei Jahren würde er fünfzig werden, und seine Schwester war fest entschlossen, ihn diesen Tag nicht allein und als Single erleben zu lassen. Dafür konnte er nun schwerlich Sissi einen Vorwurf machen, die hoffentlich – wahrscheinlich aber eher nicht – ahnungslos war. Sie sah eigentlich ganz nett aus, und sicher war sie das auch, aber Zander hatte kein Interesse – und er hatte auch nicht die Absicht, seine Schwester die Fäden ziehen zu lassen, nur weil er ihrer Meinung nach nicht alleine sterben sollte.

Er bemerkte, dass die Kaffeekanne leer war, und erhob sich dankbar. Sofort wirkte es, als fülle er das ganze Zimmer aus. Das lag zum einen an seiner Größe, er war beinahe einen Meter neunzig groß, und zum anderen an seiner Breite, er wog um die hundertzwanzig Kilo.

Zander wusste, dass er dringend abnehmen musste, aber er war der Meinung, dass die Menschen erst einmal aufhören sollten, sich gegenseitig umzubringen. Wenn ihnen das gelang, dann würde er auch anfangen zu fasten.

Kaum hatte er die Küchenzeile erreicht, stand Nicole auch schon hinter ihm und zischte: „Ich mach das. Setz dich sofort wieder hin."

Zander seufzte und trat den Rückweg an. Das Stechen in seinem Kopf wurde immer schlimmer.

„Wo waren wir stehen geblieben?", fragte Sissi, kaum dass er wieder neben ihr Platz genommen hatte. „Ach so ... Ich wäre nie darauf gekommen, was für einen Beruf Sie haben."

„Sie meinen, ich sehe nicht aus wie ein Polizist?"

„Sie sehen jedenfalls nicht so aus, wie ich mir einen Kriminalbeamten immer vorgestellt habe. Sie wirken so …" Sissi überlegte. „Seriös. Eher wie ein Politiker."

Damit spielte sie auf Zanders teuren dunklen Anzug, die perfekt dazu abgestimmte Krawatte und die sauber geputzten, glänzenden Schuhe an.

Er hob die Schultern. „Ich mag es eben, wenn die Dinge ordentlich zusammenpassen."

„Später kommt Fußball", kam ihm Nicoles Mann Jonas endlich zu Hilfe. „Bleibst du, Schwager?"

Zander wollte zu einer Antwort ansetzen, als er das Vibrieren seines Handys in der Hosentasche verspürte. Er holte es heraus und stand schnell auf, mehr als dankbar für die Unterbrechung.

Er ging in die Diele und stieß mit dem Fuß die Tür zu, ehe er das Gespräch annahm.

Kurz darauf hatte er sich verabschiedet und war verschwunden.

18:34 Uhr

Julia wollte schlucken, stellte aber fest, dass ihre Zunge taub und wie gelähmt war. Auch ihre Augen konnte sie nicht öffnen. Ihr ganzer Körper fühlte sich an wie mit einem Presslufthammer bearbeitet.

Aus weiter Ferne vernahm sie eine Stimme, die mit ihr redete, aber sie konnte die Worte nicht verstehen. Dann spürte sie, wie jemand ihre Stirn berührte.

„Hallo? Können Sie mich hören?"

Sie wollte sich bewegen, doch im selben Moment durchzuckte ein höllischer Schmerz ihre linke Seite. Sofort erschlaffte sie wieder in der Bewegung.

„Können Sie die Augen aufmachen?"

Sie tat es widerwillig.

Zuerst sah sie nur seltsame Lichtpunkte, bis sich verschwommen eine Gestalt vor ihr abzeichnete. Sie sah ein fremdes Gesicht. Ein Mann. Dunkelhaarig. Bartstoppeln.

„Hallo", sagte er. „Ich bin Doktor Michael Jöst. Sie befinden sich in einem Krankenhaus. Sie sind schwer verletzt, und wir mussten Sie notoperieren. Wissen Sie, wie Sie heißen?"

„Julia", krächzte Julia.

„Sehr gut. Und jetzt zählen Sie bitte bis zehn."

Julia tat wie geheißen.

Bei acht schlief sie wieder ein.

Als sie das nächste Mal zu sich kam, verspürte Julia einen dumpfen Kopfschmerz, der jedoch noch gar nichts war gegen den noch viel übleren, stechenden Schmerz in der linken Seite, der sie förmlich zu übermannen drohte. Als würde sie in Flammen stehen.

Mühsam versuchte sie, ihre Gedanken zu sammeln. Nach und nach kamen mehr und mehr Bruchstücke der Erinnerung zurück. Und als sie sich dann erinnerte, ergriff sie ein paar Sekunden lang Panik.

Wolfgang Lange.

Mit der rechten Hand tastete Julia vorsichtig ihren Körper ab und stellte dabei fest, dass sie vom Unterleib bis zur Brust dicke Verbände trug.

Dieser Mistkerl.

Dieser satanistische Höllenhund.

Sie erinnerte sich an den Moment, in dem die zweite Kugel ihren Körper getroffen hatte. Das war der Moment, in dem sie sicher war, dass sie sterben würde. Ganz alleine und ohne ein Leben, das vor ihrem inneren Auge Revue passierte. Einfach so.

Und jetzt lag sie da und wunderte sich, dass sie doch noch lebte.

Sie wusste nicht mehr genau, was sonst noch alles geschehen war, aber sie erinnerte sich schemenhaft an die alte Kapelle und an Eva, die am Kreuz hing.

Eva!

Julias Herz begann zu rasen. War sie noch am Leben?

Was mit Pastor Jordan passiert war, hätte Julia in diesem Moment auch nicht beschwören können, aber sie glaubte nicht daran, dass er überlebt hatte.

Und dann fiel ihr plötzlich wieder ein, dass sie Ebeling gesehen hatte. Ebeling, den Wittenroder Dorfpolizisten. Sie war nicht sicher, ob sie es nicht vielleicht nur geträumt hatte, aber sie erinnerte sich an die Tür zur alten Kapelle, die mit einem Mal aufflog, und an tausend kleine Holzsplitter, die in der Luft herumwirbelten.

Einen winzigen Moment öffnete Julia die Augen, dann schloss sie sie wieder. Lange hatte es also nicht geschafft, sie mitzunehmen. Sie hätte glücklich darüber sein müssen, wenigstens erleichtert, aber merkwürdigerweise regte diese Tatsache so gar nichts in ihr. Keine Freude, keine Erleichterung.

Nichts.

Nächster Tag
9:28 Uhr

„Frau Wagner, können Sie mich hören?"

Julia öffnete nicht die Augen.

„Mein Name ist Anita, ich bin Ihre Krankenschwester."

Keine Reaktion.

„Sie brauchen keine Angst zu haben."

„Ein Psychopath wollte mich umbringen."

Die Schwester zögerte kurz. „Nun, das ist wohl richtig. Aber Sie sind noch am Leben, und Ihre Prognose ist gut."

Julia öffnete die Augen immer noch nicht. „Was ist mit Eva?"

„Mit wem?"

„Eva Haack. Meine Freundin."

„Ah, Sie meinen die Frau, die gemeinsam mit Ihnen eingeliefert wurde. Nun, sie hatte es ebenfalls ziemlich heftig erwischt, aber sie schwebt nicht in Lebensgefahr."

„Wo ist sie?"

„Sie liegt ein paar Zimmer weiter. Aber Sie sollten sich jetzt ganz auf sich selbst konzentrieren, um wieder völlig gesund zu werden."

Julia dachte kurz darüber nach, ob sie es wohl schaffen würde, aus dem Bett zu steigen und persönlich nach Eva zu sehen. Doch dann schob sie den Gedanken beiseite. Sie bekam ja kaum die Augen auf, geschweige denn, dass sie atmen konnte, ohne dass die Schmerzen überhandnahmen.

Aber sie würde es tun. Sie würde nach Eva sehen.

So bald wie möglich.

Der Tag darauf
14:32 Uhr

„Wie geht es Ihnen, Frau Wagner?"

Mühsam hob Julia die Schultern etwas an.

„Ich bin Oberstaatsanwältin Carina Färbert", stellte die Frau sich vor. Dann deutete sie auf den Mann neben sich. „Und das ist Klaus Martin."

„Landeskriminalamt", fügte er erklärend hinzu.

Julia nickte und wartete ab.

„Ist es Ihnen recht, wenn wir das Gespräch aufzeichnen?", wollte Carina Färbert wissen.

Wieder hob Julia nur leicht die Schultern an.

„Sie haben also keine Einwände?"

Kopfschütteln.

„Gut. Dann schalte ich jetzt ein. Donnerstag, 14. April. Gespräch mit Frau Julia Wagner." Carina Färbert warf Martin einen kurzen Blick zu, dann sah sie Julia wieder an. „Würden Sie uns erzählen, was in der Nacht vom 9. auf den 10. April genau geschehen ist, Frau Wagner?"

Keine Antwort.

„Frau Wagner?"

„Ich war in einer Kapelle."

„Waren Sie alleine dort?"

Schweigen.

„Sie brauchen keine Angst zu haben."

„Komisch. Das sagt mir jeder."

Carina Färbert räusperte sich und fragte noch einmal: „Waren Sie alleine in der Kapelle?"

Wieder Schweigen.

„Frau Wagner?"

„Eva Haack. Pastor Jordan. Wolfgang Lange. Und ich."

„Sie waren also zu viert?"

Nicken.

„Was haben Sie in der Kapelle gemacht?"

„Ich weiß es nicht mehr."

„Sind Sie sicher?"

„Ziemlich sicher."

„Warum nur ,ziemlich sicher'?"

„Ich bin mir nicht sicher, ob ich mich an alles erinnere."

„Versuchen Sie es."

Keine Reaktion von Julia.

„Pastor Jordan und Wolfgang Lange sind tot, Frau Wagner."

„Greger Sandmann auch."

„Also erinnern Sie sich doch."

Julias Gesicht blieb unbewegt. „Nicht gut genug."

„Frau Wagner …" Carina Färbert zögerte einen kleinen Moment, so als müsste sie ihr weiteres Vorgehen genau überdenken. „Wir waren inzwischen in Langes Haus und haben dort einige Dinge gefunden." Sie zog einen durchsichtigen Plastikbeutel hervor. Aus den Augenwinkeln erkannte Julia, dass sich Fotos darin befanden. Und ein zusammengefaltetes Stück Papier.

Carina Färbert zog das Papier heraus, faltete es vorsichtig auseinander, und reichte es an Julia weiter.

Es war die Kopie eines alten Zeitungsartikels. Er berichtete über den Autounfall, bei dem ihre Eltern vor über zwanzig Jahren ums Leben gekommen waren und den sie selbst nur knapp überlebt hatte. Julia reichte den Artikel wieder zurück. Sie hatte das alles schon tausendmal gesehen und gelesen.

Carina Färbert zog nun die Fotos hervor, die sie ebenfalls an Julia weiterreichte. Die griff widerwillig danach, blinzelte ein paarmal und konzentrierte sich dann. Das erste Foto zeigte sie selbst in einer Sporthalle beim Handball, damals musste sie so ungefähr neun Jahre alt gewesen sein. Am Rande des Spielfeldes war ihr Vater zu sehen, der aufmerksam das Spiel beobachtete. Das zweite Foto zeigte sie und ihren Vater gemeinsam in einem Schwimmbad, das musste etwa ein Jahr später aufgenommen worden sein. Das dritte Foto zeigte sie und ihre Eltern bei ihrer Einschulung.

„Die Fotos haben Sie bei Lange gefunden?", fragte Julia.

„Ja. Wir fanden sie, als wir sein Haus durchsuchten."

„Frau Wagner", schaltete Klaus Martin sich nun ein, „was uns an den Fotos besonders interessiert, ist der Hintergrund. Sehen Sie bitte noch einmal genau hin."

Julia betrachtete noch einmal jedes einzelne Foto, konnte aber nichts Ungewöhnliches entdecken.

„Sehen Sie ganz genau hin", forderte Martin sie auf.

Julia tat wie geheißen. Nichts.

Der LKA-Beamte zog einen schwarzen Filzstift aus seiner Brusttasche und kreiste damit eine männliche Gestalt ein, die in der Sporthalle hinter ihrem Vater stand. Der Mann war kaum zu erkennen, inmitten all der anderen Zuschauer. Genau genommen war er nicht mehr als ein verschwommener Fleck, der einen langen Mantel und einen schwarzen Hut trug und in Julias Richtung zu blicken schien.

Martin machte einen weiteren Kreis, auf dem nächsten Foto, hinter ihr und ihrem Vater im Schwimmbad. Wieder befand sich der Mann in einem Pulk anderer Menschen. Es war Sommer, und es musste ziemlich heiß gewesen sein. Trotzdem war er schwarz gekleidet, dieses Mal trug er allerdings keinen Hut, stattdessen eine Sonnenbrille. Er stand allerdings so weit im Hintergrund, dass es jeder x-Beliebige hätte sein können. Tatsächlich konnte man kaum etwas erkennen.

Das dritte Foto. Martin machte eine weitere Markierung, dieses Mal stand der Mann hinter einer Gruppe von Eltern, am Eingang zur Schule. Allerdings war er nun im Profil abgebildet, deutlicher und aus geringerem Abstand. Irgendetwas an seiner Haltung, der Wölbung seiner Stirn, an seinem Nasenrücken brachte Julia dazu, sich etwas aufzurichten. Es dauerte noch einen Moment, dann sagte sie: „Nein."

„Wie bitte?" Carina Färbert zog die Augenbrauen nach oben.

„Ich weiß, was Sie hier versuchen. Aber das kann nicht sein." Julia schaute noch einmal genauer hin. Der Mann auf dem Foto hatte keinerlei Ähnlichkeit, was die physische Erscheinung betraf, vermutlich war er sogar fünfzehn Kilo leichter als Wolfgang Lange. Trotzdem kam er ihr bekannt vor. Dies jedoch sprach sie nicht aus. Stattdessen sagte sie: „Das ist nicht Lange. Es besteht überhaupt keine Ähnlichkeit."

„Das denken wir allerdings doch."

Julia hob den Blick, sah Carina Färbert an. „Wenn das Lange ist, wer hat dann die Fotos gemacht?"

Die Oberstaatsanwältin erwiderte den Blick ohne zu blinzeln. „Das wissen wir noch nicht. Aber wir sind uns sicher, dass er es ist. Und dass er Sie damals schon beobachtet hat."

„Warum?", wollte Julia wissen.

„Aus Liebe."

„Aus Liebe?"

Carina Färbert räusperte sich. „Wir gehen davon aus, dass Wolfgang Lange Ihre Mutter geliebt hat, Frau Wagner. Wir haben in seinem Haus eine Art Schrein gefunden, den er für sie errichtet hat. Lange hat zweifellos viele schreckliche Dinge getan. Aber wenn er jemanden geliebt hat, dann Ihre Mutter."

„Das ist Käse." Julia warf einen letzten Blick auf die Fotos, dann ließ sie sie auf die Bettdecke sinken und presste die Lippen zusammen.

Carina Färbert steckte die Bilder zurück in die Plastiktüte und holte nun etwas ganz anderes heraus. „Das hier haben wir ebenfalls in Langes Haus gefunden." Sie reichte Julia den Gegenstand, und der blieb nun endgültig das Herz stehen. Eine in der Regel übertriebene Aussage, aber genauso fühlte es sich an. Als würde eine Hand in ihre Brust greifen und ihr Herz so fest zusammendrücken, dass es nicht weiterschlagen konnte.

„Frau Wagner?"

Julias Hand bewegte sich wie von selbst, führte den Gegenstand dicht vor ihre Augen.

„Frau Wagner?", sagte Carina Färbert noch einmal.

„Das ist der Ehering meiner Mutter", sagte Julia leise.

„Das ist uns bekannt", erklärte Klaus Martin. „Und genau darum sind wir hier."

„Sie möchte nicht mit Ihnen sprechen, Herr Zander." In Dr. Jösts Blick lag ehrliches Bedauern.

„Aber warum nicht?"

„Sie ist schwer traumatisiert." Der Arzt brach ab, fügte aber sofort hinzu: „Sie wird wieder auf die Füße kommen. Nichtsdestotrotz hat es sie schlimm erwischt. Sie hatte zwei schwere Schussverletzungen, als sie eingeliefert wurde, und diverse Prellungen. Außerdem war sie von Kopf bis Fuß schmutzverkrustet und mit blauen Flecken übersät. Ich glaube, wir können uns alle nicht vorstellen, was in jener Nacht in dieser alten Kapelle vor sich gegangen ist."

„Und gerade deshalb muss sie mit mir reden."

Jöst stellte seine Kaffeetasse beiseite und strich sich über den weißen Kittel. „Nicht wir müssen mit diesem Albtraum zurechtkommen. Sie muss es. Und das muss sie erst lernen."

„Redet sie denn mit Ihnen?", wollte Zander wissen.

„Nein. Im Augenblick redet sie mit niemandem. Außer mit der Polizei. Und das wohl auch nur leidlich."

„Dann lassen Sie mich zu ihr, verdammt! Ich will ihr helfen, und ich weiß, dass ich das kann."

„Das hier kann man nicht angehen, so wie Sie es meinen."

„Nein? Wie kann man es dann angehen? Sie war völlig hilflos in einer düsteren Kapelle, vollkommen verloren und ganz bestimmt außer sich vor Angst …"

„Es kann nicht mehr geändert werden", unterbrach Jöst, „und es kann auch nicht mehr verhindert werden, denn es ist bereits geschehen. Wir müssen uns jetzt auf die Zukunft konzentrieren."

„Am liebsten würde ich diesen Mistkerl von den Toten zurückholen und noch einmal umbringen. Nur geht das leider nicht."

„Nein, das geht leider nicht. Aber immerhin, sie hat es überlebt. Und wenn sie wieder ins Leben zurückfindet, dann sind Sie da, Herr Zander. Ist Ihnen bewusst, was das bedeutet? Sie werden da sein, wenn sie Sie braucht, und Sie werden ihr helfen, sich dieser Geschichte zu stellen. Sie werden ihr dabei helfen, ihre Vergangenheit zu akzeptieren und sich einer neuen Zukunft zu widmen."

„Und wie lange wird es dauern, bis sie sich darauf einlässt?", wollte Zander wissen.

Darauf konnte der Arzt nicht antworten. Vermutlich weil er ahnte, dass es von diesem Tag an noch sehr, sehr lange dauern würde.

1. KAPITEL

Die finstersten Nächte

Drei Monate später

Dienstag, 26. Juli
22:07 Uhr

Sie wusste, dass sie so schnell wie möglich verschwinden musste. Dass sie in Gefahr schwebte und verloren war, wenn er erst auf sie aufmerksam wurde. Sie musste laufen. Doch gerade als sie sich abwenden wollte, stand er auf einmal wie aus dem Boden gewachsen vor ihr und sah auf sie herab.

In seinen Augen war nicht die Spur eines Gefühls zu erkennen. Als er sprach, war seine Stimme genauso kalt wie seine Augen: „Was machst du hier?"

Sie schluckte. „Nichts. Ich …" Sie brach ab. Ich bin das Licht, er ist der Schatten, dachte sie bei sich. Und: *Wäre ich in meinem Zimmer geblieben, hätte ich ihn nicht getroffen. Nicht jetzt. Nicht hier. Und: Wäre ich immer das brave Mädchen geblieben, zu dem man mich erzogen hat, dann wäre ich überhaupt nicht hier gelandet.*

Aber für Reue war es nun zu spät. Sie war hier, an diesem Ort namens „Mönchshof", einer geschlossenen psychiatrischen Klinik, in der alle kranken und verlorenen Seelen der Stadt begraben waren. Bildlich gesprochen. Auf jeden Fall ein düsterer, trostloser Ort.

Jeder Einzelne hier konnte eine lange Geschichte darüber erzählen, wie er hier gelandet war, und sie wusste genau, dass einige der Geschichten hier enden würden. Vielleicht auch alle. Auf jeden Fall war dies die finsterste Nacht ihres Lebens. In jeder Hinsicht. Sie konnte kaum etwas erkennen, die Mondsichel hinter dem vergitterten Fenster wurde von einer dicken Wolkenschicht verdeckt. Ihn aber sah sie, wie er sie von oben bis unten musterte, ehe er eine leichte Kopfbewegung machte. „Warum bist du nicht in deinem Zimmer?"

„Ich bin … gerade auf dem Weg dorthin." Sie überlegte, ob es vielleicht doch noch nicht zu spät war, um wegzulaufen. Oder wie lange es wohl dauern würde, bis jemand käme, wenn sie anfing zu schreien. Eindeutig zu lange. Nein, wenn ihr an ihrem Leben etwas lag, dann musste sie tapfer weiterlächeln und hoffen, dass er sie gehen ließ.

Und so lächelte sie tapfer weiter. Das Lächeln erwiderte er jedoch immer noch nicht. Er betrachtete sie nur weiter aus diesen starren Augen, die so kalt waren, als wäre überhaupt kein Leben in ihnen. Sie spürte sein Misstrauen, seinen Argwohn, und ihre Angst bekam nun einen Geschmack, eine Konsistenz und brannte in ihrer Kehle wie Galle, während er herauszufinden versuchte, ob sie etwas gesehen hatte. Er schien das Risiko abzuwägen, das sie darstellte. Dann zischte er: „Wenn du was sagst, bist du tot."

Sie antwortete nicht, sondern wandte sich um und rannte los.

Stefan Versemann begriff zuerst nicht, was draußen vor sich ging.

Er war gerade auf der Toilette gewesen, nun wusch er sich die Hände, als er mit einem Mal reglos innehielt und aufsah. Für einen kurzen, dämmrigen Moment war er davon überzeugt, draußen auf dem Flur etwas gehört zu haben.

Er verließ das Badezimmer, öffnete die Tür einen Spalt und schaute hinaus. Und da war tatsächlich etwas. Ein verschwommener Schatten, der über den Flur zu schweben schien.

Versemann hielt die Luft an und ärgerte sich, dass er seine Brille nicht aufhatte.

Der Geist Annegrets? War das etwa ein schwarzer Umhang gewesen, den er gesehen hatte? Elisa Kirsch erzählte ständig davon, dass Annegret Lepelja nachts durch die Flure der Klinik geisterte. Allerdings war Elisa auch permanent auf Tranquilizern.

„Müssen Geister eigentlich auch mal auf den Topf?", hatte Robert Campuzano gefragt, woraufhin sie ihn nur wortlos angestarrt hatte.

„Im Ernst", sagte Campuzano. „Muss so ein Geist noch Geschäfte verrichten, oder ist das für die kein Thema mehr?"

Wie idiotisch, dachte Versemann nun. *Geister.* Natürlich gab es keine Geister. Damit schloss er die Tür wieder und legte sich zurück in sein Bett. Es war ein Mensch gewesen, den er dort draußen gesehen hatte, dessen war er sich nun sicher. Und dieser Mensch war natürlich nicht geschwebt, er war lautlos gerannt.

Oder doch nicht?

Doch die tote Annegret?

Versemann seufzte auf. Auf einmal war er sich überhaupt nicht mehr sicher. Auf einmal war er sich nicht einmal mehr sicher, ob er überhaupt etwas auf dem Flur gesehen hatte.

Er seufzte noch einmal leise auf. War das der Wahnsinn, von dem alle hier sprachen?

Aus dem Tagebuch von Annegret Lepelja, 1881:

Wär's abgetan, so wie's getan ist, dann wär's gut. Nun, da ich wieder alleine bin, gestehe ich mir ein, dass ich zur Mörderin geworden bin. Oder zur Vollstreckerin, so wie Svetlana es mir auftrug.

Vielleicht bin ich nur närrisch, doch sind meine Gedanken derart leuchtend bunt gefärbt, dass es mich überrascht, dass die Welt sie nicht aus meinem Schädel bersten sieht. Ich habe diese Gedanken tief in meinem Inneren begraben. Denn dies ist eine riskante Zeit, und ich brauche Nerven wie aus Stein gemeißelt.

Die Gefahren wurden vorher sorgfältig von mir abgewogen. Doch woher sollte ich wissen, wie hätte ich mir je vorstellen können, wie es wäre, es so tot vor mir liegen zu sehen? So still.

Es ist das Beste, nicht mehr daran zu denken.

Jetzt ist es an der Zeit, an mich selbst zu denken.

Vorsichtig und vor allem ruhig muss ich sein. Mir ist kein Fehler unterlaufen. Und so muss es bleiben. Ich werde meine Gedanken tief in mir begraben, damit niemand sie hört.

Dies war Kind Nummer eins.

2:18 Uhr

„Können Sie schon wieder nicht schlafen, Frau Kirsch?", fragte Felix Effinowicz mit einem leichten Anflug von Gereiztheit. Er war hundemüde und hatte noch beinahe vier Stunden Nachtdienst vor sich.

Elisa Kirsch, ein Spatz von einer Frau, gerade mal ein Meter fünfundfünfzig groß, Prima Ballerina längst vergangener Tage, trug schon wieder ihre bunten Gummistiefel unter einem langen Nachthemd und einer offenen Strickjacke. „Den hier hat sie nach mir geworfen!", sagte sie und hielt ihm einen dunklen Keramikaschenbecher unter die Nase, der aussah wie ein Hundenapf. „Sehen Sie? Die eine Seite ist ganz abgesplittert. Das ist passiert, als er auf den Boden gefallen ist."

„Ich verstehe", sagte Effinowicz, hin- und hergerissen zwischen dem Wunsch, sie einfach zu ignorieren, und dem Pflichtbewusstsein, seinen Job zu machen, was beinhaltete, ihr zuzuhören, irgendwie Verständnis zu zeigen und sie wieder zurück in ihr Bett zu bekommen. Sein Pflichtbewusstsein siegte. „Der Aschenbecher ist also durch die Luft geflogen."

„Ich hätte die anderen Teile aufheben sollen", stellte Elisa erschrocken fest. „Hab ich nicht dran gedacht." Sie begann, ihre Strickjacke bis zum Kinn zuzuknöpfen, als würde ihr das etwas mehr Zeit geben, um diese Information zu verarbeiten.

„Ist schon in Ordnung. Ich werde gleich danach sehen. Und jetzt gehen Sie wieder ins Bett."

Elisa rührte sich nicht. „Ich hab gesehen, wie er hoch in der Luft geschwebt ist! Und dann ist er direkt auf mich zugerast. Verstehen Sie?" Sie zuckte zur Seite, als würde das Ding erneut auf sie zufliegen. „Schnell. Richtig schnell!"

„Okay." Effinowicz gähnte. „Und jetzt gehen Sie zurück in Ihr Zimmer und legen sich wieder schlafen."

Elisa blinzelte. „Sie glauben mir nicht! Natürlich glauben Sie mir nicht! Aber ich weiß doch, was passiert ist! Ich weiß es!"

„Ja. Davon bin ich überzeugt."

„Denken Sie nicht, Sie wären stärker als sie. Sie fordert, was ihr zusteht."

„Elisa, gehen Sie jetzt …"

„Sie ist hier, ich weiß es. Aber Sie begreifen es nicht."

„Das macht nichts", sagte Effinowicz. „Ich bin es gewohnt, dass ich manches nicht begreife. Und jetzt gehen Sie wieder in Ihr Zimmer, sonst muss ich nachhelfen."

Elisa hob das Kinn und machte sich davon, allerdings ließen ihre Wortsalven dabei keinesfalls nach: „Dich wird sie sich auch noch holen, wenn du hier weiter große Töne spuckst! Was glaubst du denn? Dass du stärker bist als sie? Und meine Tabletten geben sie mir auch nicht! Aber ich weiß, was ich gesehen habe! Ich weiß es!"

Effinowicz ließ sich schwer auf einen der Stühle im Pflegerzimmer sinken und murmelte: „Ich brauche dringend einen Kaffee."

4:10 Uhr

Wer würde bestreiten wollen, dass die Seelen der Menschen abgründig sind? Dass ihr Wesen aus dunklen Kammern und unzähligen verwinkelten Gängen besteht? Dass der feste Boden, auf dem wir uns bewegen, gar nicht fest ist? Niemand würde das tun.

Im Gegenteil. Der feste Boden, auf dem wir uns bewegen, ist nichts weiter als eine Illusion. Unter uns befinden sich Abgründe, Hohlräume, tiefste Dunkelheit, und wir bewegen uns darüber, im festen Vertrauen darauf, aus der Gegenwart, im Hier und Heute, eine einigermaßen annehmbare Zukunft formen zu können – und die Vergangenheit zu vergessen.

Aber die Vergangenheit lässt sich nicht übertünchen, egal, was wir auch versuchen. Zu vieles bleibt tief in uns verankert und stößt uns immer wieder an, damit wir es nur ja nicht vergessen. Es quillt hervor wie flüssige Lava, und alles, was ihm in den Weg gerät, zerfällt zu Asche.

Dies war die neunundvierzigste Nacht. Und genau wie in den achtundvierzig Nächten zuvor kroch der Traum wie ein langsam wirkendes Gift in Julias Körper und lähmte sie, während er in die dunkelsten Winkel ihrer Erinnerung vordrang. Es gab kein Entrinnen, keine Möglichkeit die Augen von dem Grauen zu verschließen. Sie war gezwungen, hinzusehen, sie erkannte den Ort. So, wie sie Sandmanns entstellte Leiche erkannte. Die Blutlache, die sich unter seinem reglosen Körper ausbreitete, während das Leben in ihm längst erloschen war.

Dann war auf einmal alles um Julia herum dunkel. So dunkel, dass sie die Hand vor Augen nicht mehr sehen konnte. So lange, bis ein kleines Licht die Schwärze erhellte und auf sie zukam. Die Wände waren unendlich hoch, und es gab nur dieses eine kleine Licht. Das Licht einer Kerze. Sie wusste, dass er es war, und in ihr lieferten sich Angst und Hass einen erbitterten Kampf.

Einen Augenblick lang hörte sie die Stimme ihres toten Vaters: *Nur eine einzige Entscheidung, Julia. Und nur du kannst sie treffen.* Dann trat Wolfgang Lange aus dem Schatten, lautlos, wie ein Geist. Sie sah es in seinen Augen. Etwas Wildes, Primitives. Seine Lippen formten sich zu einem boshaften Lächeln. In jeder Nacht dasselbe boshafte Lächeln.

Julia wollte schreien, fliehen, doch ihr Körper gehorchte ihr nicht. Sie war starr. In der nächsten Sekunde befand sie sich mit unerträglichen Schmerzen auf dem Boden. Sie konnte nicht mehr schlucken, nicht mehr atmen, kroch verzweifelt rückwärts. Dann sah sie das überdimensionale Kreuz.

An dem Kreuz hing Eva.

„Es ist Zeit, mich um deine Freundin zu kümmern. Sie ist überreif, sozusagen."

Langes Stimme prallte von den Wänden ab, und in diesem Moment verlor Julia endgültig die Nerven. Sie schrie, aber kein Ton kam aus ihrer Kehle.

Das Messer in seiner Hand wurde zu einer Pistole, zu ihrer eigenen Pistole, ein Schuss krachte wie ein Donnerschlag, und ihr Körper explodierte. Dann ein zweiter Schuss, und Julia sah sich selbst, wie sie zur Seite sackte. Der Boden kam ihr entgegen, sie schlug mit der Schläfe auf und hörte in weiter Ferne Evas Weinen. Der Boden unter ihrer Wange fühlte sich kalt an, aber ihr eigenes Blut wärmte sie, während sie spürte, wie ihr Körper immer schwächer wurde. Die Welt um sie herum verschwamm vor ihren Augen, ehe völlige Dunkelheit sie verschlang.

In dieser Sekunde schlug Julia die Augen auf. Sie blinzelte, versuchte, sich zu orientieren, und stellte fest, dass sie in ihrem Bett lag, vermeintlich sicher in einer psychiatrischen Klinik.

Sie atmete ein paarmal tief durch, um ihren Herzschlag zu beruhigen. Das Blut rauschte in ihren Ohren. Schweiß klebte auf ihrem Gesicht, und ihr T-Shirt war völlig durchnässt. Sie würgte. Ihre Augen brannten. Decke und Wände drehten sich um sie herum.

Kraftlos wollte sie sich vom Bett erheben und sank doch nur auf den Boden davor, rang weiter nach Luft, aber ihre Lungen wollten sich nicht beruhigen, schenkten ihr keinen Sauerstoff.

Mit mehr Kraft, als sie eigentlich besaß, zwang Julia sich auf die Füße und eilte ins Badezimmer, ehe sie sich in die Toilette übergab.

Eine ganze Weile blieb sie anschließend neben der Schüssel sitzen und starrte auf die kalten Fliesen. Dann richtete sie sich auf, zog das feuchte T-Shirt aus und warf es auf den Boden, zwang sich auf die Füße und blickte in den Spiegel. Sie blinzelte nicht, starrte sich einfach nur an. Sie war älter geworden. Oder vielleicht wirkte sie inzwischen auch nur viel älter als zweiunddreißig Jahre. Sie hatte immer noch dieselben dunkelbraunen, halblangen Haare, denselben langen Pony, der ihr über das linke Auge fiel, dieselbe Größe, dieselbe Figur, dieselben Tätowierungen. Aber nun war noch etwas anderes hinzugekommen. Sie betrachtete die beiden Narben, eine unterhalb des Herzens und eine etwas tiefer auf der linken Seite, und plötzlich erinnerte sie sich an das letzte Gespräch mit Frau Dr. Sattler, der Psychologin.

„Ich habe mit Ihrem Kollegen Zander über Sie gesprochen, Frau Wagner."

„Exkollegen."

„Sie haben ihn schon wieder hinausgeworfen. Warum wollen Sie nicht mit ihm sprechen?"

Keine Antwort.

„Er macht sich große Sorgen um Sie. Er würde Ihnen gerne helfen."

Schweigen.

„Sie sind nicht sehr mitteilsam, Frau Wagner."

„Sie stellen nicht die richtigen Fragen."

„Wolfgang Lange war Ihr Mentor, richtig? Sie haben ihm vertraut."

„Ich habe zu vielen Menschen vertraut. Und zu viele Menschen haben mir vertraut."

„Sie haben in unserem letzten Gespräch angedeutet, er wollte beweisen, dass er besser ist als Sie."

Schweigen.

„*Aber das war er nicht, sonst hätten Sie jene Nacht im April nicht überlebt. Sie waren besser als er.*"

Nichts.

„*Und Sie sind es noch, denn Sie sind hier. Sie haben sich freiwillig in eine Behandlung begeben, weil Sie leben wollen.*"

„*Ich bin mir gar nicht sicher, ob ich das wirklich will.*" *Julia klappte den Mund zu, und wieder herrschte ein paar Sekunden lang Schweigen.*

Dann fragte Frau Dr. Sattler: „*Warum wollte dieser Mann Sie töten?*"

Keine Antwort von Julia.

„*Frau Wagner?*"

Julia stand auf, stopfte die Hände in die Taschen ihrer Jogginghose und lief im Zimmer auf und ab. Es dauerte eine ganze Weile, ehe sie sagte: „*Ich kenne die Antwort auf diese Frage nicht.*"

„*Wirklich nicht?*"

Erneutes Schweigen.

„*Sie gestatten es sich nicht, wütend zu sein*", *blieb die Psychologin am Ball.*

„*Weshalb sollte ich wütend sein?*"

„*Weil dieser Mann Sie zerstören wollte.*"

Keine Antwort.

„*Aber er ist tot. Und Sie sind noch am Leben. Wie auch Ihre Freundin noch am Leben ist. Wo ist sie jetzt?*"

„*Eva? Sie ist abgereist. Mit unbekanntem Ziel. Wer kann es ihr verübeln?*"

„*Sind Sie jetzt wütend?*"

„*Wenn ich es bin, dann nicht auf Eva.*"

Julia starrte sich immer noch im Spiegel an.

Die Realität hat die lästige Eigenschaft, immer das letzte Wort zu haben.

Selbst wenn die Träume und Erinnerungen nicht gewesen wären, allein durch diese beiden Narben auf ihrem Körper würde sie jeden Tag an das Geschehene erinnert werden.

Sie sah sie, und sie spürte den Schmerz. Und so würde es bleiben.

2. KAPITEL

Störung

Fast genau drei Stunden später, um 7:06 Uhr, gab es in der Klinik eine „Störung". Gerade hatten die Patienten noch im Speiseraum beim Frühstück gesessen, nun fanden sie sich auf dem Flur wieder und beobachteten interessiert, wie Heide Sacher und Jan Jäger mit großen Schritten auf das Zimmer von Karl Waffenschmied zueilten und dann darin verschwanden. Nur wenige Sekunden später kam auch schon Dr. Silvia Sattler angerannt. Auch sie verschwand in dem Zimmer.

Man sagt, das Schlimmste in einer geschlossenen psychiatrischen Klinik sei die Langeweile. Und tatsächlich, dies entspricht der Wahrheit. Denn wenn man nicht gerade eine Therapiestunde hat, tut man als Patient den ganzen langen Tag nichts anderes, als sich vom Frühstück zum Mittagessen und vom Mittagessen zum Abendessen zu schleppen. Dazwischen raucht man sich zu Tode – sofern man raucht und über genügend Zigaretten verfügt –, führt belanglose Gespräche – sofern man jemanden findet, der dazu in der Lage ist, sich auf belanglose Gespräche einzulassen – und tut ansonsten ... nichts.

Vielleicht spielt man gelegentlich ein Gesellschaftsspiel, was wiederum davon abhängt, ob man jemanden findet, der dazu in der Lage ist, den Sinn und die Spielregeln eines solchen Unterfangens zu erfassen. Oft genug ist dies nicht der Fall, was zur Folge hat, dass Prügeleien entstehen, Spielbretter durch die Luft geworfen oder Spielsteine samt Würfel einfach verschluckt werden, was wiederum jede Menge „Störungen" zur Folge hat. Ansonsten, wie gesagt, tut man nichts. Außer vielleicht die Welt hinter dem Fenster zu betrachten und sich vorzustellen, was all die freien und – mehr oder minder – gesunden Menschen dort draußen jetzt wohl gerade taten. Vielleicht denkt man auch an die Familie, was dieselbe Frage zur Folge hat. Im Sommer ist es besonders schlimm. Weil die Sonne für jeden scheint. Nur nicht für die Patienten in der Klinik.

Nun also überzog mehr oder minder lautes Gemurmel den Flur, denn endlich passierte wieder einmal etwas.

Der Einzige, dem die Ablenkung von aller Tristesse nicht gefallen wollte, war Stefan Versemann. Störungen jedweder Art brachten seinen Rhythmus durcheinander, und das mochte er gar nicht, weil es ihn unsicher machte. Er brauchte feste Konstanten. Dinge, die absolut sicher waren, die sich beständig wiederholten und auf die er sich verlassen konnte. Deshalb legte sich sein Blick nun auch unwillig auf Waffenschmieds verschlossene Zimmertür. Vermutlich hatte der Alkoholiker, der hier schon zum x-ten Mal eine Entgiftung machte, sein Bett angezündet. Das tat er ständig. Genau genommen war das auch schon wieder eine Konstante, auf die man sich verlassen konnte. Beinahe erleichtert atmete Versemann auf. Dann sah er sich um, und sein Blick fiel auf Robert Campuzano. Der große Mann mit den langen Haaren und den vielen Tätowierungen stand, die Arme vor der Brust verschränkt, vor der Tür zum Speiseraum. „He, Schlaumeier", sagte er.

„Guten Morgen", murmelte Versemann und wandte den Blick schnell wieder ab. Er hatte es sich zum Grundsatz gemacht, einen großen Bogen um diesen riesigen Kerl zu machen. Allerdings brachte er es auch nicht fertig, ihn nicht zu grüßen. Campuzano war nämlich höchst aggressiv und leicht reizbar. Man durfte ihn auf keinen Fall provozieren.

Ganz in dessen Nähe stand der alte Viktor Rosenkranz, der wieder einmal sein Jesuskind in den Armen hielt. Das Jesuskind war eine Plastikpuppe, die er immer bei sich trug, niemals losließ und beständig fest an sich drückte.

Viktor litt unter Demenz und war in diesem Augenblick ganz bestimmt in einer ganz anderen Welt, denn wäre er in dieser gewesen, dann hätte er sich nicht so nahe bei Campuzano aufgehalten. Jeder, der noch irgendwie – und wenn auch nur andeutungsweise – klar denken konnte, machte einen großen Bogen um den Mann. Und gerade der alte Viktor, der die achtzig bereits überschritten hatte, konnte sich kaum wehren, was ihn zu einem beliebten Opfer machte.

Versemann sah sich weiter um.

Von Elisa Kirsch war weit und breit nichts zu sehen. Von ihr wusste er nur, dass sie früher einmal eine einigermaßen erfolgreiche Balletttänzerin gewesen war. Er erinnerte sich noch sehr gut daran, wie sehr er sich wunderte, als er zum ersten Mal davon hörte.

„Man darf Menschen nicht nur nach ihrem Jetzt-Zustand beurteilen", hatte Effinowicz damals zu ihm gesagt. „Für sie alle gab es auch einmal ein Leben vor der Klinik."

Wie auch immer, Elisa war schwer zu berechnen. Sie nahm nicht täglich am Frühstück teil, obwohl das eigentlich zum Pflichtprogramm gehörte, und es war Versemann noch nicht gelungen, eine echte Regelmäßigkeit in ihren Zeiten zu entdecken. Darüber ärgerte er sich, kam aber nicht dazu, weiter darüber nachzudenken, weil er in diesem Moment Ilona Walter entdeckte, die offenbar die Chance nutzte, sich unbemerkt vom Frühstück zu entfernen und für einen Moment in ihrem Zimmer zu verschwinden, um wenig später mit einem Kulturbeutel unter dem Arm wieder heraus und in Richtung Duschraum zu eilen. Das war merkwürdig, denn sonst duschte sie immer schon vor dem Frühstück. Irritiert zog Versemann die Augenbrauen in die Höhe. Eben noch beim Frühstück hatte er Ilona heimlich beobachtet, wie sie sich eine Tasse von dem koffeinlosen Gebräu eingeschenkt hatte, das sie hier Kaffee nannten. Dann hatte sie die Tasse in kleinen, langsamen Schlucken leer getrunken. Neben ihr hatte eine alte, zerfledderte Zeitschrift gelegen, aber sie hatte nicht hineingeschaut. Sie hatte nur vor sich hingeblickt. Das tat sie oft. Und wie meistens hatte Versemann bei sich gedacht: *Sie ist sehr, sehr unglücklich.*

Sich wieder konzentrierend, sah er sich nun weiter um. Um den Kreis in seinem Kopf zu schließen und die Störung einigermaßen verarbeiten zu können, fehlten ihm noch drei Personen. Unsicher setzte er sich in Bewegung und schritt suchend den Flur ab. Weder Weinfried Tämmerer noch Susanne Grimm hatten am Frühstück teilgenommen. Julia Wagner war zumindest körperlich anwesend gewesen, jetzt aber gerade nicht zu sehen.

Er ging an Aufenthaltsraum und Pflegerzimmer vorbei. Beide Räume lagen sich direkt gegenüber und verfügten über hohe Glastüren – wobei das Glas natürlich kein Glas war, sondern aus Kunststoff bestand –, damit die Pfleger alles im Blick hatten und sofort einschreiten konnten, wenn es im Aufenthaltsraum zu Streitereien kam.

Susanne Grimm hielt sich im Pflegerzimmer auf. Sie war dort mit der Spüle beschäftigt und schien sich nicht für die Störung zu interessieren. Dafür umso mehr für die Freiheit jenseits des Fensters. Immer wieder warf sie sehnsüchtige Blicke hinaus.

Erleichtert atmete Versemann auf. Auch das war eine Konstante. Dieser sehnsüchtige Blick nach draußen war symptomatisch für die Frau mit den bunten Haaren. Sie stand fast immer am Fenster und blickte hinaus. Natürlich wohnte die Sehnsucht nach Freiheit, nach der Rückkehr in die „normale" Welt, in ihnen allen. Aber bei Susanne Grimm schien sie besonders stark ausgeprägt.

Jetzt schritt auch Julia Wagner an Versemann vorbei. Auch sie schien sich nicht für die Störung zu interessieren, was ebenfalls nichts Ungewöhnliches war. Die Frau schien sich ohnehin für nichts zu interessieren, was um sie herum geschah. Deshalb nahm er ihr auch nicht übel, dass sie ihn nicht grüßte, ging er doch davon aus, dass sie ihn überhaupt nicht wahrnahm. Sie hatte sich völlig in sich zurückgezogen, sprach so gut wie nie, weshalb man auch nicht viel über sie wusste. Untereinander aber munkelten die Patienten, dass ihr etwas ganz Furchtbares passiert sein musste. Etwas, das sie völlig aus der Bahn geworfen hatte.

So schloss sich der Kreis in Stefan Versemanns Kopf. Jedenfalls beinahe.

Noch einmal sah er sich suchend um.

Wo war Weinfried Tämmerer?

Julia hatte Versemann sehr wohl bemerkt. Er interessierte sie nur schlicht nicht. In ihrem Kopf spielten sich ganz andere Dinge ab. Wie in Trance versuchte sie sich auf die Zimmernummern zu konzentrieren, an denen sie vorbeiging, die geraden Zahlen rechts, die ungeraden links. Auf gar keinen Fall wollte sie nachdenken – und konnte es trotzdem nicht verhindern. Einmal mehr hatte sie das letzte Zusammentreffen mit Eva vor Augen …

An jenem Tag im Mai hatte es geregnet, und Julia hatte sich gefragt, warum zum Teufel es auf einmal so heftig regnete. Genau genommen hatte es geschüttet wie aus Eimern. Die Bäume vor dem Fenster bogen sich im Sturm. Von fern grollte der Donner. Ein heftiges, lautes Maigewitter.

Mit bleierner Mattigkeit in den Knochen, die es ihr schwer machte, sich überhaupt zu erheben, hatte Julia Minuten damit zugebracht, sich unter heftigen Schmerzen ein frisches Sweatshirt überzustreifen, als es an die Tür des Krankenzimmers klopfte. Und dann stand sie auf einmal da. Eva.

Das Licht von draußen brachte ihre hellen roten Locken zum Leuchten, und ihre grünen Augen blickten Julia aufmerksam an.

So standen sie sich ein paar Sekunden gegenüber, unbeholfen, jede erwartete von der anderen, dass sie den ersten Schritt tat und damit den Tenor ihres Wiedersehens bestimmte. Und Julia hatte bei sich gedacht: So ist sie also, die Begrüßung, über die ich so lange nachgedacht habe. Zwei ehemalige Freundinnen, die dem Tod nur knapp entkommen sind, sich nun wiedersehen und nicht mehr wissen, wie sie miteinander umgehen sollen. Dann fiel ihr auf, dass ein Koffer an Evas Seite stand. „Du gehst." Mehr fiel ihr nicht ein.

„Ich bin heute entlassen worden."

„Schön." Julia fühlte ein merkwürdiges Stechen in der Brust und blickte zu Boden.

Eva machte zwei Schritte auf sie zu, dann legten sich ihre Finger einen Moment lang auf Julias Hand. „Es ist besser für mich, wieder dahin zurückzugehen, wo ich hingehöre."

Julias Blick verharrte auf dem Verband, der um Evas Hand gewickelt war. Sie senkte die Augen und blickte auf die andere Hand, die ebenfalls umwickelt war. Die beiden Verbände verbargen die Narben, die die Nägel darin hinterlassen hatten. Noch. Ein Stigma. Auf alle Ewigkeit deutlich sichtbar für jeden.

„Es tut mir so leid, Eva. Es tut mir so unendlich leid."

Julia hatte gedacht, es würde ihr besser gehen, wenn sie es ausgesprochen hatte. Irgendwo in einem kindischen, idiotischen Winkel ihres Gehirns hatte sie die vage Hoffnung genährt, alles würde irgendwie besser werden, wenn sie sich entschuldigt hatte. Vielleicht würde Eva sie beschimpfen, aggressiv werden. Wahrscheinlich hätte es Julia sogar geholfen, wenn es so gewesen wäre. Aber Eva schimpfte nicht. Sie war auch nicht wütend. Sie stand einfach nur da, und Julia stellte fest, was für eine Idiotin sie doch gewesen war. Naiv war das Wort, das sie heute für jene Gedanken von damals fand. Wenn ein Mensch um ein Haar sein Leben wegen eines anderen Menschen verlor, dann war man ein Idiot, wenn man glaubte, eine Freundschaft würde dadurch keinen Schiffbruch erleiden.

„Wir müssen beide damit leben", sagte Eva leise. „Du für dich und ich für mich. Verzeih mir."

Damit ging sie, und die Tür fiel hinter ihr zu.

Julia zählte die Schritte, die sie den Flur auf und ab machte. 199, 200, 201 … Alles war in jenem Augenblick in ihr zerbrochen, sosehr sie Eva auch verstand. Sie fragte sich, was sie wohl getan hätte, wenn auch sie ihretwegen gestorben wäre. Sie musste schon mit Sandmanns Tod leben, wie hätte sie auch noch Evas Tod verkraften sollen?

In diesem Augenblick konnte Julia wieder Langes Gelächter hören. Es war einfach überall, und sie spürte schon wieder einen Anfall von Übelkeit in sich.

Es wäre so einfach, dachte sie. So einfach, dem Ganzen ein Ende zu setzen. Das Ringen zu beenden. Die Stimmen zum Verstummen zu bringen und die Albträume ein für alle Mal zu zerschmettern. Die Vorstellung war verlockend. In gewisser Weise bot sie sogar die Lösung auf alles. Aufhören zu atmen. Aufhören zu träumen. Aufhören zu denken. So, wie Kerstin es getan hatte. Ein Schritt genügt. Ende und aus.

Als Julia das nächste Mal den Blick hob, stellte sie fest, dass sie gerade an Zimmer Nummer 9 vorbeikam. Nicht, dass es wichtig gewesen wäre, sie registrierte es nur. Doch dann trat sie mit ihrem Turnschuh auf etwas und hielt inne. Eine Serviette. Sie bückte sich, um sie aufzuheben.

Es war eine ganz normale, weiße Papierserviette, wie sie jeden Tag zu Dutzenden im Speiseraum ausgegeben wurden. Der einzige Unterschied zu den anderen war der, dass jemand mit einem dicken schwarzen Stift, vermutlich einem Edding, die Zahl 5 darauf geschrieben hatte.

Julia sah sich um. Hatte jemand die Serviette verloren? Die Patienten hier sammelten alles Mögliche, warum nicht auch Papierservietten?

Julias Blick blieb an der Tür hängen, vor der sie gelegen hatte. Sie stand ein Stück weit offen und als sie genauer hinsah, entdeckte sie im Inneren des Zimmers etwas, was sie nicht sofort einordnen konnte. Ein roter Fleck auf dem Fußboden.

Aus dieser Entfernung hätte alles Mögliche dahinterstecken können, aber Julia wusste instinktiv, dass es sich dabei um nichts Gutes handelte.

Sie zwang sich, einen Schritt auf die halb offene Tür zuzugehen. Dann sah sie etwas, was aussah wie ein ausgestreckter Arm, der sich nach Hilfe reckte. In der nächsten Sekunde kippte das Bild vor Julias Augen und formte sich neu. Sie ließ eine Minute verstreichen, zählte die Sekunden. Dann betrat sie das Zimmer.

3. KAPITEL

Was zu tun oder zu lassen ist

Susanne Grimm beugte sich über den Ausguss der Spüle und löste mit der Zange den Wasserhahn. Dann wischte sie sich den Schweiß von der Stirn und sah noch einmal für einen kurzen Moment aus dem vergitterten Fenster.

Ich hab schon beinahe vergessen, wie sich die Sonne auf meinem Körper anfühlt. Oder der Regen.

Es war Sommer, aber die Farben existierten nur draußen.

Das einzig Gute war, dass der heutige Tag nicht wesentlich schlimmer werden konnte als der gestrige. Aber war das wirklich ein Trost?

Susanne seufzte leise, und während sie weiterarbeitete, versuchte sie sich zu erinnern, wann sie das letzte Mal Sex gehabt hatte. Etwas, an das man sich eigentlich ohne Schwierigkeiten erinnern sollte, aber vor ihrem inneren Auge entstand kein Gesicht. Jedenfalls nicht gleich. Es war einfach zu lange her. Wahrscheinlich auch nicht wichtig genug. Vermutlich auch nicht gut genug.

Doch dann erinnerte sie sich plötzlich wieder. Damals – vor ein paar gefühlten Jahrhunderten –, als sie noch Bass in einer Band gespielt hatte, mit ihrer unvergänglichen Liebe zu Punk. „Punk ist unser Lebensgefühl!", hatten sie zu Beginn jedes Auftrittes ins Publikum geschrien. Und mit dieser Erinnerung kam auch die Erinnerung an die letzte Frau zurück, mit der sie im Bett gewesen war. Und an den Sex. Und an die Enttäuschung danach. Gerade mal ein bisschen Zeit, um zu tasten und zu schmecken, ein bisschen Gestöhne, und schon trat die Langeweile ein und schimmerte in ihrer ganzen Pracht oberhalb des Bettes.

Der nächste Gedankenschnitt. Susanne sah noch einmal die beiden Polizisten vor sich, die sie vor zwei Monaten aus ihrer Wohnung geholt hatten. Der eine war ziemlich groß gewesen und hätte mit seinem hellbraunen welligen Haar und dem Oberlippenbart perfekt zu den *Village People* gepasst. Der andere war um einiges kleiner, wesentlich gepflegter, mit schütterem grauem Haar. Beide hatten demonstrativ die rechte Hand an ihre Waffen gelegt, während sie in ihrer Wohnung standen.

„Ziehen Sie sich etwas an und kommen Sie mit", hatte der mit dem Oberlippenbart gesagt und sie dabei auffordernd angesehen.

Susanne hatte sich nicht gerührt, die beiden nur angesehen. Immerhin, sie hatte gelächelt. Die beiden lächelten jedoch nicht zurück.

Und dann vergingen Sekunden. Eine nach der anderen, so lange, bis einer von ihnen etwas sagen musste. Erneut entschied sich der Oberlippenbart dafür: „Es liegt eine Anzeige gegen Sie vor, wegen schwerer Körperverletzung. Ziehen Sie sich jetzt etwas an und kommen Sie mit."

„Hat das Schwein mich also tatsächlich angezeigt?" Susanne hatte dem Kleineren einen Blick zugeworfen, doch der hob nur die Schultern. Vermutlich versuchte er sich gerade vorzustellen, wie sich die Sache im Hinterhof der Kneipe abgespielt haben könnte.

„Sie wissen, was der Typ getan hat?", wandte Susanne sich wieder an den Oberlippenbart.

Der reckte leicht den Hals, als hätte er Schmerzen. „Ziehen Sie sich jetzt an und kommen Sie mit. Sonst müssen wir Gewalt anwenden."

„Oh, das möchte ich natürlich nicht. Ich bin grundsätzlich gegen Gewalt, auch wenn Sie mir das jetzt wahrscheinlich nicht glauben."

Sie glaubten es ihr tatsächlich nicht, und schließlich hatte Susanne sich angezogen und war mit ihnen gegangen.

In dieser Sekunde kam Heide Sacher völlig außer Atem ins Pflegerzimmer. Sie griff nach einer Kaffeetasse, ehe sie in der

Bewegung innehielt und sich erstaunt zu Susanne umwandte. „Sind Sie etwa immer noch hier?"

„Sie haben mich nicht rausgeschickt, ehe sie mit Jäger abrauschten", bemerkte Susanne und legte einen neuen Dichtungsring ein.

„Aber Sie dürfen nicht alleine hier sein. Das wissen Sie doch selbst am besten, Frau Grimm."

Susanne lächelte dünn und drehte die Zange mit ganzer Kraft. „Keine Sorge, ich hab nichts angefasst. Ich wollte hier nur fertig werden. Hat Waffenschmied mal wieder sein Bett angezündet?"

Seufzend ließ die Pflegerin sich auf einen Stuhl sinken. „Allerdings." Sie trank einen Schluck Kaffee und fügte hinzu: „Entschuldigen Sie. Ich wollte Sie nicht anfahren. Aber wenn so etwas schon am frühen Morgen passiert … Wie geht es Ihnen denn inzwischen?"

„Geht so." Susanne richtete sich auf und wusch sich die Hände. Dann drehte sie den Wasserhahn wieder zu und nickte zufrieden, als er nicht mehr tropfte.

Heide lächelte ebenfalls anerkennend. „Wenn Sie hier wieder raus sind, können Sie jederzeit aufs Klempnern zurückgreifen, falls es mit Ihrem eigentlichen Job nicht klappt."

„Wissen Sie, genau das hab ich meinem Vater auch gesagt, als ich mich damals an der Uni einschrieb. Aber er fand das damals überhaupt nicht witzig."

„Was haben Sie eigentlich studiert?"

„Spanisch und Französisch. Auf Lehramt." Susanne schob die Hände in die Hosentaschen und wippte auf den Fußballen. „Danach fand ich leider keine Stelle als Lehrerin und hab mich leidlich mit Aushilfsjobs über Wasser gehalten."

Heide konnte sich ein kleines Lächeln nicht verkneifen. „Ich kann Sie mir so gar nicht als Lehrerin vorstellen."

Susanne lächelte ebenfalls und wollte etwas darauf antworten, doch sie wurde abgelenkt. Sie wandte den Kopf und blickte hinaus auf den Flur. Dort entdeckte sie ihre Zimmernachbarin, von der sie nicht mehr wusste, als dass sie Julia hieß, und beobachtete, wie diese etwas vom Boden aufhob, was aussah wie eine Serviette. Dann schwankte sie leicht und verschwand kurz darauf in Zimmer 9.

Ohne ein weiteres Wort verließ Susanne das Pflegerzimmer und folgte ihr über den Flur.

Das ganze Zimmer stank nach Tod.

In dem Augenblick, in dem Julia es betreten hatte, hatte sie bereits das Schlimmste befürchtet. Und sie hatte recht behalten. Nun stand sie da und versuchte sich zu sagen, dass das, was sie da vor sich sah, nicht real war.

Aber es war die Wirklichkeit.

Die nächste Frage, die Julia sich stellte, war, wie lange der Mann hier schon so liegen mochte. Sie wusste es nicht, aber es waren sicher schon ein paar Stunden. Eine Fliege summte an ihrem Ohr. Mit dem Handrücken wischte sie sie weg. Ihr Herz pochte derart heftig, dass es in ihrem Brustkorb schmerzte.

Warum immer ich? Warum, verdammt noch mal, immer ich?

Die unausgesprochene Frage hallte in Julias Kopf nach.

Wenn sie etwas nicht – und überhaupt nie mehr – gebrauchen konnte, dann das. Deshalb begann sie bereits in der nächsten Sekunde abzuwägen, was sie tun musste und was sie sich erlauben konnte, nicht zu machen: Sie konnte Alarm schlagen, hierbleiben und auf die Polizei warten. Oder sie konnte sich umdrehen, leise wieder verschwinden und darauf warten, dass jemand anders die Leiche fand.

„Oh, mein Gott!"

Erschrocken fuhr Julia herum.

Hinterher sollte sie sich noch oft an Susannes Augen erinnern, die so sehr geweitet waren, dass die Pupillen die ganze Iris einzunehmen schienen angesichts des Unfassbaren, das da vor ihnen auf dem Bett lag.

Susanne wollte einen Schritt auf die Leiche zugehen. „Ist er tot?"

Schnell hob Julia eine Hand. „Bleib, wo du bist." Auf die gestellte Frage antwortete sie erst gar nicht. Denn dass der Mann tot war, daran gab es nun wirklich keinen Zweifel. Einer ihrer Mitpatienten, der einfach nicht mehr existierte. Er würde nicht mehr im Speiseraum an einem der Tische sitzen. Er würde an keiner Gruppensitzung mehr teilnehmen. Vor allem aber würde dieser Mann nie wieder die Sonne draußen vor dem Fenster sehen können. Denn davon abgesehen, dass er tot war, hatte er auch keine Augen mehr. Lediglich zwei blutige, leere Höhlen starrten noch an die Decke.

„Was, um Himmels willen …" Susanne sah aus, als würde sie sich jeden Moment übergeben.

Julia schluckte ebenfalls, riss sich aber zusammen. Die Entscheidung war gefallen. „Wir brauchen die Polizei", sagte sie. „Schnell."

4. KAPITEL

Die Pläne Gottes

Der Tag hatte so verheißungsvoll begonnen.

Gerade wollte Charlotte Gärtner es sich in ihrem Liegestuhl im Garten bequem machen, bereit, den Beginn ihres freien Tages zu genießen. Die Musik aus dem Radio dudelte leise, und die frühe Morgensonne schien bereits jetzt auf sie herab, so als hätte jemand einen himmlischen Scheinwerfer eingeschaltet, der nur für sie leuchtete.

Charlotte fühlte sich aus Raum und Zeit geschoben und war absolut zufrieden. Ja, das war sie wirklich. Vielleicht mochte sie etwas überholt wirken für ihre fünfundvierzig Jahre, mit dem dünnen Blümchenschal, den sie irgendwann einmal auf einem Flohmarkt erstanden hatte und seitdem immer trug, den blonden kurzen Haaren, die in alle Richtungen abstanden, dem dicken Hintern und den stämmigen Beinen. Aber das war alles nichts gegen ihren Mann – vielmehr Exmann –, der inzwischen aussah wie ein alternder Playboy, mit den wenigen Haaren, die er noch hatte, und den viel zu bunten Hemden, die er über einem unmöglich zu übersehenden Bierbauch trug. Aber immerhin musste er ja das junge Ding mit dem übertriebenen Make-up und den viel zu engen, kurzen Röcken beeindrucken, das er seit ihrer Trennung mit sich herumschleppte.

Charlotte seufzte leise auf. Das war vorbei. Sollte er machen, was er wollte. Sie verbrachte wegen ihm keine schlaflosen Nächte mehr, und sie hatte auch keine Tränen mehr in den Augen.

Gerade dachte sie darüber nach, sich noch eine weitere Tasse Kaffee zu holen, um dann in aller Ruhe die Zeitung zu lesen und Gott einfach einen guten Mann sein zu lassen, als das Telefon im Haus klingelte.

Das bedeutete nichts Gutes, und Charlottes gute Laune verflog sofort.

Niemand wagte es, sie um diese Zeit an ihrem freien Tag anzurufen, nur um ein bisschen zu plaudern.

Sie betrat das Haus, nahm den Hörer ab, hörte einen Moment zu und legte ihn dann mit einem resignierten Seufzer zurück auf die Gabel.

Das war er gewesen, ihr erster freier Tag seit Wochen.

Und, oh ja, sie hätte ihn genossen.

Aber Gott schien an diesem Tag andere Pläne für sie zu haben.

Die Straßen waren erstaunlich leer, deshalb dauerte die Fahrt in ihrem roten BMW Z4 nur knapp zwanzig Minuten. Der Kauf des Wagens war eine Übersprungshandlung gewesen, entstanden kurz nach der Scheidung von ihrem Mann, als sie etwas brauchte, um sich die Laune aufzubessern. Das hatte auch funktioniert, etwa zwei Wochen lang. Inzwischen kam sie sich nur noch albern vor, weil das auffällige Auto ständig angestarrt und kommentiert wurde, vor allem von ihrer Mutter, die süffisant bemerkte, wie lächerlich es doch war, wenn eine Person, der es kaum gelang, die einzelnen Kleidungsstücke ihrer Garderobe aufeinander abzustimmen, einen so auffälligen Sportwagen fuhr.

Blödes Spielzeug, dachte Charlotte einmal mehr und nahm sich auf ein Neues vor, den Wagen schnell wieder zu verkaufen.

Um 8:44 Uhr parkte sie nun auf dem großen Schotterparkplatz vor der psychiatrischen Klinik Mönchshof, die umgeben war von einer hohen Ziegelmauer. Einlass bot lediglich ein nicht weniger hohes schmiedeeisernes Tor, das jedoch verschlossen war.

Charlotte nahm sich einen Moment Zeit, sich umzusehen. Das alte Kloster, das hinter Ziegelmauer und Tor emporragte, wirkte schlicht und nüchtern. Nichts wies heute mehr darauf hin, dass hier vor rund siebenhundert Jahren einmal Mönche gelebt hatten, außer der überlieferten Tatsache, dass es halt mal ein ehemaliges Kloster war. Es erinnerte auch nichts mehr daran, dass dieses Kloster irgendwann überfallen und geplündert und die Mönche an den Außenmauern aufgeknüpft worden waren. Und ebenso wenig daran, dass es danach für sehr lange Zeit unbewohnt geblieben war. Erst in den Sechzigerjahren des letzten Jahrhunderts wurde es wieder benutzt, seitdem befand sich die geschlossene Psychiatrie darin.

Charlottes Blick fiel auf den großen Park jenseits des schmiedeeisernen Tors, eine wirklich beeindruckende Anlage. Auf endloser Rasenfläche erhoben sich alte Ulmen, elegante Ahornbäume und ausladende Rhododendren. Zwischen Blumenrabatten schlängelten sich kleine Wege dahin. Ganz hinten entdeckte sie einen Ententeich. Und noch weiter hinten einen kleinen Friedhof.

Am Tor war ein Schild befestigt mit der Aufschrift: *Psychiatrischer Bereich. Bitte klingeln. Unbefugte haben keinen Zutritt.*

Charlotte tat wie geheißen und drückte auf die Klingel, was ein kratzendes, metallisches Schrillen provozierte, das ihr durch Mark und Bein ging.

Als nichts geschah, klingelte sie noch einmal, und dieses Mal tönte es aus der Gegensprechanlage: „Ja?"

„Gärtner. Kriminalpolizei. Machen Sie bitte auf."

Es summte, Charlotte packte den rauen Eisengriff, betrat die Anlage und folgte dem schmalen Weg, der sie zum Hauptgebäude führte.

Auch hier hing wieder ein Schild, das sie dazu aufforderte, zu klingeln. Sie tat wie geheißen, und kurz darauf ertönte eine weitere Stimme durch die Sprechanlage.

Noch einmal erklärte Charlotte, wer sie war, und die Tür wurde geöffnet.

Im Inneren der Klinik war die nächste Tür, auf die Charlotte zutrat, eine schwere Eichentür, die jedoch nur angelehnt war. Dahinter war die Stimme einer Frau zu hören, die mit einer Art wütender Präzision fluchte: „Verdammt! Verdammt! Und noch einmal verdammt!"

Dann die Erwiderung eines Mannes mit noch recht junger Stimme: „Warum nimmst du dir nicht gleich ein Messer und stichst es mir zwischen die Rippen, Heide?"

Dann wieder die Frau: „Jan, du weißt, wir brauchen hier jeden Mann. Aber ich muss mich auf dich verlassen können. Und die Frage ist: Kann ich das?"

„Du konntest dich noch immer auf mich verlassen."

„Du musst etwas tun."

Charlotte hob die rechte Hand und klopfte gegen die Tür, ehe sie mit schnellem Schritt hindurchtrat.

Das Erste, was ihr entgegenschlug, war der Geruch von Schweiß und … Kohl. Kohl?

Charlotte schnüffelte.

Tatsächlich. Kohl.

Eine kräftig gebaute Frau stand mit dem Rücken zu ihr. Der junge Mann, mit dem sie gerade gesprochen hatte, lehnte an der Wand, die Hände in den Hosentaschen einer weißen Hose. Beide wandten sich um und blickten Charlotte aufmerksam entgegen.

„Kann ich Ihnen helfen?", fragte die Frau, und Charlotte stellte fest, dass sie sehr blass war. Aufgrund ihrer durchdringenden dunklen Augen wirkte sie noch weißer, beinah milchig hell, und ihre große, römische Nase verstärkte ihre hochmütige Ausstrahlung.

„Mein Name ist Charlotte Gärtner", sagte Charlotte. „Mordkommission."

„Ja. Natürlich." Die Stimme der Frau klang nun wieder ruhig und sachlich und verriet nichts mehr von der Wut, die sich gerade eben noch darin manifestiert hatte.

„Und wie ist Ihr Name?", wollte Charlotte von ihr wissen.

„Heide Sacher. Ich bin eine der Pflegerinnen. Das dort ist mein Kollege Jan."

Der junge Mann, Ende zwanzig, höchstens ein Meter siebzig groß und sehr schmal, mit hellbraunem Haar und modischem Schnitt, zog die rechte Hand aus der Hosentasche und machte einen Schritt auf Charlotte zu. „Jan Jäger." Kurz reichten sie sich die Hand.

„Bitte folgen Sie mir", sagte Heide Sacher dann in Charlottes Richtung und drehte sich dabei so schnell um, als habe sie Rollen unter den Füßen. Beinahe lautlos glitt sie den Flur entlang, wohingegen Charlotte regelrecht hinter ihr herpolterte und Mühe hatte, Schritt zu halten.

Sie arbeiteten sich durch eine Traube von Menschen, die sich im Flur versammelt hatten und überall im Weg herumstanden. Patienten, natürlich. Und immer wieder dieser fürchterlich muffige Geruch aus Schweiß, Kohl und … Angst.

„Wann genau wurde der Tote gefunden?", wollte Charlotte von Heide Sacher wissen.

„Vor etwa einer Stunde."

„Und von wem?"

„Von zwei Patientinnen."

Charlotte vermerkte diese Aussage auf ihrem internen Notizzettel. „Ich nehme an, Sie machen hier die Frühschicht?", fragte sie dann weiter.

„Ja."

Charlotte hatte immer noch Mühe, der Pflegerin zu folgen. „Mit wie vielen Kollegen arbeiten Sie in einer Schicht?"

„Nur mit Jan."

„Und wer hat das Verbrechen bei uns gemeldet?"

„Das war ich."

Charlotte wollte noch etwas fragen, als sie einen Schatten hinter sich bemerkte. Jemand folgte ihnen lautlos. Sie wandte sich um und stellte fest, dass es sich um einen alten Mann handelte – um einen sehr alten Mann –, der fest eine Puppe in den Armen hielt.

Tief durchatmen, sagte Charlotte sich. *Einfach ignorieren.* „Ist Ihnen in letzter Zeit etwas Ungewöhnliches auf der Station aufgefallen?", wandte sie sich wieder an Heide Sacher.

Die Pflegerin blieb stehen und verschränkte die Arme vor der Brust. „Hier passieren jeden Tag die ungewöhnlichsten Dinge, Frau Kommissarin. Wir befinden uns in einer Psychiatrie. Bitte schön. Das hier ist Zimmer Nummer 9. Ihre Kollegen haben sich bereits eingefunden. Entschuldigen Sie mich jetzt bitte wieder. Die Arbeit wird nicht weniger, die Patienten sind völlig durcheinander, und wie Sie wissen, sind wir nur zu zweit." Das Lächeln, das daraufhin folgte, war flüchtig und enthielt nur wenig Freundlichkeit. Und kurz darauf war Heide Sacher auch schon wieder verschwunden.

Wie eine knorrige alte Eiche, so stand Viktor Rosenkranz da und blickte sich unsicher um. Wenn er nur nicht schon wieder vergessen hätte, weshalb sich alle um ihn herum auf einmal so fürchterlich hektisch und aufgeregt benahmen. Aber er erinnerte sich nicht.

Etwas ganz Außergewöhnliches war passiert, das verstand er immerhin. Aber was? Verschiedene Sätze und Satzfetzen schwirrten in seinem Kopf umher wie Mücken, aber er erinnerte sich einfach nicht, und das ärgerte ihn. Früher war er nicht so vergesslich gewesen, höchstens ein bisschen zerstreut. In letzter Zeit allerdings hatten sich die zerbrechlichen Verbindungen zwischen Denken und Handeln immer weiter aufzulösen begonnen. Statt der Erinnerung war in seinem Kopf nichts als Leere.

„Hallo, Herr Rosenkranz", sprach ihn jemand an, und er sah auf. Immerhin, diesen jungen Mann erkannte er. Es war Jan Jäger, der Pfleger.

„Passen Sie wieder auf das Jesuskind auf?", wollte er wissen.

In Viktors Blick legte sich Verwunderung. Das Jesuskind? Erst jetzt fiel ihm wieder die Puppe ein, die er in den Armen hielt. „Ja", sagte er. „Ja."

„Das ist gut", sagte Jäger und lächelte aufmunternd. „Lassen Sie es nicht aus den Augen."

Der alte Mann nickte und wandte sich ab. Dann schlurfte er mit der Puppe im Arm in die Richtung, in der er sein Zimmer vermutete.

5. KAPITEL

Ein Toter ohne Augen

Zu Lebzeiten musste der Mann recht gut ausgesehen haben, groß und schlank, mit vollem dunklem Haar, von silbernen Strähnen durchzogen, das ihm wellig aus der hohen Stirn fiel.

Das mit dem recht gut aussehen war nun allerdings vorbei. Der Unterkiefer hing herunter, die Oberlippe war hochgezogen und die Vorderzähne wie zu einem Knurren gebleckt. Ein dünner Blutfaden war aus dem linken Nasenloch gesickert und schwarz eingetrocknet. Und er hatte keine Augen mehr.

Charlotte blinzelte und unterdrückte eisern ein Flattern im Magen. „So etwas habe ich ja noch nie gesehen", murmelte sie.

Der Kollege von der Spurensicherung schoss ein paar Fotos. Der Auslöser klickte und surrte. „Eine Leiche ohne Augen ist mir bisher auch noch nicht untergekommen."

„Haben wir seinen Namen?"

„Weinfried Tämmerer. Wurde kurz vor 8:00 Uhr gefunden."

Charlotte nickte und bewegte sich ein Stück zur Seite, um dem Mann nicht im Weg zu stehen. „Und was können Sie mir sonst erzählen?"

„Er wurde erschossen, und das – wie ich für den armen Kerl hoffe –, bevor man ihm die Augen entfernt hat. Was das Kaliber der Waffe betrifft, möchte ich mich nicht festlegen. Die Kriminaltechniker werden Ihnen da mehr helfen können als ich." Der Kollege legte ein Lineal neben den Blutfleck, der sich unter dem Kopf des Opfers ausgebreitet hatte, und beugte sich etwas nach vorne, um ein weiteres Foto zu machen. „Was ich Ihnen aber sagen kann, ist, dass es sich um keinen Raubmord handelt. Brieftasche und ein paar Münzen lagen unangetastet in der Nachttischschublade." Er hob den Blick, sah zur Tür und seufzte leise auf. „Na, großartig ... Kennen Sie *Madame*?" Als Charlotte daraufhin den Kopf schüttelte, fügte er hinzu: „Na, dann passen Sie mal auf."

„Also bitte, was darf es heute sein?" Frau Dr. Hannelore Strickners Stimme fiel durch knappe, präzise Aussprache auf, und Charlotte fuhr bei ihrem Klang unwillkürlich zusammen. Als sie den Kopf wandte, konnte sie die Frau sehen, die in der Tür aufgetaucht war. Sie war Ende fünfzig und ihre grauen, mit blonden Strähnchen durchzogenen, auftoupierten Haare standen wie Stacheln in alle Richtungen. Auf ihrer Nasenspitze saß eine rote Diorbrille, und in der rechten Hand hielt sie einen großen metallenen Koffer, den sie schnaubend neben sich abstellte. „Entschuldigen Sie die Verspätung, aber leider beinhaltet mein Etat noch keinen Hubschrauber, mit dem ich von einem Gewaltopfer zum nächsten fliegen kann. Aber nun, da ich endlich hier bin ... Was haben wir?"

Charlotte räusperte sich. „Eine männliche Leiche. Keines natürlichen Todes gestorben."

„Was Sie nicht sagen", bemerkte die Strickner.

Charlotte räusperte sich erneut. „Er hat keine Augen mehr."

Die Ärztin machte sich gar nicht erst die Mühe, auf etwas zu antworten, was sie selbst sehen konnte. Stattdessen wandte sie den Kopf, um Charlotte besser ins Visier nehmen zu können. „Und wer sind Sie?", wollte sie wissen.

„Gärtner", sagte Charlotte. „Mordkommission."

„Ah. Die neue Kommissarin." Für einen Moment wurden die Augen der Strickner schmal hinter der roten Brille, dann konzentrierte sie sich wieder auf die Leiche. Sie klappte ihren Koffer auf und streifte sich Handschuhe über. Dann beugte sie sich etwas nach vorne, um den Toten besser in Augenschein nehmen zu können. „Ganz schön abartig", murmelte sie. „Die Augen wurden ihm offenbar gewaltsam herausgerissen."

Charlotte spürte schon wieder Übelkeit in sich aufsteigen, schloss für einen Moment die eigenen Augen, froh, dass sie diese noch besaß, und dachte darüber nach, dass es viele Gründe geben konnte, warum ein Mörder seinem Opfer die Augen ausriss. Ihr fiel nur im Moment keiner ein.

„Aber immerhin, ich würde vermuten, dass es für den armen Mann ziemlich schnell ging", bemerkte die Ärztin nach ein paar Sekunden und wandte ihre Aufmerksamkeit nun der Schusswunde zu. „Ein Schuss in die Schläfe. Am Einschussloch ist schwarzes, angetrocknetes Blut." Sie schien den Inhalt ihres Koffers blind zu kennen, denn sie griff ohne hinzusehen zielsicher nach einer Lupe und studierte damit die Haut rings um das Loch. „Sehen Sie das?" Ohne aufzublicken, hielt sie Charlotte die Lupe hin. „Der graue Schimmer auf dem Schwarz der Einschusswunde deutet darauf hin, dass er aus nächster Nähe erschossen wurde, der Schuss aber nicht aufgesetzt war. Ich tippe auf etwa einen halben Meter."

Charlotte beugte sich etwas hinunter und starrte durch die Lupe.

„Die Asymmetrie der Verfärbung zeigt, dass der Schütze stand und schräg nach unten geschossen hat", fügte die Strickner hinzu.

„Können Sie erahnen, was für eine Waffe verwendet wurde?", fragte Charlotte.

„Ballistik ist nicht mein Fachgebiet, Frau Kommissarin."

„Seltsam, dass niemand den Schuss gehört hat", bemerkte der Mann von der Spurensicherung, ohne von seiner Arbeit aufzusehen.

„Schalldämpfer", gab die Strickner zurück, ebenfalls ohne aufzusehen.

„Was?", entfuhr es Charlotte. „Wie zum Teufel sollten die Herrschaften hier an einen Schalldämpfer gelangen?"

„Gegenfrage: Wie zum Teufel sind die Herrschaften hier an eine Pistole gelangt?"

Charlotte seufzte tief auf und nickte. „Todeszeitpunkt?"

„Irgendwann um Mitternacht herum, würde ich sagen." Die Strickner runzelte die Stirn, widmete sich noch einmal dem Körper des Toten und deutete nun auf mehrere Blutergüsse am Oberkörper. „Sehen Sie die Hämatome hier? Jemand muss ihn kurz vor seinem Tod noch ordentlich verprügelt haben." Damit richtete sie sich auf und legte die Instrumente ordentlich in den Koffer zurück. „Zuerst verprügelt und wenig später erschossen. Mehr kann ich Ihnen erst sagen, wenn ich ihn auf meinem Tisch hatte."

Und das war es dann auch. Die Ärztin schnappte sich ihren metallenen Koffer und verschwand, ohne einen weiteren Blick auf die Leiche zu werfen.

6. KAPITEL

Nichts Ungewöhnliches

„Was ist hier passiert?"

Heide Sacher erwiderte den Blick der Patientin, deren Haare ihr schwarz, strähnig und fettig ins Gesicht fielen. Zwang sich, nicht wegzusehen. „Herr Tämmerer ist tot."

Die Worte hingen einen Moment lang in der Luft. Die Hand der Patientin fuhr zum Mund. Man vermochte beinahe zu sehen, wie es in ihrem Kopf arbeitete, wie sie die Information zu bewältigen versuchte. Als wäre sie betrunken, ging sie ein paar Schritte im Halbkreis. Dann wandte sie sich plötzlich ab und stürzte sich ohne Vorwarnung auf Jan Jäger.

„Frau Yilmaz!", rief Heide noch, aber die Frau reagierte gar nicht auf sie.

„WAS HABEN SIE GETAN, UM IHM ZU HELFEN?"

Jäger hob abwehrend beide Hände in die Höhe.

„SIE HÄTTEN IHN SCHÜTZEN MÜSSEN! WAS HABEN SIE GETAN, UM IHN ZU SCHÜTZEN?"

„Frau Yilmaz!" Heide Sacher packte die Hände der Patientin und drehte dabei deren Hände nach oben. Zutage kam ein Zickzack frisch vernarbter Schnittwunden am Unterarm.

„FASSEN SIE MICH NICHT AN!"

Und dann begann ein ungleicher Kampf mit ungleichen Mitteln. Ein verbissen harter Kampf, bei dem niemand aufgeben wollte. Zekine Yilmaz hatte keine Waffe, aber die brauchte sie auch nicht. Sie selbst war die Waffe. Sie schrie, schlug um sich, trat, boxte, kratzte und spuckte. Heide Sacher versuchte, ihre Arme festzuhalten und an ihren Körper zu pressen. Sie war deutlich größer und schwerer als die junge Frau, aber die schreckte vor keinem Mittel des Kampfes zurück. Sie rammte Heide ihr Knie in den Unterleib, und als diese mit einem unterdrückten Schrei zurückwich und sich für einen Moment nach vorne krümmte, nutzte Zekine die Gelegenheit, um mit geballten Fäusten auf Jäger einzuschlagen. Ihr Kopf schwankte dabei unkontrolliert hin und her. Zornestränen liefen aus ihren Augen.

Heide rappelte sich auf und warf sich von hinten auf sie. „Halt ihre Hände fest!", befahl sie ihrem Kollegen.

Erneut entbrannte ein heftiger Kampf, doch dann hatten die beiden Pfleger es geschafft. Mit vereinten Kräften packten sie die Frau und schafften sie in ihr Zimmer.

Zehn Minuten später zog Heide mit zitternden Fingern ein Taschentuch aus ihrem Kittel. „Das war unglaublich!", entfuhr es ihr, während sie sich Blut von der Lippe tupfte.

Jäger rückte seinen weißen Kittel zurecht und fuhr sich durch die Haare. Wer ihn nicht kannte, hätte ihm keinen solchen Kraftakt zugetraut, so schmal und zierlich wie er war. Allerdings atmete auch er ziemlich schwer. „Sie ist völlig durcheinander. Kann man ja auch verstehen."

„Auf jeden Fall war es ziemlich knapp." Heide faltete das Taschentuch so, dass sie eine saubere Ecke benutzen konnte. Als sie sich dann abwenden und das Pflegerzimmer verlassen wollte, sah sie sich Charlotte Gärtner gegenüber, die in der Tür stand und sagte: „Ich hätte da noch ein paar Fragen an Sie beide."

Jäger seufzte leise auf. Heide sagte mit deutlich zerknirschter Stimme: „Natürlich."

Zufrieden nickend zog Charlotte einen Kugelschreiber aus ihrer Tasche und stellte fest, dass sie schon wieder keinen Notizblock zur Hand hatte. Sie entdeckte einen Papierkorb, zog ein Blatt heraus, auf dem jemand Strichmännchen gezeichnet hatte, glättete es und sah sich um. Da das Zimmer nicht sehr geräumig war – viel mehr als ein Tisch mit zwei Stühlen, eine Spüle und ein Medizinschrank mit mehreren Schlössern passten nicht hinein –, entschied sie sich, stehen zu bleiben. Sie sah in Jägers Richtung und sagte: „Die Patientin von eben scheint kein großer Fan von Ihnen zu sein."

Er räusperte sich. „Sie denkt, wenn wir Tämmerer besser beschützt hätten, dann wäre der Mord nicht passiert."

„Und? Hat sie recht damit?"

„Natürlich nicht", antwortete Heide für ihn. „Wir nehmen unseren Job sehr ernst, Frau Kommissarin. Aber wie, bitte schön, hätten wir diesen Mord verhindern sollen?"

Charlotte warf den beiden jene Art von Blick zu, die jedem anderen normalerweise feuchte Hände bescherte, beließ es aber vorerst bei dieser Aussage. „Wann haben Sie Weinfried Tämmerer das letzte Mal lebend gesehen?"

„Oh, das war gestern Mittag im Speiseraum." Das kam nun von Jan Jäger. „Gegen zwölf Uhr."

„Und da sind Sie sich sicher?"

„Aber ja. Ganz sicher."

Charlotte notierte und fragte weiter: „Und wie wirkte er da?"

„Da uns nichts an ihm aufgefallen ist, wird er wohl wie immer gewesen sein." Die Stimme der Pflegerin klang schon wieder reichlich feindselig.

„Und heute Morgen?", fragte Charlotte weiter.

Kopfschütteln von Heide Sacher.

Kopfschütteln von Jan Jäger.

Charlotte seufzte leise auf. „Nun, da er heute Morgen um sieben Uhr bereits tot war, gehe ich nicht davon aus, dass er am Frühstück teilgenommen hat. Und das ist Ihnen nicht aufgefallen, nein?"

Jäger schürzte die Lippen. „Doch. Natürlich. Ich war ja noch bei seinem Zimmer und habe laut an die Tür geklopft, aber er reagierte nicht."

„Wann war das?"

„Um kurz nach sieben. Vielleicht fünf Minuten nach."

„Was haben Sie dann gemacht?"

„Ich wollte gerade in das Zimmer gehen, als es eine Störung gab, und dann ..."

„Entschuldigen Sie", unterbrach Charlotte. „Ich bin noch nicht ausreichend eingeführt in die psychiatrisch-klinische Sprache. Was genau ist ‚eine Störung'?"

„Wenn der geregelte und vorgegebene Ablauf innerhalb der Station durch außergewöhnliche Situationen unterbrochen wird, das nennt man Störung", erklärte Jäger geduldig. „In diesem Fall hatte einer der Patienten sein Bett angezündet, und ich musste helfen, die Situation unter Kontrolle zu bekommen. Ich dachte mir, dass ich Tämmerer dann eben später holen würde, falls er dann immer noch in seinem Bett läge. Er konnte mir ja kaum entkommen, nicht wahr?"

Charlotte sah den Pfleger aufmerksam an. „Die Tür war also verschlossen, als Sie um kurz nach sieben davorstanden?"

„Ja."

Einen Moment wurde es still.

„Gibt es sonst noch etwas, was Ihnen einfällt?"

Kopfschütteln von Jäger.

Kopfschütteln von Heide Sacher.

„Haben Sie auch zur Klärung der Störung beigetragen?", wollte Charlotte von der Pflegerin wissen.

„Natürlich", antwortete Heide Sacher. „Wir müssen solche Dinge immer zu zweit angehen. Das ist Vorschrift."

„War sonst noch jemand dabei?"

„Frau Doktor Sattler."

Wieder eine kurze Notiz auf dem bemalten und welligen Papier. Dann legte sich Charlottes Blick noch einmal auf Jäger. „Und Sie sind danach nicht noch einmal zu Tämmerers Zimmer zurückgegangen?"

„Ich kam nicht mehr dazu." Der Pfleger zog die schmalen Schultern in die Höhe. „Die Situation war kaum unter Kontrolle, da wurde seine Leiche auch schon entdeckt."

Charlotte nickte. Es gab nichts mehr zu fragen. Vorerst. „Halten Sie sich zur Verfügung", sagte sie deshalb nur noch.

Heide Sacher und Jan Jäger nickten. Erleichtert, wie es schien.

7. KAPITEL

Die Julia Wagner?

Es war das erste Mal, dass Julia sich die Mühe machte, Susanne näher zu betrachten. Bisher hatte sie sich wenig bis gar nicht mit ihren Mitpatienten beschäftigt, und ganz bestimmt hätte sie das auch weiterhin nicht getan, wenn sie sich nicht in einer derart misslichen Lage befunden hätte. So aber sah sie nun etwas genauer hin, schätzte Susanne auf ungefähr dreißig Jahre alt und stellte fest, dass sie eher hübsch als klassisch schön zu nennen war, dass ihr dunkles Haar mit hellrosa, hellgrünen und blauen Strähnen durchzogen war, ihr Gesicht mit leichten Sommersprossen gesprenkelt, der Mund ein wenig breit, die Lippen voll und die Augen hellbraun mit einem goldenen Einschlag.

„Denkst du, die Serviette hat etwas mit dem Mord zu tun?", fragte sie gerade.

Julia zog eine Zigarette aus ihrer Hosentasche und zuckte mit den Schultern.

„Und wenn ja, was könnte es dann bedeuten?" Susanne beugte sich etwas zu ihr herüber, um ihr Feuer zu geben. „Ich meine …"

In dieser Sekunde betrat eine kräftige Frau mit kurzen blonden Haaren und sehr blauen Augen den Aufenthaltsraum. Sie hätte vermutlich gar nicht mal so unsympathisch gewirkt, wenn sie nur ein klein wenig gelächelt hätte. Das jedoch tat sie nicht. Vielleicht lag das an Heide Sacher, die ihr dicht auf den Fersen war und sie mit strengem Blick zu bezwingen versuchte, jedoch scheiterte. „Bitte regen Sie die Patienten nicht noch mehr auf! Hier geht ohnehin schon alles drunter und drüber!"

„Ich gebe mir Mühe", sagte die Frau und schloss die Tür vor ihrer Nase. Dann trat sie auf Julia und Susanne zu, zog mit einer routinierten Bewegung ihren Ausweis aus der Tasche und sagte: „Charlotte Gärtner. Mordkommission. Wie geht es Ihnen beiden?" Es war deutlich zu erkennen, dass das eine rhetorische Frage war, die sie nur aus Höflichkeit stellte.

„Grauenhaft", antwortete Susanne trotzdem mit gepresster Stimme.

Julia schwieg.

„Sie beide haben den Toten also gefunden?", war die nächste Frage, die Charlotte stellte.

Die Antwort darauf war ohnehin klar, deshalb ersparte Julia sich wieder eine Antwort. Susanne hingegen antwortete erneut: „Ja."

Charlottes Blick wanderte von ihr zu Julia und wieder zurück und blieb dann doch wieder an Julia hängen. „Erzählen Sie mir, was genau heute Morgen passiert ist."

Obwohl es nur allzu deutlich war, wie sehr sich alles an und in ihr dagegen sträubte, begann Julia mit einer derartigen Klarheit und Präzision zu erzählen, wie sie nur eine gewisse Routine mit sich brachte. Nur hin und wieder hielt sie kurz inne, um sich ein Detail ins Gedächtnis zu rufen, und am Ende befanden sich die Augenbrauen in Charlottes Leichenbittermiene vor lauter Fragezeichen beinahe am Haaransatz. „Warum haben Sie das Zimmer von Weinfried Tämmerer überhaupt betreten?", wollte sie wissen.

„Ich habe auf dem Boden vor seinem Zimmer eine Serviette gefunden." Inzwischen fein säuberlich eingetütet, reichte Julia ihr das vermeintliche Beweisstück.

„Eine Serviette?" Charlotte nahm die Tüte entgegen. „Und die haben Sie vor Tämmerers Zimmer gefunden?"

„Ja." Keine weiteren Ausführungen. Julia wusste nur zu gut, dass man sich mit einer allzu ausführlichen Antwort leicht selbst ein Bein stellen konnte. Und Charlottes Interesse wuchs immer weiter. „Warum haben Sie sich überhaupt für die Serviette interessiert?"

„Ich bin aus Versehen draufgetreten, als ich den Flur entlangging. Ich hob sie auf und stellte fest, dass jemand eine Zahl daraufgeschrieben hat."

Charlotte betrachtete die Serviette in der Tüte genauer und untersuchte die Zahl 5, die mit einem dicken schwarzen Stift daraufgeschrieben worden war. „Wo haben Sie diese Serviette noch mal gefunden?"

„Wie ich gerade sagte, vor Tämmerers Zimmertür."

„Und dann haben Sie sie aufgehoben und was getan?"

„Ich habe mich umgesehen, ob sie vielleicht jemand verloren hat. Und dabei stellte ich fest, dass die Tür offen stand."

„Moment", hakte Charlotte ein. „Die Tür stand offen, sagen Sie?"

Julia nickte.

„Und da sind Sie ganz sicher?"

„Ja." Julias Haltung blieb unverändert. „Sonst hätte ich wohl kaum das Blut auf dem Boden und dem Arm gesehen …"

Charlotte nickte.

„Und dann wäre ich auch nicht rein", beendete Julia den Satz.

„Warum sind Sie überhaupt hineingegangen?"

„Ich wollte nachsehen."

„Warum?"

„Hätten Sie es nicht getan?"

„Ich hätte vermutlich laut um Hilfe geschrien." Charlotte schwieg einen Moment nachdenklich, während sie die Tüte zwischen den Fingern drehte. „Ihre Mitpatientin, Frau Grimm, war zu dem Zeitpunkt noch nicht dabei?", fragte sie dann weiter.

„Nein. Sie kam erst, als ich das Zimmer bereits betreten hatte."

„Und was haben Sie getan, nachdem Frau Grimm das Zimmer betreten hatte?"

Julia zog an der fast abgebrannten Zigarette und inhalierte tief. „Ich sagte ihr, dass wir die Polizei rufen müssen."

„War es so?", wollte Charlotte von Susanne wissen.

„Genau so war es", bestätigte diese.

„Kannten Sie Weinfried Tämmerer gut?", war Charlottes nächste Frage. Und da nicht ganz klar war, an wen sie gerichtet war, bekam sie ein synchrones Kopfschütteln zur Antwort.

„Aber immerhin leben Sie hier doch auf sehr engem Raum zusammen", bemerkte Charlotte mit leiser Skepsis.

„Auf sehr engem Raum zusammenzuleben heißt aber nicht automatisch, dass man sich auch kennt", erklärte Susanne. „Ich kannte Tämmerer jedenfalls nicht näher."

„Ich auch nicht", fügte Julia hinzu.

„Aber Sie beide haben sich vorher schon gekannt?", fragte Charlotte weiter.

Erneutes synchrones Kopfschütteln.

„Jedenfalls nicht näher", schob Susanne erklärend hinterher. „Unsere Zimmer liegen nebeneinander."

„Stimmt das?", wollte Charlotte von Julia wissen, und die nickte.

„In Ordnung. Falls Ihnen weitere Einzelheiten einfallen, verständigen Sie mich bitte umgehend." Charlotte betrachtete ein letztes Mal die Serviette in ihrer Hand. „Warum haben Sie sie eingetütet?", wollte sie von Julia wissen.

„Für die kriminaltechnische Untersuchung. Ich dachte, es wäre einfacher, wenn …"

„Sie scheinen sich auszukennen, Frau …?"

Schweigen.

„Wie war nochmal Ihr Name?", hakte Charlotte nach.

„Julia."

„Ich meine Ihren Nachnamen."

„Den habe ich Ihren Kollegen bereits genannt."

„Ich würde ihn aber gerne von Ihnen wissen."

Julia zögerte. Zwei Sekunden. Drei. Dann sagte sie: „Wagner.“

Im nächsten Moment veränderte sich Charlotte Gärtners Gesichtsausdruck. Quasi innerhalb des Bruchteils einer Sekunde. „*Die* Julia Wagner?“

„Ja“, antwortete Julia. „Die.“

8. KAPITEL

Keine Wahl

All die Leute, die zu Zander sagten: „Das wird schon wieder. Sie wird sich wieder fangen." Alles Menschen, die es gut meinten. Natürlich. Und er, der murmelte: „Klar … sicher … wird schon wieder." Obwohl er sich keineswegs sicher war, dass es wieder werden würde, so wie es immer irgendwie wieder geworden war.

Sie wird sich wieder fangen.

Zum x-ten Male betrachtete er die verschiedenen Zeitungsartikel, die er auf dem Bett verteilt hatte. Er hatte die einzelnen Berichte so oft gelesen, dass er sie längst auswendig kannte. Trotzdem starrte er sie immer und immer wieder an, und sein Blick blieb an einzelnen Passagen hängen.

Der Erste stammte aus dem Jahr 1987:

Staatsanwalt und Frau sterben bei tragischem Autounfall. Tochter (10) kämpft ums Überleben.

Weiter ging es im April 2010:

Der Polizeipräsident bekümmert: „Wir verstehen es alle nicht. Sven Wagner war einer unserer besten und fähigsten Männer. Nichts an ihm hat je auf eine derartige kriminelle Energie schließen lassen."

Dem folgten eine ganze Menge weiterer Artikel, in denen man zum Schluss kam, dass Sven Wagner mit Wolfgang Lange unter mehr als nur einer Decke steckte; in denen Wagner als Randfigur der Mafia verdächtigt und mit Korruption, Bestechung und anderen Straftaten in Verbindung gebracht wurde. Weiter wurde behauptet, Wagner und seine Frau wollten sich scheiden lassen, und die Frage gestellt, ob sie hinter seine kriminellen Machenschaften gekommen war und beide sich deshalb im Wagen gestritten hatten, als der tragische Unfall geschah.

Die neuesten befassten sich mit Julias Person:

Was weiß die Tochter von Sven Wagner? Neue Teufelsmorde: Wieso Julia Wagner?

Während er zum Fenster ging, um es etwas weiter zu öffnen, fragte Zander sich, wie er wohl zurechtgekommen wäre, wenn Lange es tatsächlich geschafft hätte, Julia umzubringen. Er hätte recht unmännlich geweint, dessen war er sich sicher. Und er hätte sich betrunken, obwohl er sonst kaum trank.

Einen Moment stand er einfach nur da, bewegte sich nicht.

In Zanders Leben gab es immer eine Strategie, eine systematische Methode zum Umgang mit den Dingen. Niemals hatte es jemand mitbekommen, wenn es in ihm brodelte. Nie hatte ein Verdächtiger im Vernehmungsraum seine Euphorie bemerkt, wenn das Falsche an der richtigen Stelle gesagt worden war und ihm ein Verbrecher damit in die Falle ging.

Zander war ein Profi. Unerschütterlich. Stark. Verlässlich.

Im Falle von Julias Tod jedoch hätte es keine Strategie, keine systematische Methode mehr gegeben. Zanders Verstand war untrennbar mit ihr verbunden und hütete die Erinnerungen an sie.

Und genau deshalb war er nun hier. In Hannover, einer Stadt, die nicht seine war. Weit weg von Mainz. Deshalb hatte er sich unbezahlten Urlaub genommen, und überraschenderweise hatte Burkhart, sein Chef, sogar Verständnis dafür gezeigt. „Ist eine Scheißsache, Herr Zander. Vielleicht sind es ja wirklich Sie, den sie jetzt braucht."

Das hatte Zander ihm hoch angerechnet, und in diesem Moment war ihm auch klar geworden, wie sehr Burkhart Julia immer geschätzt hatte.

Er schritt zum Bett zurück und riss eine Packung mit Keksen auf. Jetzt fuhr er jeden verfluchten Tag in diese Psychiatrie, wo sie sich weiterhin beharrlich weigerte, mit ihm zu sprechen, während er weiterhin versuchte, irgendwie an sie heranzukommen. Auch weiter optimistisch zu klingen. Eben unerschütterlich. Aber es nützte nichts. Am Ende warf sie ihn immer hinaus.

Kaum zu ertragen. Er fühlte sich todmüde.

Es wird schon wieder. Sie wird sich wieder fangen.

Das alles wäre nicht passiert, wenn sie in Mainz geblieben wäre, davon war Zander überzeugt. Wenn er weiter ein sorgsames Auge auf sie hätte haben können, so wie er es immer getan hatte. Aber sie war gegangen. Sie hatte den Dienst quittiert und war mit unbekanntem Ziel verschwunden.

Und jetzt hatte sich schlagartig alles verändert.

Noch einmal wanderte Zanders Blick zu den Zeitungsartikeln, glitt über die verschiedenen Fotos. In diesem Moment klingelte sein Handy, er griff danach und hob es ans Ohr.

„Entschuldigen Sie die Störung", sagte eine Frauenstimme am anderen Ende. „Spreche ich mit Herrn Zander?"

Er richtete er sich etwas auf. „Ja. Und mit wem spreche ich?"

„Mein Name ist Paula von Jäckle. Wir müssen uns unbedingt treffen. Es geht um Julia Wagner."

Was Zander zu diesem Zeitpunkt noch nicht wusste, war, dass er längst beobachtet wurde. Und nicht nur das.

Etwa zur selben Zeit hüpften und tanzten jede Menge bunte Punkte vor den Augen eines Mannes mit dem Namen Kurt Gassmann. Er schwitzte – und das, obwohl er in seinem Büro eine Klimaanlage besaß.

Er schwitzte deshalb so sehr, weil er vor etwa einer halben Stunde Besuch von einem Mann bekommen hatte. Und dieser

Mann war alles andere als angenehm gewesen. Im Gegenteil, er war unheimlich. Angst einflößend.

Er war auch gleich zur Sache gekommen. Sie bräuchten Hilfe, hatte er gesagt. Um ein Handy zu orten.

Das wäre nicht das Problem gewesen, weil es im Grunde relativ einfach war. Ein eingeschaltetes Handy sendete jede halbe Stunde ein Signal aus, das von den Basisstationen in der Stadt aufgefangen wurde. Kannte man die Abdeckung der einzelnen Stationen, die das Signal auffingen, so konnte man über Kreuzpeilung ganz leicht herausfinden, wo in der Stadt sich ein Handy befand. In der Regel mit einer Genauigkeit von weniger als einem Quadratkilometer.

Trotzdem musste eine solche Aktion erst mit seinem Chef abgesprochen werden, darauf hatte Gassmann hingewiesen. Das hatte den Mann jedoch gar nicht beeindruckt. Er, Gassmann, solle eine Handynummer überwachen (die, wie er inzwischen herausgefunden hatte, einem Mann mit dem Nachnamen Zander gehörte), erklärte er weiter, und die Daten aller Personen an ihn weitergeben, die der Gesuchte in den nächsten Stunden kontaktieren würde.

Gassmann sah sich gezwungen, noch einmal darauf hinzuweisen, dass er dies nicht ohne Genehmigung tun könne. Und das, was der Mann daraufhin zu ihm sagte, hatte ihm den Schweiß auf den Rücken getrieben: „Sie werden es tun. Im Gegenzug werden wir gegenüber Ihrer Frau und Ihren Vorgesetzten nichts davon erzählen, dass Sie es sich gerne mal auf Autobahntoiletten von fremden Männern besorgen lassen. Wir haben da ein paar schöne Fotos von Ihnen …"

Gassmann hatte geschluckt, während eine Welle von Ohnmacht und Hilflosigkeit durch ihn hindurchschwappte.

Jetzt schluckte er immer noch.

Und er schwitzte.

Er hörte gar nicht mehr auf zu schwitzen.

Wir haben da ein paar schöne Fotos von Ihnen.

Er hatte keine Wahl. Er musste es tun.

9. KAPITEL

Mord ...?

„Ich kann einfach nicht glauben, dass ihn wirklich jemand umgebracht hat", sagte Susanne, während sie nebeneinander über den Flur gingen. „Ich meine, das ..." Sie brach ab und sah zu Julia herüber. „Meinst du, das war ein Verbrechen aus Hass? Weil er ... du weißt schon ... so war, wie er war?"

Eigentlich wollte Julia lieber nicht darauf antworten. Eigentlich wollte sie überhaupt nicht reden. Sie wollte viel lieber wieder alleine sein, ganz für sich, aber immerhin hatten sie und Susanne gerade zusammen eine Leiche entdeckt. Und Susanne wirkte überhaupt nicht so, als wolle sie jetzt alleine sein. Deshalb antwortete sie: „Ich weiß es nicht. Vielleicht."

„Was hat die Kommissarin eigentlich gemeint, als sie sagte ‚*die* Julia Wagner'?"

Wieder wollte Julia lieber nicht antworten. Sie schluckte, rang mit sich und sagte dann doch: „Ich war auch mal bei der Polizei. Deshalb sagt ihr mein Name wohl etwas." Das war zwar nur die halbe Wahrheit, genau genommen nur die gedrittelte, aber sie musste genügen.

Susanne hielt in der Bewegung inne. „Wirklich? Du warst bei der Polizei?"

„Hmm."

„Und was hast du dort gemacht? Ich meine, es gibt da ja so einiges. Drogen, Sitte, Diebst..."

„Mordkommission."

„Mord...?" Susanne formte den Anfang des Wortes mit den Lippen und ließ es dann verklingen. „Wow! Und warum bist du dort nicht mehr?"

„Lange Geschichte." Das war es. Julia hatte nicht die Absicht, weiter darauf einzugehen, und Susanne schien immerhin zu wissen, wann es keinen Sinn machte, weiter nachzubohren. Seufzend hob sie etwas die Schultern an. „Und was meinst du, was die Polizei jetzt als Nächstes vorhat?"

„Sie werden die ganze Station auf den Kopf stellen. Wenn du also irgendwo ein paar Augen versteckt hast, dann solltest du sie noch rechtzeitig beseitigen." Damit wandte Julia sich ab und ging in Richtung ihres Zimmers davon.

10:37 Uhr

Wie sich herausstellte, war Professor Dr. Ulrich Malwik, der Leiter der Klinik Mönchshof, ein kleiner drahtiger Mann von Mitte fünfzig, mit wirren abstehenden Haaren und einer verblüffenden Ähnlichkeit mit Albert Einstein.

Er schien entschlossen, den Deckel so lange wie möglich auf der Sache zu halten. Am liebsten wäre ihm wohl für immer gewesen. Aber das ging natürlich nicht.

Wie auch immer, er begrüßte Charlotte und bat sie, auf der anderen Seite seines Schreibtisches Platz zu nehmen. „Alles andere als ein guter Tag", stellte er fest und setzte sich ebenfalls. „Ein tragischer Tag, trifft es wohl eher. Was für eine grässliche Geschichte."

Charlotte nickte und wollte etwas sagen, doch der Psychiater war noch nicht fertig. Er sprach bereits weiter, wobei seine Hände tanzten und hüpften wie die eines Dirigenten: „Die Geschichte des Klosters, in dem wir uns befinden, ist zwar von Gewalt geprägt, aber das ist ja nun schon lange her. Jetzt allerdings ... Nun, vielleicht sollte ich Ihnen zuerst etwas über unsere Klinik erzählen. Sie wurde 1960 eröffnet, und inzwischen beherbergen wir im Schnitt fünfzig Patienten, aufgeteilt in Einzel-, Zweibett- und Mehrbettzimmer, wobei es sich um mehr Einzel- als Zweibettzimmer handelt. Mehrbettzimmer haben wir inzwischen nur noch drei. Ich war noch nie ein Fan davon,

Menschen mit den verschiedensten psychischen Krankheiten in einem Zimmer zusammenzupferchen, weil das nur unnötig Störungen provoziert, die wiederum unnötig den geregelten Stationsablauf behindern." Er seufzte leise und fuhr dann fort: „Wir haben sieben Vollzeit- und zwei Halbtagskräfte und arbeiten nicht vollständig autonom, das heißt, wir haben kein eigenes Krankenhaus und auch keine eigene Küche. Wir beschäftigen nicht nur Psychiater, sondern auch eine Ergotherapeutin sowie zwei Sozialarbeiter, weil wir wollen, dass die Patienten sich in der Außenwelt zurechtfinden können, wenn sie uns wieder verlassen. Sie sollen in jeder nur erdenklichen Form gestärkt sein und in der Lage, ihr Leben zielgerichtet in die eigene Hand zu nehmen."

„Nun ja", setzte Charlotte an. „Das mit dem ‚zielgerichtet in die Hand nehmen' scheint einem Ihrer Patienten letzte Nacht ja schon recht gut gelungen zu sein."

Malwik hörte auf zu dirigieren und legte nun die Hände aneinander wie ein Pfarrer, der seine Gemeinde zum Gebet versammelt. „Ich bin selbst am unglücklichsten darüber, das dürfen Sie mir glauben. Sie haben ja keine Vorstellung, was hier auf einmal los ist. Die Patienten strömen in Scharen zu mir, und jeder Einzelne erwartet natürlich, dass ich ihm berichte."

„Und was berichten die Patienten selbst?"

„Ah ... Was das betrifft, hat mich leider niemand eingeweiht." Malwik schüttelte den Kopf. „Ich wünschte, ich wäre besser informiert." Er seufzte unglücklich auf, erhob sich und trat ans Fenster. „Das dort unten ist unser Park." Als hätte Charlotte nicht hindurchlaufen müssen, um überhaupt ins Innere der Klinik gelangen zu können. „Ich habe ihn bereits zur Kenntnis genommen", gab sie zurück. „Er ist sehr hübsch. Wer kümmert sich eigentlich darum?"

„Wir haben eine externe Gärtnerei damit beauftragt."

„Dürfen die Patienten in den Park?", wollte Charlotte weiter wissen.

„Normalerweise nicht, es sei denn, sie erhalten eine gesonderte Erlaubnis und werden von einem Pfleger begleitet."

Arme Patienten. Da hatten sie das Paradies vor Augen, durften es aber nicht betreten.

„Was mich interessiert", wechselte Charlotte das Thema, „ist die Frage, was für ein Mensch Weinfried Tämmerer war. Wie hat er sich hier eingefügt? Wie war die Beziehung zwischen ihm und den anderen Patienten? Ich brauche absolute Offenheit, Herr Professor."

Der Appell war eindeutig, und Malwik reagierte prompt und empört. „Bei allem Respekt, Frau Kommissarin, ich habe nicht die Absicht, Ihnen etwas zu verheimlichen. Die Beziehung zwischen Tämmerer und den anderen Patienten war alles andere als harmonisch."

„Warum?"

„Es gab ... Differenzen."

„Welcher Art?"

„Nun, aus irgendeinem Grund, den wir bisher noch nicht nachvollziehen konnten, gelangte seine Diagnose unter die anderen Patienten, und das führte zu gewissen ... Spannungen. Natürlich war dieser Umstand ... unglücklich. Aber es war nun einmal passiert."

„Und wie lautete seine Diagnose?"

Malwik schwieg und rieb sich das Nasenbein.

„Er ist tot, Herr Professor", sagte Charlotte. „Er wurde umgebracht. Es gibt keinen Grund mehr, auf Ihre ärztliche Schweigepflicht zu pochen. Also bitte, wie lautete seine Diagnose?"

„Pädophilie. Und", fügte der Psychiater schnell hinzu, „er fürchtete sich im Dunkeln."

Charlotte blinzelte und fragte sich, ob sie gerade auf den Arm genommen wurde. Doch Malwik schien es ernst zu meinen. Er kratzte sich am Kopf und fügte hinzu: „Tatsächlich. Die Angst vor der Dunkelheit, die Heimstatt aller Schrecken, befindet sich in uns allen, Frau Kommissarin."

Das war nicht das Thema, das Charlotte am meisten interessierte. „Bleiben wir bei der Pädophilie", verlangte sie.

Es dauerte noch einen Moment, dann sagte der Professor: „Tämmerer war Lehrer an einer Hauptschule. Vor einem Jahr musste er den Beruf aufgeben, weil er eine seiner Schülerinnen angefasst haben soll."

„Gab es eine Anzeige gegen ihn?"

„Ja, die gab es. Allerdings wurde sie wenig später wieder zurückgezogen."

„Weswegen?"

„Das konnte abschließend leider nicht mehr geklärt werden."

Charlotte runzelte die Stirn. „Aber es gab diesen Übergriff?"

„Ja."

„Also war Tämmerer tatsächlich pädophil."

„Ja. Allerdings hatte er den festen Willen, gegen die Krankheit anzugehen. Deshalb war er hier."

Charlotte lachte trocken auf, sie konnte nicht anders. „Das nenne ich mal eine praktische Lösung für ein grundlegendes Problem: Man geht für ein paar Wochen in eine Klinik, und schon ist man von allem geheilt. Wo doch jeder Mensch weiß, dass man Pädophilie nicht heilen kann."

„Nein. Aber man kann lernen, gegen den Drang in sich anzugehen", erklärte Malwik steif. „Es ist ein langer und zweifellos kein leichter Weg, aber man kann ihn gehen, wenn man bereit dafür ist."

„Und Tämmerer war bereit dafür?"

„Ja."

Charlotte überlegte einen Moment. „Wie alt war das Mädchen?"

„Zwölf."

„Also tatsächlich noch ein Kind."

Malwik sah Charlotte an. „Ich ahne, was Sie jetzt denken, Frau Kommissarin, aber wir leben in einer ekelerregenden Welt. In einer Welt, die in wachsendem Maße von Zerfall geprägt ist. Eine Klinik wie unsere ist nicht mehr als ein Spiegel dieser Welt."

„Haben Sie Tämmerer selbst behandelt?"

„Nein, meine Kollegin. Frau Doktor Sattler."

Charlotte dachte wieder einen Moment nach. „Er hat also wegen dem Mädchen den Schuldienst aufgegeben?", fragte sie dann weiter.

Malwik nickte. „Er sah keine andere Möglichkeit. Durch die Geschichte war eine Hetzkampagne gegen ihn gestartet worden, die über Monate anhielt. Wäre er nicht freiwillig gegangen, so wäre er von der Schulbehörde suspendiert worden. Wenigstens bis zur Aufklärung des Vorfalles. Dem wollte er zuvorkommen."

Draußen schlug eine Tür zu.

„Wie heißt das Mädchen, das Tämmerer missbraucht haben soll?", fragte Charlotte weiter.

„Lilly Jensen. Leider lebt das Kind nicht mehr. Es hat sich vor etwa einem halben Jahr das Leben genommen."

Charlotte atmete tief durch. „Und diese Geschichte gelangte – unter mysteriösen Umständen – unter die anderen Patienten, habe ich das richtig verstanden?"

Malwik nickte. „Es ist mir unerklärlich, wie das geschehen konnte. Aber es passierte tatsächlich genau so."

„Sie werden doch wohl eine Untersuchung eingeleitet haben."

„Sicherlich. Aber es kam nichts dabei heraus. Wir konnten weder einen der Pfleger noch einen von uns Ärzten dafür verantwortlich machen. Dass einer der Patienten an Tämmerers Akte gelangt sein sollte, war von vorne herein auszuschließen."

„Und dass Tämmerer es selbst erzählt hat – warum auch immer?"

„Auf gar keinen Fall."

Noch einmal atmete Charlotte tief durch. „Seine Diagnose gelangte also an die anderen Patienten. Und ich nehme an, von da an hatte er nichts mehr zu lachen."

Malwik nickte. „Tatsächlich wurde es von da an sehr schwer für ihn." Er brach ab, fügte aber eilig hinzu: „Dennoch kann ich mir beim besten Willen nicht vorstellen, dass ihn jemand deshalb umgebracht haben sollte. Schon gar nicht auf diese Art und Weise. Es muss eine andere Erklärung geben, und ich hoffe, Sie finden sie. Sie scheinen über einen wachen Geist zu verfügen, Frau Kommissarin, auf den ich vertraue."

Darauf ging Charlotte nicht ein. „Wissen Sie, ob er sich vor jemandem auf der Station ganz besonders fürchtete? Gibt es jemanden, den man als seinen größten Feind bezeichnen konnte? Jemand, der ihn so sehr hasste, dass er ihn tot sehen wollte?"

Malwik schien zu überlegen, ehe er darauf antwortete: „Wir haben mehr als einmal mit ihm darüber gesprochen. Aber er hat sich leider nie ausreichend dazu geäußert."

Charlotte war sich nicht sicher, ob sie das glauben konnte, beließ es aber vorerst dabei. Der Professor sprach auch schon weiter: „Wir dachten natürlich darüber nach, ihn in eine andere Klinik zu überweisen, aber das wollte er nicht. Er wollte es … fast bin ich geneigt zu sagen: aushalten."

„Das hier wurde vor seiner Zimmertür gefunden." Charlotte reichte ihm die eingetütete Serviette.

Malwik nahm sie entgegen und betrachtete sie ausgiebig. „Ich weiß nicht, was das zu bedeuten hat, Frau Kommissarin."

„Nun denn …", sagte sie und nahm die Serviette wieder an sich. „Wir werden jetzt alle Zimmer und auch den ganzen Rest der Station durchsuchen, Herr Professor."

„Auf gar keinen Fall." Sofort war Malwik auf den Beinen und verschränkte die Arme vor der Brust wie ein Türsteher in einem Privatklub, was lustig aussah, bei seiner beeindruckenden

Größe von gerade mal einem Meter fünfundsechzig. „Ich möchte nicht, dass die Patienten noch mehr durcheinandergebracht werden."

„In Ordnung. Wie Sie möchten. Sagen Sie mir einfach Bescheid, wenn jemand etwas findet."

„Was meinen Sie?"

„Eine geladene Waffe, zum Beispiel. Oder eine Kugel im Kopf eines weiteren Patienten."

Der Psychiater rang mit sich. „Meinetwegen", sagte er schließlich. „Aber bitte, tun Sie es so zurückhaltend und so schonend wie möglich."

10. KAPITEL

Seltsame Erscheinungen

Seufzend wandte Charlotte sich an den jungen Kollegen, der zu ihrer rechten Seite stand, und fragte: „Sind Sie bereit?"

Der Mann mit dem Namen Michael Tech nickte unsicher. Gerade erst zur Mordkommission gekommen, war dies der erste große Fall, an dem er mitarbeitete, und entsprechend nervös war er. Dies hätte Charlotte gerade noch hingenommen, immerhin hatten sie alle irgendwann einmal angefangen; bei Tech lösten Nervosität und Unsicherheit allerdings den unangenehmen Reflex aus, sich den Zeigefinger ins Ohr zu stecken und dann zu betrachten, was er daraus hervorholte. So wie jetzt.

Sie verkniff es sich, ihm wie einem Kind auf die Finger zu hauen, wandte sich stattdessen ab und sagte: „Also dann. Fangen wir an."

Eine ausgesprochen seltsame Erscheinung erwartete sie im ersten Zimmer: ein Mann mit schütterem Haar, ungepflegtem Zottelbart und burgunderrotem Gesicht, der einen Pullover trug, welcher schon deutlich bessere Zeiten gesehen hatte, und sich so linkisch bewegte, dass er fast über seine eigenen Füße stolperte.

„Mein Name ist Charlotte Gärtner", stellte Charlotte sich vor und fügte mit einer knappen Handbewegung hinzu: „Das dort ist mein Kollege Tech. Wir sind von der Kriminalpolizei und werden jetzt Ihr Zimmer durchsuchen."

Der Mann nickte weder noch schüttelte er den Kopf. Aber er trat zur Seite, und sie schritten an ihm vorbei.

Sofort schlug Charlotte ein säuerlicher Gestank aus Müll und Schweiß entgegen. Aber nicht nur das. Es roch auch noch nach etwas anderem. Nach kaltem Rauch. Aber nicht nach Zigaretten.

Sie schnüffelte kurz, dann wandte sie sich dem Mann zu. „Wie ist Ihr Name?", wollte sie wissen.

„Karl", sagte er mit überraschend heller Stimme. „Hamm Se mal 'ne Kippe für mich?"

„Ich rauche nicht."

Der Mann mit dem Namen Karl wandte sich an Tech. „Sie?"

Auch der junge Beamte hob bedauernd die Schultern.

„Shit. Stürm' Se am helllichten Tag in mein Zimmer und hamm nit mal was zum Qualmen?"

„Tut mir leid", sagte Charlotte. „Wie ist Ihr Nachname?"

„Waffenschmied."

Sie nickte, trat zum Bett in der Ecke, schob die Decke zur Seite und stellte überrascht fest, dass sich kein Betttuch über der Matratze befand. Stattdessen ein großes dunkles Loch in der Mitte.

„Hab heut Morgen mein Bett angezündet", erklärte Waffenschmied in ihren Rücken. „Deshalb hamm se mir die Streichhölzer und die Kippen weggenommen."

„Ach", machte Charlotte. „Dann waren Sie also für die Störung verantwortlich." Sie hob die Matratze an, legte sie wieder zurück auf den Rost und schaute dann unter das Bett.

„Hab nicht aufgeräumt", redete Waffenschmied weiter in ihren Rücken.

„Das ist mir bereits aufgefallen." Charlotte richtete sich wieder auf.

„Hätt ich gewusst, dass Frauenbesuch kommt, hätt ich aufgeräumt."

„Sie können immer noch durchlüften."

„Hab 'ne Frau. Erika. Hab ich öfter ma hart angefasst. Da isse mir weggelaufen. Dann kam der Alkohol. Hat mich vom Weg abgebracht. Aber ich werd wieder."

„Das freut mich für Sie." Den aufgeplatzten Äderchen und den nach unten gezogenen Mundwinkeln zufolge hatte Erika ihn schon vor einer ganzen Weile verlassen.

„Sie hamm ja keine Ahnung, wie einen das hier fertigmacht", redete er weiter in Charlottes Rücken. „Wie Tiere im Käfig halten die uns hier. Jawohl. Wie Tiere im Käfig."

Es entstand ein leises Scharren, als Charlotte einen alten grünen Sessel zur Seite schob, um zu sehen, ob sich darunter etwas befand. „Kannten Sie Weinfried Tämmerer?", fragte sie währenddessen.

„Sie hamm ja keine Ahnung. Wie Tiere im Käfig. Jawohl."

Charlotte wischte sich mit dem Ärmel ihres Hemdes über die Stirn. Dann trat sie zum schmucklosen Schrank und öffnete ihn.

„Könn Se mich hier rausholen?"

„Dazu habe ich leider keine Befugnis."

„Ich bin nicht blöd, wissen Se. Obwohl se mich hier so behandeln, als wär ich's."

Charlotte schob jede Menge muffiger Wäschestücke zur Seite und dankte Gott, dass es Latexhandschuhe gab.

„Sie könnten 'nen Deal mit 'm Doc machen und ihm sagen, dass ich Ihnen bei den Ermittlungen geholfen hab."

„Dazu müssten Sie mir aber erst einmal bei meinen Ermittlungen helfen."

„Hab ihn gestern Abend gesehen. Im Fernsehzimmer. Wir hamm hier nämlich nur einen Fernseher", fügte Waffenschmied hinzu, als rechne er damit, dass Charlotte ihm das nicht glauben würde.

„Wen?", wollte sie wissen. „Tämmerer?"

Der Alkoholiker beugte sich etwas nach vorne. Seine Lippen zitterten unter dem zotteligen Bart. Er nickte.

„Haben Sie mit ihm gesprochen?", fragte Charlotte weiter.

Wieder Nicken.

„Und was hat er gesagt?"

„Weiß nicht. Bin Alkoholiker. Macht die Zellen im Kopf kaputt, sagt der Doc. Bring' Se mich hier raus?"

„Dazu müsste Ihnen erst wieder einfallen, was Tämmerer gestern Abend zu Ihnen gesagt hat."

„Versprechen Se's. Sonst sag ich nix."

„Ich kann Ihnen nichts versprechen, Herr Waffenschmied, aber Professor Malwik und ich werden darüber reden. Was hat Weinfried Tämmerer zu Ihnen gesagt?"

„Fällt mir bestimmt wieder ein, wenn Se mit 'm Doc gesprochen hamm." Damit klappte der Alkoholiker den Mund zu, was zur Folge hatte, dass der Rest der Durchsuchung in Stille verlief.

Das nächste Zimmer. Der nächste Patient. Sein Name war Stefan Versemann, und er sah außergewöhnlich gut aus. Groß und schlank, hatte er ein schmales Gesicht mit hohen Wangenknochen, eine gerade Nase und einen kräftigen Zug um den Mund. Dazu blondes Haar und kluge blaue Augen hinter einer randlosen Brille – was mochte diesen Mann in die geschlossene Psychiatrie gebracht haben?

Die meisten Menschen erwarten, dass psychisch kranke Menschen hässlich und gedrungen aussehen, dass man ihnen ihre Verrücktheit quasi schon von Weitem ansieht. Natürlich ist das ein Irrglaube, aber wer hat schon die Gelegenheit, hinter solche Mauern blicken zu können, sofern es einen nicht selbst oder jemanden aus der Verwandtschaft betrifft?

Dieser Mann hier war auf jeden Fall wirklich schön, ein anderes Attribut kam Charlotte für ihn nicht in den Sinn.

„Wie geht es Ihnen, Herr Versemann?"

„Kenne ich Sie?", gab er unsicher zurück. „Ich kenne Sie nicht."

„Mein Name ist Charlotte Gärtner. Ich bin von der Kriminalpolizei und muss jetzt Ihr Zimmer durchsuchen."

„Wegen der … Sache mit Tämmerer?"

„Ja." Charlotte trat ein, gab Tech ein Zeichen und machte sich an die Arbeit.

„Das Ganze darf aber nicht länger als fünf Minuten dauern", sagte Versemann schnell. „Sonst komme ich zu spät zu meiner Therapie."

„Ich fürchte, die fällt heute aus."

„Oh …" Er senkte den Blick und begann an der Kordel seiner Trainingshose zu zupfen. „Aber die Therapie ist wichtig für mich. Wenn ich sie mache, geht es mir besser."

Charlotte sagte: „Ich verstehe Sie. Aber hier ist letzte Nacht ein Mord geschehen. Und das ist eine sehr ernste Angelegenheit."

Versemann zwirbelte die Kordel noch etwas heftiger. „Natürlich."

„Was machen Sie eigentlich beruflich, Herr Versemann?" Das war zwar nicht die Standardfrage, mit der Charlotte sonst begann, aber es interessierte sie.

„Ich bin hochbegabt."

Charlotte seufzte und besann sich wieder auf den Grund ihres Besuches. Während Tech sich im Badezimmer zu schaffen machte, kümmerte sie sich auch hier zuerst um das Bett. „Kannten Sie Weinfried Tämmerer?", fragte sie währenddessen.

„Nicht sehr gut." Versemann hörte für einen Moment auf, mit der Kordel zu spielen, fing aber sofort wieder damit an. „Er war immer alleine. Niemand wollte etwas mit ihm zu tun haben. Weil … weil er …"

„Pädophil war?"

Nicken.

„Können Sie sich vorstellen, wer ihn umgebracht haben könnte?"

„Nein."

„Konnte ihn jemand ganz besonders nicht leiden?"

„Campuzano." Das kam relativ flott. Dazu ein weiterer unsicherer Blick in Charlottes Richtung. „Kennen Sie Robert Campuzano?"

„Noch nicht."

„Tämmerer hatte große Angst vor ihm."

Na, das ist doch schon mal was, dachte Charlotte. „Und warum hatte Tämmerer so große Angst vor Campuzano?"

„Das darf ich Ihnen nicht sagen."

„Warum nicht?"

Die Antwort war nicht mehr als ein Wispern: „Weil er mir dann auch wehtut." In der nächsten Sekunde hörte Versemann auf, mit der Kordel zu spielen, richtete sich zu voller Größe auf und sagte in ganz normalem Ton: „Und jetzt muss ich wirklich zu meiner Therapie, Frau Kommissarin."

In das nächste Zimmer kamen sie gar nicht erst hinein, weil ihnen eine Frau in bunten Gummistiefeln den Weg versperrte. Sie war Mitte fünfzig, mit feinem Haar, das die Farbe von stumpfem Gold hatte, ihre Augen waren auffallend bernsteinfarben, und sie knurrte wie ein Hund: „Nein!"

„Glauben Sie mir, ich bin auch nicht scharf darauf, Frau Kirsch", sagte Charlotte, „aber es ist mein Job."

Elisa bewegte sich nicht von der Stelle, hob nur einen Finger in die Höhe, der rund war wie ein Würstchen. „Ich weigere mich."

„Frau Kirsch, machen Sie es uns nicht …"

„Ich habe meine Tabletten nicht bekommen. Und ich bin kein Verbrecher."

„Treten Sie zur Seite, ich verspreche Ihnen, es geht auch ganz schnell."

Elisa funkelte Charlotte nur weiter böse an, während Tech sich nervös den Finger ins Ohr bohrte.

„Die sollen uns hier gesund machen. Jedenfalls ist das so gedacht."

„Frau Kirsch, wenn Sie nicht freiwillig zur Seite gehen, muss ich …"

„Stattdessen geben sie uns das Gefühl, dass wir zu nichts zu gebrauchen sind. So läuft das hier."

„Hören Sie, es tut mir wirklich leid, aber hier ist ein Mörder unterwegs, und ich hab nicht ewig Zeit." Damit schob Charlotte die kleine Frau einfach beiseite.

„Weshalb geben sie mir wohl meine Tabletten nicht?", ereiferte sich Elisa hinter ihr.

Tech machte sich auf den Weg in Richtung angrenzendem Badezimmer.

„Ich habe keine Ahnung", sagte Charlotte und sah sich in dem mit allerlei Nippes vollgestopften Zimmer um. Überall standen und hingen seltsame Gegenstände, jeder Zentimeter freie Fläche war bedeckt. Wünschelruten, Glockenspiele, Mobiles lagen auf dem Boden oder hingen von der Decke. Und alles in den Farben Indigo, Anthrazit, Taubenblau oder Schiefergrau. Die Vorhänge waren zugezogen und an einigen Stellen mit altmodischen Broschen und keltischen Motiven zusammengesteckt. Die einzige Lichtquelle war eine schwach leuchtende Tischlampe. Den Tisch selbst zierte ein Kreis aus Kristallen. Charlotte erkannte sie nicht alle, nur den Rosenquarz, den Amethyst und den Basalt. Und mittendrin lag wie in Omas guter Stube ein gehäkeltes Spitzendeckchen. Auch der Sessel davor war am Rücken und an den Armlehnen mit Kristallen verziert. Den Grund für all das kannte wohl nur Elisa selbst, doch die hatte gerade ganz andere Sorgen.

„Weil sie nicht wollen, dass ich etwas sage!", ereiferte sie sich weiter. „Ich habe nämlich etwas gesehen. Und jetzt geben sie mir meine Tabletten nicht. Und das ist die Wahrheit."

Charlotte, die gerade die Vorhänge aufziehen wollte, um bei der Durchsuchung mehr Licht zu haben, drehte sich zu ihr um. „Sie haben etwas gesehen?"

„Habe ich, allerdings."

„Was haben Sie gesehen, Frau Kirsch?"

„Annegret! Ich habe sie gesehen! Aber das interessiert ja niemanden!"

„Doch. Mich interessiert es. Wer ist Annegret?"

Elisa biss sich auf die Lippen, als fiele es ihr schwer, sich daran zu erinnern, was sie eben noch gesagt hatte. „Annegret Lepelja", sagte sie dann. „Sie ist eine von denen, die nicht gehen. Und jetzt wollen sie mir meine Tabletten nicht geben." Sie brach ab und fügte hinzu: „Ich war dort. Und das ist die Wahrheit."

„Wo waren Sie? In Tämmerers Zimmer? Als er umgebracht wurde?" Wenn nicht dort, was meinte sie dann?

Noch einmal hob Elisa einen Finger in die Höhe, und dieses Mal klang es so, als doziere sie: „Die Balance um uns herum ist tief gestört. Verwirrung, Zweifel und Furcht haben die Herrschaft übernommen. Annegret ist unser Schicksal, im Guten wie im Bösen. Und mehr sage ich nicht, bevor ich nicht meine Tabletten bekomme." Damit verschränkte sie die Arme vor der Brust und klappte ebenso resolut den Mund zu, wie Karl Waffenschmied zwei Zimmer zuvor.

Die nächste Tür. Zekine Yilmaz. Jene zierliche junge Türkin, die am Morgen auf Jan Jäger losgegangen war. Nun saß sie etwas schief in einem alten orangefarbenen Sessel, offenbar mit Tabletten ruhiggestellt, und gab nur noch kurze, unterdrückte Schluchzer von sich, die mehr an einen Schluckauf als an Weinen erinnerten.

„Ich weiß, das ist kein guter Zeitpunkt", sprach Charlotte sie an. „Aber wir müssen Ihr Zimmer durchsuchen."

Die junge Frau reagierte nicht darauf, deshalb gab Charlotte Tech ein Zeichen, dass er anfangen konnte, und begann dann ebenfalls mit der Durchsuchung.

Ein paar Minuten vergingen daraufhin schweigend. Dann sagte Zekine auf einmal ganz leise, kaum verständlich: „Diese Art von Tod … hat niemand verdient."

Erstaunt wandte Charlotte sich zu ihr um und sah gerade noch, wie sie aufschluchzte und heftig schluckte und nach Luft schnappte. Um dann, in der nächsten Sekunde, völlig wegzutreten.

Als Tech den Kopf aus dem Badezimmer streckte, war sie bereits vom Sessel auf den Boden gesackt und dort regungslos liegen geblieben.

11. KAPITEL

Die Lady und der Freak

Wie viele Stunden war sie schon hier?

Charlotte stellte fest, dass solche Kliniken ihre ganz eigenen Zeitzonen erzeugten. Während sie durch den schlecht beleuchteten Flur schritt, dachte sie daran, dass sie einmal von einem Krankenhaus geträumt hatte, das sich als Hölle herausstellte, in deren Mitte sich ein riesiger Kessel mit kochendem Wasser befand, in den die Pfleger und Krankenschwestern nach und nach einen Patienten nach dem anderen stießen.

Sie seufzte leise auf und riss sich zusammen.

Die nächste Tür wurde von einer attraktiven Frau mit langem, dunkelbraunem Haar geöffnet. Die Kleidung, die sie trug, ließ auf Geld schließen, und sie besaß das sichere Auftreten einer Person, die genau wusste, was sie wollte. Dazu zeigte ihr Gebaren keinerlei Anzeichen von Nervosität oder Unruhe. Im Gegenteil, sie schien völlig ruhig. „Mein Name ist Ilona Walter", stellte sie sich vor und trat zur Seite. „Soll ich das Zimmer so lange verlassen?"

„Nein. Sie können bleiben." Erneut ein Zeichen an Tech, und der verschwand auf ein Neues im Badezimmer.

„Sie befinden sich gerade in der Parksuite", begann Ilona in Reiseleiterimitation, während Charlotte wie immer mit dem Bett begann. „Ich habe das Zimmer so genannt, weil man von hier aus einen wunderbaren Blick auf den Park hat. Originell, nicht wahr? Das Zimmer links von mir, ich vermute, das ist das Zimmer, aus dem Sie gerade kommen – ich meine das von Frau Yilmaz –, nenne ich die Halbmondsuite. Ja, ich weiß, sagen Sie nichts, das ist nun wiederum nicht sehr originell."

Charlotte hatte unter dem Bett nachgesehen, die Bettwäsche zur Seite geräumt, die Matratze angehoben, nichts gefunden, keine Augen, keine Waffe, und machte sich deshalb an den Schrank.

„Die Suite, die Sie nach meiner betreten werden", fuhr Ilona währenddessen fort, „bewohnt ein durchgeknallter Rockmusiker auf Kokainentzug, der sich benimmt wie ein schlecht erzogenes Kind, das von den Eltern in ein Ferienlager geschickt wurde."

„Wie ist sein Name?", fragte Charlotte.

„Campuzano."

„Von ihm habe ich bereits gehört."

„Und nichts Gutes, nehme ich an." Ilona warf Charlotte einen Blick zu. „Mit Recht. Seien Sie auf alles gefasst, wenn Sie ihm gegenübertreten."

„Sie mögen ihn also nicht?"

Ilona hob die Schultern in die Höhe. „Er ist verrückt und außerdem noch schlecht erzogen, benimmt sich, als wär er der König und dies hier sein Schloss. Aber das werden Sie ganz schnell selbst herausfinden."

„Und Weinfried Tämmerer?", hakte Charlotte nach, während sie den Schrank durchsuchte. „Mochten Sie ihn auch nicht?"

„Ich hatte nicht sonderlich viel mit ihm zu tun. Lediglich einmal habe ich ganz kurz mit ihm gesprochen. Oder besser: er mit mir. Das war etwa vor drei Tagen."

„Was hat er zu Ihnen gesagt?"

„Er meinte, er hätte etwas Schlimmes getan, und nun würde er die Hölle erleben. Vielleicht erwartete er Mitleid von mir, ich weiß es nicht."

„Was haben Sie geantwortet, als er das zu Ihnen gesagt hat?"

„Nun, falls er damit so etwas wie Reue zeigen wollte, so habe ich sie ihm jedenfalls nicht abgenommen. Meiner Meinung nach war Tämmerer nämlich ein eiskalter Mensch. Kein Opfer, ein Täter. Deshalb sagte ich ihm, dass er überhaupt keine Ahnung davon hätte, was die Hölle ist." Jetzt schlich sich so etwas wie offene Verachtung in Ilonas Stimme. „Es ist die Hölle, wenn ein kleines Mädchen hilflos einem erwachsenen Mann ausgesetzt ist. Es ist die Hölle, wenn es fürchterliche Dinge über sich ergehen lassen muss, weil es nicht in der Lage ist, sich gegen diesen Mann zu wehren. DAS ist die Hölle. Und deshalb, es tut mir leid, hält sich mein Mitleid mit Tämmerer in Grenzen."

Charlotte hatte die Durchsuchung des Schrankes beendet und wandte sich der Frau nun zu. „Er ist tot, Frau Walter. Und sein Mörder läuft immer noch frei herum."

Ilona nickte. „Ich weiß. Allerdings bin ich davon überzeugt, dass Tämmerer schon lange vorher tot war. Ein Zombie. Äußerlich am Leben, aber innen tot. Ich bin mir sicher, er hatte keine Ahnung, welchen Schaden er angerichtet hat, und es ist gut möglich, dass es ihm egal gewesen wäre, hätte er es gewusst. Aber das spielt nun ja keine Rolle mehr, nicht wahr? Er weilt nicht mehr unter uns. Was ändern da noch Reue oder gar Bedauern?"

„Mehr haben Sie nicht dazu zu sagen?"

„Nein." Ilona verschränkte die Arme vor der Brust. „Mehr habe ich nicht dazu zu sagen. Tut mir leid, Frau Kommissarin."

Charlotte war sich nicht sicher, was sie als Nächstes erwartet hatte, jedenfalls keinen derart großen, tätowierten und langhaarigen Freak.

Sie hatte auch ganz sicher nicht damit gerechnet, auf Anhieb Robert Campuzanos beste Freundin zu werden, aber dieser Mann hatte etwas an sich, was sie von der ersten Minute an gegen ihn einnahm. Ilona Walters Beschreibung war nicht gerade freundlich gewesen, aber jetzt fand Charlotte, dass sie sogar noch sehr zurückhaltend war, denn er stand breitbeinig in der Tür, zog den Schleim hoch, spuckte ihn gnädigerweise aber nicht aus und knurrte: „Was wollen Sie?"

Sofort steckte Techs Finger wieder im Ohr.

Charlotte sagte: „Kriminalpolizei. Wir werden jetzt Ihr Zimmer durchsuchen. Je eher Sie zur Seite treten, desto schneller geht's."

Campuzano bewegte sich nicht von der Stelle. Er legte lediglich die linke Hand über die rechte und zog daran. Es gab ein krachendes Geräusch, so als würde er sich die Finger ausreißen. „Warum sollte ich Sie reinlassen?"

„Weil Ihr Mitpatient, Weinfried Tämmerer, einem Verbrechen zum Opfer gefallen ist."

„Ich hab ihn nicht gekillt."

„Wir müssen trotzdem rein."

„Warum?"

„Das habe ich Ihnen gerade erklärt."

Daraufhin verrannen die Sekunden. Campuzanos fast vollkommen schwarze Augen funkelten. Charlotte hielt seinem Blick stand. Techs Finger verschwand fast vollständig im Ohr.

Dann endlich wurde die Tür geöffnet, allerdings nur so weit, dass sie sich gerade so hineinschieben konnten.

Die Luft im Inneren des Zimmers war zum Schneiden. War es in den anderen schon kaum auszuhalten gewesen, hier war es noch um ein Dreifaches schlimmer.

Charlotte wandte sich um und stellte fest, dass Tech sich bereits ins angrenzende Badezimmer verdrückt hatte. Während sie sich selbst an die Arbeit machte, sagte sie: „Ich erinnere mich, irgendwann einmal von Ihnen gehört oder gelesen zu haben. Sie sind der Leadsänger einer deutschen Rockband, nicht wahr?"

„*Überflieger*, so heißt meine Band." Plötzlich zeigte der Freak so etwas wie ein Lächeln. „Jau Mann, ich schwör, ich rock Ihnen den Arsch ab, Frau Kommissarin."

„Schade nur, dass die *Überflieger* einen mächtigen Absturz hinlegten, nachdem Sie dem Sänger einer anderen Band im Koksrausch den Kehlkopf zugedrückt haben", bemerkte Charlotte, ohne darauf einzugehen.

Unschuldig hob Campuzano die Hände in die Höhe. „Wir leben in einer bösartigen Welt. Da muss man sich ja wohl verteidigen dürfen."

„Hier drinnen scheinen Sie auch nicht gerade den ersten Preis für Umgänglichkeit zu gewinnen."

„Na und?"

Charlotte seufzte leise auf. „Sie haben recht. Lassen Sie uns zum Thema kommen: Wie gut kannten Sie Weinfried Tämmerer?"

Campuzano verschränkte die Arme vor der Brust, und als er sich dabei ein klein wenig drehte, erkannte man im Profil, dass seine Nase schon mindestens zweimal gebrochen war. „Ich hatte nichts mit ihm zu tun." Er brach kurz ab, dann fügte er hinzu: „Er war eine Drecksau. Er hatte es verdient."

„Was genau hatte er verdient?"

„Meinetwegen auch den Tod." Campuzano trat in die Mitte des Raumes, die Arme immer noch vor der Brust verschränkt. „Der hat kleine Mädchen gefickt. Dafür verdient man den Tod. Keiner wird ihn vermissen."

„Haben Sie ihn umgebracht?"

„Nein."

„Haben Sie ihn schikaniert?"

Ein verächtliches Lächeln legte sich auf die Lippen des Freaks. „Ich hab ihm nur ein paar Manieren beigebracht. Wenn's seine Eltern schon nicht getan haben. Sind Sie jetzt fertig, Frau Kommissarin? Ich schreib nämlich grad an einem neuen Song. Wenn ich hier raus bin, starte ich wieder voll durch. Was interessieren mich da dreckige, tote Kinderficker?"

12. KAPITEL

Etwas Dunkles

Ein wirklich schöner und heißer Tag in einer Stadt, die er persönlich für eine der schönsten Städte Deutschlands hielt: Hannover. Der Pigmentlose lächelte trotzdem nicht. Stattdessen warf er einen Blick auf seine Armbanduhr. 14:34 Uhr.

Dann griff er in eine kleine durchsichtige Tüte, die zwischen seinen Beinen klemmte, zog ein Bonbon hervor und steckte es sich den Mund. Anschließend beugte er sich nach vorne übers Lenkrad und beobachtete mit hellen reglosen Augen weiter den Eingang des Friedhofes.

Eine Katze mit grauer Schnauze kam über die Mauer geklettert und blieb einen Moment lang stehen, als sie ihn im Auto sitzen sah. Dann sprang sie von der Mauer und verzog sich in ein Gebüsch. Er folgte ihr mit den Augen. Katzen bedeuteten Glück. Oder Pech. Je nachdem, von welcher Warte aus man es betrachtete. Aber der Pigmentlose war nicht abergläubisch.

Als Nächstes schlurfte ein Friedhofsgärtner vorbei, auch nicht mehr der Jüngste.

Es dauerte noch ein paar Minuten, dann sah er ihn kommen, und sofort spürte der Pigmentlose etwas, das ihm bis ins Mark drang. Er griff nach seinem Handy und wählte.

„Sprich", sagte eine Stimme am anderen Ende.

„Er ist gerade angekommen."

„Gut. Lass ihn nicht aus den Augen."

Der Pigmentlose legte auf und verließ ohne die geringste Regung im Gesicht den Wagen. Vorher jedoch steckte er sich noch ein weiteres Bonbon in den Mund.

Das Grab sah unscheinbar aus. Nur eine dunkle Marmorplatte und – bis auf eine gelbe Rose – keine Blumen.

Die eingravierten Namen lösten eine tiefe Traurigkeit in Zander aus. Vielleicht war es die Angst, dass auch Julia, obwohl noch am Leben, trotzdem nicht mehr in dasselbe zurückfinden würde. Dass, selbst wenn er alles tat, nichts mehr so sein würde, wie es einmal war. Er wusste es nicht.

Er konzentrierte sich auf die Frau, die vor dem Grab kniete, und sprach sie an. „Sind Sie Frau von Jäckle?"

Sie sprang auf, drehte sich zu ihm um, und er stellte fest, dass sie etwas untersetzt war, Anfang fünfzig, mit intelligentem Blick und nicht sehr groß. Sie trug Jeans, ein rotes Hemd und einen grauen Pferdeschwanz.

„Ich habe Sie gar nicht kommen hören", sagte sie. „Ja. Ich bin Paula von Jäckle." Dabei nickte sie unterstreichend, wobei ihr grauer Pferdeschwanz auf und abwippte.

„Tut mir leid, ich wollte Sie nicht erschrecken", gab Zander entschuldigend zurück. „Ich dachte, Sie hätten meine Schritte gehört."

„Nein. Ich war … Nennen wir es: konzentriert."

Er deutete auf die gelbe Rose. „Von Ihnen?"

„Ja. Ich habe sie mitgebracht, auch wenn ich nicht davon ausgehe, dass Frau Wagner so etwas wie Blumen auf dem Grab ihrer Eltern gerne sehen würde. Ich vermute eher, sie würde so etwas Buntes und Farbenfrohes hier nicht ertragen."

Zander nickte. „Das denke ich auch." Noch einmal legte sein Blick sich auf die beiden eingravierten Namen. *Sven und Christine Wagner.*

Paulas Augen folgten den seinen. „Die Wurzeln der Vergangenheit", sagte sie. „Wir können sie verdrängen, aus unserem Leben ausschließen, aber sie sind und bleiben dennoch für immer fest in uns verankert." Sie hob den Blick und sah ihn wieder an. „Es tut mir schrecklich leid, was passiert ist."

Er nickte. „Sie haben mir am Telefon gesagt, dass Sie so etwas wie ein Medium sind. Bevor wir uns unterhalten, sollte ich Sie darauf hinweisen, dass ich nicht an Hellseher glaube."

Das schien Paula nun fast ein wenig zu erheitern. „So in etwa hat es Frau Wagner auch ausgedrückt, und am Ende kam sie trotzdem nicht umhin, meinen Worten Glauben zu schenken. Davon abgesehen bin ich keine Hellseherin, ich bin, wie Sie bereits richtig bemerkten, ein Medium. Ein stilles Medium. Aber diesen Unterschied konnte ich ihr auch nur mühsam beibringen." Sie brach ab und schwieg ein paar nachdenkliche Sekunden, dann redete sie weiter: „Frau Wagner und ich lernten uns vor drei Monaten in Wittenrode kennen. Von Anfang an habe ich etwas Dunkles in ihrer Aura gespürt. Etwas, das sie permanent umgibt, so wie ein Mantel. Trotzdem war ich nicht in der Lage, ihr zu helfen. Ich konnte nicht verhindern, was am Ende in der Kapelle geschah." Sie sah auf und Zander wieder in die Augen. „Deshalb bin ich hier. Weil ich dieses Mal schneller sein möchte. Schnell genug."

„Wie sind Sie ausgerechnet auf mich gekommen?", wollte er wissen.

„Nun ja, ich habe recherchiert. Es gibt nicht sehr viele Menschen, die Frau Wagner nahestehen. Und die noch am Leben sind. Sie sind einer davon. Und gerade Sie, Herr Zander, haben einen großen Einfluss auf ihr Leben."

„Ich?", entfuhr es Zander. „Da irren Sie sich leider. Sie schließt mich seit Wochen völlig aus ihrem Leben aus."

„Das meine ich nicht." Paula atmete tief durch. „Ich rede von einem anderen Einfluss."

„Ich verstehe nicht."

„Ich habe Frau Wagners Tod in den Karten gesehen."

Zanders Augen zogen sich zu schmalen Schlitzen zusammen. „Was reden Sie denn da?"

In der nächsten Sekunde legte Paula ihre Hand auf seinen Arm, und sofort verspürte er ein Kribbeln, als sei der Stoff seines Jacketts auf einmal elektrisch aufgeladen. Er wollte den Arm zurückziehen, doch es gelang ihm nicht. Ihre Finger schienen mit ihm verschmolzen.

„Er ist immer in ihrer Nähe."

„Wer?", stieß Zander hervor.

„Ich weiß es nicht. Aber ich weiß, dass er das Böse ist. Das ultimative Böse. Er tötet für seine Macht. Das habe ich in den Karten gesehen. Und ich habe gesehen, dass er Angst vor ihr hat."

„Vor Julia?"

Nicken. „Nur sie kann ihn aufhalten. Deshalb soll sie sterben. Sie ist ihm ebenbürtig."

„Ich verstehe kein Wort", sagte Zander. „Von wem zum Teufel sprechen Sie? Wer ist dieser Mensch?"

Paula sah ihm weiter in die Augen. Ihr Blick war derart intensiv, dass er glaubte, sein Gehirn würde von ihr durchbohrt werden. „Leider kann ich diese Frage nicht beantworten. Aber noch etwas habe ich in den Karten gesehen: Sie war bei ihm, als Kind."

Aus dem Kribbeln in Zanders Arm wurden nun regelrechte Stromstöße.

„Drei Männer kamen auf sie zu, und dann war sie verschwunden", fügte Paula hinzu.

„Sie meinen, sie wurde entführt?" Zander sagte es so leise, dass seine Stimme kaum zu hören war. „Aber daran müsste sie sich erinnern. Sie …"

„Unterschätzen Sie ihn nicht. Er ist das Böse." Paula ließ seinen Arm los und deutete auf das Grab. „Ihr Vater ist der Schlüssel. Helfen Sie ihr, Herr Zander. Sie sind der Einzige, der es kann."

13. KAPITEL

Mit uns kann man's ja machen!

Die Durchsuchung war beendet, die ganze Station auf den Kopf gestellt. Keine Waffe, keine Augen. Nichts.

Einigermaßen ernüchtert stand Charlotte in ihrem improvisierten Büro – einem ehemaligen Patientenzimmer, das leidlich, aber immerhin einigermaßen zweckdienlich, eingerichtet worden war – vor ihren insgesamt zehn Kollegen, die sich mühsam hineingequetscht hatten, lauschte dem Gemurmel und sah jedem Einzelnen einen Moment lang ins Gesicht. Dann hob sie die rechte Hand und sicherte sich so die Aufmerksamkeit der Männer. Das Gemurmel verebbte, es wurde still.

„Leider hat die Durchsuchung der Station nichts ergeben", setzte sie an. „Aber wir sind trotzdem noch lange nicht am Ende." Sie deutete auf eine Magnettafel hinter sich. „Hier sehen Sie die Station aufgezeichnet sowie jedes einzelne Zimmer mit Namen des entsprechenden Patienten, der es zurzeit bewohnt. Wir müssen lernen, uns alles durch die geistige Umgebungskarte des Täters vorzustellen."

„Sie meinen, wir sollen das Irrenhaus durch seine Augen sehen?", fragte jemand.

Charlotte warf dem Mann einen Blick zu. „Wir befinden uns in einer Psychiatrie", korrigierte sie. „Und ja. Wir alle haben verschiedene Sichtweisen auf eine Umgebung. Selbst wenn wir in derselben Gegend leben, haben wir unterschiedliche geistige Landkarten in unseren Köpfen. Ein Busfahrer, zum Beispiel, wird seine Umgebung ganz anders sehen als ein Mensch, der noch niemals Auto gefahren ist. Das heißt, unser Täter hat eine ganz eigene Karte dieser Station im Kopf. Einige Orte, an denen er sich bewegt, werden ihm wichtig sein oder sicher vorkommen. Andere Stellen wird er meiden."

„Und inwiefern bringt uns das weiter?", wollte ein anderer Kollege wissen.

„Sie alle werden sich in den nächsten Tagen mehr und öfter auf dieser Station aufhalten als zu Hause. Und in dieser Zeit müssen Sie die Augen nicht nur offen halten, Sie müssen intensiv beobachten."

Ein dritter Kollege stöhnte auf. „Aber wie sollen wir den Verrückten unter lauter Verrückten finden?"

Charlotte wandte den Kopf und sah dem Mann direkt in die Augen. „Das Verhalten des Mörders wird einen Hinweis auf seine Identität geben. Es wird sich in der ein oder anderen Weise in seinem täglichen Leben hier widerspiegeln, und es liegt an uns, das zu erkennen. Also, meine Herren, Sie wissen, was Sie zu tun haben. Halten Sie Augen und Ohren offen. Wann immer Ihnen etwas auffällt, zögern Sie nicht, zu mir zu kommen und mit mir darüber zu sprechen. Und sollte es eine noch so kleine Kleinigkeit sein. Wir überwachen und überprüfen alles. Von heute an kommt kein Besuch mehr auf diese Station, ohne dass er bis auf die Unterwäsche untersucht wird. Und es geht auch niemand ohne die entsprechenden Leibesvisitationen. Wir kriegen ihn. Er weiß, dass wir ihm auf den Fersen sind."

Die Beamten gingen nach und nach hinaus. Aus ihren Blicken konnte man lesen, dass sie hofften, Charlotte würde recht behalten.

Zwanzig Minuten später war der Aufenthaltsraum brechend voll und die Hitze ebenso unerträglich wie der Lärmpegel.

In Professor Malwiks Kielwasser befand sich seine Kollegin Dr. Silvia Sattler, die sich jedoch zurückhielt. Es war der Psychiater, der in die Mitte des Raumes trat, sich räusperte und sagte: „Meine Damen und Herren, wir haben Sie hierhergebeten, um noch einmal deutlich festzuhalten, dass kein Grund zur Panik besteht."

„Wenn nicht jetzt, wann dann?", murmelte Susanne, die mit verschränkten Armen neben Julia stand.

„Dennoch sollten wir im Interesse unserer eigenen Sicherheit ein paar einfache Verhaltensregeln beachten." Malwik nickte Charlotte zu. „Frau Kommissarin?"

Charlotte trat nach vorne. „Meine Damen und Herren, mein Name ist Charlotte Gärtner, ich bin von der Kriminalpolizei und werde Ihnen nun ..."

Weiter kam sie nicht.

„Tämmerer ist tot!", rief jemand.

„Wir wollen wissen, was Sie jetzt vorhaben, Frau Kommissarin?", rief ein anderer. „Werden Sie den Irren kriegen, der das getan hat?"

„Wir tun unser Bestes", sagte Charlotte.

„Mit anderen Worten, Sie haben keine Spur und keine Ahnung." Susanne konnte sich diese Bemerkung nicht verkneifen, und sie stieß auf zustimmendes Gemurmel.

„Wir wissen bisher nicht mehr über den Täter als das, was wir aus seiner Tat lesen können", setzte Charlotte erneut an. „Aber wir sind ihm auf den Fersen, und wir werden ihn kriegen."

„Pure Hilflosigkeit!", rief jemand.

„Die Polizei ist niemals hilflos", erklärte Charlotte ernst. „Wenn es so wäre, wären wir nicht die Polizei. Wir haben zahlreiche Spuren. Allerdings können wir auch nicht behaupten, dass die Festnahme eines Tatverdächtigen unmittelbar bevorsteht. Aber Sie alle können bei der Aufklärung des Verbrechens mithelfen. Ich möchte Sie bitten, darüber nachzudenken, ob Sie in der letzten Nacht – oder auch in den letzten Tagen – etwas gesehen oder gehört haben, was Ihnen merkwürdig vorkam. Ich möchte, dass Sie ganz genau überlegen. Und denken Sie daran, dass auch die kleinste Kleinigkeit, die Ihnen selbst vielleicht unwichtig vorkommt, genau das Detail sein könnte, das zur Aufklärung führt."

„Sollte die Klinik nicht besser geschlossen werden?", fragte Susanne. „Ich meine, solange der Irre frei herumläuft und Sie nur auf der Stelle treten, ist doch keiner von uns hier mehr sicher."

„Es wäre sinnlos, die Klinik zu schließen", schaltete Professor Malwik sich wieder ein. „Dann müssten alle Patienten anderweitig untergebracht werden. Und falls der Mörder ein Patient oder ein Mitglied der Belegschaft ist, würden wir das Problem damit nicht lösen, sondern nur verlagern. Nein, nein. Die Polizei arbeitet auf breiter Front." Er räusperte sich. „Ich habe vollstes Vertrauen."

Das schien die Leute nicht wirklich zu beruhigen.

„Wischiwaschi-Gelaber!"

„Mit uns kann man's ja machen!"

Malwik hob eine Hand in die Höhe. „Sie helfen mit derartigen Äußerungen niemandem, schon gar nicht sich selbst." Damit malte er einen entschiedenen Schlussstrich in die Luft.

„Ich habe bereits ein Zimmer auf der Station bezogen", nahm Charlotte den Faden wieder auf. „Außerdem werden überall Posten aufgestellt. Die Polizei ist also immer in Ihrer Nähe. Bitte haben Sie Verständnis für alle weiteren Routineuntersuchungen, die von nun an stattfinden werden. Wir bedauern, falls es zu Unannehmlichkeiten kommt, und danken Ihnen schon jetzt für Ihre Unterstützung und Geduld. Einen Rat noch: Bewegen Sie sich von jetzt an wenn möglich nur noch zu zweit oder in Gruppen. Wie ich gerade sagte, wir sind immer in Ihrer Nähe. Vertrauen Sie auf uns. Sie sind nicht alleine."

Unzählige gerötete Augenpaare starrten sie nur weiter zweifelnd an.

Eine weitere Stunde später wurde im selben Aufenthaltsraum eine improvisierte Gedenkstunde abgehalten. Irgendjemand hatte eine Kerze in die Mitte gestellt. Die einen beteten im Stillen, die anderen saßen einfach nur stumm da. Wieder andere murmelten unverständliche Dinge vor sich hin.

Dann wurde eine Hand gehoben, und eine kleine Glocke läutete. Alle Blicke richteten sich auf Silvia Sattler, die aufmerksam in die Runde schaute. Die gesamte Körpersprache der Psychologin signalisierte Beherrschung und Stärke, ebenso ihre ruhige Stimme, die den ganzen Raum erfüllte: „Wir haben uns hier eingefunden, weil etwas Unglaubliches geschehen ist. Etwas, von dem wir nie gedacht hätten, dass es passieren könnte, und ich denke, wir alle sind erschüttert und verwirrt. Es hat einen Menschen aus unserer Mitte auf tragische und brutale Weise getroffen, und wir müssen nun lernen, damit umzugehen." Sie brach ab und deutete auf den Platz zu ihrer Linken. „Das hier ist Kommissarin Gärtner. Sie alle haben sie inzwischen kennengelernt. Sie möchte an dieser Sitzung teilnehmen, weil sie das Bedürfnis hat, uns noch ein bisschen besser kennenzulernen. Begrüßen wir sie in unserer Runde."

Der Kreis von Gesichtern wandte sich Charlotte zu, und mehr oder weniger freundliches Gemurmel durchdrang den kleinen Raum. Sie grüßte zurück, wobei sie sich im Klaren darüber war, dass jeder Versuch, sich innerhalb dieser Runde zwanglos zu benehmen, lächerlich wirken musste. Sie war nicht als Patientin und auch nicht als Freundin hier, und egal, was sie sagte oder tat, nichts konnte diese Tatsache verschleiern. Aber diese Gedenkstunde hatte einen entscheidenden Vorteil: Aussagen, die in ihrem Beisein gemacht wurden, konnten sogleich hinterfragt werden, und eventuelle Beziehungen untereinander, welcher Art auch immer, würden vielleicht leichter ans Tageslicht kommen.

„Möchte jemand etwas zu den tragischen Ereignissen der letzten Stunden sagen?", fragte Silvia Sattler in die Runde.

„Ich würde gerne wissen, was einen Menschen dazu bringt, andere Menschen zu töten", sagte Stefan Versemann an Charlotte gewandt.

„Ich weiß es nicht", gab diese offen zurück. „Ich bin seit über zwanzig Jahren bei der Polizei und habe noch keine befriedigende Antwort darauf gefunden."

„Was soll das Scheißgelaber?" Das kam von Robert Campuzano. „Tämmerer war ein Arsch. Er hatte es verdient. Ich wein ihm jedenfalls keine Träne nach."

„Das Jesuskind … Das Jesuskind …"

Alle blickten von Campuzano zu Viktor Rosenkranz, der sich schon wieder – oder immer noch – mit verkrümmten Gichtfingern an der Puppe in seinem Arm festhielt, den Blick unverwandt auf Charlotte gerichtet. Er nahm sie jedoch überhaupt nicht wahr, dessen war sie sich sicher. Er war völlig abwesend.

Campuzanos Aufmerksamkeit schweifte von dem alten Mann zurück in die Runde, und während seine Stimme beunruhigend anschwoll, schnaubte er wie ein wütender Stier: „Ich hab's ihm gesagt. Ich hab ihm gesagt, dass er es bedauern wird, und das für den beschissenen Rest seines Lebens. Und wisst ihr, was er mir geantwortet hat? Wir müssten alle unser Leben leben, und das wäre seins. Das hat er mir geantwortet. Und wohin hat's ihn gebracht? Ich hab ihn nicht gemocht, geb ich zu. Und jetzt ist er tot. Prima. Denn wer nicht hören will, der muss fühlen. So laufen die Dinge nun mal. Mehr gibt's dazu nicht zu sagen."

„Arschloch", knurrte Susanne in seine Richtung.

„Was willst du schon wieder von mir?" Voller Verachtung starrte Campuzano sie an. „Nimm's Geld von deinem reichen Papi und geh dahin zurück, wo du hergekommen bist. Auf dich kann ich genauso gut verzichten, Klugscheißerin."

Silvia Sattler räusperte sich. „Wir alle wissen, dass gewisse Dinge ans Tageslicht gelangt sind, die niemals unter die Patienten hätten gelangen dürfen. Dinge, die zur Behandlung und damit in die Privatsphäre jedes Einzelnen gehören. Der Umgang untereinander verlangt eine gewisse Dosis Wahrheit und eine gewisse Dosis Verschwiegenheit, damit alles im Lot bleibt. Nun ist es leider nicht mehr zu ändern, die Dinge sind aus besagtem Lot geraten und ...“

„Vielleicht warst du es ja!“, rief Campuzano dazwischen und meinte offenbar immer noch Susanne, denn seine Augen blitzten weiterhin gefährlich in ihre Richtung. „Bist du nicht hier, weil du 'nem Typen 'ne verdammte Glasscherbe in den Rücken gerammt hast? Deswegen bist du doch hier, oder nicht? Warum dann nicht auch den Tämmerer killen? Hä? Warum eigentlich nicht? Klugscheißerin!“ Er wandte sich an Charlotte und spie hinterher: „Fragen Sie die doch mal nach ihrem Alibi! Die ist nämlich gar nicht so verfickt harmlos, wie sie tut.“

„Aber du bist harmlos, ja?“, gab Susanne zurück. „Du warst doch ständig damit beschäftigt, Tämmerer zu verfolgen und zu schikanieren.“

„Um Himmels willen“, schaltete Ilona Walter sich ein. „So hören Sie doch beide auf.“

In der nächsten Sekunde erhob sich Elisa Kirsch von ihrem Stuhl. „Ich hab es gesehen! Ich hab alles gesehen. Aber mir glaubt ja keiner. Und meine Tabletten gibt man mir auch nicht.“ Damit setzte sie sich wieder hin, klappte den Mund zu und verschränkte die Arme vor der Brust.

Campuzano machte sich erst gar nicht die Mühe, seinen Unmut zu zügeln. „Du lügst doch auch wie gedruckt!“, zischte er in ihre Richtung.

„Das ist nicht wahr!“, stieß Elisa hervor. „Es ist dunkel dort, und man kann nicht atmen. Es ist wie in einem U-Boot. Alle werden von ihrem Schatten zermürbt. Und dann sterben sie. Und mehr sage ich nicht, bevor ich nicht meine Tabletten bekomme.“

„Du erzählst gequirlte Scheiße!“, brüllte Campuzano.

„Reden Sie nicht so mit mir!“

„Ach, leck mich doch! Ich rede, wie's mir passt! Du hast überhaupt nichts gesehen! Du willst dich nur wichtigmachen! Weil du irre bist! Das weiß doch jeder!“

„Beruhigen Sie sich, Herr Campuzano", versuchte Silvia Sattler einzugreifen, doch dieses Mal wurde sie von Karl Waffenschmied unterbrochen, der als Nächster von seinem Stuhl aufsprang und sagte: „Zuhörn! Wir brauchen 'nen Plan! Verteidigung! Posten aufstellen! Jawohl! Posten!" Und noch einmal: „Zuhören! Verteidigung! Posten! Wir brauchen Posten!"

Mehrere Patienten nickten zustimmend. Das ergab Sinn. Jedenfalls für sie.

Nur der alte Viktor Rosenkranz saß immer noch auf seinem Stuhl wie ein alter Tabakbeutel. Mit weit aufgerissenen Augen blickte er weiter in Charlottes Richtung. Aber er war immer noch nicht richtig da. Wo auch immer er gerade sein mochte, es war ganz bestimmt ein besserer und friedlicherer Ort als der, an dem sie sich gerade alle befanden.

14. KAPITEL

Beten um Kraft

Der anschließende Weg zu Silvia Sattlers Büro glich einem Spießrutenlauf. Das Stimmengewirr um sie herum erinnerte Charlotte an das Summen von Mücken. Außerdem stank es immer noch nach Kohl, Schweiß und anderen Körperausdünstungen.

Die Psychiaterin selbst schien sich nicht daran zu stören. Sie verströmte vielmehr eine ganz andere Art innerer Anspannung, die allerdings von kultivierter Intelligenz im Zaum gehalten wurde. Sie war nur ein paar Zentimeter kleiner als Charlotte, etwa ein Meter siebzig, hatte dafür aber wesentlich längere Beine. Und schlankere. Natürlich. Das blonde, an den Wurzeln etwas dunklere Haar, war dicht und wurde von zwei blauen Kämmen gehalten. Man hätte in ihr leicht nur den Typus sehen können, attraktive, hochintelligente Frau, die in einem anspruchsvollen Beruf arbeitete. Charlotte jedoch hatte sich stets vor Stereotypen gehütet und dachte auch in diesem Moment, dass die Wahrheit womöglich wesentlich subtiler war – und sich als wesentlich gefährlicher erweisen konnte. „Wie geht es übrigens Frau Yilmaz?", wollte sie wissen.

„Inzwischen wieder etwas besser", gab Silvia Sattler zurück. „Verständlicherweise ist sie sehr durcheinander. So etwas Dramatisches erlebt man ja auch nicht jeden Tag. Sagen wir: Ihr Kompass für Richtig oder Falsch ist durch die Ereignisse etwas aus den Fugen geraten."

„Sie scheint davon überzeugt, dass Tämmerers Tod hätte vermieden werden können, wenn man sich nur mehr um ihn gekümmert hätte", sagte Charlotte.

„Es hätte nicht verhindert werden können. Wie hätten wir es verhindern sollen? Wir alle, die Ärzte, das Pflegepersonal, arbeiten zu hundert Prozent zuverlässig. Wir stehen voll und ganz hinter dem, was wir tun. Aber wir können unmöglich jeden Patienten rund um die Uhr bewachen."

„Apropos." Charlotte sah sich aufmerksam um. „Gibt es hier keine Überwachungskameras?"

„Nein."

„Warum nicht? Jeder winzige Tante-Emma-Laden verfügt heutzutage über Überwachungskameras."

Silvia Sattler lächelte dünn. „Die Grundrechte unserer Patienten werden hier erheblich eingeschränkt, Frau Kommissarin. Das bedeutet aber nicht, dass wir den Leuten jedes Recht auf Privatsphäre streitig machen dürfen."

Einen Moment schwiegen sie. Dann meinte Charlotte offen: „Ich beneide Sie nicht um Ihren Job."

Wieder zeigte Silvia Sattler ein dünnes Lächeln. „Was möchten Sie von mir wissen, Frau Kommissarin?"

„Erzählen Sie mir von Weinfried Tämmerer."

„Dann beginne ich am besten mit einer Kurzversion seines Lebens: Seine Eltern waren beide Alkoholiker, aber sie arbeiteten immerhin. Die Mutter als Hilfskraft in einer Kantine, diesen Job machte sie auch einigermaßen gut, Mutterpflichten hingegen lagen ihr weniger. Der Vater war Vorarbeiter in einer Fabrik, und wenn er betrunken war, dann gab es keinen in der Familie, den er nicht schlug. Soll ich noch mehr ins Detail gehen?"

„Sagen Sie mir alles, was Sie für wichtig halten. Wie oft haben Sie mit Tämmerer gesprochen?"

„Sie meinen, wie oft wir Einzelsitzungen hatten? Für gewöhnlich zweimal die Woche." Silvia Sattler räusperte sich. „Die grobe Vernachlässigung und das hohe Gewaltpotenzial in der Kindheit hatten unterschiedliche Auswirkungen auf Tämmerer und seine Schwester. Sie wurde ein ziemlich wildes Mädchen, war hinter Männern her, trank und nahm Drogen." Ein kurzer, tiefer Atemzug. „Tämmerer selbst war nach außen hin ein Lamm. Er studierte, wobei er sich das Studium selbst finanzierte, von seinen Eltern war keine Hilfe zu erwarten. Später wurde er Lehrer an einer Hauptschule. Interesse an erwachsenen Frauen hatte er nie. Dafür jede Menge an halbwüchsigen Mädchen. Dieses Interesse hat er schon ziemlich früh bemerkt, von ihm überwältigt wurde er das erste Mal aber erst vor einem Jahr."

„Das Mädchen in seiner Schule", warf Charlotte ein. „Lilly Jensen."

„Richtig", bestätigte Silvia Sattler. „Dieses Mädchen hatte es ihm angetan. Sie war so süß und still, das waren seine Worte. Alles in ihm schwappte über."

„Hat er sie vergewaltigt?"

„Nein."

„Angefasst?"

„Ja."

„Warum wurde die Anzeige gegen ihn wieder zurückgenommen?"

„Das konnte abschließend leider nicht geklärt werden."

Derselbe Satz, den auch schon Professor Malwik gesagt hatte.

„Wie weit ging dieses Anfassen?", wollte Charlotte wissen. „Hat Tämmerer darüber gesprochen?"

„Nein. So weit waren wir leider noch nicht. Unsere Gespräche drehten sich beim letzten Mal noch um sein Leben und sein Interesse an halbwüchsigen Mädchen generell. Natürlich haben wir auch über Lilly Jensen gesprochen, aber er ging dabei noch nicht ins Detail."

Charlotte folgte Silvia Sattler weiterhin und hatte dabei den sicheren Eindruck, dass es um sie herum immer heißer wurde.

„Sie hat sich inzwischen umgebracht."

„Ich weiß."

„Also wird es für sie nicht ganz so harmlos gewesen sein."

Darauf antwortete Silvia Sattler nicht, und sie schwiegen einen kurzen Moment.

„Hat Tämmerer es bereut?", wollte Charlotte dann wissen.

„Diese Frage kann ich Ihnen nicht beantworten", gab Silvia Sattler zurück.

„Warum nicht?"

„Weil er ein sehr kontrollierter Mensch war. Und sehr intelligent." Die Psychiaterin brach kurz ab und fügte dann erklärend hinzu: „Ein ganz typisches Verhaltensmuster: Menschen mit sexuellen Perversionen neigen dazu, unaufrichtig zu sein. Natürlich weiß dieser Mensch, dass es nicht gut ist, was er tut. Und natürlich will er Hilfe. Aber da gibt es immer noch die andere Seite in ihm, die glaubt, nicht aufhören zu können. Um auf Tämmerer zurückzukommen: Er sagte zu mir, dass er bereut, aber ich gestehe offen, dass ich mir nicht sicher bin, ob er immer ehrlich zu mir war. Zu mir nicht und zu sich selbst auch nicht. Und ich glaube, dass es genau das war, was die anderen Patienten ebenfalls bei ihm spürten."

„Aber er muss doch irgendeine Form von Hilfe gesucht haben. Immerhin …"

„… kam er freiwillig zu uns, ja. Das war die Seite in ihm, die wusste, dass er dringend Hilfe brauchte."

„Und wie wollten Sie ihm helfen?"

„Nun, wir strebten eine Behandlung mit verschiedenen Medikamenten an, gepaart mit einer kognitiven Verhaltenstherapie."

„Verhaltenstherapie?" Charlotte blinzelte. „Gegen Pädophilie? Das ist ja in etwa so realistisch wie der Weltfrieden."

Endlich hatten sie Silvia Sattlers Büro erreicht. Sie öffnete die Tür und sagte: „Eine derartige Reaktion überrascht mich nicht. Ich werde ständig damit konfrontiert. Aber glauben Sie mir, Frau Kommissarin, wenn ich Ihnen sage, dass die meisten Neigungen eine Kombination aus Natur und Erziehung sind. Sie sind nicht festgelegt wie Blutgruppen. Menschen können sich ändern, wenn sie unsere Hilfe mit festem Entschluss und ganzem Herzen annehmen. Falls das nicht so wäre, könnten wir den Laden hier dichtmachen. Treten Sie ein."

Sie wartete, bis Charlotte ihr ins Büro gefolgt war, dann schloss sie die Tür hinter ihr.

„Wie ist das für Sie?", fragte Charlotte weiter, nachdem sie der Psychiaterin gegenüber Platz genommen hatte. „Ich meine, wie ist es, sich all die unzähligen Lebensgeschichten, Fantasien und Geheimnisse anzuhören, die Ihnen Menschen erzählen, mit denen Sie vermutlich überhaupt nichts zu tun hätten, wenn es nicht Ihr Beruf wäre?"

„Es ist weder eine Last noch ein Geschenk." Silvia Sattler griff nach einer Flasche Wasser und stellte fest, dass sie leer war. „Es ist mein Beruf. Ich habe mich dafür entschieden, weil ich davon überzeugt bin, dass ich helfen kann."

„Und wenn jemand tief drinnen gar keine Hilfe möchte?"

„Der Wille, sich Hilfe zu holen, ist etwas Freiwilliges, Frau Kommissarin. Man kann ihn nicht mit vorgehaltener Waffe erzwingen. Und man hilft Menschen auch nicht, indem man ihnen sagt, dass sie böse Sünder sind und zur Hölle verdammt. Wie gesagt, es ist etwas Freiwilliges. Von beiden Seiten."

Charlotte überlegte einen Moment. Dann sagte sie: „Glauben Sie wirklich, dass die Patienten Ihnen bei den Sitzungen *alles* erzählen?"

„Es kann nur funktionieren, wenn sie mir bedingungslos vertrauen", gab Silvia Sattler zurück. „Sie müssen sicher sein können, dass sie hinterher nicht anders behandelt werden als vorher. Nur so können wir in absehbarer Zeit den Weg zu einer Gesundung einleiten."

„Und wie reagieren Sie bei einem Menschen wie Tämmerer, der nicht davor zurückscheute, ein Kind zu missbrauchen?"

„In solchen Fällen bete ich, Frau Kommissarin."

„Wie bitte?"

„Ich bete um Kraft. Und ich bete darum, dass ich genug davon habe, um mit dieser Person arbeiten zu können." Silvia Sattler hob die Hände in die Höhe. „Ja, es ist schwierig. Aber ich glaube daran, dass ich helfend eingreifen kann, wenn der Patient meine Hilfe wirklich haben möchte."

„Und es gibt keine Ausnahmen?"

„Es ist mir gestattet, einen Patienten abzugeben, wenn ich merke, dass ich an meine Grenzen stoße. Aber zuvor würde ich alles versuchen, was in meiner Macht steht."

Charlotte sah der Psychiaterin in die Augen. „Ich bin sicher, es raubt Ihnen so manches Mal den Schlaf."

„Wir alle durchleben hin und wieder Zeiten, in denen wir zweifeln." Etwas in Silvia Sattlers Augen funkelte. „Ich bin mir sicher, auch Sie tun das gelegentlich, Frau Kommissarin. Aber wie gesagt, ich tue, was ich kann."

Sie schwiegen einen Moment.

„Wo waren Sie, als Tämmerer heute Morgen gefunden wurde?", wollte Charlotte dann wissen.

„Es gab eine Störung."

„Ach ja, genau. Die Störung. Und Sie haben das Feuer gelöscht, nehme ich an?"

Silvia Sattler lehnte sich ein kleines Stück zurück. „Die Pfleger haben es gelöscht, wobei es nicht wirklich etwas zu löschen gab. Wir kennen den Patienten inzwischen gut genug, um ihn genauestens im Auge zu behalten. Deshalb konnten wir rechtzeitig eingreifen, ehe er in der Lage war, größeren Schaden anzurichten."

„Und was haben Sie danach getan? Ich meine, nach der Störung?"

„Danach bekam ich die Nachricht, dass Tämmerer ermordet aufgefunden wurde. Dann brach das völlige Chaos aus."

„Na ja", meinte Charlotte. „Immerhin kann sich jetzt keiner mehr über Langeweile beschweren."

Die Psychiaterin schien diese Bemerkung nicht witzig zu finden. Sie verzog keine Miene.

Kaum war sie wieder alleine, blieb Silvia Sattler einen Augenblick nachdenklich hinter ihrem Schreibtisch sitzen. Schließlich griff sie nach dem Telefonhörer und wählte eine Nummer.

„Störe ich?"

„Nein. Was gibt's?"

„Sie ist gerade gegangen."

„Wie war es?"

„Es hätte schlimmer sein können, nehme ich an. Trotzdem fühle ich mich, als hätte ich einen ganz fürchterlichen Kater."

„Was wollte sie wissen?"

„Alles über Tämmerer. Ich habe ihr gesagt, was ich unter den gegebenen Umständen sagen konnte."

„Nicht mehr?"

„Natürlich nicht."

„Dann ist doch alles in Ordnung."

„Ja. Alles in Ordnung. Ich muss mich wieder auf meine Arbeit konzentrieren."

Damit legte die Psychiaterin auf.

15. KAPITEL

Beklopptes Pack!

17:13 Uhr

Karl Waffenschmied stand am Fenster des Aufenthaltsraumes und kniff die Augen zusammen. „Da draußen sinne Menge Typen. Durchsuchen 'nen Park."

„Ist es die Polizei?", wollte Ilona Walter wissen, ohne sich nach ihm umzudrehen.

„Hmm. Tragen Uniformen. Schade, dass se nich buddeln."

„Wieso schade?", gab Ilona zurück. „Sie wollen ja wohl nicht, dass sie noch eine Leiche finden, oder?"

„Wieso? Fehlt noch einer von uns?" Waffenschmieds Kopf schlackerte wie bei einer Marionette hin und her.

„Sie suchen bestimmt immer noch nach den Augen", bemerkte Ilona nachdenklich. „Und nach der Tatwaffe. Wenn man auf der Station nichts gefunden hat, dann ist es ja wohl logisch, dass sie als Nächstes im Park danach suchen."

„Glauben die im Ernst, da schabt einer einem anderen die Augen aus, um sie dann aus 'm Fenster zu werfen?" Campuzano schnaubte verächtlich. „Wie dämlich sind die denn?"

„Diese Frage müssen Sie der Polizei stellen", sagte Ilona in seine Richtung. „Aber irgendetwas werden sie sich ganz bestimmt dabei denken."

„Jetzt untersuchen se 'n Boden und die Büsche inner Umgebung", berichtete Waffenschmied, für alle, die nicht am Fenster standen.

„Wird ihnen auch nichts nützen", brummte Campuzano. „Tämmerer is' im Arsch, und das ist gut so." Er legte sich zwei Finger an die Stirn und machte: „Krach. Bumm."

Ilona erhob sich abrupt. „Ich gebe Frau Grimm recht, Sie sind wirklich ein Arschloch, Herr Campuzano. Ich benutze dieses Wort nur sehr ungern, aber bei Ihnen fällt auch mir kein treffenderes ein."

„Und ich glaub', Sie sind 'ne geile Tussi, die nur noch nicht den richtigen Kerl hatte."

„Verlassen Sie sich darauf, dass Sie mir nie nahe genug kommen werden, um mich davon zu überzeugen."

„Was wollen Sie eigentlich?", zischte Campuzano. „Tämmerer war 'ne alte Drecksau, die ständig auf Opfer gemacht hat. Ständig auf verficktes Opfer. Dass er jetzt am Ende tatsächlich noch eins geworden ist, ist das Einzige, was mich ankotzt. Der Rest von uns kann sich ab jetzt wieder sicher fühlen. Jemand hat es in die Hand genommen. Es ist vorbei." Er griff nach einer Zigarette, doch bevor er sie sich in den Mund steckte, legte er noch einmal die beiden Finger an die Stirn und machte: „Krach. Bumm."

Und noch einmal sagte Ilona: „Arschloch. Ich gebe zu, ich mochte Tämmerer auch nicht besonders, aber so redet man nicht über einen toten Menschen."

Im nächsten Moment kam Elisa Kirsch in den Aufenthaltsraum gestürmt und rief: „Ich weiß es! Ich weiß alles!"

Alle Blicke richteten sich auf sie.

„Was wissen Sie?", entfuhr es Ilona.

„Gottverdammter, hinterhältiger Mörder! Ich weiß alles!"

Waffenschmied reckte den Hals. „Was wissen Se?"

„Zuerst will ich meine Tabletten! Und dann sag ich alles! Alles!" Damit verschwand sie wieder und warf die Tür hinter sich zu.

Die anderen sahen ihr verwirrt hinterher.

„Ob sie wirklich etwas weiß?", fragte Ilona nach ein paar Sekunden.

„Quatsch", machte Campuzano. „Die Alte ist einfach nur irre. Schon der Hammer, mit was für einem bekloppten Pack man sich hier jeden Tag rumschlagen muss."

Ilona warf ihm einen undefinierbaren Blick zu und sagte: „Ja. Das denke ich auch täglich."

„Das war's, Frau Kommissarin." Dienstbeflissen kam Michael Tech auf Charlotte zugeeilt. „Wir haben im Radius von fünf- hundert Metern alles abgesucht." Mit einer kleinen Spraydose sprühte er wild um seinen Kopf herum. „Blödes Mückenzeugs!" „Was haben Sie gefunden?", wollte Charlotte wissen.
Er deutete hinter sich auf den Boden. „Das dort."
Charlotte ging hinüber, hockte sich hin und stocherte mit ei- nem Kugelschreiber in dem Sortiment von Fundgegenständen herum. Dabei waren unter anderem leere Chipstüten, Schoko- ladenpapier, jede Menge leere Coladosen – und drei gebrauchte Kondome.
Sie nickte. „Damit lässt sich vielleicht was anfangen. Der Rest wird uns kaum weiterhelfen. Das sind alles Dinge, die irgend- wann einmal in die Klinik geschmuggelt und dann aus den Fens- tern geworfen wurden." Sie richtete sich wieder auf. „Gut. Ma- chen wir Schluss für heute. Zumindest hier." Noch einmal deutete sie auf die Kondome. „Lagen die an einer einzigen Stelle?"
Tech sprühte schon wieder wild mit der Spraydose um sich. „Nein, an verschiedenen. Wir haben die einzelnen Fundstellen markiert."
„Gut. Sieht aus, als gäbe es hier einen Klinikcasanova. Stellt sich nur die Frage, wer das sein könnte? Und ob es etwas mit dem Fall zu tun hat?"
In diesem Moment klingelte ihr Handy, sie nahm ab und ver- nahm Hannelore Strickners Stimme am anderen Ende: „Ich habe ein paar interessante Neuigkeiten für Sie, Frau Kommissarin. Ihr Opfer wurde zuerst heftig verprügelt, danach vergewaltigt. Und ungefähr zwei Stunden später erschossen."
„Bitte was?", entfuhr es Charlotte. „Vergewaltigt?"
„Das sagte ich ja."

„Und erst zwei Stunden später erschossen?"

„Jawohl."

Charlotte versuchte sich den Ablauf vorzustellen. „Das bedeutet, Tämmerer wäre nach der Vergewaltigung zurück in sein Zimmer gegangen, ohne den Übergriff den Pflegern zu melden. Das kann ich mir kaum vorstellen. Kann es nicht irgendwie anders gewesen sein? Ich meine ..."

„Es fand sich zwar kein Sperma", unterbrach die Strickner am anderen Ende. „Dafür hat der Tote allerdings ziemlich starke Verletzungen im Analbereich. Das war auf keinen Fall freiwillig."

„Und bevor er vergewaltigt wurde, wurde er verprügelt?"

„Richtig. Und das sehr heftig."

„Das lässt doch auf Wut schließen, oder nicht? Auf richtigen Hass."

„Es ist Ihre Aufgabe, das herauszufinden", bemerkte die Strickner. „Was ich Ihnen sagen kann, ist, dass genau das der Ablauf war: verprügelt, vergewaltigt und später erschossen. Nun, wenigstens das Letzte sollte sehr schnell gegangen sein. Das Opfer hat den Weg gesehen, um es mal so auszudrücken, und das helle Licht an dessen Ende."

„Es ist wahrscheinlicher, dass er in die andere Richtung gegangen ist."

„Leider kann ich nicht sehen, ob die Menschen auf meinem Tisch zu ihren Lebzeiten gut oder schlecht waren, Frau Kommissarin. Ich habe lediglich gesehen, dass unser Mann ein ausgesprochen starkes Herz hatte, mit dem er noch viele Jahre hätte leben können. Und dieses Herz könnte genauso gut auch das eines Heiligen gewesen sein, nicht wahr?"

„Was ist mit den Augen?", fragte Charlotte. „Warum hat man ihm die Augen entfernt?"

„Auch das kann ich Ihnen leider nicht beantworten. Vielleicht, um vom eigentlichen Motiv der Tat abzulenken."

Charlotte überlegte einen Moment, dann sagte sie: „Ich brauche Fotos von seinen Verletzungen. Nahaufnahmen, auf denen man die Lage und Verteilung deutlich erkennt. Und das so schnell wie möglich."

„Ich lasse sie Ihnen zukommen, zusammen mit dem Obduktionsbericht."

Damit war das Gespräch beendet.

Unglücklich blickte Professor Malwik aus dem Fenster hinunter in den Park. „Was sollen wir nur sagen?"

„So wenig wie möglich", schlug Silvia Sattler vor. „Am besten sagen wir gar nichts, außer, dass wir uns nicht in der Lage sehen, etwas zur Aufklärung der Geschehnisse beizutragen."

„Das klingt ausgesprochen vernünftig." Trotzdem wirkte Malwik noch besorgt. „Bis jetzt ist es noch niemandem gelungen, vor der Presse seine Würde zu wahren. Und wir reden hier nicht von irgendwas. Wenn wir jetzt hinausgehen, wird das die Generalprobe für unser eigenes Armageddon. *Mord im Irrenhaus.* Wer würde sich nicht sofort daraufstürzen?"

„Zusammengefasst wird es nichts weiter sein als: *Mord in psychiatrischer Klinik – direktes Eingreifen der Polizei.*"

Malwik verzog das Gesicht. „Und dabei hatte ich nach den jüngsten Ereignissen gehofft, dass endlich wieder Ruhe einkehrt."

„Ich auch", sagte Silvia Sattler. „Ich auch." Sie erhob sich. „Trotzdem müssen wir irgendwann hinausgehen, es wird uns nichts anderes übrig bleiben."

16. KAPITEL

Allein

Susanne Grimm stand nicht am Fenster. Sie stand in der Mitte ihres Zimmers, sah sich unglücklich um und stellte fest, dass es hier drinnen düster war. Und leer.

Leer wie ich, dachte sie niedergeschlagen. *Leer wie mein Leben.*

Seufzend ließ sie sich aufs Bett fallen. Ebenfalls leer.

Trauer überfiel sie. Und Wehmut.

Sie legte sich auf die Seite, stützte den Kopf in die Hand und lenkte ihre Gedanken auf die Vergangenheit und ihr bisheriges Leben. Und auf die Freiheit, die sie so schnell nicht wieder erlangen würde.

Susanne atmete tief und traurig durch. Bei dem Versuch, sich selbst treu zu bleiben, der Mensch zu sein, der sie im tiefsten Inneren war, war etwas gnadenlos schiefgelaufen, das immerhin wusste sie inzwischen. Aber ein Zurück gab es nun leider auch nicht mehr.

Unglücklich dachte sie an ihre Eltern, die sie bisher noch nicht einmal besucht hatten. Sie dachte an ihren Vater, den Chefarzt einer Krebsklinik. An ihre Mutter, die als Immobilienmaklerin gearbeitet hatte, bevor die Kinder zur Welt kamen. An Jörg, ihren fünf Jahre älteren Bruder.

Perfekte Familie. So sahen es alle.

Alle, außer Susanne. Die fand ihre Familie überhaupt nicht perfekt, eher *fucking perfect*, weshalb sie schon früh anfing, sich gegen alles aufzulehnen. Wenn sie sagte, sie sei zu Hause, war sie draußen. Wenn sie sagte, sie käme um neun nach Hause, dann ließ sie sich garantiert vor eins nicht blicken. Ihre Schulnoten waren miserabel, was nicht an mangelnder Intelligenz lag, eher daran, dass sie nicht mehr tat, als sie musste.

Mit dreizehn Jahren färbte sie sich zum ersten Mal die Haare bunt. Kurz darauf rief der Detektiv eines Einkaufszentrums bei ihnen zu Hause an, um mitzuteilen, dass man Susanne beim Diebstahl eines Lippenstiftes erwischt hatte. Sie verweigerte beharrlich die Aussage, und ihr Vater wies darauf hin, dass seine Tochter einen Einhundertmarkschein in der Tasche hatte, warum bitte schön sollte sie den Lippenstift also stehlen?

Mit fünfzehn Jahren brachte eine unerwartete Kontrolle in der Schule ein Tütchen mit Gras in Susannes Sporttasche zum Vorschein. Wieder verweigerte sie die Aussage, und ihre Eltern schienen zum ersten Mal an einem Punkt zu sein, an dem sie nicht mehr weiter wussten. Sie verstanden es nicht, waren sie doch davon überzeugt, alles richtig zu machen. Und vermutlich weil sie es nicht verstanden, wussten sie auch keine Lösung.

Die nächstgrößere Katastrophe kam dann mit sechzehn Jahren, als Susanne versuchte, sich mit den Schlaftabletten ihrer Mutter das Leben zu nehmen. Und jetzt flippte ihr Vater richtig aus. Sie konnte ihn vor der Krankenzimmertür schreien hören: „Jetzt ist Schluss!" Kurz darauf kam er ins Zimmer gestürmt und schrie: „Was zum Teufel willst du eigentlich? Wogegen rebellierst du? Du hast doch alles, was man sich nur wünschen kann!"

Susanne antwortete wieder nicht darauf, woraufhin er sich zu ihr hinunterbeugte und verbittert sagte: „Mir gefällt die Person nicht, die ich da großgezogen habe."

Das hatte er tatsächlich genau so gesagt: „Die Person, die ich da großgezogen habe." Dabei war er nie da gewesen. Das Einzige, was ihr Vater je getan hatte, war, Dinge mit Geld zu regeln. Wenn es bei den Grimms an etwas nie gemangelt hatte, dann war es Geld gewesen.

Dann hatte ihr Vater noch etwas hinzugefügt: „Dein Bruder gefällt mir tausendmal besser als du."

Jörg. Der *fucking* perfekte Bruder, der die Latte von vorn herein so hoch gelegt hatte, dass Susanne ihm sowieso nie im Leben das Wasser reichen konnte, egal, was sie auch versuchte.

Mit zwanzig ließ sie sich dann immerhin dazu überreden, zu studieren. Danach kam noch vieles, sehr vieles, allerdings nichts, was ihren Vater auch nur ansatzweise stolz gemacht hätte. Im Gegenteil. Die Sprachen, die sie studierte, passten ihm nicht, aber er war ja schon froh, dass sie überhaupt studierte. Für ihre Liebe zur Punkmusik und der Tatsache, dass sie in einer Band spielte, hatte er natürlich auch kein Verständnis. Ihre bunten Haare fand er sowieso von Anfang an nicht witzig. Und die Tatsache, dass sie keinen Job als Lehrerin fand und sich stattdessen mit Gelegenheitsjobs durchschlug, minderte auch nicht gerade sein erhöhtes Schlaganfallrisiko.

Noch einmal atmete Susanne tief durch.

Und jetzt war sie also dreißig Jahre alt und hier. In der geschlossenen Psychiatrie. Am Ende ihres Weges angekommen. Denn diese Psychiatrie würde sie so schnell nicht wieder verlassen. Es sei denn, es geschähe ein Wunder, aber es gab nun mal keine Wunder. Nicht im realen Leben.

Nein, sie würde hierbleiben, mit leerem Herzen, und irgendwann würde sie nicht nur vergessen haben, wie die Sonne sich auf der Haut anfühlte. Sie würde auch vergessen haben, wie es war, in einem vollgestopften Bus zu sitzen. Oder wie es war, durch einen Regenschauer zu laufen. Sie war hier, und sie würde all das vergessen haben, so wie man sie selbst auch vergessen würde.

Mit jeder Sekunde fühlte Susanne sich einsamer. Vollständig leer. Kein Raum mehr zum Atmen.

Alles, was ich wollte, war mein eigenes Leben. Ein anderes Leben.

Tränen liefen ihre Wangen hinunter. Immer mehr. Sie konnte nichts dagegen tun. „Ach Mist", murmelte sie. „Mist. Mist. Verdammter Mist."

17. KAPITEL

Gott, der Herr, erbarme dich unser

In manchen psychiatrischen Kliniken gibt es Gebetsräume. Karge Zellen, in denen in der Regel nicht sonderlich viel geboten wird. Wenn man Pech hat, gibt es dort nur ein paar Stühle und ein Kreuz an der Wand, mit einem Jesus, der nicht weniger einsam dort oben hängt, als man sich selbst fühlt. Wenn man hingegen Glück hat, dann gibt es zu dem Gebetsraum auch einen Pastor, der an bestimmten Tagen in der Woche für ein paar Stunden vorbeikommt und seinen Job ernst nimmt. Er hält dann kleine Andachten und nimmt sogar die Beichte ab, bei denjenigen, die das unbedingt möchten. Das sind in der Regel entweder diejenigen, die vor lauter Einsamkeit einfach nur jemanden zum Reden suchen und deswegen im Beichtstuhl alle möglichen Märchen erzählen, solange sie nur für ein paar Minuten Aufmerksamkeit bekommen. Oder es sind diejenigen, die es tatsächlich ernst meinen, weil sie noch eine minimale Hoffnung hegen, dass es durch entsprechende Beichten doch noch klappen könnte mit dem Paradies auf der anderen Seite.

Und immerhin, Gott ist ja schließlich für alle da. Ob man nun gut oder böse, krank oder gesund ist. Was interessiert das Gott? Natürlich, es sollte ihn interessieren. Es sollte ihn interessieren, ob die Menschen sich gut oder böse verhalten. Und auch für die Kranken und Schwachen sollte er sich gesondert interessieren. Aber was Gott sollte und was er tut, das sind bekanntlich zwei verschiedene Paar Schuhe. In erster Linie sind vor ihm alle gleich und in einem solchen Gebetsraum kann man – ob im Beichtstuhl oder nicht – mit jemandem reden. Der Pastor nimmt sich Zeit. Er hört zu. Er bietet Trost. Und er sagt in der Regel immer dasselbe, nämlich, dass man die Hoffnung nicht verlieren soll. Ein leichtes Unterfangen für jemanden, der das Privileg besitzt, die Klinik jederzeit betreten und verlassen zu können, wann immer es ihm gerade beliebt, während alle anderen zurückbleiben und sich an ebendiese Hoffnung klammern müssen.

„Gott, der unser Herz erleuchtet, schenke dir wahre Erkenntnis deiner Sünden und seiner Barmherzigkeit", leitete Pastor Theo Gans an diesem frühen Abend die Beichte ein. Dann wartete er, bis die Stimme auf der anderen Seite sagte: „Der Weise verhält sich so, als hätte er vergessen, doch in Wahrheit vergisst er nichts."

Gans wusste nicht, was er darauf sagen sollte, deshalb wartete er weiter ab.

„Ich habe gesündigt, Vater."

„Wir sind alle Sünder vor dem Herrn", sagte der Pastor mit würdevoller Herablassung. „Hast du Sünden zu bekennen, so sprich."

„Ich habe ein Gebot missachtet."

„Sprich weiter."

„Ich habe getötet, Vater."

Es war die gesamte Klarheit dieser Worte, die den Pastor wissen ließ, dass es sich hierbei um keinen Scherz handelte. Er richtete sich auf.

„Können Sie mir die Absolution erteilen, Vater?"

„Ich …", begann Theo Gans.

„Wenn Sie so freundlich wären."

Der Pastor atmete ein paarmal tief durch. Dann schloss er die Augen, begann zu sprechen und öffnete sie erst wieder an der Stelle: „Ich erlöse dich von all deinen Sünden, im Namen des Vaters, des Sohnes und des Heiligen Geistes."

„Danke, Vater."

Dann hörte Theo Gans Schritte, die eilig das Gebetszimmer verließen. Er selbst blieb wie angewurzelt sitzen und überlegte, was nun zu tun war. Er war an seine Schweigepflicht gebunden.

Er konnte sie unmöglich brechen. Unmöglich. Aber er hatte die Stimme erkannt. Natürlich hatte er die Stimme erkannt. Ein Mörder hatte ihm gebeichtet, und er wusste, wer es war.

Der Pastor verließ den Beichtstuhl.

Er kniete vor dem einfachen Altar nieder und betete mit einer Inbrunst, wie er sie seit vielen Jahren nicht mehr gespürt hatte. Um Kraft. Und um die Kunst, auf dem rechten Weg zu bleiben. Und um Vergebung.

Dann erhob er sich wieder und trat mit zitternden Gliedern zur Vitrine an der Wand, die schon immer als „Stationsbibliothek" diente. Ein großartiger Name. In Wahrheit war es nicht mehr als ein einfacher Bücherschrank.

So lange hatte Gans nicht mehr daran gedacht. Viel zu lange. Ein unverzeihliches Versäumnis.

Gott, der Herr, erbarme dich unser.

Nach einiger Suche entdeckte er das Buch. Für einen Moment schloss er die Augen, atmete erleichtert durch. Es war noch hier. Sein Herz klopfte heftig, als er das Buch an sich nahm. Mit der Hand strich er darüber, betrachtete den Einband.

Gott, sei bei mir!

Dann wandte er sich ab, ging zur Tür und öffnete sie zuerst nur einen Spaltbreit, ehe er mit großen Schritten auf den Flur hinauseilte. Dort stieß er um ein Haar mit Karl Waffenschmied zusammen. Dabei verlor er das Buch. Mit – in seinen Ohren – unbeschreiblichem Getöse schlug es auf dem Boden auf.

„Herr Pastor, was 'n los?", wollte der Alkoholiker wissen.

Keine Antwort von Theo Gans. Er bückte sich, hob das Buch wieder auf und lief dann eilig weiter.

Näher bin ich dir nie gekommen, Herr, dachte er bei sich. *Näher bin ich dir nie gekommen. Und war doch gleichzeitig nie weiter von dir entfernt.*

Endlich draußen, warf er einen letzten Blick über die Schulter. Dabei machte er immer längere Schritte.

Wenn du das hier siehst, Vater im Himmel, dann tu etwas! Ich bitte dich mit allem, was ich habe: Tu etwas!
Er sah wieder nach vorne, auf das hohe, schmiedeeiserne Tor.
Es wegbringen. Darum ging es jetzt. Nur darum.
Er rannte auf das Tor zu.
So schnell er konnte.

Gedankenverloren schob Stefan Versemann seine randlose Brille nach oben, während er den Flur auf und ab ging. Den ganzen Tag hatte er die Arbeit der Polizei verfolgt, parallel dazu das Gerede der anderen Patienten, all die abstrusen Spekulationen.

Und dabei ging Tämmerers Tod, so schrecklich er auch sein mochte, Versemann gar nicht wirklich nahe. Vermutlich lag das daran, dass er dafür viel zu rational dachte. Man lebte, man starb. Das war es. Einzig die Art und Weise, wie man starb, machte den Unterschied. Außerdem hatten er und Tämmerer sich kaum gekannt, nie auch nur ein persönliches Wort miteinander gewechselt.

Allerdings hatte Versemann Tämmerer heimlich beobachtet, wie er alle und alles beobachtete, und kannte deshalb seine Gewohnheiten, seine Zeiten, seine Spleens. Vielleicht sogar seine Täuschungsmanöver.

Noch einmal schob der hochintelligente Mann die Brille nach oben und hielt dann in der Bewegung inne. Plötzlich spürte er etwas. Ein kaltes Kribbeln am Hals. Ein Luftzug konnte es nicht gewesen sein, alle Fenster auf dem Flur waren ab 19:00 Uhr fest verschlossen. Trotzdem wandte Versemann den Kopf, um es noch einmal zu überprüfen. Nein, die Fenster waren alle zu. Aber da war doch jemand gewesen … Eine Gestalt, ein Schatten, in der Tür zum Duschraum. Er wartete darauf, dass die Gestalt wieder auftauchte. Und tatsächlich, nach ein paar Sekunden tat sie es.

Viktor Rosenkranz. Der harmlose alte Mann.

Versemann entspannte sich wieder.

Allerdings hatte der alte Mann in diesem Moment gar kein so verzücktes Alte-Mann-Lächeln im Gesicht, ganz im Gegenteil. Er machte ein paar Schritte in die Mitte des Flurs, und dann wirkte er schon wieder gar nicht mehr … böse. Jetzt wirkte er … besorgt. Oder verwirrt? Versemann hätte es auf die Entfernung schlecht einschätzen können.

In der nächsten Sekunde wandte der alte Mann sich ab und schlurfte den Gang hinauf.

Versemann sah ihm noch ein paar Minuten hinterher. Dann setzte er sich in Bewegung und sah zu, dass er zurück in sein Zimmer kam.

18. KAPITEL

Schichtwechsel

Die Tagschicht verabschiedete sich, die Nachtschicht trat ihren Dienst an.

Verwirrt hob Heide Sacher die Augenbrauen, als ein offenbar völlig aufgelöster Felix Effinowicz das Pflegezimmer betrat und statt einer Begrüßung sofort fragte: „Wo ist Jäger?"

„Er ist heute etwas früher gegangen."

„Was hat er zu der Katastrophe gesagt? Ich meine, hat er überhaupt etwas gesagt oder getan, außer dass er mal wieder abgehauen ist?"

Heide schüttelte den Kopf. „Nichts. Ich komme nicht mehr an ihn heran, Felix."

„Mit mir spricht er auch nicht mehr." Effinowicz schüttelte verärgert den Kopf. „Immer will er alles allein hinbekommen, und damit wird er uns noch alle in Teufels Küche bringen. Hat die Kommissarin schon mit ihm gesprochen?"

„Heute Morgen. Er hat sich gut gehalten, denke ich."

„Gut gehalten? Das glaube ich dir aufs Wort. Das kann er ja auch am besten. Jan ist einer von den Typen, die das Bild einer Person abgeben, die ordentlich aussieht und vernünftig redet, und wenn er mal groß ist, dann wird was ganz Tolles aus ihm." Effinowicz brach ab und starrte Heide an. „Wir sollten einen Schlussstrich ziehen."

„Einen Schlussstrich ziehen? Das ist das Dümmste, was du jemals gesagt hast, Felix. Wir können keinen Schlussstrich ziehen, und das weißt du auch."

„Er hat ..."

„Jan ist nicht schlecht. Vielleicht ist das ja auch alles nur ein Zufall, und ..."

„Er ist ein anderer, als wir immer geglaubt haben, Heide. Er benimmt sich nicht drohend, nicht auffällig, überhaupt nicht verdächtig. Aber er hat eine dunkle Seite. Er hält sie gut versteckt, aber es gibt sie." Effinowicz schwieg einen Moment und fuhr dann fort: „Möglich, dass das Leben ihm zu viel mitgegeben hat. Aber DAMIT bringt er uns alle in Schwierigkeiten."

Seine Stimmung beunruhigte Heide. Sie hatte ihren Kollegen schon oft zornig und bitter erlebt, aber niemals so, wie er sich gerade präsentierte. Es war, als hätte die Sorge, die er die ganze Zeit mit sich herumgetragen hatte, nun vollends die Überhand gewonnen, und die Gefahr, die sie darin sah, war nur allzu klar. Sie hatte immer Jan als das schwache Glied in der Kette gesehen, aber war es in Wahrheit Effinowicz, den man im Auge behalten musste? Es dauerte einen Moment, dann erhob sie sich und trat zu ihm hin. „Beruhige dich, Felix. Wir werden das gemeinsam durchstehen. Du wirst sehen, es wird alles gut werden."

„Wie denn?", gab er aufgebracht zurück. „Die Polizei wird Fragen stellen, und sie wird nicht damit aufhören, bis sie die passenden Antworten dazu hat. Sag mir, wie verdammt noch mal, jemals etwas wieder gut werden soll?"

„Wir müssen nur zusammenhalten."

„Hör zu, Heide, ich weiß, was in dir vorgeht. Du willst immer loyal zu deinen Freunden und Kollegen sein, und wenn du die Wahl hast, streitest du lieber alles ab und legst dich mit Gott und der Welt an, wenn es sein muss. Aber gerade das können wir uns hier nicht leisten, verstehst du das nicht? Wenn wir Jan helfen wollen, dann müssen wir etwas tun. Wir können gar nicht anders."

„Und du hältst es für einen klugen Plan, zur Polizei zu rennen und ihnen alles brühwarm zu erzählen, ja?" Heide umgriff die Arme ihres Kollegen. „Nein, das ist überhaupt nicht klug. Das ist das Dümmste, was wir tun können. Ich bitte dich, Felix, tu uns das nicht an."

Er schwieg heftig atmend.

„Die Kommissarin wird jeden Augenblick kommen und mit dir sprechen wollen", fügte Heide eindringlich hinzu, „und wenn nur ich es sein kann, dann bin ich jetzt in diesem Augenblick dein Gewissen, und als dieses bitte ich dich, reiß dich zusammen und tu uns das nicht an."

Als Charlotte Gärtner fünfzehn Minuten später Effinowicz gegenübersaß, stellte sie fest, dass er sehr durchtrainiert und schlank war und eine zielstrebige und direkte Art an sich hatte. Allerdings schien er auch ziemlich nervös, was ihr ebenfalls nicht entging.

„Glauben Sie, die Patienten sind tatsächlich sicher?", fragte er, ohne sie anzusehen.

„Meine Leute sind eingeteilt", antwortete Charlotte. „Jeder ist an seinem Platz, innerhalb wie außerhalb der Klinik."

„Meinen Sie, Sie werden den Mörder kriegen?"

„Ja."

Sie schwiegen einen Moment, dann bemerkte Charlotte: „Sie sehen aus wie ein Läufer. Stimmt das?"

Er nickte. „Ja, das stimmt."

„Langstrecke?"

„Marathon."

„Das habe ich mir gedacht." Charlotte sah den Pfleger weiterhin aufmerksam an. „Ich habe gehört, dass Sie nur Nachtschichten machen."

„Ja. Auch das ist richtig."

„Warum?"

„Weil ich damit mehr verdiene. Das Leben ist teuer, Frau Kommissarin."

„Seit wann machen Sie das schon? Nur die Nachtschichten."

„Seit zwei Jahren."

Charlotte machte sich eine Notiz. „Können Sie mir sagen, ob Ihnen letzte Nacht etwas Besonderes aufgefallen ist?"

„Nein. Alles war wie immer. Ehrlich gesagt kann ich mich gar nicht so genau daran erinnern, wann ich Tämmerer das letzte Mal lebend gesehen habe."

„Komisch. Das scheint dem gesamten Pflegepersonal so zu gehen. Herr Effinowicz, ich brauche für alles, was gestern Abend beziehungsweise gestern Nacht passiert ist, eine genaue Zeitangabe. Von gestern bis heute ist es keine Ewigkeit. Also bitte, denken Sie nach."

„Gestern habe ich ihn, glaube ich, tatsächlich nicht gesehen. Ich erinnere mich noch deutlich an Elisa Kirsch. Die sprach mich gegen 2:30 Uhr an, weil sie meinte, sie wäre von einem Geist angegriffen worden."

Charlotte zog fragend die Augenbrauen in die Höhe, und Effinowicz fügte erklärend hinzu: „Annegret Lepeljas Geist. Das ist eine von ungefähr hundert Spukgeschichten, die hier umgehen. Einmal ist sie es, dann sind es wieder untote Mönche. Sie glauben ja gar nicht, was hier nachts so alles durch die Flure geistert. Und ganz vorne, wenn es um solche Spukgeschichten geht, ist Elisa. Sie behauptete, Annegret hätte einen Aschenbecher nach ihr geworfen."

„Was haben Sie getan, nachdem sie Ihnen diese Mitteilung machte?"

„Was soll ich getan haben? Ich habe sie zurück in ihr Bett geschickt und mich dann um die Scherben des Aschenbechers gekümmert."

„Der war also tatsächlich kaputt?"

„Ja."

Charlotte machte sich eine weitere Notiz und ging dann zum nächsten Punkt über: „Wir haben heute Nachmittag den Park durchsucht und dabei mehrere gebrauchte Kondome gefunden. Wissen Sie, wer sie dort hingeworfen haben könnte?"

Kopfschütteln. Dann ein leichtes Lächeln. Dann ein Schnalzen mit der Zunge. „Von mir sind sie jedenfalls nicht."

„Wie kann es überhaupt sein, dass Kondome in die Klinik gelangen, wo doch angeblich alles so sicher und undurchlässig ist?"

„Wir durchsuchen den Besuch nicht von oben bis unten, Frau Kommissarin. Davon abgesehen, dass wir dafür die Zeit gar nicht hätten, gehört es nicht zu unseren Aufgaben. Wir durchsuchen lediglich solche Dinge wie Handtaschen und Jacken." Effinowicz brach ab und fügte nach ein paar Sekunden hinzu: „Es kommt immer wieder vor, dass sich hier drinnen Paare finden. Zwar ist es offiziell verboten, aber es passiert trotzdem hin und wieder. Alles hundertprozentig verhindern lässt sich eben nicht. Und dann ist es mir immer noch lieber, sie tun es geschützt, wenn es schon unbedingt sein muss."

„Sagt Ihnen der Name Lilly Jensen etwas?"

Auf diese Frage war der Pfleger offenbar nicht vorbereitet, und so konnte er das kurze Aufflackern in seinen Augen nicht verbergen.

„Ja. Worauf wollen Sie hinaus?"

„Tämmerer soll das Mädchen missbraucht haben. Irgendwie kam diese Tatsache mitsamt seiner Diagnose unter die Patienten, und von da an hatte er hier offenbar nichts mehr zu lachen."

„Das weiß ich. Ich arbeite hier. Die anderen Patienten lehnten ihn ab."

„Fand das Ihre Zustimmung?"

Effinowicz legte den Kopf etwas zur Seite, verzog den Mund. Erst nach ein paar Sekunden antwortete er: „Ich konnte es zumindest nachvollziehen. Aber ich bin Pfleger, was bedeutet, dass ich mir kein Urteil erlauben darf und neutral bleiben muss. Deshalb habe ich versucht, zu vermitteln, allerdings ohne Erfolg. Tämmerer war isoliert und blieb es. Aber wer ihn getötet haben könnte, darauf habe ich keine Antwort." Er richtete sich etwas auf. „Wollen Sie mich sonst noch etwas fragen, Frau Kommissarin? Ich habe hier nämlich eine Menge zu tun."

Charlotte schüttelte den Kopf. Sie hatte tatsächlich im Augenblick nichts mehr zu fragen.

19. KAPITEL

„Ansetzen"

Um 2:16 Uhr in dieser Nacht nahm Effinowicz zum ersten Mal bewusst wahr, dass etwas nicht stimmte.

Er wollte in den Keller der Klinik, um den medizinischen Abfall zu entsorgen, und stellte dabei verwundert fest, dass der Aufzug nicht oben war. Er drückte auf den Knopf, und die Tür ging nicht sofort auf, wie es der Fall hätte sein müssen. Es musste also jemand nach unten gefahren und dort ausgestiegen sein. Allerdings war Effinowicz der Einzige, der den Fahrstuhl in den letzten Tagen und Nächten benutzt hatte. Das wusste er deshalb so genau, weil es eine Liste gab, in die die Pfleger sich eintragen mussten, wenn sie die Station während ihrer Arbeitszeit verließen. Und in der Regel verließ man die Station nur dann während der Arbeitszeit, wenn man mit dem Fahrstuhl in den Keller fuhr. Es sei denn, man hatte Feierabend, aber dann fuhr man nicht in den Keller, sondern nach Hause. Und selbst wenn man nach Feierabend aus irgendeinem Grund doch in den Keller fuhr, musste man zwangsläufig anschließend wieder nach oben fahren. Der Fahrstuhl hätte also auf jeden Fall oben sein müssen.

Um ganz sicherzugehen, betrachtete Effinowicz noch einmal die Liste. Keine Eintragungen, außer seinen eigenen.

Er riss sich zusammen, stieg in den Fahrstuhl und fuhr damit nach unten. Dort schritt er mit dem Müllsack in der rechten Hand auf den eigens dafür vorgesehenen Raum zu. Mit der linken Hand betätigte er den Lichtschalter, dann dauerte es etwa drei Sekunden, ehe der Raum in ein grelles, weißliches Licht getaucht wurde.

Bevor er den Raum betrat, blickte Effinowicz den langen, stillen Gang hinauf und hinunter. Nichts war zu hören. Nichts zu sehen. Die Aufzugtür hinter ihm schloss sich wieder, und er betrat eilig den düsteren, übel riechenden Raum, stellte den Müllsack ab, ging zurück zum Fahrstuhl, drückte auf den Knopf, und dieses Mal öffnete sich die Tür sofort.

Effinowicz trat in die Kabine, und als die Tür sich vor ihm schloss, lehnte er sich erleichtert mit dem Rücken gegen die Wand und atmete tief durch.

Oben angekommen, schloss er die Station auf und zuckte zusammen. Der Fahrstuhl fuhr schon wieder nach unten. Als hätte ihn jemand gerufen.

Der Pfleger schluckte trocken, spürte ein Kribbeln auf der Haut.

Das ist ein technischer Defekt, mehr nicht. Das kann nur ein technischer Defekt sein. Dort unten ist niemand. Dort unten kann überhaupt niemand sein.

Ich bin überarbeitet, war Effinowicz' nächster Gedanke, während er die Station wieder betrat. *Ich brauche dringend Urlaub.* Er schloss die Tür hinter sich ab. Ein paar Tage frei konnten bestimmt nicht schaden. Und den verfluchten Müll sollte künftig gefälligst die Tagschicht hinunterbringen.

Das Gefäß mit Tämmerers Augen stand in einem Regal an der Wand. Es war fest versiegelt, und trotzdem stank es. Nach Tod und nach Angst.

Die Gestalt achtete nicht darauf. Ihr Blick war auf den großen Kessel gerichtet, den sie zum Ansetzen verwenden würde. Alles, wirklich alles, musste perfekt zusammenpassen.

Dann dachte sie einen kurzen Moment an den armen Tämmerer, wie er so tot und ohne Augen in seinem Bett gelegen hatte. Nein, das war kein schöner Anblick gewesen. Es gab ja Menschen, die behaupteten, wenn man jemandem beim Sterben zusah, dann würde man Flügelschlagen hören. Je näher der Tod kam, umso lauter soll das Flügelschlagen zu hören sein. Nun, die Gestalt konnte das nicht bestätigen. Kein Flügelschlagen war zu hören gewesen, als Tämmerers Seele dem Körper entwich. Sie griff nach einer schwarzen Tonflasche mit Weihwasser und goss es in den Kessel. Und plötzlich lächelte sie. Sie kannte ihre Verbündeten, und sie kannte ihren Feind. Der Feind war die Polizei. Aber die Polizei würde dieses Mal nicht gewinnen. Es war an alles gedacht. Die Augen der Gestalt legten sich erneut auf den Kessel. Wenn es so weit war, würde sie das Holz darunter anzünden.

Es würde ein großartiges, ein glühend heißes Feuer werden. Aber zuvor musste sie die erste Formel sprechen.

Nicht mehr lange und es würde passieren.

Aus dem Tagebuch von Annegret Lepelja, 1881:
Bilder nehmen von mir Besitz. Ich halte die Hand vor den Mund, darf meinen Zorn nicht in die Welt schreien.

Svetlana sprach erneut zu mir. Zuerst vernahm ich ihren süßlichen Geruch, dann ihre Stimme. Jetzt, noch immer, kann ich sie hören, nur sehr viel leiser.

Sie sagte mir, heute sei der Tag. Und so geschah es.

Der Weg zum Kloster war verlassen. Der Tunnel – mein Tunnel – eine vergessene Abzweigung, die sich in seinen Gewölben verliert. Ich kroch durch seine Eingeweide wie ein Maulwurf durch die Erde. Verletzte mich an kleinen Steinen. Es störte mich kaum. Dann, angekommen, lauschte ich dem Geist Svetlanas, der mir Anerkennung aussprach. Vor ihr sank ich auf die Knie.

Ja, meine Angst ist noch immer groß, denn was bin ich nun noch? Ein Mensch? Eine Frau? Eine liebende Mutter?

Ich habe keine Antwort darauf.

Doch es musste sein.

Dieses war das zweite Kind.

20. KAPITEL

Oberste Priorität

27. Juli
4:55 Uhr

Jan Jäger hatte vielleicht nicht die schlimmste Nacht seines Lebens hinter sich, aber sie gehörte eindeutig in deren Top Ten. Er hatte mehr als unruhig geschlafen und war jede Stunde mit brennendem Durst aufgewacht. Einmal hatte er sich auf den Teppichboden neben dem Bett übergeben. Zum Ende hin hatte er geträumt, und in diesen Träumen war eine Kreatur über die Dächer gekrochen, war über die Dachrinne zu seinem Fenster geklettert und hatte versucht, bei ihm einzudringen. Eine Kreatur mit den leeren Augenhöhlen.

Jäger hatte geschrien und war aufgewacht. Nun erhob er sich und überlegte, ob er die knapp zehn Meter bis zum Bad auf allen vieren kriechen sollte. Er tat es nicht, versuchte, aufrecht zu gehen, brauchte dafür aber ein paar Minuten, weil ihm zwischendurch immer wieder schwindlig wurde und er sich an der Wand abstützen musste.

Als er endlich die Toilette erreichte, hatte er eine regelrechte Lightshow vor den Augen. Wahre Explosionen. Bunte Blitze. Er vertrug das Saufen einfach nicht. Herr Jesus, es ging ihm hinterher immer so beschissen. Und trotzdem tat er es immer wieder. Es musste sein. Und jetzt erst recht.

Heide hätte ihm bestimmt eine schallende Ohrfeige gegeben, wenn sie ihn so gesehen hätte. Aber Heide verstand ja auch nichts.

Obwohl Jäger alles dafür tat, um nicht daran zu denken, sah er es schon wieder vor sich: das Loch in Tämmerers Kopf. Die leeren Augenhöhlen, die ihn anstarrten. Er schluckte, raffte sich auf und blickte in den Spiegel. Das Glas war größtenteils mit eingetrockneter Zahnpasta und Blut verkrustet. Und mit wusste der Teufel was noch. Durch die freien Stellen hindurch starrte er sich immer weiter an. Er hatte doch nichts getan.

Immer wieder gingen Jäger diese beiden Worte durch den Kopf: *nichts getan.*

7:05 Uhr

Obwohl es noch früh am Tag war, war es im Frühstücksraum schon unglaublich heiß und stickig. Der Gestank schien geradezu übermächtig, und dazu war es auch noch unglaublich laut.

Karl Waffenschmied, der Charlotte Gärtner am Tisch gegenübersaß, schien das nicht zu stören. So wenig, wie es ihn zu stören schien, dass die Wurst, die sich auf seiner Brotscheibe befand, schon bessere Tage gesehen hatte und der Käse so eingetrocknet war, dass er sich an den Rändern bereits in die Höhe rollte.

„Ihr von den Bullen lasst die Ratten von Kinderschändern doch eh wieder laufen", brummte er, während er ein Streichholzbriefchen entgegennahm, das Robert Campuzano – der gerade an ihm vorbeiging – ihm mehr oder weniger heimlich zusteckte. „Obwohl ihr genau wisst, dass die das wieder machen. Könn' Se sagen, was Se wollen, Frau Kommissarin. Und das isses, was die Leute so aufregt."

Charlotte antwortete nicht darauf. Sie schnupperte misstrauisch an der Brühe, die sie hier Kaffee nannten, und befand, dass sie dringend eine Kaffeemaschine in ihrem improvisierten Büro brauchte.

„Gibt keine Heilung für die Schweine", redete Waffenschmied mit vollem Mund weiter. „Weiß doch jeder. Für die is' kein Himmel barmherzig genug. Keine Zelle im Knast übel genug. Und kein Seelenklempner auf der ganzen weiten Welt is' verkorkst genug, die wieder hinzubiegen. Hilft nur der elektrische Stuhl. Kurz und schmerzlos. Ende und aus. Sag ich Ihnen."

„Das mag Ihre Meinung sein", bemerkte Charlotte. „Und die dürfen Sie sagen, immerhin leben wir in einem Rechtsstaat. Allerdings in einem Rechtsstaat, in dem es Regeln und Gesetze gibt, an die sich alle zu halten haben."

„Gesetze! Regeln! An was für Regeln hält sich 'n so 'n Kinderschänder, hm? Lachhaft, die Gesetze. Krieg ich ja mehr, wenn ich besoffen 'nen Hund überfahr, als für 'ne Schändung von so 'nem Kind."

„Ich denke, ich habe verstanden, was Sie mir sagen wollen."

„Ach wirklich?" Waffenschmied beugte sich etwas nach vorne. „Und warum sin' Se dann ausgerechnet bei 'n Bullen gelandet, hm?"

„Weil ich glaube, dass ich etwas ausrichten kann", antwortete Charlotte offen. „Vielleicht nicht viel. Aber für irgendwen, irgendwo, ist es wichtig, was ich tue. Daran glaube ich, und deshalb tue ich, was ich tue."

„Ja genau." Waffenschmied kicherte. „Gelobet seien der Weihnachtsmann, der Alk und die Ziggis." Er brach ab und fügte nach ein paar Sekunden schon wieder voller Ernsthaftigkeit hinzu: „'N Haufen Steuern zahlen wir für die Dreckskerle, damit sie's auch ja schön kuschelig hamm im Knast."

„Haben Sie denn überhaupt schon jemals Steuern gezahlt, Herr Waffenschmied?", schaltete sich Ilona Walter ein, die zwei Plätze entfernt von ihnen saß.

Er wurde tiefrot, antwortete nicht, während sie sich von ihrem Platz erhob und mit ihrem Tablett zur Tür hinausschritt.

„Geile Tusse issi ja." Der Alkoholiker beugte sich etwas auf die Seite, um ihr besser nachschauen zu können. „Aber die is' auch Ärger auf zwei Beinen, wenn Se verstehn, was ich meine. Viel zu hübsch, das isses." Dann zündete er sich eine Zigarette

an, wofür er ein Streichholz aus Campuzanos Briefchen heraus-
trennte, und nahm einen tiefen Zug.

Apropos Campuzano. Charlotte wandte den Kopf und stellte
fest, dass der ein paar Stühle entfernt Platz genommen hatte.
Er musste gespürt haben, dass er beobachtet wurde, denn jetzt
drehte er den Kopf und sah sie an. Sie schauten sich geradewegs
in die Augen. Der Musiker starrte Charlotte an, und die starrte
zurück. So lange, bis er sagte: „Haben Sie Angst, Frau Kommissarin?"

„Nein", gab sie zurück.

„Obwohl der Mörder immer noch frei und mit einer Waffe
unterwegs ist?"

„Wir werden die Waffe finden, ebenso wie wir den Mörder
finden werden."

„Na, das hat bis jetzt ja gut geklappt." Campuzano lächelte
süffisant.

„Manchmal verlier ich auch die Beherrschung", redete Waffenschmied dazwischen. „Aber nie gegen Kinder. Jetzt hab ich
Pillen, die ich dagegen nehmen soll. Gegen die Aggressionen."
Er beugte sich etwas in Charlottes Richtung und senkte ver-
schwörerisch die Stimme. „Aber die nehm ich nicht."

„Warum nicht?", wollte sie wissen.

Waffenschmied winkte ab. „Finger weg von Sachen, die dir ins
Hirn ficken. Kenn ich mich aus. War innen Sechzigern ziemlich
wild drauf, mit Pilzen und so anderem Zeug. Hat mir 'ne fette
Depression eingebracht. Hab deswegen angefangen zu saufen.
Spitzensache, das."

„Wie kommt es, dass Sie Ihre Tabletten nicht nehmen, ohne
dass es bemerkt wird?", fragte Charlotte.

Waffenschmied lachte leise. „Weil se mich bis jetzt noch nicht
erwischt haben. Deshalb."

Sie nickte, bedankte sich für das Gespräch, griff nach ihrem
Tablett und verließ nun ebenfalls den Speiseraum.

Nach diesem fürchterlichen Frühstück hielt sich Charlottes Laune ohnehin schon in Grenzen, und das sollte sich an diesem Tag auch nicht mehr wesentlich verbessern. Erst recht nicht, als sie – kaum dass sie den Frühstücksraum verlassen hatte – ihre Mailbox abhörte und die Stimme ihres Chefs vernahm, der darauf bestand, sie unverzüglich sprechen zu wollen. Persönlich. Was ein kurzes Telefonat, welches sie jederzeit unter dem Argument wichtiger und dringender Ermittlungsarbeit hätte beenden können, von vorneherein ausschloss.

Natürlich. Sie hatte ja auch sonst nichts zu tun.

So war sie gegen 8:00 Uhr bereits im Polizeipräsidium und wollte gerade an seine Bürotür klopfen, als Ralf Jockel von innen herausgestürzt kam und beinahe mit ihr zusammenstieß. „Was zum Teufel …?", entfuhr es ihm.

„Sie wollten mich sprechen", sagte Charlotte.

„Natürlich will ich Sie sprechen. Ich kann schon gar nicht mehr zählen, wie viele Nachrichten ich Ihnen heute Morgen und gestern Abend hinterlassen habe."

„Acht, es waren acht." Charlotte räusperte sich. „Aber wie Sie sich denken können, habe ich sehr viel zu tun. Dieser Mordfall ist … außergewöhnlich und …"

„Gibt es etwas Neues?"

„Nun ja, unser Opfer wurde zuerst verprügelt, dann vergewaltigt und zwei Stunden später erschossen."

Jockel hob die Augenbrauen in die Höhe. „Und haben wir auch schon einen Verdächtigen?"

„Äh … nein. Leider nicht. Es ist noch zu früh, um …"

„Man kann einen Fall überhaupt nicht früh genug lösen, stimmt doch, Frau Gärtner?"

„Natürlich. Allerdings hat sich bisher noch kein nennenswerter Durchbruch ergeben. Die Waffe wurde noch nicht gefunden, und auch die Augen bleiben weiterhin verschwunden. Ansonsten gibt es auch noch keine wirklichen Verdachtsmomente."

„Und wie ist es mit …?"

Mit diesem Einwand hatte Charlotte gerechnet, und sie war vorbereitet. „Und es gibt auch keine bekannten Muster. Nichts, was an einen früheren Fall erinnert. Das Einzige, was wir bisher haben, ist das hier." Sie reichte Jockel die eingetütete Serviette.

„Was ist das?"

„Eine Serviette."

„Das sehe ich. Die Frage lautet: Warum ist sie eingetütet? Ist sie etwa ein Beweisstück?"

„Sie könnte zumindest eines sein. Immerhin wurde sie vor dem Zimmer des Opfers gefunden. Interessant könnte die Zahl 5 sein, die daraufgemalt wurde."

Jockel betrachtete die Serviette noch einmal genauer, dann sah er Charlotte wieder an. „Meinen Sie, das könnte eine Botschaft sein? Mysteriöse Botschaften mag ich überhaupt nicht, Frau Gärtner. Schon gar nicht, wenn sie von Mördern stammen."

Charlotte teilte diese Abneigung. Der Gedanke daran, dass die Zahl auf der Serviette eine Art Unterschrift sein könnte, ließ ihr genau genommen das Blut in den Adern gefrieren. Denn Botschaften wurden meistens von Psychopathen hinterlassen, die es nur selten bei einer Botschaft beließen. Und damit auch nicht nur bei einem Mord.

„Frau Gärtner, dies ist kein gewöhnlicher Fall", unterbrach Jockel ihre Gedanken. „Seien Sie auf alles vorbereitet."

„Natürlich."

„Alles, was zur Polizei gehört, ist in Alarmbereitschaft. Wir werden uns bei unserer Arbeit streng an die Vorschriften halten, gleichzeitig aber versuchen wir auch, möglichst schnell Resultate zu erzielen."

Charlotte nickte noch einmal und setzte dann an: „Chef, Sie wissen, dass Julia Wagner sich ebenfalls …"

Sofort hob Jockel abwehrend eine Hand in die Höhe. „Es gibt keinen Grund, diesen Namen auszusprechen."

„Aber …"

„Frau Gärtner, ich habe in vier Stunden ein Mittagessen mit dem Polizeipräsidenten. Danach gehen wir zum Golfen, und dabei werden wir uns über verschiedene Dinge unterhalten, wie die neueste Verbrechensstatistik, Null-Toleranz, oder ob der von uns beantragte Etat bewilligt wird." Jockel beugte sich etwas nach vorne. „Natürlich werden wir uns auch über den Fall in der Psychiatrie unterhalten, das lässt sich nicht vermeiden, aber man muss kein Genie sein, um zu wissen, was ich auf keinen Fall erwähnen werde."

Charlotte nickte, auch wenn sie gleichzeitig von ihrer Unfähigkeit überwältigt wurde, das Naheliegende zu erkennen.

„Es erscheint mir ausgesprochen unpassend, unseren gemeinsamen Nachmittag damit zu zerstören, dass ich meinem Chef sage, wer schon wieder mit im Boot sitzt."

„Aber deshalb sitzt sie ja nicht gleich wieder mit im Boot."

„Das ist mir scheißegal", erklärte Jockel rüde. „Es gefällt mir nicht, und ich denke nicht daran, es unnötig zu thematisieren. Wie ich gerade sagte, ich will, dass dieser Fall zügig abgeschlossen wird. Das hat oberste Priorität. Ich möchte nicht über Frau Wagner und auch nicht über ihren toten Vater sprechen. Darüber sind in den letzten Monaten – intern wie extern – weiß Gott genug Worte verloren worden. Ende der Diskussion."

„Die Presse wird es so oder so herausfinden. Früher oder später."

„Darüber mache ich mir Gedanken, wenn es so weit ist. Übrigens geben Sie ohne meine ausdrückliche Zustimmung keine Interviews oder Stellungnahmen. Damit das klar ist."

Das war es. Jockel wandte sich ab, schritt in sein Büro zurück und schlug die Tür hinter sich zu.

21. KAPITEL

Zander und der Detektiv

Das Gebäude befand sich nicht gerade in der besten Gegend Hannovers, und der Name auf dem Schild war auch nicht besonders hervorgehoben. Genau genommen deutete lediglich ein kleiner Hinweis darauf hin, dass sich hier eine Detektei befand. Es gab keinen Portier im Eingang, keinen Wachmann, der seinen Ausweis überprüfte. So fuhr Zander mit einem Fahrstuhl nach oben, und als sich dort die Tür öffnete, befand er sich in einem kleinen Raum, der wiederum drei Türen hatte. Davor stand ein Tisch und dahinter saß eine Frau. Offenbar die Sekretärin, denn sie sah ihm entgegen und sagte: „Guten Morgen, Herr Zander. Herr Lamia wird gleich hier sein. Wenn Sie in seinem Büro warten möchten ...“

Er nickte, ging auf die Tür zu, die sie ihm deutete, und trat ein.

Das Büro strahlte Schlichtheit aus. Es gab keine schlecht kopierten Kunstwerke an den Wänden, keine rechtwinkligen Objekte oder geometrische Figuren, die an entstellte Unfallopfer erinnerten. Hier befand sich nur, was absolut nötig war.

Getreu seiner polizeilichen Ausbildung vergeudete Zander keine Zeit, sondern ging direkt zum Schreibtisch. Auch darauf befand sich enttäuschend wenig. Auf der Schreibtischplatte gab es nur eine einfache Schreibtischunterlage, eine Schale mit Stiften, Kleinkram und eine kleine Gelenkleuchte.

Zander wandte sich ab und sah sich den Rest des Raumes an. Zwischen ihm und einer Sitzecke am anderen Ende erstreckte sich ein kahler Parkettboden. Einen Teil der Wandfläche nahmen frei stehende, hohe Holzschränke ein, die verschlossen waren. Mehr auch hier nicht.

Gedankenverloren schritt Zander zum Fenster und schaute hinunter auf die Straße. Dort unten kollidierte gerade um ein Haar ein Fahrradfahrer mit einer Straßenbahn.

„Herr Zander."

Er hatte nicht einmal die Tür gehört, aber als er sich umdrehte, war Christian Lamia schon auf halbem Wege zu seinem Schreibtisch.

Interessiert betrachtete Zander den Mann mit dem glatt rasierten Schädel, der ganz und gar in Schwarz gekleidet war und dessen Gesicht ein kleiner dämonisch wirkender Bart zierte. In diesem Moment nahm er hinter seinem Schreibtisch Platz und sagte: „Setzen Sie sich doch."

Zander folgte der Aufforderung und stellte beinahe mit Neid fest, dass das Gesicht des Detektivs, der um die vierzig herum sein musste, nahezu faltenlos war, fast wie bei einem Teenager. Seine Stimme allerdings klang dunkel und entschlossen und ließ keinen Zweifel daran, dass man sich mit ihm besser nicht anlegte. „Also dann. Ich war gespannt darauf, Sie kennenzulernen, Herr Zander."

„Ging mir genauso."

„Wie sind Sie ausgerechnet auf mich gekommen?"

„Nun ja, ich habe mich umgehört und festgestellt, dass eine ganze Menge über Sie erzählt wird. Dass Sie auch mal bei der Polizei waren, zum Beispiel, und dass Sie immer noch eine Menge guter Kontakte an der Hand haben."

„Nun, dann wird das wohl stimmen."

Zander sah sich noch einmal im Büro um. „Wie läuft das Geschäft als Privatdetektiv eigentlich so?"

„Ich würde sagen, das kommt darauf an, was man sich leisten möchte. Im Grunde aber ist es ein Hundeleben. Warum? Mögen Sie Schnüffler nicht?"

Zander wandte Lamia den Blick wieder zu und schüttelte den Kopf. „Ich habe nichts gegen Sie. Ich trauere nur um jeden guten Mann, den wir bei der Polizei verlieren. Sie sehen übrigens ziemlich interessant aus. Ich wette, die Leute wechseln die Straßenseite, wenn Sie ihnen entgegenkommen."

Lamia lächelte dünn. „Das dunkle Outfit macht sich prima, um in ebenso dunklen Ecken untreuen Ehepartnern aufzulauern. Man wird nicht sofort entdeckt. Und auch der Rest hat sich schon bei so manchen Gesprächen bewährt. Die Leute sind einfach offener, wenn sie ein bisschen Angst vor mir haben." Er beugte sich etwas nach vorne. „Und jetzt sagen Sie mir, worum genau es geht. Ich bin wirklich sehr gespannt."

Fünfundvierzig Minuten später hatte Zander das Büro wieder verlassen, und Lamia ließ sich in seinen Stuhl zurücksinken. Er legte die Fingerspitzen gegeneinander und dachte intensiv nach. Auf keinen Fall wollte er eine falsche Entscheidung treffen, vor allem, da es eine so ernste und weitreichende Entscheidung werden konnte.

Etwa zehn Minuten saß er so, bis er sich entschlossen hatte. Dann holte er ein kleines Adressbuch hervor und wählte eine Nummer. Der Joker. Er brauchte seinen Joker.

„Ich bin's", sagte er kurz darauf in die Sprechmuschel. „Wie schnell können wir uns treffen?"

22. KAPITEL

Der bestmögliche Preis

Währenddessen passierte innerhalb der Klinik etwas, was Susanne Grimms Leben ein für alle Mal verändern sollte. Und dabei begann es eigentlich ganz harmlos, nämlich damit, dass sie sich gerade im Duschraum die bunten Haare kämmte, als es an die Tür klopfte und Heide Sacher den Kopf hereinsteckte.

„Sie haben Besuch."

Susanne blinzelte verwirrt. „Ich erwarte keinen Besuch."

„Der hier ist aber für Sie", gab die Pflegerin zurück. „Eine Anwältin."

Als sie wenig später mit zögernden Schritten den Aufenthaltsraum betrat, wartete dort eine schlanke Frau auf Susanne, die ein graues, elegantes Businesskostüm trug. Selbst wenn Susanne es nicht schon vorher gewusst hätte, den Beruf der Frau hätte man nicht einfacher erraten können, wenn sie das Wort „Anwältin" auf der Stirn getragen hätte.

„Frau Grimm." Sie schüttelte Susanne flüchtig die Hand. „Ich bin Ihnen sehr verbunden, dass Sie sich Zeit für mich nehmen." Das ganze Auftreten, die lockere und unbefangene Art wirkte derart routiniert, dass sie jahrelang daran gefeilt haben musste. „Bitte, nehmen Sie Platz."

Susanne ließ sich auf einen Stuhl sinken.

„Mein Name ist Britta Stark", stellte sich die Anwältin vor und zog sich ebenfalls einen Stuhl heran. „Wie Sie inzwischen wissen, bin ich Anwältin, und ich suche Sie im Namen Helmut Egerts auf." Sie lächelte und schien auf eine Reaktion zu warten.

Susanne antwortete: „Nun, dann sollte wohl auch besser mein Anwalt anwesend sein."

„Ich hatte gehofft, dass Sie bereit wären, inoffiziell mit mir zu sprechen."

„Über das Schwein Egert? Dann sind Sie naiver, als Sie aussehen. Ich glaube, es wäre mir lieber, wenn wir das Gespräch hier beenden." Susanne erhob sich.

„Glauben Sie mir, Frau Grimm, Sie sollten mit mir sprechen. In Ihrem eigenen Interesse." Das Lächeln auf Britta Starks Gesicht verschwand für einen kleinen Moment, kam jedoch sofort wieder.

Susanne ließ sich auf den Stuhl zurücksinken und wartete ab.

„Sie befinden sich in dieser Klinik, weil Sie Herrn Egert umbringen wollten, wie wir beide wissen", setzte Britta Stark an.

„Es war nie meine Absicht, ihn umzubringen."

„Aber Sie wollten ihn schwer verletzen."

Schweigen.

„Oder warum sind Sie sonst mit einer zwanzig Zentimeter langen Glasscherbe auf ihn losgegangen?"

„Warum stellen Sie mir all diese Fragen? Ich bin mir sicher, Sie kennen die Antworten darauf in- und auswendig."

„Da haben Sie allerdings recht. Ich hoffe, Sie vergeben mir, dass ich zuvor ein paar Erkundigungen über Sie angestellt habe, aber ich wollte doch etwas mehr über Sie in Erfahrung bringen, ehe ich dieses Gespräch mit Ihnen führe. Immerhin haben wir beide dasselbe Ziel."

„Ich kann mir nicht vorstellen, was Sie damit meinen."

„Und ich kann mir, offen gestanden, kaum vorstellen, was für ein Gefühl es sein muss, derart rasend zu sein, dass man, ohne noch einmal darüber nachzudenken, einem anderen Menschen eine Glasscherbe in den Rücken rammt. Beschäftigen Sie sich noch viel damit?"

Das erneute Schweigen, das daraufhin entstand, währte nicht lange, aber es war total. Hinter Britta Starks Kopf fielen Sonnenstrahlen durchs Fenster, tauchten den Tisch und den Stuhl in ihr Licht und warfen die Umrisse der Glasscheibe auf den Boden. Susanne beobachtete eine Fliege, die sich über die Scheibe hinwegbewegte und nach einem Weg nach draußen suchte.

„Was wollen Sie?", fragte sie schließlich.

„Erinnern Sie sich noch an Ihre erste Aussage bei der Polizei?"

„Was immer ich gesagt habe, es wird die Wahrheit gewesen sein."

Britta Stark begann, sich mit dem Zeigefinger gegen die Lippen zu klopfen. „Sie sagten aus, Sie hätten sich berufen gefühlt, die junge Frau zu rächen."

Die Linien um Susannes Mund vertieften sich. „Das habe ich so ganz bestimmt nicht gesagt. Um sie rächen zu wollen, hätte ich sie nämlich kennen müssen. Das war aber nicht der Fall. Ich wollte ihr helfen. Der Dreckskerl wollte sie im Hinterhof der Kneipe vergewaltigen, und sie war nicht in der Lage, sich gegen ihn zu wehren. Deshalb habe ich es – hitzköpfig, wie ich nun mal bin – auf mich genommen, etwas zu unternehmen. Gut möglich, dass das unterm Strich falsch war. Vielleicht aber auch nicht. Jetzt bin ich in der Psychiatrie, und wenn der Prozess gegen mich vorbei ist, wird das über mich verfasste Gutachten dafür gesorgt haben, dass ich so schnell nicht wieder rauskomme. Was wollen Sie also noch von mir?"

Britta Stark erhob sich und stellte sich mit dem Rücken vor das Fenster. Susanne konnte die Fliege nicht mehr sehen, war sich aber ziemlich sicher, dass sie nur kurz weggeflogen war, um gleich darauf wieder zurück ans Fenster zu fliegen und weiter nach einem Weg in die Freiheit zu suchen. Das war der Vorteil eines Insektes: Es machte einfach immer weiter, bis es sein Ziel entweder erreicht hatte oder dabei draufgegangen war. Und damit hatte sich die Sache dann sowieso erledigt. Vielleicht wurde es von einer Fliegenklatsche erwischt oder von einem größeren Tier gefressen, was keinen Unterschied machte, weil das Insekt gar nicht ahnte, dass es in Gefahr schwebte. Bis es zu spät war. Im Grunde war es gar nicht die Fliegenklatsche, die das Insekt tötete, es waren seine Ahnungslosigkeit und die Unbedarftheit. Susanne ahnte nicht, wie nahe sie sich selbst gerade jetzt, in diesem Moment, an ihrer eigenen Theorie bewegte.

„Vielleicht müssen Sie ja gar nicht hierbleiben", durchbrach die Stimme der Anwältin ihre Gedanken.

„Ich bin mir nicht sicher, ob ich Ihnen folgen kann."

Britta Starks Miene war unergründlich. Sie kam zum Tisch zurück und setzte sich wieder. „Sehen Sie, ich verstehe das Dilemma, in dem Sie sich befinden, Frau Grimm. Wir alle möchten in den gegebenen Situationen das Richtige tun. Und genau deshalb bin ich hier. Sie sollten wieder eine Zukunft haben. Ein Leben in Freiheit. Und das können Sie erreichen. Verstehen Sie, was ich meine?"

„Nein."

„Herr Egert ist bereit, die Anzeige gegen Sie zurückzunehmen."

„Wie bitte? Das ist nicht Ihr Ernst."

Erneutes Lippenklopfen. „Auch er möchte in der gegebenen Situation das Richtige tun. Die Anzeige würde zurückgenommen werden, die Anklage gegen Sie fallen gelassen, die Akte geschlossen, und Sie wären wieder frei. Aus dem Schneider, sozusagen."

Susanne öffnete den Mund und schloss ihn wieder. Setzte dann noch einmal an: „Und womit erklärt sich diese unverhoffte und untypische Wohltat? Das Schwein wird sich ja wohl kaum über Nacht in einen Heiligen verwandelt haben."

„Nun, ich würde sagen, es ist in den letzten Tagen viel Gutes auf den Weg gebracht worden. Allerdings hängt es nun von Ihnen ab, was Sie daraus machen."

„Was ich daraus mache?"

Britta Stark nickte. „Sie müssten natürlich eine Kleinigkeit dazu beitragen."

Stille. Die Uhr an der Wand sprang auf 9:12 Uhr.

„Und zwar?" Susanne konnte nicht anders, sie musste es einfach fragen.

„Sie sollen sich mit einer Mitpatientin anfreunden."

„Mit wem?"

„Ihr Name ist Julia Wagner. Informieren Sie uns über alles, was sie hier drinnen tut. Wir möchten über jeden ihrer Schritte informiert sein. Über jedes Wort, das sie sagt. Ja, wir wollen sogar jeden einzelnen ihrer Gedanken wissen."

Wir?

Susanne starrte die Anwältin an. „Wer sind Sie? Von wem kommen Sie?"

„Wie gesagt, Sie können Ihr Leben wiederhaben, Frau Grimm. Es liegt allein an Ihnen." Britta Stark lächelte noch einmal dünn. „Denken Sie darüber nach. Und vergessen Sie nicht, dass es ein gutes Angebot ist. Ein Angebot, das Sie nicht ausschlagen sollten. Denn wer weiß, wie lange Sie sonst tatsächlich noch hier in der Psychiatrie verbleiben müssen."

Bevor Susanne dazu kam, etwas darauf zu antworten, hob die Anwältin eine manikürte Hand in die Höhe und fügte hinzu: „Ich weiß, was Sie sagen wollen, aber glauben Sie mir, die meisten Menschen haben ihre Seelen schon mindestens zehnmal verkauft. Es kommt nur darauf an, dass man den bestmöglichen Preis herausschlägt. In Ihrem Fall wäre das die Freiheit. Denken Sie darüber nach und bedenken Sie vor allem, was es Ihnen psychisch und physisch abverlangen würde, sollten Sie auf unabsehbare Zeit hier verbleiben müssen." Damit erhob sich Britta Stark. „Sie müssen sich entscheiden, und ich denke, bis heute Nachmittag sollte Ihnen das gelungen sein. Ich melde mich bei Ihnen." Wenig später hatte sie den Raum verlassen.

Die meisten Menschen haben ihre Seelen schon mindestens zehnmal verkauft. Es kommt nur darauf an, dass man den bestmöglichen Preis herausschlägt.

Hinterher fragte Susanne sich oft, ob sie die Schatten in diesem Moment schon gesehen hatte, die sich um sie herum zusammenzogen. Und ob sie gespürt hatte, wie sie langsam darin ertrank.

23. KAPITEL

Blut und Lärm

Ein leises Wimmern auf dem Flur rief Heide Sacher auf den Plan.

Schon wieder Zekine Yilmaz. Dieses Mal kauerte sie an der gegenüberliegenden Wand, und aus ihrem Wimmern wurde ein immer lauteres Stöhnen. Dieses Stöhnen wiederum steigerte sich innerhalb kürzester Zeit zu einem lang gezogenen Schrei.

„Frau Yilmaz!" Heide sprang auf die junge Frau zu und packte sie bei den Schultern.

„Nein!", schrie Zekine und schlug ihre Hände weg.

Erst nachdem sie wieder miteinander gerungen und Heide sie ein paarmal kräftig geschüttelt hatte, schien die Frau wieder zu sich zu kommen. Mit tränenüberströmtem Gesicht sah sie zu der Pflegerin auf: „… nicht wiedergutzumachen!"

Auf dem Flur war es totenstill. Aus den Augenwinkeln konnte Heide sehen, dass die anderen Patienten gespannt beobachteten, was gerade passierte.

„Ganz ruhig", sagte sie und tätschelte Zekine die Wange, als hätte sie ein kleines Kind vor sich. „Beruhigen Sie sich."

„Ich bin schuld." Die junge Frau schluckte. „Er hat geschrien. Und es roch … Es roch …" Sie brach ab und schüttelte sich. „Mir ist schlecht."

„Sie brauchen etwas zur Beruhigung." Heide zog sie in die Höhe. „Danach legen Sie sich hin und schlafen ein wenig. Wenn Sie wieder aufwachen, werden Sie sehen, dann sieht die Welt schon wieder ganz anders aus."

Zekine befreite sich jedoch aus dem Griff und taumelte davon. Vor ihrer Zimmertür sackte sie erneut in die Knie.

„Mein Gott …", flüsterte Heide und folgte ihr eilig.

Die junge Frau rappelte sich wieder auf und blieb schwankend stehen. Einen Augenblick lang sah es so aus, als würde sie hintenüberkippen, doch dann fand sie das Gleichgewicht wieder und legte die Hand auf den Türgriff.

„Frau Yilmaz", sagte Heide.

In der nächsten Sekunde holte Zekine mit dem Kopf aus und ließ ihn mit Schwung nach vorne fallen.

„Frau Yilmaz!"

Blut rann der Patientin in einem kleinen Rinnsal über den Nasenrücken. Dann brach sie in grausiges Geheul aus. Das Geräusch war schneidend wie ein Sägeblatt. Dann schlug sie noch einmal den Kopf gegen die Tür. Und noch einmal.

„Tut doch was!", schrie jemand.

Doch da hatte Heide Zekine schon gepackt. „Beruhigen Sie sich! So beruhigen Sie sich doch, um Himmels willen!" Dann rief sie nach ihrem Kollegen: „Jan!" Wo verdammt noch mal war er? Warum half er ihr nicht?

Die junge Frau röchelte. Es klang wie ein Fisch auf dem Trockenen. Aber es war nichts weiter als ein hilfloses Schluchzen.

Und während Heide weiter versuchte, sie zu beruhigen, hörte sie ihre eigene Stimme, die ein Gebet in Richtung Himmel sprach: *„Bitte, lieber Gott! Bitte mach, dass das wieder aufhört!"*

Zwei Stunden später brannte die Sonne bereits wie ein monströser Scheinwerfer durch die vergitterten Fenster und setzte den Speiseraum in ein derart helles Licht, dass man eigentlich eine Sonnenbrille gebraucht hätte, um es darin auszuhalten.

Susanne jedoch bemerkte es gar nicht. Sie wischte mit einem Lappen die Tische ab, wie es ihr aufgetragen worden war. Jeder Nerv in ihrem Körper vibrierte. Ihr Magen rebellierte. Sie wusste nicht, was sie denken oder fühlen sollte, versuchte, immer noch zu begreifen, was da am Morgen geschehen war.

Seltsamerweise war sie nicht einmal sonderlich schockiert. Dass die Menschheit schlecht war, das war ja nun wirklich nichts

Neues. Und dass sie sich von Anfang an nicht in der Person Britta Stark geirrt hatte, erleichterte Susanne schon beinahe.

Immer wieder dieses eine Wort: *Wir.*

Zum x-ten Male fragte Susanne sich, was zum Teufel diese Anwältin und die Leute, die offenbar hinter ihr standen, ausgerechnet von Julia wollten.

Auf jeden Fall musste es sich um etwas ganz Außergewöhnliches handeln, denn solch ein Angebot, wie Britta Stark es ihr vorhin gemacht hatte, unterbreitete man einem Menschen nicht mal einfach so aus purer Nächstenliebe. Wie man auch einen potenziellen Vergewaltiger, dem eine Glasscherbe in den Rücken gerammt worden war, nicht einfach mal so dazu brachte, seine Anzeige zurückzunehmen und sich damit die Genugtuung entgehen zu lassen, zu beobachten, wie sie, Susanne, verurteilt wurde und hier drinnen langsam verschimmelte. Man tat es nur, wenn man einen wirklich guten Grund dafür hatte.

Auf der anderen Seite bedeutete es für Susanne eine unverhoffte Chance. Eine Chance auf Freiheit. Alles, was sie jetzt noch um sich herum sah, konnte schon bald Vergangenheit sein. Allerdings musste sie dafür einen anderen Menschen verraten.

Das ist es, dachte sie bei sich, während sie weiter mit heftigen Bewegungen die Tische abwischte. Das ist das Wort: *Verrat.*

Wut stieg in ihr auf, weil es so ungerecht war. Weil es alle Dimensionen ihres Denkens sprengte, alle Dimensionen dessen, was sie sich bisher hatte ausmalen können. Und trotzdem begriff sie es gleichzeitig mit glasklarer Deutlichkeit, auch wenn es in seiner ganzen Endgültigkeit noch nicht ganz zu ihr durchdrang. Noch stand eine Wand zwischen ihr und der Erkenntnis, dass an diesem Morgen etwas geschehen war, was ihr ganzes weiteres Leben prägen würde.

Was sie jetzt tun würde? Sie hätte es in dieser Sekunde nicht sagen können.

Bis gestern hatten sie und Julia überhaupt nicht miteinander gesprochen. Nun erinnerte sie sich daran, wie sie mit ihr zusammen im Aufenthaltsraum das Gespräch mit der Kommissarin geführt hatte. Wie sie anschließend gemeinsam über den Flur gegangen waren und Julia Susannes Fragen beantwortet hatte. Unwillig, beinahe zähneknirschend. Nein, diese Frau suchte keine Hilfe, keine Nähe, keine Unterstützung. Diese Frau wollte alleine sein, auch in den schwärzesten Stunden. Trotzdem hatte Susanne ihre Einsamkeit gespürt. Genau genommen hatte sie Julia als den einsamsten Menschen auf der ganzen Welt empfunden.

Und nun stand sie da und fragte sich, was wohl passieren würde, wenn sie sich auf Britta Starks Vorschlag einließ. Dabei hatte sie sich die Frage doch längst selbst beantwortet. Sie würde zur Verräterin werden. Was mit Julia geschah, konnte sie zu diesem Zeitpunkt nicht einmal im Entferntesten abschätzen.

„He! Das ist mein Hemd!"

Abrupt aus ihren Gedanken gerissen, richtete Susanne sich auf und wandte sich um. Es dauerte einen Augenblick, ehe sie begriff, dass Robert Campuzano den Lappen meinte, mit dem sie die Tische abwischte. „Nein", sagte sie, als sie es endlich begriffen hatte. „Das ist ein Putzlappen."

„Gib mir mein gottverdammtes Hemd zurück, du missgebürtige Kakerlake!"

„Ich hab von Jäger den Auftrag bekommen, die versifften Tische abzuwischen. Und das ist ein Putzlappen."

Campuzano griff nach dem Hemd und riss daran. „Das ist mein Hemd, verdammt noch mal!"

Susanne riss ebenfalls an dem Hemd. „Und ich sage, es ist ein Putzlappen."

Beide zerrten so lange an dem Kleidungsstück herum, bis es in der Mitte zerriss.

„Gut gemacht", sagte Susanne zufrieden. „Jetzt haben wir zwei Putzlappen."

Der Musiker fing an zu knurren und wollte auf sie losgehen, gerade in dem Moment, als Jäger in den Speiseraum eilte und dazwischenging. „Auseinander, sofort!"

„Die Irre hat mein Hemd ruiniert!"

„Putzlappen. Und jetzt: zwei Putzlappen."

Jäger hob eine Hand in die Höhe. „Zeit, dass wir alle wieder erwachsen werden. Herr Campuzano, Sie verschwinden. Bis zum Mittagessen will ich Sie hier nicht mehr sehen. Frau Grimm, Sie machen Ihre Arbeit hier zu Ende."

„Aber nicht mit meinem Hemd!"

„Kein Hemd. Zwei Putzlappen."

„Die Alte hat mein Hemd ruiniert!"

„Ich bin sicher, dass es da nicht mehr viel zu ruinieren gab", sagte Jäger. „Und jetzt raus hier. Sofort."

Campuzano knurrte noch einmal, ballte die Überreste seines Hemdes in der Faust und stürmte aus dem Raum. „Halt dich bloß von meinen Sachen fern, du elende, mistige Kröte, sonst beiß ich dir die Finger in Knöchelhöhe ab!"

„Ganz bestimmt hab ich Angst vor so einem Stück Scheiße auf zwei Beinen!", rief Susanne hinter ihm her, wurde aber sofort von Jäger zurückgepfiffen.

„Sie machen hier weiter! Und hören Sie gefälligst auf, ihn ständig zu provozieren."

Damit verließ er den Speiseraum und schritt über den Flur zum Essenswagen.

In der Scheibe zum Pflegerzimmer spiegelte sich sein Gesicht. Eine starre Maske mit fahler, eingefallener Haut. Er schreckte vor sich selbst zurück, während er versuchte, das Vakuum zu durchbrechen, das sich in seinem Kopf befand. Er versuchte, sich daran zu erinnern, was letzte Nacht eigentlich genau passiert war. War er aus der Wohnung gegangen oder hatte er sich zu Hause betrunken? Es fiel ihm nicht mehr ein. Als er sich das nächste Mal umdrehte, sah er sich Charlotte gegenüber.

„Hallo, Herr Jäger. Viel zu tun?"

„Das Übliche. Was gibt's, Frau Kommissarin?"

„Ich wollte noch einmal mit Ihnen über Weinfried Tämmerer sprechen."

Jäger legte einen Stapel weißer Papierservietten auf den Speisewagen. „Warum?"

Charlotte deutete auf die Servietten. „Liegen die immer dort?"

„Ja. Jeden Morgen, jeden Mittag, jeden Abend."

„Immer auf dem Speisewagen?"

„Ja. Warum wollen Sie noch einmal mit mir sprechen?"

„Nun ja, es kann durchaus sein, dass wir gestern etwas übersehen oder vergessen haben."

Jäger neigte den Kopf etwas zur Seite, während er nun gewissenhaft auf jedes Tablett eine winzige Cocktailtomate legte. „Zum Beispiel?"

„Zum Beispiel haben wir gestern nicht darüber gesprochen, dass Weinfried Tämmerer nicht besonders beliebt war auf der Station. Im Gegenteil, er ist schwer schikaniert worden."

Jägers Blick wurde dunkel, aber er schwieg, konzentrierte sich weiter auf seine Arbeit.

Nach ein paar Sekunden seufzte Charlotte leise, aber vernehmlich auf. „Sie werden sich schon ein bisschen mehr Mühe geben müssen."

Nun sah er sie an, und erst jetzt stellte sie fest, dass seine Augen veilchenblau waren. „Die anderen Patienten mochten ihn nicht, das stimmt. Sie haben ihn teilweise schwer eingeschüchtert. Eben nicht gut behandelt."

„Gilt das auch für Robert Campuzano?"

„Vor allem für ihn."

„Erzählen Sie mir mehr."

„Sagen wir es so: Campuzano hat hier einfach zu viel Zeit und erfindet deshalb jede Menge ‚Motive‘, um Mist zu bauen." Jäger machte mit den Fingern Anführungszeichen in die Luft. „Bei Tämmerer war es so, dass er ihn wegen jeder kleinen Bagatelle angemacht hat. Und irgendwann … ist die Sache dann eskaliert. Im Gebetsraum. Allerdings war das unsere Schuld. Es ging darum, die Bücher in der Glasvitrine nach Alphabet zu sortieren. Wir suchten nach Freiwilligen, und Campuzano hat sich sofort gemeldet."

„War das denn so ungewöhnlich?", wollte Charlotte wissen.

„Allerdings. Campuzano hat sich noch nie für Bücher interessiert, ich würde sogar so weit gehen, zu behaupten, er hat in seinem ganzen Leben noch nie eins gelesen. Später fanden wir heraus, warum er so wild auf diesen Job war. Weil Tämmerer ebenfalls im Gebetsraum arbeitete. Er machte dort sauber und half Pfarrer Gans auch sonst bei allen möglichen Dingen. Wohl, weil er sich dort am sichersten fühlte." Jäger schüttelte den Kopf. „Wir hatten von Anfang an Vorbehalte. Aber weil es das erste Mal war, dass Campuzano überhaupt für irgendetwas Begeisterung aufbrachte, haben wir unsere Bedenken zurückgestellt."

„Und was ist dann passiert?"

„Die Situation ist eskaliert. Campuzano wartete, bis er mit Tämmerer alleine war, dann drückte er ihm den Kopf in einen mit schmutzigem Wasser gefüllten Putzeimer. So lange, bis dieser fast erstickt wäre. Und das ist nur das, was wir wissen. Was er sonst noch so alles mit ihm angestellt hat, können wir nicht sagen."

„War der Pfarrer denn nicht dabei?"

„Nein."

„Wer hat Campuzano dann gestoppt? Hat ihn überhaupt jemand gestoppt?"

Jäger nickte und deutete mit dem Daumen hinter sich, in Richtung Speiseraum. „Frau Grimm. Sie hat Krach geschlagen.

159

Krach geschlagen, im Sinne von: Sie ist auf Campuzano losgegangen und hat sich mit ihm geprügelt. Wir konnten die beiden nur mit viel Mühe voneinander trennen."

„Die beiden können sich nicht riechen, oder?", fragte Charlotte, die das Scharmützel um Campuzanos zerrissenes Hemd vor ein paar Minuten mitbekommen hatte.

„Das ist noch stark untertrieben", bestätigte Jäger. „Ich würde eher sagen, sie hassen sich wie die Pest."

Charlotte nickte und fragte weiter: „Hat irgendjemand hinterher mit Tämmerer über den Vorfall im Gebetsraum gesprochen?"

„Natürlich. Wir Pfleger haben es versucht. Professor Malwik hat es versucht. Frau Doktor Sattler hat es versucht. Reine Zeitverschwendung. Er wollte nicht darüber reden. Er behauptete, es wäre überhaupt nichts passiert. Er hatte Angst, das war klar, wollte nicht noch mehr Wirbel. Wir haben Campuzano den Job im Gebetsraum dann wieder abgenommen. Krise beigelegt."

„Dachten Sie", sagte Charlotte, bedankte sich für das Gespräch und wandte sich ab.

„Frau Kommissarin", sagte Jäger schnell. „Da ist noch etwas."

Sie wandte sich noch einmal zu ihm um und sah ihn fragend an.

„Es ist … Ich bin mir nicht sicher, ob Sie …"

„Was, Herr Jäger?"

„Nun ja, ich denke einerseits, es steht mir nicht zu, darüber … Andererseits denke ich doch, dass Sie es wissen sollten …" Der Pfleger brach ab, holte ein paarmal tief Luft und sagte dann: „Ich denke, Sie sollten wissen, dass Frau Doktor Sattler ein heimliches Verhältnis hat."

„Ein Verhältnis? Frau Doktor Sattler?" Charlotte hob die Augenbrauen in die Höhe. „Mit wem?"

„Mit Felix Effinowicz."

„Sie meinen, es gibt Gerüchte?", hakte Charlotte nach.

„Nein. Dass die beiden ein Verhältnis haben, weiß jeder, auch wenn sie immer versucht haben, es geheim zu halten."

„Bedeutet das, dass auch die Patienten darüber Bescheid wissen?"

Jäger nickte. „Und jetzt ist ein Mord geschehen. Und diese Geschichte könnte doch vielleicht ein ganz anderes Licht auf die ganze Sache werfen, oder nicht?"

Charlotte dachte darüber nach.

„Denn wenn die Patienten von dem heimlichen Verhältnis wussten", redete Jäger weiter, „dann kann es doch sein, dass einer von ihnen sich dieses Wissen zunutze machen wollte."

„Sie meinen, Frau Doktor Sattler, Herr Effinowicz, oder beide gemeinsam, wurden von Tämmerer erpresst?"

„Es könnte doch sein, oder nicht? Ich meine, Frau Doktor Sattler ist immerhin verheiratet und …"

„Und da, meinen Sie, ist sie hingegangen, hat Tämmerer erschossen und ihm anschließend die Augen entfernt? Sie scheinen sich ernsthaft Gedanken zu machen, Herr Jäger."

Er seufzte auf. „Ich weiß ja im Augenblick selbst nicht, was ich glauben soll. Eigentlich will ich Ihnen auch gar nicht davon erzählen. Ich möchte auch weiterhin zu meinen Kollegen halten, wie ich es immer getan habe. Aber ich finde trotzdem, dass Sie es wissen sollten."

Charlotte antwortete darauf nicht. Sie stand einfach nur da und sah Jäger an. Er erwiderte ihren Blick nicht, schien selbst zu wissen, dass er gerade einen Verrat begangen hatte. Aber zurücknehmen konnte er das Gesagte nun auch nicht mehr.

„Vielen Dank für die Information, Herr Jäger."

24. KAPITEL

Keine Bullen

Susanne war immer noch vollauf damit beschäftigt, die Tische im Speiseraum zu wischen, obwohl es, Charlottes bescheidener Meinung nach, längst nichts mehr zu wischen gab. Vermutlich hatten die Tische seit Jahren nicht mehr derart geglänzt. Trotzdem schien die Frau mit den bunten Haaren noch nicht mit ihnen fertig zu sein. Sie wischte weiter mit heftigen, kreisenden Bewegungen, und als Charlotte neben sie trat, sah sie nicht einmal auf.

„Sie sollten mich nicht ignorieren, Frau Grimm", sagte Charlotte nach ein paar Sekunden. „Ich bin immerhin von der Kriminalpolizei. Sie wissen schon, Ihr Freund und Helfer."

„Ach ja, richtig", gab Susanne zurück, immer noch ohne aufzusehen. „Was kann ich für Sie tun, Frau Kommissarin?"

„Ich möchte noch einmal mit Ihnen sprechen."

„Worüber?"

Charlotte legte den Kopf etwas zur Seite. „Ich dachte, das wäre offensichtlich. Immerhin befinden wir uns immer noch mitten in einer Mordermittlung."

„Ich habe Ihnen bereits alles gesagt, was ich weiß.'"

„Gut. Dann helfe ich Ihnen ein wenig auf die Sprünge: Ich hatte Sie bei unserem ersten Gespräch gefragt, wie gut Sie Weinfried Tämmerer kannten."

„Und ich habe geantwortet, wenig bis gar nicht."

„Richtig. Das haben Sie geantwortet. Und dabei haben Sie mir verschwiegen, dass Sie sich mit Campuzano wegen ihm geprügelt haben. Also basierte bereits unser erstes Gespräch auf einer Lüge, richtig?"

Jetzt, endlich, hörte Susanne auf zu wischen. Sie richtete sich auf und sah Charlotte an. „Ich habe es nicht erwähnt, weil ich es nicht für wichtig hielt."

„Sie haben sich mit Campuzano wegen Tämmerer geschlagen. Und das hielten Sie nicht für erwähnenswert?"

„Ich kam zufällig dazu, wie der eine den Kopf des anderen in einen vollen Wassereimer drückte. Daraufhin sagte ich Campuzano, dass er damit aufhören soll, allerdings war der aufgrund seines geistigen Niveaus nicht in der Lage, meine Warnung aufzunehmen, woraufhin ich ihm mit dem Ellbogen einen Stoß auf die Nase gab, was ein kleines bisschen Blut fließen ließ." Susanne hob die Hände in die Höhe. „Nicht besonders erwähnenswert."

„Was für eine drollige Antwort. Sie sind ohnehin schnell bei der Hand, wenn es darum geht, vermeintliche Ungerechtigkeiten mit Gewalt auszugleichen. Nicht wahr, Frau Grimm?"

Susanne starrte Charlotte an. „Worauf wollen Sie hinaus?"

„Nun, ich habe Ihre Polizeiakte natürlich gelesen, und nun frage ich mich – und das verstehen Sie sicher –, wie realistisch die Vorstellung ist, dass Sie noch einmal einen Schritt zu weit gehen."

„Sie denken nicht ernsthaft, ich hätte etwas mit Tämmerers Ermordung zu tun?"

Charlotte hob die Schultern. „Tämmerer war ein Kinderschänder, diese Tatsache war Ihnen bestens bekannt. Ich kann mir nicht vorstellen, dass der Gedanke an das unschuldige Kind, das er missbraucht hat, spurlos an Ihnen vorbeigegangen ist. Im Gegenteil, dieser Gedanke muss Ihnen unerträglich gewesen sein und dürfte Ihrem Sinn von Gerechtigkeit, den Sie ja bekanntlich mit allen Mitteln durchzusetzen versuchen, völlig widersprochen haben."

„Und deshalb habe ich ihn umgebracht? Nachdem ich mich kurz zuvor noch mit Campuzano wegen ihm geprügelt habe? Diese Theorie ist völlig absurd und Ihrer nicht würdig, Frau Kommissarin. Wenn Sie mir etwas nachweisen können, dann tun Sie es. Wenn nicht, dann gehe ich jetzt. Ich bin hier nämlich fertig." Damit wandte Susanne sich ab und schritt zur Tür.

„Aber ich bin noch nicht fertig mit Ihnen, Frau Grimm", sagte Charlotte in ihren Rücken.

„Nein?" Susanne blieb stehen und wandte sich noch einmal um. „Und mit welchem Recht, Frau Kommissarin? Ich habe nichts Verwerfliches getan. Ich habe lediglich das Problem, dass ich gerne mal die Augen NICHT zumache. Wenn Sie mir daraus auch einen Strick drehen wollen, dann versuchen Sie es. Wenn nicht, wie gesagt, gehe ich jetzt." Damit verließ sie den Speiseraum und knallte die Tür hinter sich zu.

Charlotte folgte ihr sofort. Doch kaum hatte sie Susanne eingeholt und den Mund geöffnet, zupfte sie jemand am Ärmel und sagte: „Ich muss ihn baden."

Verwirrt wandte Charlotte sich um und erkannte den alten Viktor Rosenkranz mit seiner Puppe im Arm. Ein unsicheres Lächeln umspielte seine rissigen Lippen, denen der Körper längst jede Feuchtigkeit entzogen hatte. „Er ist schmutzig."

„Oh", machte Charlotte. „Das tut mir leid."

„Jetzt muss ich ihn baden. Beinahe wär' er kaputtgegangen." Rosenkranz gab ein schmatzendes Geräusch von sich. „Er hat ihn auf den Boden geworfen. Und dabei ist es doch das Jesuskind. Nicht wahr? Das Jesuskind." Er schielte zu Charlotte hin, um zu sehen, ob sie ihm widersprechen würde.

„Wer hat es denn auf den Boden geworfen?", wollte sie wissen. „Das Jesuskind."

Der Alte kratzte sich am Ellbogen. Schien die Frage – oder auch die Antwort darauf – schon wieder vergessen zu haben, wandte sich ab und schlurfte davon.

„Viktor ist über achtzig und schwer demenzkrank", erklärte Susanne. „Oder wie manche Menschen es auch gerne nennen: Er ist altersschwachsinnig. Ich weiß nicht, ob es ein Trost ist, aber die meiste Zeit bemerkt er gar nicht, wie rapide sich die Qualität seines Lebens mit jedem Tag verschlechtert. Auf jeden Fall haben ihn seine Kinder entmündigt und – unter dem Vorwand der Selbstgefährdung – hierher abgeschoben."

Als Charlotte sie daraufhin fragend ansah, fügte Susanne hinzu: „Das ist billiger als ein Altenheim. Ob Sie es glauben oder nicht, so macht man das heute. Viktor weiß davon natürlich nichts und wartet weiterhin darauf, dass seine Kinder zurückkommen und ihn wieder mitnehmen." Sie lächelte, wie um den Worten den bitteren Stachel zu nehmen. „Das heißt, wenn er sich gerade an sie erinnert."

„Wer hat ihm die Puppe weggenommen und auf den Boden geworfen?", wollte Charlotte wissen.

Susanne verzog das Gesicht. „Campuzano natürlich. Das macht er ständig. Und da wundern Sie sich, dass man das Bedürfnis verspürt, ihm hin und wieder eins auf die Nase zu geben?" Damit wandte sie sich ab und ging nun endgültig davon.

Charlotte überlegte, ob sie ihr weiter folgen sollte, entschied sich dann aber dagegen. Stattdessen wandte sie sich in die entgegengesetzte Richtung und blickte unvermittelt in zwei dunkle Augen, die einen auffallenden Kontrast zu einem alabasterweißen Gesicht darstellten. Der Mund in diesem Gesicht, das Charlotte noch nie zuvor gesehen hatte, stellte fest: „Du bist ein Bulle."

„Charlotte Gärtner", sagte Charlotte und betrachtete den Koloss von einer Frau, dem sie gegenüberstand. „Kriminalpolizei. Und wer sind Sie?"

„Keine Bullen."

„Wie bitte?"

„Ich hasse Bullen."

Und dann ging auch schon alles ganz schnell. Die Frau warf sich in einer einzigen Bewegung auf Charlotte, woraufhin sie beide wie zwei gefällte Bäume zu Boden gingen.

Das über hundert Kilo schwere Weibsbild landete auf Charlotte, rammte ihr ein Knie in die Leistengegend und wollte ihr einen schmutzigen Fingernagel ins Auge rammen. Nur einem blitzartigen Reflex war es zu verdanken, dass der Nagel nicht das Auge traf. Wütend darüber, dass sie ihr Ziel nicht erreicht hatte, biss die Frau Charlotte schmerzhaft in den Hals.

„Verdammt noch mal!", zischte Charlotte und versuchte, die Frau abzuwerfen. Als es ihr nicht gelang, holte sie aus und rammte ihr mit aller Wucht einen Ellbogen ins Gesicht, woraufhin dunkelrotes Blut auf sie hinabtropfte.

Dann eine Vibration im Boden, als Heide Sacher den Flur heruntergerannt und schlitternd vor ihnen zum Stehen kam.

„Um Himmels willen, holen Sie die Frau von mir runter!", schrie Charlotte.

Die Pflegerin gab sich wirklich alle Mühe, scheiterte jedoch an der tonnenschweren Aufgabe. „Jan!", schrie sie. „Hilf mir! Jan!"

Nun kam auch Jan Jäger herbeigeeilt, und zusammen drückten und zerrten sie an der Frau herum. Dann kamen weitere eilige Schritte herbei. Eine dritte Person beteiligte sich, und nun hatten sie endlich Erfolg. Die Frau lag auf dem Rücken, die beiden Pfleger über ihr, und Charlotte rang erstickt nach Luft. „Himmel noch mal, wer ist das? Warum kenne ich diese Frau nicht?"

„Sie wurde vor einer halben Stunde erst aufgenommen", erklärte Silvia Sattler, ebenfalls heftig nach Atem ringend.

„Wieso werden hier immer noch Patienten aufgenommen?", entfuhr es Charlotte, während sie ihren verletzten Hals betastete. „Und warum, verdammt noch mal, weiß ich davon nichts?"

„Das müssen Sie Professor Malwik fragen", stellte die Psychiaterin klar.

„Oh, das werde ich tun", erklärte Charlotte. „Verlassen Sie sich darauf, dass ich das tun werde. Und danach, Frau Doktor, habe ich mit Ihnen zu reden. Wenn Sie sich in Ihr Büro begeben und dort auf mich warten würden. Ich brauche nicht lange."

25. KAPITEL

Nichts von großer Bedeutung

Es war ziemlich genau 12:10 Uhr, als Charlotte ohne anzuklopfen in Malwiks Büro stürmte und zischte: „Wieso werden hier immer noch Patienten aufgenommen?"

Überrascht blickte der Psychiater auf. „Frau Kommissarin …"

„Beantworten Sie meine Frage, Herr Professor. Warum werden hier immer noch Patienten aufgenommen?"

Malwik richtete sich hinter seinem Schreibtisch auf. „Weil ich diese Entscheidung so getroffen habe."

„Das zu entscheiden kommt Ihnen aber leider nicht zu, Herr Doktor."

„Oh. Das denke ich aber doch." Die Stimme des Psychiaters war nicht unfreundlich, aber bestimmt. „Ich bin immerhin der Chef dieser Klinik."

„Und ich bin die Polizei!", rief Charlotte wütend aus. „Und ich sage Ihnen, es ist unverantwortlich, in einer solchen Situation immer noch Patienten aufzunehmen. Hier ist ein Mörder unterwegs, ist Ihnen das irgendwie entfallen?"

Malwik legte wieder die Hände gegeneinander, als spräche er ein stummes Gebet. „Durchaus nicht, Frau Kommissarin. Aber bitte verstehen Sie mein Dilemma. Dies ist nicht nur eine psychiatrische Anstalt, es handelt sich hierbei auch um ein betriebswirtschaftliches Unternehmen. Und wie jedes Unternehmen müssen wir auf die Zahlen achten."

„Falsch. Sie müssen in erster Linie auf Ihre Patienten achten", unterbrach Charlotte. „Wie ich auch. Meine Kollegen und ich haben die Aufgabe, die Menschen auf dieser Station zu beschützen. Und das wird uns nicht gelingen, wenn wir aufgrund ständig neuer und wechselnder Patienten den Überblick verlieren.

Dadurch erlauben wir es dem Mörder lediglich, schalten und walten zu können, wie es ihm beliebt."

„Frau Kommissarin", gab Malwik wenig einsichtig zurück, „ich kann und werde es nicht wagen, Ihre Befürchtungen zu ignorieren. Dennoch habe ich, wie gesagt, diese Klinik zu leiten."

„Und ich muss gewährleisten, dass die Sicherheit der Patienten nicht gefährdet wird. Von jetzt an keine neuen Patienten mehr, Herr Professor! Und wenn Sie es dennoch wagen sollten, erneut über meinen Kopf hinweg zu entscheiden, dann lernen wir beide uns richtig kennen."

„Frau Kommissarin …", setzte Malwik noch einmal an, aber da war Charlotte schon dabei, das Büro im Sturmschritt wieder zu verlassen.

Michael Tech, der vor der Tür auf sie gewartet hatte, folgte ihr eilig über den Flur und bemerkte in ihren Rücken: „Sie machen sich anscheinend gerne unbeliebt."

„Wie? Oh. Sie sollten erst einmal sehen, wenn ich mir richtig Mühe gebe", gab Charlotte über ihre Schulter hinweg zurück. „Und wo waren Sie eigentlich, als der Koloss mich angegriffen hat?"

„Ich war … Ich …"

Charlotte wartete die Antwort gar nicht erst ab. Sie war bereits in Silvia Sattlers Büro und hatte ihm die Tür vor der Nase zugeschlagen.

„Was kann ich für Sie tun, Frau Kommissarin?" Mit den Fingerspitzen rieb Silvia Sattler sich über die Augen.

„Ich möchte mit Ihnen über Felix Effinowicz sprechen."

Die Psychologin ließ die Hände sinken. „Effinowicz?"

„Genauer gesagt über Ihre Beziehung zu ihm."

„Meine Beziehung zu ihm?"

„Ich hoffe für uns beide, dass Sie nicht vorhaben, das die nächste halbe Stunde so fortzuführen, Frau Doktor", merkte Charlotte an und setzte sich ihr gegenüber.

Das Telefon klingelte. Silvia Sattler nahm nicht ab. „So fortzuführen? Ich weiß nicht, was Sie meinen."

„Die Rede ist von Ihrem Echo. Wenn Sie vorhaben, das das
gesamte Gespräch durchzuziehen, habe ich die Befürchtung,
dass wir sehr, sehr lange hier in Ihrem Büro verbringen werden."

Das Telefon klingelte immer noch. Silvia Sattler ignorierte es
auch weiterhin. „Es tut mir leid, aber ich bin mir nicht sicher,
ob ich Ihnen folgen kann."

Das Telefon verstummte endlich, und Charlotte seufzte leise
auf. „Meinetwegen. Dann lassen Sie es mich Ihnen erklären: Die
Katze ist aus dem Sack. Die Spatzen pfeifen es von den Dächern.
Jeder weiß es, und jetzt ist es auch bei mir angekommen. Sie und
Effinowicz. Haben Sie es jetzt verstanden?"

Die Psychiaterin lehnte sich zurück und verschränkte die
Arme vor der Brust. „Sie mutmaßen lediglich."

„Aber nein. Wie ich gerade sagte, die ganze Station weiß es.
Und jetzt möchte ich gerne Ihre Version der Geschichte hören."

Silvia Sattler zog ein Taschentuch hervor und putzte sich die
Nase. Ganz klar ein Mittel, um Zeit zu gewinnen. Sie dachte
nach. Schließlich schien sie zu einem Entschluss gekommen zu
sein. Sie sagte: „Es war nichts von größerer Bedeutung."

„War?"

„Ich habe die Beziehung inzwischen neu überdacht und kam
zu dem Entschluss, dass wir so nicht weitermachen können."

„Weiß Herr Effinowicz das auch schon?"

Silvia Sattler stopfte das Taschentuch in ihren weißen Kittel.
„Ja."

„Und was sagte er dazu?"

„Nichts. Ich habe es einfach wieder beendet. Was soll er dazu
sagen?"

„Sie waren nicht in ihn verliebt?"

Der Ausdruck im Blick der Psychologin blieb unbewegt.
„Verliebt bin ich in meinen Mann, Frau Kommissarin. Für mich

war es eine rein körperliche Angelegenheit, und Felix – Herr Effinowicz – wusste das."

„Verstehe. Und dass Ihr kleines Verhältnis längst aufgeflogen war, davon wussten Sie nichts?"

„Nein. Ich dachte, wir wären immer diskret gewesen."

Charlotte blinzelte. „Im Park? Wohin fünfzig Prozent der Patientenzimmer ausgerichtet sind?"

Silvia Sattler blinzelte ebenfalls. „Wie kommen Sie darauf, dass wir uns im Park ...?"

„Wir haben dort gebrauchte Kondome gefunden, Frau Doktor. Herr Effinowicz war gestern Abend zwar noch so clever, abzustreiten, dass sie von ihm sein könnten – und das, zugegebenermaßen, sehr überzeugend. Wenn ich ihn heute Abend jedoch noch einmal darauf anspreche, wird er es zugeben oder in Kauf nehmen müssen, dass wir ihm Blut abnehmen. Und ich denke nicht, dass er es darauf ankommen lassen wird."

Die Psychiaterin schwieg einen Moment. „Wir haben uns nicht immer im Park getroffen", sagte sie dann leise.

„Frau Doktor", unterbrach Charlotte. „Ich bin weit entfernt von einer moralischen Bewertung. Im Grunde ist es mir völlig gleichgültig, ob und wann und wo Sie sich mit Ihrem Liebhaber treffen. Es würde mich nicht im Geringsten interessieren, wenn es hier nicht um einen Mordfall ginge. Aber darum geht es nun mal. Hier ist ein Mörder unterwegs, der einen Ihrer Patienten auf ziemlich schräge Weise getötet hat. Und damit schließt sich der Kreis, und ich komme zu meiner nächsten Frage, nämlich der, ob Weinfried Tämmerer Sie erpresst hat?"

„Was? Nein. Ganz bestimmt nicht." Die Psychiaterin verschränkte die Arme wieder vor der Brust. „Ah, jetzt verstehe ich, worauf Sie hinauswollen. Aber Sie täuschen sich, Frau Kommissarin. Ich habe mit Tämmerers Ermordung nichts zu tun. Und Herr Effinowicz auch nicht. Ich kenne ihn gut genug, um Ihnen das sicher sagen zu können. Weder wurden wir erpresst noch haben wir ihn umgebracht. Keiner von uns beiden."

„Sie wissen, in was für eine Situation es Sie bringt, wenn Sie mich anlügen?", sagte Charlotte vorsichtshalber.

„Tämmerer hat mich nicht erpresst", beharrte Silvia Sattler. „Und Felix auch nicht. Und dabei bleibt es. Sie werden nach einem anderen Verdächtigen suchen müssen, Frau Kommissarin. Mit uns beiden liegen Sie völlig daneben."

26. KAPITEL

Komische Gefühle

16:28 Uhr

Der Pigmentlose stand auf dem Dach und blickte hinunter auf das graue Netz der Straßen Hannovers. Es gefiel ihm hier oben. Davon abgesehen, dass es viel zu sehen gab, würde nichts von dem, was er hier oben sagte, von irgendjemandem gehört werden. Hier konnte er direkt und ohne Umschweife reden, musste nicht um den heißen Brei herumreden, und er musste nicht auf die Wortwahl achten. Alle Geheimnisse blieben gehütet, weil der Wind am Ende jedes Wort, sobald er es ausgesprochen hatte, fortwehte. Nichts, was sie jemals wieder ans Licht zerren könnte. „Die Anwältin hat alles im Griff", sagte er in sein Handy.

„Gut", kam es vom anderen Ende.

Die Anwältin war von enormer Wichtigkeit für sie, eine Künstlerin, wenn es darum ging, Menschen für sich zu gewinnen. Außerdem besaß sie keine erkennbaren ideologischen Überzeugungen, und sie war loyal, allerdings erhielt sie dafür auch keine unerheblichen Beträge.

„Die Kleine wird mitspielen", sprach der Pigmentlose weiter.

Der Mann am anderen Ende sagte noch einmal: „Gut."

„Und auch die restlichen Leute sitzen genau dort, wo sie für uns am nützlichsten sind. Uns bleibt nichts verborgen."

„Was ist mit dem Detektiv?"

„Er heißt Christian Lamia. Ein ehemaliger Polizist."

„Worüber haben er und dieser Zander gesprochen?"

„Das konnte ich noch nicht herausfinden. Aber worum sollte es wohl gegangen sein, wenn nicht um …?" Der Pigmentlose brach ab. „Und was machen wir jetzt?"

„Du meinst, was machen wir, wenn die beiden Beweise auftreiben, die bei unserer Prinzessin landen?"

Der Pigmentlose lächelte leicht. „Du nennst sie immer noch so?"

„Das wird sie für mich immer bleiben."

„Du bist zu sentimental."

„Ich weiß."

Einen Moment entstand Schweigen.

„Hast du Angst vor ihr?", fragte der Pigmentlose dann.

Offenbar dachte der Mann am anderen Ende darüber nach, denn es dauerte einen Moment, ehe er antwortete: „Sie hat noch nicht begriffen, dass die Menschen in denen weiterleben, die ihnen nachfolgen. Und solange sie das nicht begriffen hat, wird sie den Kampf nicht aufnehmen. Aber sie könnte es tun, und das reicht mir." Wieder eine kurze Pause. „Wann erfahren wir, wie diese Grimm sich entschieden hat?"

Der Pigmentlose blickte auf seine Uhr. „Ziemlich genau ... jetzt."

Es hatte in der Luft gelegen. In der letzten halben Stunde hatte sich Susannes Magen mehr und mehr zusammengezogen, und ein derart klaustrophobisches Gefühl hatte sie überkommen, dass sie sich ein Glas Wasser einschenken musste, welches sie in einem Zug austrank. Es wurde trotzdem immer schlimmer. Sie hatte das Gefühl, innerlich zu verbrennen, hörte das unerbittlich laute Trommeln ihres eigenen Herzens.

In diesem Moment steckte Heide Sacher den Kopf zur Tür herein und sagte: „Telefon für Sie, Frau Grimm. Die Anwältin."

Das war es also gewesen. Susanne erhob sich und begab sich hinaus in den Flur.

Im Pflegerzimmer nahm sie den Hörer ans Ohr, sagte aber nichts.

„Guten Abend", sagte Britta Stark am anderen Ende. „Wie geht es Ihnen?" Ihre Stimme klang dabei genauso distanziert und emotionslos wie bei dem Gespräch am Morgen, und wenn sie, Susanne, klug war, dann lehnte sie ab. Und zwar genau – jetzt.

Doch Susanne sagte nichts. Sie senkte nur den Kopf und blickte zu Boden.

„Ich brauche eine Entscheidung von Ihnen", sagte Britta Stark am anderen Ende.

Susanne schwieg weiter. Fünf Sekunden. Sieben. Zehn. Dann hörte sie ihre eigene Stimme, gedämpft, wie durch einen Wattebausch: „Ich mache es." Als sie es selbst verstanden hatte, als sie realisierte, was sie da gerade ausgesprochen hatte, fügte sie eilig hinzu: „Aber ich brauche noch ein bisschen mehr Zeit."

„Wofür?"

„Na ja, ich halte es für wichtig, dass ich die Dinge richtig erfasse und weitergebe."

„Das spricht für Sie. Aber Sie können mir doch sicher jetzt schon sagen, ob sich der Rothaarige heute schon auf der Station hat sehen lassen?"

„Sie meinen den großen, bulligen Typen? Also ... Nein. Heute noch nicht. Aber er war gestern hier. Eigentlich ist er jeden Tag hier. Und jeden Tag wirft sie ihn hinaus. Sie weigert sich, mit ihm zu sprechen."

„Sehr gut, Frau Grimm. Bleiben Sie am Ball. Wir wollen es unbedingt wissen, wenn sich dieser Zustand ändert und sie doch mit ihm spricht."

Und schon wieder: *Wir.*

„Ja, also, tut mir leid, aber ... ich bin nicht ständig mit ihr zusammen. Es ..."

„Dann ändern Sie das."

Die Wände des Pflegerzimmers kamen näher und dehnten sich wieder aus, waren abwechselnd schwarz und weiß.

„Also ...", setzte Susanne erneut an. „Glauben Sie mir, wenn ich Ihnen sage, dass es alles andere als einfach ist, sich mit ihr anzufreunden. Sie redet kaum. Auch nicht mit mir. Und selbst wenn ...“

„Ich verstehe, was Sie mir sagen wollen. Sie haben gerade einen Job angenommen, der nicht ganz einfach ist. Aber Sie werden ihn zu unserer Zufriedenheit erledigen. Frau Wagner wird sich auf Sie einlassen.“

„Und was macht Sie da so sicher?“

„Frau Grimm.“ Britta Starks Stimme klang nur mäßig geduldig. „Ich glaube, ich habe heute schon einmal erwähnt, dass ich immer umfassend Recherche betreibe, ehe ich ein Projekt angehe. Seien Sie also sicher, dass ich weiß, Sie können es. Hinter der Maske, die Frau Wagner trägt, verbirgt sich ein fühlender und zugänglicher Mensch. Sie müssen sich nur ihre Aufmerksamkeit sichern.“

Das half Susanne nicht wirklich weiter. Im Gegenteil, es verstärkte ihr schlechtes Gewissen nur noch.

„Wir werden uns wieder bei Ihnen melden“, sagte Britta Stark. „Bis dahin wissen Sie, was zu tun ist.“

Susanne wollte noch etwas sagen, doch das Gespräch war bereits beendet.

Um 19:28 Uhr sah Zander zum ersten Mal in seinem Leben einen Geist.

Gerade verließ er seine Pension, winkte nach einem Taxi, und als eines anhielt, stellte er zu seiner Überraschung fest, dass Christian Lamia hinterm Steuer saß.

„Hallo, Herr Zander. Steigen Sie ein.“

„Seit wann sind Sie unter die Taxifahrer gegangen?“, wollte Zander wissen.

„Nun ja, hin und wieder bietet es sich an, wenn man Freunde hat, die in dieser Branche arbeiten. Wie sieht es aus, steigen

Sie nun ein? Sie können mir vertrauen, ich bin ein sicherer Fahrer."

Zander ließ sich auf den Rücksitz sinken. Er wartete, bis sie losgefahren waren, dann sagte er: „Und worum geht es nun genau?"

Lamia warf einen kurzen Blick in den Rückspiegel. „Ich habe tatsächlich etwas herausgefunden. Womit soll ich anfangen?"

Zander schluckte. „Fangen Sie am besten vorne an."

„Gut. Dann lassen Sie mich vorausschicken, dass der Auftrag nicht sonderlich kompliziert war, wenn man von der vagen Auftragsbeschreibung absieht." Lamia nahm für einen Moment die Hand von der Gangschaltung und strich sich mit den Fingerspitzen über den dünnen Bart. „Sie wollten alles wissen, was über Sven Wagner in Erfahrung zu bringen ist, deshalb ist eine Unmenge von Fakten aus seinem gesamten Leben zusammengetragen worden." Er deutete auf einen braunen Umschlag, der auf dem Beifahrersitz lag. „Das meiste sind Kopien von Artikeln über ihn. Er war ein Mann des öffentlichen Lebens, mit – wie es auf den ersten Blick scheint – wenig Geheimnissen."

„Lassen Sie trotzdem hören."

Der Detektiv schien den Inhalt des Umschlages auswendig zu können, denn er ließ ihn unangetastet auf dem Beifahrersitz liegen und berichtete aus dem Gedächtnis. „Dann beginnen wir am besten chronologisch: Sven Wagner wurde am 20. 02. 1948 als Einzelkind in Hannover geboren, er wäre heute also dreiundsechzig Jahre alt. Seine Eltern, Konrad und Evelyn, waren bereits Mitte dreißig, als sie ihn bekamen. Beide sind Anfang der Achtziger kurz hintereinander verstorben. Der Vater, ein Chemiker und viel unterwegs, starb an einem Herzinfarkt. Die Mutter war, soviel ich in Erfahrung bringen konnte, immer Hausfrau und hat seinen Tod nicht verkraftet. Sie starb wenig später. Mehr konnte ich über die beiden noch nicht herausfinden. Wagner selbst besuchte das Gymnasium und hatte ein Abschlusszeugnis, das mich persönlich vor Neid erblassen lässt. Die Kopien liegen ebenfalls in dem Umschlag. Nach dem Gymnasium machte er verschiedene Jobs, sparte sich Geld zusammen und reiste dann für ein Jahr nach Amerika. Als er wieder zurück war, begann er sein Jurastudium, das er ebenfalls mit sehr guten Noten abschloss. Wie detailliert soll ich noch werden?"

„Erzählen Sie alles, was Sie für wesentlich halten."

„Okay. Ich persönlich halte Sven Wagner für einen Streber, aber das ist nur meine Meinung, und die taugt nicht viel, weil ich in Wahrheit nur neidisch bin. Ich war immer viel zu faul zum Lernen." Lamia räusperte sich. „Die erste größere Aufmerksamkeit verschaffte er sich 1985 mit der Anklage gegen einen Rotlichtgangster, den er lebenslänglich hinter Gitter brachte."

„Pasquale Palomino", sagte Zander. Das wusste er. Er hatte es bereits selbst herausgefunden.

„Richtig. Es gibt allerdings keinerlei Hinweise, die darauf hindeuten würden, dass sich Wagners und Palominos Wege nach diesem Prozess noch einmal in irgendeiner Weise gekreuzt hätten, auch wenn manche unseriöse Zeitungen das heute so behaupten."

„Palomino ist immer noch im Gefängnis?"

„In Sicherheitsverwahrung, ja."

„Wie stand es um Wagners Finanzen?"

Lamia warf erneut einen kurzen Blick in den Rückspiegel. „Er war nicht reich, aber er nagte auch nicht am Hungertuch. Auf keinen Fall war er hoch verschuldet, wie einige Blätter das heute behaupten. Er hatte knapp fünfundzwanzigtausend D-Mark in Anleihen und Fonds angelegt. Sein Kontostand betrug ungefähr zwölftausend D-Mark, als er starb. Kurz bevor seine Tochter zur Welt kam, hatte er ein Haus gekauft, dessen Raten er regelmäßig bediente." Er hob einen Finger in die Luft. „Und es gibt da noch ein Ferienhaus in Norwegen, direkt am Wasser gelegen. Seine Tochter hat es nach dem Tod der Eltern geerbt. Ich weiß nicht, was es heute wert ist, aber es liegt an einem ziemlich attraktiven Flecken Erde, wie ich herausfand."

Zander hörte aufmerksam zu. Davon hatte er nichts gewusst. Julia hatte nie nur ein Wort über dieses Haus verloren. „Was denken Sie selbst über Wagner?", wollte er wissen. „Halten Sie ihn für integer?"

„Nun ja, wie ich bereits sagte, halte ich ihn für einen Streber. Er war integer, ja, nennen wir es so. Er hatte das Image des unbestechlichen Wächters über Moral und Anstand."

„Davon ist heute nicht mehr viel übrig."

„Ja, man hat ihn posthum ganz schön ins Aus manövriert. Wenn ich allerdings eine persönliche Bemerkung dazu machen darf ..."

„Bitte."

„Alles, was heute über ihn geschrieben wird, ist meiner Meinung nach völlig *out of character* für einen Mann wie Wagner. Es passt einfach nicht zu ihm. Ich glaube viel eher, dass da etwas nicht stimmt. Für so etwas habe ich eine untrügliche Nase, und wenn ich so etwas erst einmal rieche, dann hänge ich mich so lange rein, bis ich etwas gefunden habe, was mein Gefühl bestätigt."

Zander beugte sich nach vorne. „Das heißt, Sie haben etwas gefunden?"

„Allerdings. Und jetzt schnallen Sie sich an, Herr Zander, und das meine ich im übertragenen Sinn ... Wagner starb nicht durch den tragischen Autounfall, wie es die letzten Jahre behauptet wurde. Er wurde umgebracht. Genauer gesagt, er wurde vergiftet. Und zwar mit Ricin."

„Ricin?" Jetzt war Zander hellwach. „Reden wir von dem Gift, über das in Zusammenhang mit Spionage und so weiter geredet wird?"

Lamia nickte. „Ricinus communis. Eine wild wachsende Pflanze, die man in Afrika, Indien und in Teilen Amerikas findet.

Hier in Deutschland zählt sie zu den Zierpflanzen, wird in Gewächshäusern gezogen. Aus den Bohnen der Pflanze wird ein Öl gewonnen und daraus wiederum in einem besonderen Prozess das Gift. Die Symptome ähneln dem, was man im Volksmund ‚Blutvergiftung' nennt. Wie lange es dauert, bis das Gift wirkt, hängt davon ab, wie es in den Körper gelangt. Die Krankheitszeichen können sich unterschiedlich darstellen. Magenschmerzen, Durchfall, Übelkeit, Frieren. Schließlich Erbrechen. Dann hohes Fieber. Wenig später: Exitus."

„Aber dieses Gift wurde in Sven Wagners Obduktionsbericht mit keinem Wort erwähnt", wandte Zander ein. „Ich habe ihn selbst gelesen. Nirgendwo stand auch nur ein Wort davon. Lediglich der Genickbruch und die inneren Verletzungen durch den Unfall wurden dokumentiert."

„Weil das, was Sie gelesen haben, der offizielle Bericht war." Lamia griff nun doch nach dem Umschlag auf der Beifahrerseite und reichte ihn nach hinten. „Hier drin befindet sich der inoffizielle Obduktionsbericht."

„Der in …" Zander starrte auf den Umschlag. „Wie zum Teufel sind Sie da rangekommen?"

„Fragen Sie mich im Ernst nach meinen Quellen?" Lamia hob tadelnd eine schwarze Augenbraue in die Höhe. „Lesen Sie es und Sie werden sehen, da war was echt Teuflisches im Gange."

Zander griff nach dem Umschlag, öffnete ihn aber nicht. Noch nicht. „Wie wurde Wagner das Gift verabreicht?"

„Mit einer Spritze. Man fand bei der Obduktion einen winzigen Stich in seinem rechten Oberarm. In diesem Fall bedeutet das, dass das Gift bereits etwa acht Stunden in Wagners Körper war, ehe es ihn umbrachte."

„Meine Güte."

„Allerdings", redete Lamia weiter, „stellt sich nun die Frage, ob damals auch der Rest der Familie umgebracht werden sollte oder nur er selbst. Die Wagners waren auf der Rückreise von einem Urlaub, als ihr Wagen mit einem Lkw zusammenstieß. Dessen Fahrer beging nach dem Unfall Fahrerflucht. Die Frage ist: Spielte der Lkw eine Rolle, oder war das reiner Zufall?"

„Vielleicht wollte jemand ganz sicher gehen", bemerkte Zander.

„Vielleicht. Auf jeden Fall muss Sven Wagner das Gift zu dem Zeitpunkt, als er in den Wagen stieg, schon im Körper gehabt haben. Und nun stellt sich die Frage, mit wem er in den letzten acht Stunden seines Lebens zusammen war." Lamia fuhr an den Straßenrand. „So, wir sind wieder da."

Zander sah aus dem Seitenfenster und stellte fest, dass sie wieder vor seiner Pension standen.

„Falls ich noch mehr herausfinden sollte, melde ich mich bei Ihnen", sagte Lamia.

Zander bedankte sich und stieg, ganz schwindlig im Kopf, aus dem Taxi. Er schlug die Tür zu – und dann, gerade als er sich aufrichtete, sah er ihn. Er saß in einem Wagen, der gerade vorbeifuhr. Für einen Moment begegneten sich ihre Blicke. Der Mann sah sofort wieder weg, allerdings eine Sekunde zu spät.

Zander traute seinen Augen nicht.

Ein Geist. Er war sich sicher, dass er gerade einen Geist gesehen hatte. Doch so schnell, wie er aufgetaucht war, war er auch schon wieder verschwunden.

Zander sah sich um, aber der Mann war nirgendwo mehr zu sehen.

27. KAPITEL

So abscheulich wie das Wetter

22:14 Uhr

Felix Effinowicz hatte sich gerade einen Kaffee eingeschenkt, als Charlotte das Pflegerzimmer betrat, die Tür hinter sich schloss und sagte: „Haben Sie eine Tasse für mich übrig?"

Er nickte und schenkte ihr ebenfalls ein. Dabei beobachtete er sie verstohlen. Dann stellte er beide Tassen auf den Tisch und ließ sich auf einen der Stühle sinken.

Charlotte saß bereits und lächelte ihm aufmunternd zu. Es handelte sich hierbei um kein Verhör. Zumindest wollte sie diesen Eindruck vorläufig nicht erwecken. Was daran liegen mochte, dass Effinowicz nicht ihr Lieblingsverdächtiger war. All ihre Sinne und Instinkte wiesen in eine ganz andere Richtung. Trotzdem durfte sie Jan Jägers Aussage und das Verschweigen des Pflegers, was sein Verhältnis zu Silvia Sattler betraf, nicht einfach übergehen.

So lächelte sie weiter aufmunternd, und Effinowicz rang sich ebenfalls ein Lächeln ab. Dann trank er einen Schluck Kaffee und verzog kurz das Gesicht, weil er so heiß war.

„Herr Effinowicz", begann Charlotte schließlich, „ich wollte noch einmal mit Ihnen sprechen, weil es ein paar … sagen wir … Irritationen gibt."

„Welcher Art?"

„Es geht um Ihr Verhältnis zu Frau Doktor Sattler. Ich meine, darum, dass Sie ein Verhältnis mit ihr hatten."

Effinowicz stellte die Tasse auf den Tisch. Seine linke Gesichtshälfte zuckte, und das war nicht zu übersehen. „Ganz bestimmt nicht."

„Natürlich nicht", bemerkte Charlotte trocken. „Vielleicht sollte ich Sie, ehe Sie weitere durchsichtige Versuche starten, es abzustreiten, darauf hinweisen, dass ich bereits mit Frau Doktor Sattler gesprochen habe. Sie hat es, nach ebenfalls anfänglichen Schwierigkeiten, schließlich zugegeben."

Effinowicz blinzelte. Es dauerte noch einen Moment, bis er endgültig verstand, dass es tatsächlich heraus war. Dass es nichts mehr abzustreiten gab. Er bemühte sich um ein weiteres tapferes Lächeln. „Wer hat's Ihnen gesagt?"

„Das ist im Augenblick nicht die Frage. Ich möchte vielmehr von Ihnen hören, was es zu dem Thema zu sagen gibt. Vor allem möchte ich wissen, warum Sie mir gegenüber verschwiegen haben, dass Sie mit Frau Doktor Sattler ein Verhältnis hatten."

„Ich wollte es nicht zum Thema machen."

„Aber es ist längst Thema, Herr Effinowicz. Auf der ganzen Station."

„Das wusste ich nicht. Ich dachte, wir wären immer diskret gewesen."

Charlotte lächelte dünn. „Ja, das hat Frau Doktor Sattler auch gesagt, und auch bei ihr wunderte ich mich bereits. Aber darum geht es jetzt nicht. Mir ist viel wichtiger, dass Sie verstehen, dass das hier kein Spiel ist, Herr Effinowicz. Sie befinden sich in einer ziemlich schwierigen Situation, und das sollten Sie sich klar vor Augen führen. Das hier ist eine Ermittlung in einem Mordfall. Also bitte, vergessen und verschweigen Sie von jetzt an nichts mehr."

„Aber ich verschweige doch gar nichts", gab der Pfleger zurück. „Ich habe gerade zugegeben, dass Frau Doktor Sattler und ich ein Verhältnis hatten. Bis gestern. Da meinte sie plötzlich, sie hätte alles noch einmal neu überdacht und es wäre besser, wenn wir uns nicht mehr treffen. Sie meinte, das Verhältnis sei abgekühlt." Er lehnte sich etwas zurück. „Jedenfalls von ihrer Seite aus."

„Von Ihrer Seite aus nicht?"

„Nicht unbedingt."

„Wie kommen Sie damit klar?"

„Ich sehe sie wieder als Kollegin."

„Einfach so? Nachdem sie Sie vernascht und dann fallen gelassen hat?"

Effinowicz schwieg einen Moment. Dann sagte er: „Ich wollte Silvia – Frau Doktor Sattler – niemals in Schwierigkeiten bringen. Und das will ich auch jetzt nicht. Ich wollte immer nur … in ihrer Nähe sein. Mit ihr zusammen sein."

„Sie lieben sie", stellte Charlotte fest.

Er nickte zurückhaltend.

„Wie lange ging das Verhältnis zwischen Ihnen beiden?"

„Etwa zwei Monate."

Charlotte betrachtete Effinowicz forschend. „Und Sie haben wirklich nicht gewusst, dass das Verhältnis schon längst Thema auf der ganzen Station war?"

„Nein." Es dauerte einen Moment, ehe in seinen Augen Begreifen dämmerte. Als er begriff, richtete er sich auf. „Sie denken doch nicht etwa, ich hätte Tämmerer etwas angetan? Weil er uns erpresst hat? Das können Sie sofort wieder vergessen. Er hat uns nicht erpresst, und ich hab ihn nicht angerührt."

„Das freut mich zu hören."

Mit einem Ruck erhob Effinowicz sich von seinem Stuhl. „War es das? Ich muss jetzt nämlich weiterarbeiten. Ich habe noch eine verdammt lange Nacht vor mir."

Charlotte nickte, und er verließ das Pflegerzimmer, ohne sich noch einmal umzudrehen.

Ich hätte Nein sagen sollen.
Ich hätte Nein sagen sollen.
Ich hätte Nein sagen sollen.

Die Gedanken splitterten in Susannes Kopf, während sie im Aufenthaltsraum auf der Fensterbank saß und blicklos aus dem Fenster starrte.

Ihre innere Welt bebte regelrecht.

Sie hatte es getan. Sie hatte nicht auf ihre innere Stimme gehört, die laut und deutlich zu ihr gesprochen und sie gewarnt hatte. Stattdessen hatte sie sie ignoriert und Ja gesagt. Weil eine andere Stimme in ihr ununterbrochen flüsterte, dass Britta Stark vermutlich ihre einzige Chance war. Ihre einzige Chance auf ein baldiges Ende dieses Zustandes hier.

Susanne wandte den Kopf und sah sich um. Der ganze Raum war immer noch voller Menschen, die Luft dadurch unnatürlich aufgeheizt, verbraucht und stickig.

Dieser fürchterliche Gestank. Kohl, kalter Zigarettenrauch und noch etwas, was der eigentümliche Geruch der Patienten sein musste. Konservierter Körpergeruch. Angewidert verzog Susanne das Gesicht. Sie hatte den Eindruck, dass niemand darunter so sehr litt wie sie.

Deshalb hatte sie es getan. Deshalb hatte sie nicht Nein gesagt.

Mit diesem Gedanken kam der nächste. Der Gedanke an den Moment, in dem sie den Hörer aufgelegt hatte. Argumente. Ausreden. Sie hatte sich damit zu beruhigen versucht, dass sie ja schließlich nichts mit Julia verband. Und mit ziemlicher Sicherheit auch nie etwas verbinden würde. Deshalb hatte sie Ja gesagt. Doch ihr Gewissen kämpfte dagegen an, denn noch während sie es dachte, wusste sie, dass sie völlig danebenlag. Mindestens so schlimm, wie auf unabsehbare Zeit hier drinnen bleiben zu müssen, war für sie nämlich der Gedanke, einen anderen Menschen derart zu hintergehen, ihn so zu täuschen, wie sie Julia würde hintergehen und täuschen müssen.

Dies alles verursachte Susanne einen Moment lang Atemnot.

Sie starrte wieder aus dem Fenster, bewegte sich immer noch nicht. Auch nicht, als Robert Campuzano den Aufenthaltsraum betrat, die Hände tief in den Hosentaschen vergraben. Und auch nicht, als er sich ausgerechnet dem alten Viktor Rosenkranz ge-

genübersetzte. Sie beobachtete ihn lediglich durch die Spiegelung in der Scheibe.

„Na, alter Mann?", sagte Campuzano. „Alles klar bei uns?"

Karl Waffenschmied, der gleich nach Campuzano eingetreten war, meinte: „Was haste gesagt, Campuzano? KZ und so?"

Der Musiker nickte. „Und so."

„Die ganze Familie plattgemacht?"

„Klar. Nur der hier hat's überlebt. Der gute alte Viktor. Den wirft so schnell nichts aus der Bahn. Nicht wahr, Viktor?"

Rosenkranz blickte verständnislos von einem zum anderen.

„Kann's nicht glauben", sagte Waffenschmied. „Isser echt 'n Jude?"

„Fragen wir ihn doch selbst. Er muss es ja schließlich wissen, nicht wahr?" Campuzano beugte sich etwas zu dem alten Mann hin. „Also, woran ist deine Familie gestorben, Viktor?"

Es war deutlich zu sehen, dass Rosenkranz sich Mühe gab, den beiden zu folgen, was ihm allerdings sichtlich Schwierigkeiten bereitete. Er strich weiter über den Kopf der Puppe in seinem Arm, so als wolle er sie trösten oder beruhigen. Als Campuzano eine ruckartige Bewegung nach vorne machte, hielt er sie ganz schnell ganz fest an sich gedrückt.

„Biste echt 'n Jude, Viktor?" Waffenschmied legte den aufgedunsenen Kopf etwas zur Seite. „Warst im KZ, Mann? Hammerhart!"

„Ich muss auf das Jesuskind aufpassen", sagte Viktor. „Ich muss ..."

„Heilige Scheiße", sagte Waffenschmied. „Warum trägst du als Jude eigentlich 's Jesuskind mit dir rum?"

„Weil die alles nehmen, was sie in die Finger kriegen", erklärte Campuzano in seine Richtung. „Scheiß Juden. Sind doch alle raffgierige Geier. Gib mal her, das Jesuskind, ich will es auch mal halten." Damit wollte er nach der Puppe greifen, doch jetzt saß Susanne kerzengerade auf der Fensterbank. „Lass ihn in Ruhe!"

Campuzano wandte sich zu ihr um. „Willst du dich schon wieder mit mir anlegen, ja?"

„Wenn du unbedingt darauf bestehst." Susanne rutschte von der Fensterbank und ging zu ihm hinüber. Kaum war sie bei ihm angekommen, griff er nach ihrem Arm und hielt ihn fest. „Wenn du mir nicht sofort aus den Augen gehst, dann, das schwör ich dir, fress ich dich und kotz deine Einzelteile direkt hier auf dem Boden wieder raus."

Es war totenstill im Raum. Alle Blicke waren auf sie gerichtet.

Susanne wollte gerade das Passende antworten, als etwas geschah, womit sie nicht gerechnet hatte. Julia, die die ganze Zeit alleine in einer Ecke gesessen hatte, erhob sich und sagte: „Lass sie los!"

„Hey!", machte Campuzano. „Das Ding kann sprechen. Wusste gar nicht, dass Zombies sprechen können." Ein breites Grinsen legte sich auf sein Gesicht. „Glaubst du im Ernst, du wirst mit mir fertig, Kleine?"

„Kannst du sicher sein, dass es nicht so ist?"

Einen Moment verflüchtigte sich das Grinsen auf Campuzanos Gesicht, und er bekam einen angestrengten Zug um den Mund. Doch dann lächelte er schon wieder. „Ist das nicht süß, Waffenschmied? Wie die eine Lesbe die andere verteidigt? Haltet Ihr beiden jetzt Händchen, oder was?"

„Lass sie los", sagte Julia noch einmal.

Campuzano ließ Susanne los, machte dafür zwei Schritte auf Julia zu. „Wenn du es wagst, mich auch nur mit dem kleinen Finger anzufassen, dann leg ich nicht nur dich, sondern auch deine gesamte Mischpoke um."

„Meine Mischpoke ist schon tot." Julia machte ebenfalls einen Schritt nach vorne, und in ihrer Hand blitzte dabei etwas auf.

Jemand schrie: „Sie hat ein Messer!"

Und dann entwickelte sich innerhalb vom Bruchteil einer Sekunde ein riesen Tumult.

Keine fünf Sekunden später schob sich Effinowicz wie ein Panzer in den Aufenthaltsraum. „Wer hat geschrien?"

„Jemand dachte, ich hätte ein Messer", sagte Julia und hob die rechte Hand in die Höhe. „Aber das ist nur mein Feuerzeug."

Der Pfleger schien beruhigt. Er atmete tief durch und wandte sich an Waffenschmied und Campuzano. „Ihr beide. Raus hier!"

„Ach kommen Sie", sagte Campuzano. „Wir haben nur rumgeblödelt."

„Ihr habt es mal wieder übertrieben." Effinowicz verschränkte die Arme vor der Brust. „Und das ist das Wunderbare an meinem Job. Ich kann euch in eure Zimmer scheuchen, wann immer ich euch für so abscheulich wie das Wetter halte, was beinahe ständig der Fall ist. Raus hier und in die Zimmer! Sofort!"

Waffenschmied wurde abwechselnd rot und blass und bewegte sich in Richtung Tür. Campuzano nicht.

„Sie haben fünf Sekunden", sagte Effinowicz in seine Richtung. „Einschließlich der Zeit, die Sie brauchen, um die Tür hinter sich zu schließen."

Julia beobachtete, wie der Musiker den Pfleger anstarrte. Wie sich dabei seine Schultern verkrampften und er die Hände zu Fäusten ballte. „Und was wollen Sie machen, wenn ich nicht gehe, hm? Haben Sie ein Maschinengewehr im Hosenbein versteckt, oder was?"

In Effinowicz' Gesicht bewegte sich rein gar nichts. „Treiben Sie es nicht zu weit."

„Scheiße, Mann, ich dachte, Sie wären cool."

„Sie kennen die Regeln. Und jetzt raus hier!"

Es dauerte noch einen Moment, dann verschwand auch Campuzano.

„Und der Rest macht auch nicht mehr allzu lange." Effinowicz wollte sich gerade abwenden, als Elisa Kirsch in ihren bunten Gummistiefeln auf ihn zutrat und meinte: „Ich hab meine Tabletten noch nicht bekommen!"

„Doch, Elisa. Haben Sie. Und ich hab nicht die Zeit, schon wieder mit Ihnen zu diskutieren."

„Niemand kümmert sich um mich. Ich werde beobachtet."

„Ganz bestimmt nicht." Effinowicz nahm einen Apfelstiel von der Fensterbank und warf ihn in den Mülleimer. „Und jetzt gehen Sie zurück in Ihr Zimmer."

Elisa dachte nicht daran. „Schauen Sie, was mit Tämmerer passiert ist."

„Ja, das ist traurig."

„Trauuurig." Elisa schüttelte den Kopf und strich sich die Haare zurück, obwohl die Strähnen gar nicht in die Nähe ihrer Augen kamen. „Ich bin schlau. Ich hab niemandem etwas gesagt. Ich sag nichts, hab ich gesagt. Und daran hab ich mich gehalten. Das Essen heute war übrigens wieder beschissen. Und jetzt will ich meine Tabletten. Annegret beobachtet mich."

Effinowicz, der sie gerade hatte stehen lassen wollen, hielt in der Bewegung inne und wandte sich ihr noch einmal zu.

Sie hob die Hände in die Höhe und begann zu zitieren: „*Denn in der Dunkelheit der Nacht, da hat ein Mensch sich aufgemacht, die andern zu vernichten, doch kommen wird zu richten der Herr ihn ganz gerecht, was warst du nur so schlecht.*"

Zwei Sekunden Stille, in denen Effinowicz ungeduldig die Augenbrauen zusammenzog. „Elisa, finden Sie das komisch?", fragte er.

„Ich war wach und konnte nicht schlafen." Elisa bekräftigte die Worte mit einem heftigen Nicken. „Hab es versucht, aber es klappte nicht. Und dann bin ich gegangen. Und dann hab ich ihn gesehen."

„Wen?"

„Den Geist. Erst hat er einen Aschenbecher nach mir geworfen, und dann ist er über die Feuertreppe verschwunden."

Hinter Effinowicz' Augenlidern blinkte das Wort „Lüge" so hell auf wie eine Neonreklame. „Wir haben keine Feuertreppe, Elisa. Gehen Sie zurück in Ihr Zimmer."

„Du Arschloch! Du hast auch das zweite Gesicht, ich weiß es! Ich weiß es!"

Er trat einen Schritt näher an Elisa heran, machte „Schhh".

„Du glaubst mir nicht!"

„Ich glaube, Sie bilden sich etwas ein. Die Geschichte um Tämmerer sorgt dafür, dass die Nerven bei uns allen blank liegen." Mit diesen Worten scheuchte Effinowicz Elisa hinaus auf den Flur.

„Ich weiß, was ich gesehen habe!", rief sie, während sie sich heftig dagegen wehrte. „Gebt mir meine Tabletten! Arschlöcher! Verdammte Arschlöcher!"

Wenig später waren die beiden aus dem Blickfeld der anderen verschwunden.

Aus dem Tagebuch von Annegret Lepelja, 1881:
Fast bin ich nun am Ziel. Mein Zustand ist aufmerksam, weiß ich doch, dass sie mir nahe sind. Gleichwohl ich verschlungene Pfade gehe, haben sie mich im Verdacht.

Vielleicht sogar hätte ich den Tod verdient, doch sollte mich das nun noch aufhalten?

Getötet habe ich, aber ein anderes Leben wird dafür entstehen.

Kein Schmerz mehr, keine Furcht. Keine Reue in dem Augenblick, da alles gut werden wird. Tat ich es doch für die Liebe.

Nichts anderes als eine schlimme Krankheit ist ein gebrochenes Herz. Eine Krankheit, die frisst und frisst. Kein Gegenmittel gibt es, das den Schmerz nehmen könnte, auch nicht die Einsamkeit.

Heute starb das dritte Kind.

28. KAPITEL

Als das Licht ausging …

Kurz bevor gegen 23:00 Uhr das Licht ausging, kramte Susanne in ihren Hosentaschen nach einer Zigarette. „Glaubst du an Geister?", fragte sie dabei in Julias Richtung.

Kopfschütteln.

„Also, ich weiß nicht", redete Susanne weiter. „Ich bin mir da nicht so sicher. Wenn irgendwo etwas Schreckliches passiert, zum Beispiel ein Mord, dann wäre es doch möglich, dass der Mörder als Geist an den Ort des Verbrechens zurückkehrt. Das könnte dann etwas mit der Energie zu tun haben. Die hängt dann vielleicht irgendwo herum und sorgt dafür, dass diese Person … hm, wieder erscheint."

Julia schwieg weiter, aber Susanne gab noch nicht auf. „Warum ich das sage? Na ja, weil diese Annegret Lepelja, von der Elisa gerade sprach, eine Mörderin gewesen sein soll. Eine Kindsmörderin, um genau zu sein, angeblich mit dem Teufel im Bunde. Um sie herum sollen sich Nebelschwaden gebildet haben, wenn sie irgendwo auftauchte, und ihr Atem wäre so eisig wie der Winter gewesen, heißt es. Aber Beweise gibt's dafür natürlich keine. Sie soll übrigens ganz in der Nähe des Klosters gelebt haben. 1880, so um den Dreh. Und sie soll hier auch beerdigt sein." Susanne deutete in Richtung Fenster. „Dort unten auf dem Friedhof. Gruselig, oder?"

Julia hob nur die Schultern in die Höhe und tat weiter das, was sie immer tat: Sie schwieg. Doch auch jetzt gab Susanne noch nicht auf. „Ich weiß nicht, wie viele Kinder sie umgebracht haben soll, aber angeblich ist sie ihnen gefolgt wie eine Schlafwandlerin, und dann hat sie sie sich geholt. Die Leute im Ort bekamen es natürlich mit der Angst zu tun, eine regelrechte Hysterie brach aus. Was dann kam, ahnst du."

Weiter Schweigen.

„Es gab einen Prozess, Annegret wurde ziemlich schnell überführt und schuldig gesprochen. Na ja, damals stellte man wohl noch keine so ausführlichen Ermittlungen an wie heutzutage. Genau genommen gab es nicht einmal einen wirklichen Prozess. Sie rammten ihr einen Pflock durchs Herz und hängten sie auf. Das war es."

„Warum haben sie ihr einen Pflock durchs Herz gerammt?"

Susanne blinzelte überrascht. Das war tatsächlich eine Frage gewesen. „Sie dachten, Annegret wäre so was wie ein Vampir. Deshalb stürmten die Leute mit Kruzifixen, Knoblauch und Pfählen bewaffnet ihr Haus. Dann haben sie ein paar Beschwörungsformeln gesprochen, ihr einen Pfahl ins Herz gerammt, sie anschließend aufgehängt – und Ende. Jetzt fragst du dich sicher, woher ich das alles weiß? Pfarrer Gans hat mir irgendwann einmal davon erzählt. Irgendwo muss es sogar noch ein Tagebuch geben, das Annegret selbst geschrieben haben soll. Mit ihrem eigenen Blut." Susanne brach ab und seufzte leise auf. „Wie dem auch sei, jedenfalls soll sie trotz Pfahl im Herzen und anschließendem Erhängen immer noch nicht richtig tot gewesen sein. Es sah zwar so aus, und sie haben sie auch beerdigt, aber es dauerte nicht lange, da tauchte ihr Geist im Ort wieder auf. Die Leute wurden natürlich sofort wieder hysterisch und machten das Grab noch einmal auf. Na ja, über das, was dann kam, gibt es verschiedene Versionen. Eine besagt, Annegret hätte nicht mehr in ihrem Grab gelegen. Die andere besagt, sie hätte sehr wohl noch drinnen gelegen, allerdings wäre ihre Leiche kein Stück verwest gewesen. Sie hätte immer noch die langen schwarzen Haare gehabt, und ihre Haut wäre immer noch ganz zart und rosig gewesen. Da haben die Leute sie in ihrer Verzweiflung verbrannt, heißt es. Um ganz sicherzugehen. Soll auch nicht viel geholfen haben. Angeblich schleicht ihr Geist immer noch herum, und wenn man Elisa glaubt, dann bevorzugt nachts in dem alten Kasten hier. Das ist die Geschichte." Susanne brach ab, sah Julia an und seufzte noch einmal. „Danke übrigens."

Julia warf ihr einen kurzen Blick zu. „Nicht dafür." Das war es dann auch schon wieder. Sie wollte sich abwenden, doch Susanne hielt sie schnell am Handgelenk fest. „Bitte ... bleib noch eine Minute."

Julia warf einen erstaunten Blick auf die Hand, die ihr Handgelenk festhielt. „Warum?"

„Ich will ... Ich muss ..."

In dieser Sekunde ging das Licht aus.

Charlotte hatte ihrerseits eine echte Überraschung erlebt, kurz bevor das Licht ausging.

Bereits während sie erschöpft das improvisierte Büro betreten hatte, hatte sie den sicheren Eindruck, dass etwas nicht stimmte. Ihr Blick fiel im Halbdunkeln auf den alten Golfschläger ihres Exmannes, den sie mitgebracht hatte und der an der Wand lehnte. Atemlos vor Anspannung griff sie danach und hob ihn an. Dann erst schaltete sie das Licht ein. Und dann stand er auf einmal vor ihr. Ein großer, bulliger, rothaariger Mann, der sie aufmerksam ansah und fragte: „Sind Sie Charlotte Gärtner?"

Charlotte hob den Golfschläger noch etwas weiter an. „Wer sind Sie, und was machen Sie hier?"

„Sie können das Ding wieder runternehmen. Ich versichere Ihnen, ich bin harmlos." Helle blaue Augen blitzten sie an. „Davon abgesehen, dass Sie mich mit dem billigen Ding sowieso nicht umhauen könnten, will ich nur mit Ihnen reden."

Charlotte schwenkte den Schläger trotzdem weiter bedrohlich über ihrem Kopf. „Die meisten Menschen melden sich vorher an, wenn sie mit mir reden wollen. Nur ganz selten brechen sie dafür in Räume ein, auf deren Tür klar und deutlich steht: Zutritt verboten. Wer sind Sie, und was wollen Sie?"

Ganz langsam griff der Rothaarige in die Innentasche seiner Jacke und zog einen Ausweis hervor. „Mein Name ist Zander. Kriminalpolizei Mainz. Ich muss mit Ihnen reden."

Das war vor etwa zehn Minuten gewesen. Nun saßen sie sich am Tisch gegenüber, und ein Christ im Circus Maximus hätte den ausgehungerten Löwen nicht mutiger ins Gesicht sehen können als Zander Charlotte. „Ich bin der Meinung, es würde für uns beide die Dinge erheblich vereinfachen, wenn wir …", setzte er an, doch sie unterbrach ihn sofort: „Sie scheinen es immer noch nicht begriffen zu haben, Herr Zander. Es gibt kein ‚Wir'. *Ich* habe hier einen ziemlich schrägen Mordfall aufzuklären, während *Sie* widerrechtlich in dieses Büro eingedrungen sind. Das sind zwei völlig verschiedene Dinge."

„Ich denke, ich habe ausreichend Buße getan." Zander nickte in Richtung Golfschläger. „Immerhin hätten Sie mich um ein Haar mit dem Ding dort erschlagen. Spielen Sie wirklich Golf?"

„Es ist der Schläger meines Exmannes." Charlotte maß ihn mit scharfem Blick. „Und wenn ich zugeschlagen hätte, wäre es zu Recht geschehen."

„Warum tragen Sie eigentlich keine Schusswaffe?"

„Sie sollten dankbar sein, dass ich sie nicht benutzt habe." Damit beschloss Charlotte, nun endlich zu Potte und damit zum Ende zu kommen. „Hören Sie, Herr Zander. Gehen Sie wieder und wir vergessen …"

Er schüttelte den Kopf. „Ich kann nicht wieder gehen. Julia war nicht nur eine Kollegin für mich. Sie war mehr. Sie war eine Freundin. Und Sie, Frau Gärtner, sind die Nachfolgerin von Wolfgang Lange."

„Das ist mir bekannt."

„Die Frage, warum er ausgerechnet hinter Julia her war, wurde bis heute nicht vollständig geklärt, und offen gestanden wundere ich mich darüber, dass Sie das nicht wundert. Ich meine, Sie sind Polizistin und damit ein von Natur aus neugieriger Mensch. Eigentlich müsste da etwas bei Ihnen klingeln."

Charlotte beugte sich etwas nach vorne. „Lassen Sie mich raten. Bei Ihnen hat es längst geklingelt."

Zander räusperte sich. „Ich würde es eher ein leises Raunen in meinem Kopf nennen. Allerdings ein Raunen, auf das ich mich noch immer verlassen konnte."

„Sie werden mich nicht dazu bringen, Sie zu fragen, was dieses Raunen Ihnen sagt."

„Es geht um Julias Vater. Sven Wagner. Ich nehme an, der Name sagt Ihnen etwas."

Charlotte machte eine kleine Handbewegung. „Natürlich. Wem nicht?"

„Wagner war ein noch junger Staatsanwalt, der in den Medien das Image des großen Machers hatte. Davon lebte er. Das war sein Vertrauenskapital. Er …"

„Ich kenne die Geschichte, Herr Zander. Es schien so, als wäre er ein guter Mann, bis sich im April dieses Jahres herausstellte, das alles um ihn herum nichts weiter war als ein riesengroßer Bluff."

Zander schüttelte den Kopf. „Sehen Sie, und genau das glaube ich nicht."

Charlotte sah auf. „Nicht?"

„Nein. Hier wird ein ganz durchtriebenes Spiel gespielt."

„Und was bringt Sie auf diesen Gedanken?"

„Die Tatsache, dass der Unfall, bei dem Wagner und seine Frau damals ums Leben kamen, gar kein Unfall war."

„Nein? Was sollte es denn sonst gewesen sein?"

„Mord."

„MORD?" Charlotte richtete sich auf. „Das ist ja vollkommen lächerlich. Ich bin mir sicher, dass damals alles ordentlich und korrekt untersucht wurde."

„Und ich weiß, dass damals eben nicht ordentlich und korrekt untersucht wurde. Ich stehe zwar noch ganz am Anfang meiner Ermittlungen, aber ...“

„Ach, Sie ermitteln?“

Zander legte den Kopf etwas zur Seite. „Wagner wurde ermordet. Mit Ricin.“

„Ricin?“, stieß Charlotte aus. „Allmählich mache ich mir ernsthafte Sorgen um Ihren Gesundheitszustand, Herr Zander. Wissen Sie eigentlich, was Ricin bedeutet? Ich bin seit zwanzig Jahren bei der Polizei, und noch nie wurde auch nur eine meiner Leichen mit Ricin getötet. Wir sind hier doch nicht bei John le Carré!“ Sie wollte sich erheben, als sie jedoch Zanders festem und sturem Blick begegnete, ließ sie sich zurück auf den Stuhl sinken und seufzte ergeben auf. „Sie sagten, Sie hätten Beweise? Welche?“

Er griff in die Innentasche seines Jacketts und schob dann einen braunen Umschlag zu ihr hinüber. „Hier steht alles drin.“

Charlotte zögerte einen Moment, griff nach dem Umschlag und öffnete ihn. Was, im Nachhinein betrachtet, ein Fehler war. Aber das konnte sie zu diesem Zeitpunkt noch nicht wissen.

Zander deutete auf das oberste Papier. „Das hier wird Sie überraschen.“

Noch einmal zögerte Charlotte. Dann las sie, hob die Augenbrauen. Las noch einmal. Und als sie Zander dann das nächste Mal ansah, hatte sich beinahe schlagartig die ganze Atmosphäre im Raum verändert. Sie begann nach ihren Zigaretten zu suchen, bis ihr einfiel, dass sie seit vierzehn Jahren nicht mehr rauchte. „Wo haben Sie diesen Obduktionsbericht her?“, stieß sie hervor.

„Das ist unwichtig“, gab Zander zurück. „Wichtig ist nur, dass ich recht habe. Sven Wagner wurde ermordet.“

„Aber warum?“

„Das weiß ich noch nicht. Aber ich vermute, dass seine Mörder nun auch hinter Julia her sind."

„Und noch einmal: Warum?"

„Auch das weiß ich noch nicht. Aber ich gehe davon aus, dass sie als Kind entführt wurde, und vielleicht liegt darin die Antwort. Die Antwort auf alles. Auch darauf, warum er sich darauf eingelassen hat, die Anklage bei den Teufelsmorden zu manipulieren."

Charlotte starrte auf die Tischplatte, spielte alle möglichen Gedankengänge durch und sagte schließlich: „Sie meinen, man hat Wagner damals mit seiner eigenen Tochter erpresst?"

Zander nickte, und daraufhin herrschte erneut eine volle Minute lang Schweigen.

Schließlich sagte Charlotte: „In Ordnung. Nehmen wir einmal an, Sie haben recht. Dann hätten wir es mit einem Unfall zu tun, der keiner war. Stattdessen würde es sich um einen Mord mit Ricin handeln, was mir immer noch schwerfällt, zu glauben. Ein Staatsanwalt wäre vergiftet worden, ein Obduktionsbericht gefälscht, ein Kind entführt, sein Vater erpresst. Das wäre eine unglaubliche Geschichte, wenn sie stimmt." Charlotte beugte sich etwas nach vorne und sah Zander in die Augen. „Aber was mich im Augenblick viel mehr interessiert, ist die Frage: Warum erzählen Sie das ausgerechnet mir?"

„Es gibt sonst niemanden, dem ich es erzählen könnte."

„Und woher wollen Sie wissen, dass ich auf der richtigen Seite stehe?"

„Ich bin Polizist. Ich habe mich natürlich über Sie erkundigt."

Charlotte öffnete den Mund, schloss ihn wieder und richtete den Blick erneut in Richtung Fenster. Natürlich hatte er sich über sie erkundigt. Und damit war er ihr immerhin schon einen großen Schritt voraus. Erst nach einer ganzen Weile sah sie Zander wieder an. „Und was wollen Sie genau von mir?"

„Ich brauche Ihre Hilfe."

„Auf gar keinen Fall." Die Antwort kam prompt, und sie kam entschieden. „Nein, nein. Halten Sie mich da raus! Ich habe weiß Gott andere Sorgen, als ..."

In diesem Moment ging das Licht aus.

Felix Effinowicz befand sich gerade in Silvia Sattlers Büro, als das Licht ausging.

Kurz zuvor war er wutentbrannt hineingestürmt und hatte die Tür mit Wucht hinter sich zugeschlagen. „Das war nicht sehr schlau von ihm!"

Die Psychiaterin hob müde eine Hand in die Höhe. „Beruhige dich."

Effinowicz starrte sie an, leichenblass und mit einem verbitterten Zug um den Mund. „Mehr fällt dir nicht dazu ein?"

„Doch. Wir werden unsere Kniescheiben abnutzen, wenn wir vor Malwik zu Kreuze kriechen und Abbitte leisten. Vor allem ich."

„Jäger war es! Ich weiß, dass es Jäger war, und ich werde mir das nicht von ihm gefallen lassen! Er wirft uns, ohne mit der Wimper zu zucken, der Polizei zum Fraß vor!" Mit der flachen Hand wischte Effinowicz einen Stoß Akten vom Schreibtisch.

„Felix, jetzt beruhige dich gefälligst!"

„Ich will mich aber nicht beruhigen! Und ich will auch nicht länger vernünftig sein! Ich habe mich lange genug auf seine Vernunft verlassen, und was hat es gebracht? Der Typ ist wie ein verdammtes Hühnerauge, das man nicht loswird. Soll er morgen früh nur kommen! Soll er nur!" Effinowicz gab dem Papierkorb einen Tritt, dass er an der gegenüberliegenden Wand landete. „Der ganze Scheiß kotzt mich einfach nur noch an! Die wahren Irren hier, Silvia, sind nicht die Patienten!"

„Felix, ich bitte dich ..."

In dieser Sekunde ging das Licht aus.

Karl Waffenschmied befand sich im Duschraum. Das war am heutigen Tage seine Hausaufgabe: duschen. Körperhygiene. Ihm selbst wäre es völlig egal gewesen. Er war auf Alkoholentzug. Er hatte ganz andere Sorgen. Trotzdem hatte er es bis unter die Dusche geschafft; nun schälte er sich in seinen zerrupften Bademantel und betrachtete sich im Spiegel. Dann griff er nach der Zahnbürste, und als er das nächste Mal aufsah, meinte er, hinter sich eine Bewegung wahrzunehmen.

Ein paar Sekunden verharrte er reglos. Es war ein Schatten gewesen, der im Bruchteil einer Sekunde vorüberglitt, und es war so unglaublich schnell gegangen, dass er sich keineswegs sicher war, dass er es sich nicht nur eingebildet hatte.

Du bist auf Entzug, Mann, das findet alles nur in dem Kopf statt.

Jetzt 'n Schnaps und alles wär geritzt.

Dann ging mit einem Mal das Licht aus. Von einer Sekunde zur nächsten wurde es stockdunkel um Waffenschmied herum und er kreischte wie ein Mädchen.

Dann verharrte er einen Moment bewegungslos, paralysiert und unschlüssig, was er jetzt tun sollte.

In der nächsten Sekunde hielt ihn nichts mehr.

Er stürzte auf die Tür zu und riss sie auf, jagte hinaus auf den Flur, hinein in die nächste Dunkelheit, mit nackten Füßen und nur in seinem Bademantel. Jeder Schritt ein Sieg.

Dann tauchte wie aus dem Nichts der Schatten vor ihm auf. Waffenschmied war sich sicher: Das war der Schatten aus dem Badezimmer, und er hatte nur auf ihn gewartet. Er versperrte ihm den Weg, er prallte gegen ihn und begann erneut zu kreischen, während er mit erhobenen Fäusten auf das unheimliche Wesen einzuschlagen begann. Er schlug zu so fest er konnte, hörte sein eigenes Blut in den Ohren rauschen, sich selbst nach Luft ringen und immer weiter schreien.

Dann wurden seine Handgelenke mit eisernem Griff festgehalten und nach unten gedrückt. Der Schatten zischte: „Was ist denn los, verdammt noch mal?"

Sofort hörte Waffenschmied auf, sich zu wehren. „Campuzano?"

„Wer sonst?"

„Was machst du hier, Mann?"

„Das Licht ist ausgegangen. Alter, du zitterst ja wie 'n Mädchen."

„Lass mich gefälligst los!" Waffenschmied befreite sich aus dem festen Griff. „Im Duschraum war einer."

„Wer?"

„Keine Ahnung. Aber da war einer. Direkt hinter mir. Und dann is plötzlich das Licht ausgegangen."

„Aber wer soll dich denn bis in die Dusche verfolgen?", fragte Campuzano. „So hübsch bist du nun auch wieder nicht."

„Da war einer, glaub's oder glaub's nicht." Waffenschmied hörte selbst, wie hysterisch sich seine Stimme anhörte.

„Gut", sagte Campuzano. „Dann gehn wir jetzt zusammen in den Duschraum und schauen nach."

„Waaas?" Waffenschmied kreischte schon wieder. „Bist du irre? Ich lass mich doch nich' im Dunkeln von 'nem Irren abschlachten. Kannste vergessen, Mann, mach ich nich'. Auf gar keinen Fall!"

„Auch gut", sagte Campuzano. „Dann geh ich eben allein."

Stefan Versemann legte sich immer um Punkt 22:00 Uhr schlafen, das gehörte zu seinem Rhythmus. Normalerweise schlief er auch sofort ein. Heute war ihm das jedoch nicht gelungen. Bereits seit fast einer Stunde lag er nun schon wach. Und das machte ihn verrückt. Noch verrückter, als er ohnehin schon war. Er lächelte düster bei diesem Gedanken.

Als es an seine Zimmertür klopfte, richtete er sich erstaunt auf.

„Herr Versemann?" Ilona Walters Stimme.

Er griff nach seiner Brille und setzte sie auf. Verwirrt verließ er das Bett und machte sich auf den Weg zur Tür.

„Hallo", sagte sie, als er geöffnet hatte.

„Hallo." Er lächelte nicht.

„Haben Sie schon geschlafen? Entschuldigen Sie, ich wollte Sie nicht wecken. Aber ..." Ilona brach unsicher ab.

„Sie können auch nicht schlafen", sagte er.

„Nein. Es ... es geht mir überhaupt nicht gut." Sie schluckte.

Versemann trat zur Seite und deutete auf den Stuhl am Tisch. Er selbst ließ sich auf der Bettkante nieder, kerzengerade, als hätte er einen Stock verschluckt.

Unglücklich sah Ilona ihn an. „Je länger ich darüber nachdenke, desto mehr realisiere ich, was mit Tämmerer wirklich geschehen ist. Ich meine, ich mochte ihn nicht, daraus habe ich nie einen Hehl gemacht. Aber so zu sterben ... Ich versuche, mich irgendwie abzulenken, aber nichts, was ich tue, kann gegen die Gedanken helfen. Ich weiß nicht. Ich denke, ich suche ..." Sie wusste nicht, wie sie den Satz beenden sollte.

„Ein wenig zwischenmenschlichen Kontakt", sagte Versemann, ohne sie anzusehen.

„Ja." Sie seufzte leise. „Ich glaube fest, dass Campuzano der Mörder ist, und ich frage mich, wann die Polizei ihn endlich verhaftet."

„Ich glaube nicht, dass er es war."

„Nein?" Überrascht sah Ilona auf. „Was lässt Sie daran zweifeln?"

Ein kaum merkliches Schulterzucken von Versemann. „Ich schaue mir die Menschen an. Analysiere. Das bringt mir Erkenntnisse. Vielleicht ist es ja wichtig."

„Und was für Erkenntnisse bringt es Ihnen in diesem Fall?"

Versemann schwieg einen Moment, dann sagte er: „Wir alle sind es gewohnt, Worte und Gesten so zu wählen, dass man einen bestimmten Eindruck von uns bekommt. Das machen wir ja auch schon unser ganzes Leben lang so. Wir haben immer gelogen, indem wir so taten, als wären wir gesund. Deshalb bin ich sicher, dass einer von uns Patienten der Mörder ist. Niemand von den Pflegern und auch keiner von den Ärzten. Auf jeden Fall aber ist es jemand, der genau weiß, welche Rolle in welchem Moment von ihm erwartet wird. Aber ich bin mir nicht sicher, ob das Robert Campuzano ist."

„Sie glauben, er spielt nur eine Rolle?"

Versemann nickte. „Und die anderen Patienten spielen auch."

„Wer, zum Beispiel?"

„Karl Waffenschmied. Spielt den trotteligen Alkoholiker, der immer so wirkt, als würde er über seine eigenen Füße fallen. Oder Zekine Yilmaz. Jung. Verletzlich. Jeder will sie beschützen, weil niemand glaubt, dass sie sich auch alleine gegen die Welt wehren kann."

Ilona schien ernsthaft über die Worte nachzudenken. „Und wie steht es mit Ihnen?", fragte sie nach ein paar Sekunden des Schweigens.

Verwundert sah Versemann auf. „Mit mir?"

„Nun, Sie sind unleugbar attraktiv und hochintelligent. Sie haben einen Spleen, und diesen Spleen pflegen Sie. Vermutlich müssen Sie sich unter uns anderen, die mit einem normalen oder unterdurchschnittlichen Intelligenzquotienten ausgestattet sind, zu Tode langweilen."

Lippenkräuseln. „Meine Mutter war immer der Meinung, dass ich einen Kopf wie ein Sieb hätte und dass man den Wind hindurchpfeifen hören könnte."

„Sie sind hochintelligent, Herr Versemann."

„Was hilft es mir? Ich kann im Supermarkt keine Dose Tomaten kaufen. Mit den einfachen Dingen des Lebens komme ich nicht zurecht." Versemann brach ab und sah Ilona nun seinerseits aufmerksam an. „Was ist mit Ihnen?"

„Was soll mit mir sein?"

„Auch Sie spielen eine Rolle. Was wir sehen, ist nicht die wahre Ilona Walter."

„Sie sind ein wirklich intelligenter Mann", stellte Ilona fest.

„Ich bin besorgt", redete Versemann weiter. „Um uns alle. Ich sehe, dass der Mörder den Ball irgendwohin schießt, aber ich verstehe noch nicht, was für einen Ball und wohin."

„Meinen Sie, die Polizei wird ihn kriegen?"

„Natürlich können sie ihn kriegen. Worte springen von einer Wand zur anderen. Der Mörder nimmt es nicht wahr, aber der Analytiker kann es bemerken. Man muss nur ganz genau hinsehen und hinhören. Dann, ja dann kann man ihn kriegen."

„Aber …", setzte Ilona an. „Haben Sie etwa jemanden in Verdacht?"

Versemann öffnete den Mund. Das Licht ging aus.

29. KAPITEL

Extrem

Um 23:08 Uhr standen alle auf dem Flur versammelt. Die einen hielten Feuerzeuge in den Händen, die anderen Streichhölzer, ein paar hatten von irgendwoher Kerzen aufgetrieben. Trotzdem reichte das Licht kaum aus. Im Grunde konnte man sich gegenseitig nur erahnen, und die Anspannung aller war deutlich zu spüren.

„Himmel und Arsch", entfuhr es Waffenschmied, der immer noch seinen alten Bademantel trug und barfuß war. „Was 'n hier los?"

Felix Effinowicz hob die rechte Hand, in der sich ein Feuerzeug befand, in die Höhe. „Der Strom ist ausgefallen, aber wir haben ein Notstromaggregat, und das muss jeden Augenblick anspringen."

„Ich schwör euch, das war der Mörder", sagte Campuzano. „Der hat sich das ausgedacht, um den Nächsten von uns zu holen. Waffenschmied hätt' er fast gehabt. Aber der war zu schnell für ihn, weil er gerannt ist wie ein Mädchen."

Mit vergrätzter Miene starrte Waffenschmied ihn an. „Halt die Klappe."

Campuzano lachte unbeeindruckt weiter, während Charlotte bei sich dachte: *Was passiert hier gerade? Irgendetwas passiert hier gerade, ich fühle es deutlich.*

Im nächsten Moment ging das Licht wieder an, und alle atmeten erleichtert auf.

„Alles in Ordnung." Effinowicz holte erleichtert Luft. „Es ist nichts passiert. Wir sind alle noch da."

Doch Charlotte wurde immer unruhiger. Wusste nicht, warum.

Und dann erfuhr sie es.

Irgendjemand hustete und sagte: „Das stimmt nicht. Elisa fehlt."

Um 23:14 Uhr war Elisa Kirschs Zimmer ein Tatort.

Draußen auf dem Flur wurden von allen Seiten Kommandos gebellt und die Patienten angemotzt, die aufgeregt hin und her flatterten wie aufgescheuchte Gänse. Mit aller Mühe versuchte man, sie anzuweisen, zurück in ihre Zimmer zu gehen und sich ruhig zu verhalten. Ein sinnloses Unterfangen.

„Fassen Sie ja nichts an!", zischte Charlotte, die in der Mitte des Zimmers stand und sich fühlte wie eine Schauspielerin in einem bizarren Theaterstück, bei dem sie die Hauptrolle spielen sollte, ohne Handlung oder Text zu kennen. „Und kommen Sie mir bloß nicht in die Quere", fügte sie vorsichtshalber hinzu.

„Sie wiederholen sich", gab Zander gelassen zurück.

„Das tue ich, weil ich das sichere Gefühl habe, dass es Sie überhaupt nicht interessiert, was ich sage."

Und tatsächlich, so war es. Ihre Worte schienen ihn in etwa so sehr zu beeindrucken wie ein Schlag mit einem Staubwedel. „Sehen Sie das?", sagte er in ihre Richtung.

„Was? Ich sehe nichts, außer einem leeren Zimmer."

„Das ist es nicht, was ich meine."

Charlotte machte einen Schritt nach vorne und stieß dabei mit dem Knie gegen ein Stuhlbein. Sie fluchte extrem undamenhaft und stieß in Unheil verkündendem Ton hervor: „Dann sagen Sie gefälligst, was Sie meinen."

„Sie ist freiwillig mit ihm mitgegangen."

Eine winzige Pause entstand, in der Charlotte ihr schmerzendes Knie rieb. „Wie kommen Sie darauf?", fragte sie dann.

Zander sah sich immer noch aufmerksam um. „Erkennen Sie hier irgendwelche Spuren, die nach einem Kampf aussehen? Sie hat ihm vertraut und ist deshalb mit ihm gegangen."

Im selben Moment erklang die Stimme eines Kollegen von außerhalb der Klinik aus dem Funkgerät in Charlottes Hand. „Da ist jemand! Eine einzelne Person. Ganz in Schwarz gekleidet. Sie kommt direkt auf mich zu."

Charlotte blinzelte zweimal.

„Den schnapp ich mir", kam es knatternd aus dem Funkgerät.

„Nein!", rief Charlotte in das Funkgerät und rannte auch schon aus dem Zimmer. „Warten Sie auf uns! Ich wiederhole: Warten Sie auf uns!"

Doch sie bekam nur ein Rauschen als Antwort.

Gleichzeitig stürmten sie aus der Klinik.

„Da!", rief Charlotte.

Der Kollege lag rücklings auf dem Boden, direkt vor dem Eingang. Offenbar war er von einer Kugel getroffen worden.

„Rufen Sie einen Krankenwagen!", schrie Zander, nicht gewillt, kostbare Zeit zu verschwenden. „Und rufen Sie Verstärkung!"

Charlotte hob das Funkgerät an den Mund. „Wir brauchen einen Krankenwagen! Und Verstärkung! Vor der Klinik ist ein Polizist angeschossen worden! Beeilung!" Dann wurde es um sie herum mit einem Mal ganz still. Sie ließ das Funkgerät sinken und starrte auf den Kollegen am Boden. „Warum hat er nicht geschossen?"

„Ich weiß es nicht", gab Zander zurück. „Es ist sonderbar." Er wollte noch etwas hinzufügen, als er weiter hinten im Park den Rücken einer dunkel gekleideten Gestalt entdeckte. „Da ist er!", rief er aus. „Er rennt in Richtung Friedhof!" In der nächsten Sekunde rannte er auch schon los.

Die Gestalt hatte reichlich Vorsprung, doch Zander war gewillt, es zu versuchen. Er hielt seine Pistole in der rechten Hand und konzentrierte sich auf seinen Atem, während er effektiv zu laufen versuchte, was dank seiner Körpermasse kein leichtes Unterfangen war. Dennoch war er schnell, und er war entschlossen. Allerdings stellte er nach ein paar Metern fest, dass es in dem großen Park Hunderte von Stellen gab, wo man sich verstecken konnte, wenn man es nur wollte. Es war ein Katz-und-Maus-Spiel, in dem Zanders Chancen schlecht standen, und der Gedanke daran ließ ihn innerlich fluchen. *Scheißkerl!*

Er blieb stehen, starrte in die Dunkelheit, die über dem Friedhof lag, etwas geduckt, für den Fall, dass ihn irgendwelche bösen Überraschungen erwarteten. Aber alles lag still da.

Und dann bewegte sich doch wieder etwas. Kaum neunzig oder hundert Meter vor ihm. Zander sprintete nach vorne, die Milchsäure brannte bereits in seinen Muskeln, doch er gab nicht auf, und tatsächlich, die Entfernung zu der Gestalt vor ihm schrumpfte auf nur noch etwa dreißig Meter.

Zander sank auf die Knie, wischte sich den Schweiß von den Augen, ließ sich dann auf den Bauch fallen und legte die Waffe an. „Polizei! Stehen bleiben!"

Die Gestalt pflügte sich weiter über den Friedhof.

Verdammter Scheißkerl! Zander legte den Finger auf den Abzug. „Stehen bleiben oder ich schieße!"

Als die Gestalt trotzdem weiterlief, hielt er den Atem an und drückte ab.

Adrenalin strömte nur so durch Charlottes Adern.

Als sie Zander erreicht hatte, beugte sie sich nach vorne und stützte schnaufend die Hände auf die Knie. „Verdammt, können Sie rennen! Traut man Ihnen gar nicht zu!" Jedes Wort schien ihren gesamten Atemvorrat aufzubrauchen. „Ich nehme an, er ist weg?"

Zander nickte, erhob sich und klopfte sich den Staub vom Anzug. „Wie vom Erdboden verschluckt."

„Können Sie ihn beschreiben?", fragte Charlotte, immer noch nach Atem ringend.

„Nicht sehr gut."

„Was hatte er an? Eine Jacke? Einen Mantel? Wie groß war er?"

Zander hörte auf, seine Kleidung abzuklopfen, und warf Charlotte einen Blick zu. „So genau habe ich ihn nicht gesehen. Es ist ziemlich dunkel hier draußen."

„Haarfarbe?"

„Ich weiß es nicht. Ich glaube, er trug eine Mütze. Oder ein Cape."

„Sie glauben?", zischte Charlotte. „Ich dachte, Sie sind bei der Kriminalpolizei. Was zum Teufel treiben Sie den ganzen Tag in Mainz? Blumen pflücken?"

Zanders blaue Augen funkelten. „Ich war damit beschäftigt, den Kerl zu verfolgen, was schwierig genug war, weil er ziemlich schnell und wendig ist. Da fällt mir ein, wo waren Sie eigentlich?" Damit richtete er sich zu voller Größe auf, und zum ersten Mal registrierte Charlotte, wie groß er tatsächlich war. Mehr als einen Kopf größer als sie selbst, und sie war bereits ein Meter dreiundsiebzig.

„Kommen Sie, lassen Sie uns gehen." Als Zander sich in Bewegung setzte, hatte sie Mühe, mit ihm Schritt zu halten.

„Jetzt rennen Sie doch nicht schon wieder so", keuchte Charlotte hinter ihm. Niemals hätte sie es zugegeben, aber ihr war am Tag schon nicht wohl auf Friedhöfen. Und jetzt war es dunkel. „Hier riecht es nach … Tod", sagte sie.

„Auch wenn ich selbst es nicht rieche, könnte das daran liegen, dass wir uns auf einem Friedhof befinden", gab Zander zurück, ohne sich nach ihr umzudrehen.

„Unglaublich, mit wie viel schwerem Marmor die Menschen seit Jahrhunderten ihre Toten belasten", redete Charlotte weiter, um sich von ihrem Unwohlsein abzulenken. „Habe ich nicht recht? Ich meine, sehen Sie sich um. Unglaublich ist das doch. Ich …" Sie brach ab und blieb mit einem Mal stehen. Es traf sie wie ein Schlag. So, als wäre sie auf einen Rechen getreten und bekäme mit voller Wucht den Stiel an die Stirn.

Zander, der erst ein paar Meter weiter bemerkte, dass sie nicht mehr hinter ihm war, wandte sich zu ihr um. „Was ist?"

Charlotte rührte sich nicht, stand einfach nur da und starrte auf einen am Boden liegenden Grabstein.

„Frau Gärtner?"

„Schauen Sie sich das an."

Zander kam zu ihr zurück und blickte nun ebenfalls auf den Grabstein.

Annegret Lepelja
Geboren am 14. April 1854
Gestorben am 4. November 1882
Sie war eine Dienerin des Teufels.
Lasst sie ruhen. Seid gewarnt.

„Hm", machte Zander. „Erstaunlich, wie gut man die Inschrift nach so vielen Jahren noch erkennen kann. Das ist das Einzige, was mir daran auffällt. Und was erregt Ihre Aufmerksamkeit daran?"

„Das ist Annegret Lepelja", sagte Charlotte, als würde das alles erklären.

„Ich weiß. Ich kann lesen. Und weiter?"

„Die Hexe Annegret. Elisa hat von ihr gesprochen. Offenbar hat sie sich zumindest diesen Teil der Geschichte nicht ausgedacht. Annegret gab es tatsächlich."

„Von was für einer Geschichte sprechen Sie genau?"

Charlotte erzählte Zander in aller Kürze, dass Elisa immer wieder behauptete, sie hätte Annegret Lepelja nachts durch die Klinik geistern sehen.

„Dann glaubt Elisa eben an Geister", sagte er, als sie geendet hatte. „Oder sie gruselt sich einfach gern. Und worüber machen wir uns nun konkrete Sorgen?"

„Habe ich gesagt, dass *wir* uns Sorgen machen?", gab Charlotte zurück. „Ich ... äh ... wundere mich nur." Sie dachte noch einen Moment nach, dann richtete sie sich auf. „Wie auch immer. Ich habe einen Mörder zu jagen und deshalb keine Zeit für angebliche Untote. Ich gehe jetzt zurück in die Klinik und zähle die Leute durch. Es muss einer fehlen. Es muss!"

30. KAPITEL

Irgendwas mit Mord und Todschlag

0:12 Uhr

„Kann uns mal jemand sagen, was hier eigentlich los ist?",
zischte Campuzano. „Muss ja verdammt wichtig sein, wenn
schon wieder ein derartiges Bohei veranstaltet wird."

„Sie werden es überleben." Charlotte betrachtete den ver-
wirrten Haufen vor sich und fügte an alle gewandt hinzu: „Ich
kann mir vorstellen, dass es nervt. All die Befragungen, der ganze
Trubel. Rein in die Zimmer, raus aus den Zimmern. Aber es ist
im Moment leider nicht anders zu machen."

„Man hat überhaupt keine Zeit, das alles zu verarbeiten",
murrte Campuzano.

„Ich denke nicht, dass Sie sonderlich viel zu verarbeiten haben, Herr Campuzano", bemerkte Charlotte wieder in seine
Richtung.

„Es hat mit Elisas Verschwinden zu tun, nicht wahr?", sagte
Ilona Walter. „Sie ist dem Mörder in die Hände gefallen!"

Charlotte drehte sich etwas, um sie besser ansehen zu können.
„Sie ist offenbar aus ihrem Zimmer entführt worden", bestätigte
sie. „Und jetzt werde ich Sie durchzählen."

„Sieht ja nach 'ner echten Verzweiflungstat aus." Das kam
wieder von Campuzano.

Charlotte achtete nicht mehr auf ihn, zählte bereits mit erns-
tem Gesicht. Und zählte noch einmal. Und noch einmal.

„Und?", wollte Zander wissen, der hinter ihr stand.

Sie schüttelte den Kopf. „Alle da. Es sind verdammt noch mal
alle da. Wie kann das sein?"

„Vielleicht isses ja auch was ganz anderes", sagte Karl Waffenschmied, für seine Verhältnisse ziemlich ernst und nachdenklich.

„Was denn?", wollte Campuzano von ihm wissen.

„Wer weiß."

„Wer weiß was?"

„Ob's nich 'n Einfall von Gott ist."

„Mein lieber Herr Waffenschmied, die ganze Welt geht zum Teufel, da hat Gott bestimmt Wichtigeres zu tun, als Frau Kirsch zu entführen", bemerkte Ilona Walter.

„Glauben Sie, sie ist tot?", wollte Susanne von Charlotte wissen.

„Im Augenblick ist sie nur von der Station verschwunden", antwortete diese wahrheitsgemäß.

„Aber wie kann man denn aus einer geschlossenen Psychiatrie verschwinden?", wollte Stefan Versemann wissen.

„Würd ich auch gern wissen", sagte Waffenschmied. „Dann nehm ich nämlich 'n selben Weg."

Charlotte wandte sich wieder an die ganze Gruppe. „Hat jemand von Ihnen Elisa heute Abend noch gesehen?"

„Im Aufenthaltsraum, so gegen 22:30 Uhr", sagte Ilona Walter.

„Jepp", bestätigte Campuzano. „Da hat sie sich wieder aufgeführt, wegen der dämlichen Annegret. Effinowicz hat sie dann in ihr Zimmer geschickt."

„Das stimmt", bestätigte der Pfleger. „Ich konnte ja nicht ahnen …" Er brach ab, dachte nach. Dann sagte er leise: *„Denn in der Dunkelheit einer Nacht, da hat ein Mensch sich aufgemacht, die andern zu vernichten. Doch kommen wird zu richten der Herr so ganz gerecht, was warst du nur so schlecht."*

„Was brabbelt er?", wollte Campuzano von Waffenschmied wissen. Der hob die Schultern. „Irgendwas mit Mord und Totschlag."

„Das hat sie im Aufenthaltsraum zu mir gesagt", erklärte Effinowicz in Charlottes Richtung.

„Und was könnte sie damit gemeint haben?"

Der Pfleger lehnte sich erschöpft gegen die Wand, strich sich eine dunkle Strähne aus dem Gesicht. „Das weiß ich nicht. Ich weiß nur, dass es mal wieder um Annegret Lepelja ging. Elisa schien sehr durcheinander."

„Die Irre hat doch ununterbrochen nur Käse geredet", winkte Campuzano ab.

Stefan Versemann indessen starrte nachdenklich auf den Boden zu seinen Füßen. „Der alte Grundsatz von Sherlock Holmes: Wenn man alles Mögliche ausgeschlossen hat, dann muss das, was übrig bleibt – und erscheint es noch so unmöglich – die Wahrheit sein."

„Du redest auch nur Käse", brummte Campuzano in seine Richtung.

„Auf jeden Fall habe ich Elisa dann in ihr Zimmer geschickt", übernahm Effinowicz wieder das Wort. „Wie Herrn Campuzano und Herrn Waffenschmied übrigens auch."

Charlotte wandte sich an die beiden. „Stimmt das?"

Betretenes Nicken.

„War nix Schlimmes", sagte Waffenschmied. „Hamm nur 'n bisschen Spaß gemacht."

Susanne öffnete den Mund, schloss ihn aber sofort wieder.

Es war Effinowicz, der süffisant bemerkte: „Ah, wenn es nur ein Spaß war, dass Sie mal wieder Herrn Rosenkranz schikaniert haben, dann ist das natürlich etwas anderes. Das hätten Sie mir vorher sagen sollen."

Der alte Viktor, der etwas abseits von der Gruppe stand, blickte betreten von einem zum anderen. Die beinahe haarlose Oberfläche seines Kopfes glänzte speckig im fahlen Licht. Mit seinen knochigen Fingern streichelte er den Kopf der Puppe.

„Nur ein Spaß", sagte Campuzano in seine Richtung. „Versteht sich doch."

„Bevor Elisa heute Abend in den Aufenthaltsraum kam, war sie noch im Gebetsraum."

Alle Blicke legten sich jetzt auf Julia, die ebenfalls etwas abseits stand und die ganze Zeit nichts gesagt hatte.

Auch Charlotte blinzelte in ihre Richtung. „Woher wissen Sie das?"

„Ich hab sie gegen 22:00 Uhr reingehen sehen."

„War der Pastor um die Uhrzeit noch hier?", wollte Charlotte von Effinowicz wissen, und der schüttelte den Kopf. „Er war heute überhaupt nicht hier."

„Dem Pfaffen geht's seit Tämmerers Ermordung gar nich mehr gut", warf Waffenschmied ein. „Depressionen. Hab ich gehört."

„Melancholie", korrigierte Versemann.

„Damit kennst du dich ja aus, nich wahr?", wandte der Alkoholiker sich an ihn.

Versemann nickte. „Tatsächlich. Bei mir endete dieser Zustand bereits zum dritten Mal mit einem Gang ins Wasser."

„Auf jeden Fall hätt er mich gestern aufm Flur fast umgerannt", wandte Waffenschmied sich wieder an Charlotte. „Dabei hat er 'n Buch verloren. Das hat er dann ganz hektisch wieder aufgehoben und is wie der Blitz von 'ner Station gezischt. Dabei hatt er so 'ne grünlich-gelbe Farbe im Gesicht. Richtig gruselig."

Charlotte richtete sich auf und sagte: „In Ordnung. Sie können jetzt alle zurück in Ihre Zimmer gehen."

Dann wandte sie sich an Zander und murmelte: „Wenn ich den Fall nicht bald löse, drehe ich noch mit durch."

0:38 Uhr

„Ein Mann mit eingeschaltetem Funkgerät an jede Treppe. Die anderen kämmen das Gebäude vom Keller bis zum Dachboden durch. Alle Wände werden von der Decke bis zu den Dielen nach Spalten abgesucht. Jedes einzelne Teil wird verrückt, jede

Tür aufgeschlossen, jeder Raum durchsucht, jeder Schrank leer geräumt und alle Wände abklopft. Ich will, dass jede einzelne Spinne nach ihren Personalien und dem Grund ihres Aufenthaltes befragt wird. Es wird nichts ausgelassen und nichts übersehen." Charlotte wusste, dass sie die einzelnen Punkte bereits endlos durchgekaut hatte, aber es erschien ihr trotzdem nicht falsch, es vorsichtshalber noch einmal zu wiederholen. Dann wandte sie sich an Professor Malwik. „Und Sie zeigen uns jetzt den Rest dieses Labyrinthes, Herr Doktor."

Malwik schien jedoch noch nicht so weit. Sein Blick lag verständnislos auf Zander. „Und Sie sind …?"

„Zander. Mordkommission Mainz."

„Ach." Der Psychiater zog die Augenbrauen in die Höhe. „Von so weit her leisten Sie Ihrer Kollegin Unterstützung? Wie aufmerksam von Ihnen."

„Wenn Sie jetzt so freundlich wären, Herr Doktor", sagte Charlotte ungeduldig.

„Entschuldigen Sie, Frau Kommissarin, aber mir ist immer noch nicht ganz klar, warum wir das hier tun", wandte Malwik sich an sie. „Mitten in der Nacht."

„Ich dachte, das hätte ich Ihnen bereits erklärt. Weil eine Patientin Ihrer Klinik spurlos verschwunden ist."

„Die Sie in den Kellern oder Speichern dieses Gebäudes vermuten?"

„Ich wüsste nicht, wo sie sonst sein sollte, wenn sie nicht zum Hauptausgang hinausspaziert ist."

„Aber wie sollte sie, Ihrer Meinung nach, in die Keller oder Speicher gelangt sein?"

„Das kann ich Ihnen nicht beantworten, weil ich es noch nicht weiß. Und solange ich keine bessere Idee habe, gehen Sie bitte voran."

Unwillig setzte Malwik sich in Bewegung. Er ging etwa hundert Meter, dann schloss er eine Tür auf und erklärte: „Dieser Teil des Gebäudes wurde bis 1994 als stationärer Bereich benutzt. Seitdem ist er zum Abriss vorgesehen. Hier entlang."

Sie schritten eine schmale Treppe hinunter, und unten angekommen, deutete der Psychiater nach rechts. „Hier geht es zu den alten Gummizellen. Schon ewig nicht mehr in Gebrauch."

„Ich würde sie trotzdem gerne sehen", sagte Charlotte.

Malwik warf ihr einen Blick zu, der nicht zu deuten war. „Da gibt es nicht viel zu sehen, Frau Kommissarin."

„Tun Sie mir den Gefallen."

Widerwillig schloss der Psychiater die Eisentür auf. Dann drückte er auf einen Schalter, und sie standen vor sechs nebeneinanderliegenden identischen Räumen mit Wandpolsterung.

Alle Türen standen offen, niemand befand sich in den Zellen.

Sonst gab es hier nichts.

„Und diese Tür?", fragte Charlotte und deutete den Flur entlang nach links.

„Dort ist die alte Küche."

„Ich würde sie gerne sehen."

„Natürlich." Malwik seufzte resigniert, setzte sich in Bewegung, schloss auf und drückte die Tür nach innen auf. „Wie Sie sehen, wird hier schon seit Jahren nichts mehr benutzt." Er wartete, bis Charlotte die steinernen Spülbecken, die verzinkten Schränke und Tische ausgiebig betrachtet hatte. Als sie dann nickte, schloss er die Tür wieder und ging weiter voran.

Es ging eine weitere Treppe hinunter.

„Ehemalige Wäscherei", sagte Malwik und deutete nach rechts.

Bevor Charlotte den Mund öffnen konnte, deutete Zander auf eine Stahltür auf der linken Seite. „Was ist mit dieser Tür?"

„Dort lagern wir den Abfall, bevor er in die Verbrennungsanlage kommt. Mehr nicht, Herr Kommissar."

„Können wir den Raum sehen?"

Hilfe suchend blickte Malwik in Charlottes Richtung, doch diese sah ihn ebenfalls nur abwartend an, also nickte er einmal mehr ergeben und suchte nach dem passenden Schlüssel.

Grelles Licht erleuchtete wenig später den Raum, und sie blickten auf eine Reihe von Plastiksäcken, auf denen in großen Buchstaben stand: *GEFAHR! MEDIZINISCHER ABFALL!*

Zander sah sich sorgfältig um und trat dann wieder hinaus in den Flur. „Was ist dort vorne?", wollte er wissen und deutete zum Ende des Flurs.

„Dort geht es zur Leichenhalle, von der ich annehme, dass Sie sie ebenfalls in Augenschein nehmen möchten." Malwik setzte sich bereits in Bewegung.

Der Raum, den sie dann betraten, war weiß gekachelt, und in der Mitte standen zwei verzinkte Tische. An der rechten Wand befand sich eine Reihe von zehn mannshohen Stahlschubladen.

„Wird dieser Raum noch benutzt?", fragte Charlotte.

„Aber ja", antwortete Malwik. „Allerdings nur für gewöhnliche Todesfälle. Sollte es Probleme mit der Diagnose oder dem Totenschein geben, schicken wir die Leichen ins Städtische."

„Wer bringt die Leichen hierher?", fragte Zander, während er eine Stahlschiene nach der anderen aus dem Schrank zog. Alle leer.

„Normalerweise einer der Pfleger. Manchmal auch zwei."

Charlotte nickte und sagte: „Haben wir jetzt alles gesehen?"

„Ja." Malwik nickte erleichtert. „Ich würde sagen, damit habe ich meine Pflicht getan und kann mich jetzt wieder um meine Patienten und den guten Ruf der Klinik kümmern, falls davon überhaupt noch etwas zu retten ist. Gute Nacht, Herr und Frau Kommissar." Damit wandte er sich ab und ließ sie einfach stehen.

31. KAPITEL

Meine Mutter?

Wie viel Uhr war es inzwischen? 2:00 Uhr?

Der Wecker auf dem Nachttisch tickte, doch Julia sah nicht hin. Sie saß in ihrem Zimmer, im Sessel, und der Feind in ihr zog und zerrte schon wieder an seinen Ketten. Ihre innere Unruhe wurde stärker und stärker.

Vor dem Fenster fuhr eine leichte Brise durch die Bäume. Auf dem Flur waren Schritte zu hören.

Dann erstarrte Julia plötzlich, weil sich die Sommernacht vor dem Fenster mit einem Mal zu verdichten schien, so trübe und undurchdringlich wurde wie dichter Novembernebel. Der Mond erfüllte das Zimmer mit grauem Licht, und als sie ihren Arm vor die Augen hob, war auch er grau.

Von irgendwoher erklang Kindergesang.

Dann stand Julia plötzlich in einem Flur. An einem geheimen Ort. Einem alten Ort. Sie spürte es genau.

In diesem Flur waren Türen, eine reihte sich an die nächste. Das Mondlicht verwandelte die runden Messingknäufe in Silberkugeln.

Es war bitterkalt. Und still.

Julia griff nach dem ersten Knauf, drehte ihn und öffnete die Tür. Sofort schienen Dunkelheit und Leere sie geradezu einsaugen zu wollen, und es roch irgendwie … nach Erde, nach Tieren. Schnell schloss sie die Tür wieder, tastete sich weiter, fand den nächsten Knauf und drehte ihn. Ein langer, schmaler Raum mit schwärzlichen, unebenen Dielen und ohne Fenster tat sich vor ihr auf.

Einen Moment blieb sie unschlüssig stehen, dann trat sie ein, und die Tür fiel hinter ihr ins Schloss.

Von irgendwoher schimmerte ein Licht. Eine Gestalt stand mit dem Rücken zu ihr.

„Julia …"

Es gab eine Erschütterung, zuerst nur minimal, dann ging ein regelrechtes Vibrieren durch den Raum. Es schien sich von der Gestalt zu ihr zu bewegen. Langsam drehte sie sich zu ihr um, wandte Julia das Gesicht zu. Es leuchtete wie durch ein schwaches inneres Licht, und in der nächsten Sekunde erkannte sie ihren Vater. In seinen Augen schimmerte etwas, und einen endlos langen Moment sahen sie sich einfach nur an.

„Was willst du noch von mir?", fragte Julia dann leise.

In unendlicher Langsamkeit öffnete er den Mund, doch statt Worte quoll Blut aus seinem Mund. Und dann doch seine Stimme, die von den Wänden widerzuhallen schien: *„Sieh hin, Julia."* Auf einmal ging alles ganz schnell. Plötzlich waren da Wesen ohne Gesichter. Julia hörte Stimmen. Wörter, die offenbar in einer unbekannten Sprache gesagt wurden.

Und dann tauchte ein anderes, ein einzelnes Wesen auf. Es war wütend, doch unter der Wut, das spürte Julia deutlich, war noch etwas anderes. Es dauerte einen Moment, dann begriff sie es. Es war Angst. Ein Anflug von Angst in einem Ozean voller Wut. Eine in dieser Schwärze so befremdliche Empfindung, dass ihr Geist es einen Moment lang gar nicht erfassen konnte. Dann waren da plötzlich körperlose Hände, die sie zu einem Geländewagen führten. Sie hörte erneut Stimmen, aber sie verstand immer noch kein Wort. Sie lauschte angestrengt, gab sich Mühe, weil sie wusste, dass sie verstehen musste, was gesagt wurde, doch die Stimmen verklangen sofort wieder. Dann sah sie sich auf einmal rennen. Sie bekam keine Luft mehr. Ihre Lunge krampfte sich zusammen.

„Julia!"

Keine Luft.

„Julia!"

Eine Eisenklammer schien um ihre Brust zu liegen und sich immer fester zusammenzuziehen. Alle Luft wurde aus ihrer Lunge gepresst.

„Julia, wach auf!"

Sie blinzelte, Luft strömte nun wieder in ihre Lungen. Keuchend setzte sie sich auf. Zander stand vor ihr und hielt sie an den Schultern fest.

Erst jetzt wurde ihr bewusst, dass sie für einen kurzen Moment eingeschlafen war. Es war, als würden in ihrem Kopf die Holzteilchen eines dreidimensionalen Puzzles wild durcheinanderwirbeln. Dann, im nächsten Moment, war alles wieder verschwunden.

„Was hast du gerade geträumt?", wollte Zander wissen.

Julia sah ihn einen Moment lang nur an. „Was machst du immer noch hier?", fragte sie dann statt einer Antwort. „Mitten in der Nacht."

Sein Gesicht glänzte, während seine Augen immer noch in ihrem Gesicht forschten. „Im Gegensatz zu dir bin ich immer noch ein Bulle. Ich brauche nur meinen Ausweis zu zeigen und schon darf ich mich zu jeder Zeit fast überall aufhalten. Und dieses Mal werde ich nicht wieder gehen." Er ließ sich demonstrativ aufs Bett sinken, welches unter seinem Gewicht bedenklich knarrte. „Ich werde so lange hier bleiben, bis du mit mir redest."

Julia wandte den Blick ab, antwortete nicht.

Zwei Minuten später wiederholte Zander seine Absicht und fügte hinzu: „Julia, wir waren zusammen bei der Polizei. Wir sind Freunde geworden. Wir haben uns mit Morden und Mördern befasst. Wir haben ihnen zugehört, sie analysiert und ihre Profile erstellt. Die Vorstellung, dass du jetzt um ein Haar selbst einem Mord zum Opfer gefallen wärst, ohne dass ich etwas dagegen hätte tun können, ist … Mann, das macht mir echt zu schaffen. Damit komme ich nur schwer zurecht. Kannst du das nicht verstehen?"

Sie sah ihn auch weiterhin nicht an. Es dauerte noch ein paar lange Sekunden, dann erhob sie sich langsam, schritt zum

Schrank und holte einen viereckigen Pappkarton heraus. Sie nahm den Deckel ab und reichte ihm ein Hochglanzfoto, das sich in einem silbernen Rahmen befand. Es zeigte sie und ihre Eltern am Strand. Entspannt, glücklich, wie drei Menschen, die zusammengehörten.

„Das waren wir", sagte sie leise. „Am Meer. Ich erinnere mich noch genau an diesen Tag, ich bin geschwommen und wurde plötzlich von einer unerwartet hohen Welle überrascht. Sie brach mit ohrenbetäubendem Tosen über mir herein, und einen entsetzlichen Augenblick lang spürte ich, wie das Meer mich in die Tiefe zog. Aber kurz darauf kam ich wieder nach oben. Ich war an der Hand meines Vaters." Julia hob den Kopf und sah Zander an. „Er war da. Er war immer für mich da. Immer zur richtigen Zeit am richtigen Ort."

Zander legte eine Hand auf ihren Arm. Es fühlte sich so sicher und so verlässlich an, wie die Berührungen ihres Vaters.

„In meinen Träumen sehe ich ihn", redete Julia weiter, „aber ich verstehe nicht, was er von mir will. Ich fühle mich hilflos und verzweifelt. Und dann bin ich wieder wütend. Auf ihn. Auf Gott. Auf die Welt. Auf alles. Ich will ihn hassen, weil er gelogen hat, weil er nicht der war, der ich mein Leben lang glaubte, und weiß doch gleichzeitig, dass ich das nicht kann. Er ist mein Vater, verdammt. Ich liebe ihn." Sie brach ab, sprach erst nach ein paar Sekunden weiter: „Die Polizei hat mir im Krankenhaus den Ehering meiner Mutter gezeigt. Sie haben ihn bei Wolfgang Lange gefunden. Sie behaupten, er hätte sie geliebt, wäre geradezu besessen von ihr gewesen, aber das glaube ich nicht. Lange war überhaupt nicht in der Lage, jemanden zu lieben. Ich hab keinen Plan, was damals vor sich gegangen ist, aber ich weiß, dass ich den Tag verfluche, an dem ich dem Mistkerl zum ersten Mal begegnet bin."

Zander nickte langsam. „Und was willst du jetzt machen?"

Keine Antwort von Julia. Stattdessen griff sie nach einer Zigarettenschachtel und zündete sich zitternd eine an.

„Wie lange willst du dich noch hier verstecken?", setzte Zander hinzu.

„Das verstehst du nicht."

„Nein, das verstehe ich tatsächlich nicht. Es liegt bei dir, es mir zu erklären, Julia. Ich warte schon die ganze Zeit darauf, dass du es tust."

Sie schwieg wieder, und er machte eine ausholende Handbewegung. „Glaubst du wirklich, dass das hier die Lösung ist? Morgens eine Tablette, mittags eine und abends noch eine? Glaubst du, das löst auch nur eines deiner Probleme?"

„Nein, du Arsch." Mit einer einzigen Bewegung hob Julia ihr T-Shirt an und zeigte ihm ihre Narben. „Denkst du, nur weil man sich ein paar Tabletten einwirft, ist das hier plötzlich verschwunden? So einfach ist es leider nicht. Was da in mir ist, in meinem Kopf, in meinem Herzen, in meiner Seele, das kann man nicht einfach mit ein paar Tabletten auslöschen." Sie atmete tief durch. „Leider nicht. Ich wünschte, es wäre so."

Zander starrte auf die beiden Narben. Dann sagte er: „Julia, ich habe mit Paula von Jäckle gesprochen."

Sie blinzelte, und jetzt wandte sie ihm den Blick zu. „Was?"

„Ah. Wie ich sehe, erinnerst du dich noch an sie."

Julia drückte die Zigarette aus und widerstand dem Drang, sich sofort eine weitere anzuzünden. „Was zum Teufel hast du mit Paula von Jäckle zu schaffen?"

„Es machte Sinn, sich mit ihr zu treffen."

Sie öffnete den Mund, schloss ihn wieder.

„Du wolltest ja nicht mit mir reden", versuchte Zander zu erklären. „Julia, irgendetwas läuft hier, und du musst dich dieser Sache stellen. Deshalb hat diese Frau mich angerufen."

Sie sagte nichts darauf, und er sprach weiter: „Sie sagte, sie hätte deinen Tod in den Karten gesehen. Du hättest es in deiner Aura. Etwas Dunkles. Es wäre immer um dich herum. Sie klang entschieden und selbstsicher. Sie legte eine Hand auf meinen

Arm, und irgendetwas ist passiert. Ich kann es nicht erklären. Aber etwas anderes ist mir aufgefallen. Sie hatte Angst. Vielleicht hätte ich sie fragen sollen, wovor, aber ich war zu sehr mit dir beschäftigt." Zander schüttelte den Kopf. „Sie sagte, es gäbe einen ganz bestimmten Menschen, der dir Böses will. Und dieser Mensch wäre immer in deiner Nähe. Das wäre er immer gewesen. Und du würdest ihn kennen. Du erinnerst dich im Augenblick vielleicht nicht, aber du würdest ihn kennen."

Julia wappnete sich innerlich.

Und dann sprach er es aus: „Ich vermute, dass du als Kind entführt wurdest."

„Das kann nicht sein", sagte sie sofort. „Daran müsste ich mich doch erinnern."

„Weil du es nicht willst. Weil du Angst davor hast." Zanders blaue Augen leuchteten, sein massiger Körper war angespannt wie eine Feder. „Du hast genauso viel Angst wie *er*. Was meinst du, warum er hinter dir her ist, Julia? Er hat Angst davor, dass du dich erinnerst."

„Ach, verdammt!" Julia erhob sich abrupt aus ihrem Sessel. „Warum hätte man mich entführen sollen?" Sie wartete nicht auf eine Antwort. „Um meinen Vater zu erpressen? Du meinst, er hat sich auf diese ganze Scheiße mit den Teufelsmorden nur eingelassen, weil er mit mir erpresst worden ist?"

„Das wäre das Naheliegendste." Zander beugte sich etwas nach vorne. „Dein Vater hat dich geliebt, mehr als alles andere auf der Welt. Und deshalb hätte er dich um jeden Preis beschützen wollen. Selbst wenn er dafür einen Pakt mit dem Teufel hätte eingehen müssen. Und deshalb wird es verdammt noch mal Zeit, dass du endlich wieder aufstehst, in die Hände spukst und anfängst, Ordnung in die Sache zu bringen."

Julia schwieg wieder, und Zander fügte hinzu: „Die Geschichte mit Wolfgang Lange ist noch nicht zu Ende, und du weißt das. Du bist nicht dumm, Julia. Da ist noch jemand, und dieser Jemand will deinen Tod. Wenn du jetzt den Kampf aufnimmst, dann hast du eine reelle Chance."

„Ich kann nicht."

„Warum nicht?"

Julia wandte Zander den Blick zu. Starrte ihn an. „Wenn es nur um mich ginge, dann wäre es mir egal. Aber es geht nicht nur um mich. Alle Menschen, die mir etwas bedeuteten, sind tot. Nur Eva hat überlebt, und das war pures Glück. Und wenn du dich weiter einmischst, dann wirst du ebenfalls sterben. Ich will daran nicht auch noch schuld sein."

„Hör auf damit. Das ist Schwachsinn, und das weißt du."

„Zander, halt dich raus. Davon abgesehen, dass mein Leben dich nichts angeht, ist es gefährlich. Und es ist falsch."

„Glaubst du im Ernst, ich zieh mich jetzt einfach wieder zurück und lass dich alleine hier verkümmern? Die Wahrheit muss ans Licht kommen, Julia. Dein Vater hat vielleicht Fehler gemacht, aber das hat er nicht verdient."

„Ich sage es dir jetzt noch einmal: Halt dich aus meinem Leben raus."

„Das kann ich nicht." Zander holte tief Luft. „Da ist noch etwas …"

„Was immer es ist, ich will es nicht hören."

Er schien mit sich zu ringen. Dann sprach er es trotzdem aus. „Bei der Obduktion deines Vaters wurde ein Einstich in seinem rechten Oberarm gefunden. Er wurde vergiftet."

„Was?" Hätte er sie geschlagen, Julia hätte nicht schockierter sein können.

„Ich habe einen Mann gefunden, einen sehr guten Mann. Gut im Sinne von: Er war auch mal bei der Polizei und hat immer noch hervorragende Beziehungen und Kontakte. Er hat mir den wahren Obduktionsbericht deines Vaters besorgt."

Julia öffnete den Mund, schloss ihn wieder, suchte nach Worten. „Den *wahren* …?"

„Es gibt zwei. Einen offiziellen und einen, der nicht an die Öffentlichkeit gelangte."

„Du hast sie ja nicht mehr alle."

„Es ist die Wahrheit."

„Wer, bitte schön, soll meinen Vater denn vergiftet haben?"

„Diese Frage kannst nur du beantworten."

„Ich? So ein Quatsch." Julia wandte sich ab und zündete sich nun doch eine weitere Zigarette an. Blaue Wolken kräuselten sich in der Luft, formten seltsame Gebilde.

„Gespritzt dauert es etwa acht Stunden, bis das Gift, das man bei ihm feststellte, seine volle, tödliche Wirkung entfaltet", sagte Zander in ihren Rücken. „Mit wem war dein Vater in den letzten acht Stunden seines Lebens zusammen?"

„Nur mit mir und …" Julia brach ab.

Es dauerte ein paar Sekunden, dann fuhr sie herum und stieß aus: „Meine Mutter? Meine Mutter soll es getan haben? Was soll der Scheiß, Zander?"

„Hör zu, es tut mir leid …"

„Nichts tut dir leid!", stieß Julia aus. „Was willst du? Dass ich mich noch elender und beschissener fühle, als ich es ohnehin schon tue?" Mit großen Schritten eilte sie zur Tür und riss sie auf. „Raus! Verschwinde aus meinen Augen und aus meinem Leben!"

Zander hob die Schultern und drehte sich etwas zur Seite, damit sie den Schmerz in seinem Gesicht nicht sah. „Du kannst dich nicht ewig hier verstecken, und das weißt du auch." Damit griff er in die Innentasche seines Jacketts und zog den braunen Umschlag hervor, den Lamia ihm gegeben hatte. „Lies das. Ich werde in deiner Gegenwart nie wieder ein Wort darüber verlieren. Nie wieder, wenn du nicht willst. Aber lies es, Julia. Bitte. Wer auch immer hinter alldem steckt, wir können ihn kriegen."

Julia wollte ihn schlagen, wollte sich auf ihn werfen, tausendmal auf ihn einprügeln so fest sie konnte. Gleichzeitig wollte sie von ihm in die Arme genommen werden und sich von ihm trösten lassen. Statt eine dieser beiden Möglichkeiten zu wählen, griff sie nach dem Umschlag und warf ihn auf den Boden. „Was immer da drin steht, ich will es nicht wissen. Und jetzt geh."

An der Tür drehte Zander sich noch einmal um. „Was immer du in Zukunft vorhast, du kannst mit mir rechnen. Aber lies es. Bitte."

Damit zog er die Tür hinter sich zu. Julia schloss die Augen, schlang die Arme um sich selbst, als wäre sie plötzlich einem eiskalten Wind ausgesetzt. Sie wusste, dass es nun nichts mehr änderte, ob sie las, was sich in dem Umschlag befand oder nicht. Denn wenn man sich erst einmal auf dem Weg zur Wahrheit befand, dann stand es einem nicht mehr frei, umzukehren.

Trotzdem ignorierte sie den Umschlag noch einen Moment, ging stattdessen ins Badezimmer, beugte sich übers Waschbecken, drehte den Hahn auf und benetzte ihr Gesicht mit Wasser. Dann drehte sie das Wasser wieder ab, richtete sich auf und starrte in den Spiegel.

Schließlich ging sie zurück ins Zimmer und ließ sich im Schneidersitz auf den Boden sinken.

„Sieh hin, Julia ..."

Ihre Hand schwebte noch einen Moment über dem Umschlag, dann griff sie danach und öffnete ihn.

Auf den ersten Blick schien es sich um ein einziges Durcheinander aus zusammenhanglosen Papieren zu handeln. Julia fand die Kopie eines Zeitungsartikels, der ausführlich von dem Autounfall berichtete, bei dem ihre Eltern ums Leben gekommen waren. Zander hatte das Datum angestrichen und den Zeitpunkt. Beides passte zu dem, woran sie sich erinnerte. Sie legte das Papier zur Seite, griff nach einer Flasche Wasser, schraubte sie auf, trank aber nicht daraus. Stattdessen konzentrierte sie sich auf eine großformatige Kopie, die das Titelblatt einer deutschen Tageszeitung vom April dieses Jahres zeigte:

Angesehener Staatsanwalt in Teufelsmorde verwickelt.

Julia legte den Artikel zur Seite. Als Nächstes folgte die Kopie eines Artikels aus dem Jahr 1988, der von einem Polizeieinsatz im Rotlichtmilieu und dessen blutigem Ende berichtete. Drei Tote waren damals zu beklagen. Ein nicht namentlich genanntes Opfer, ein Mitglied eines Frauenhändlerringes und ein Beamter der Kriminalpolizei. Der Beamte wurde mit einem Kopfschuss aus der Waffe des Zuhälters getötet, ehe dieser selbst erschossen werden konnte. Daneben befand sich ein Foto des Polizisten. Sein Name: Ta Quok.

Als Nächstes folgten ein paar Zeitungsartikel über Sven Wagner, längere Features über dessen rasanten Aufstieg als Staatsanwalt.

Julia wollte die Papiere zur Seite legen, als ihr eine einzelne Seite entglitt. Sie griff danach und wollte sie zurück auf den Stapel legen, als ihr Datum und Ort ins Auge sprangen.

Es war ein Artikel aus einer Regionalzeitung, der ebenso kopiert worden war wie die anderen. Julia sah einige grauenhafte Fotos von sich selbst, wie sie blutend auf einer Trage aus der Kapelle in Wittenrode gebracht und in einen Krankenwagen gehoben wurde. Es war ihr unbegreiflich, wie die Presse damals so schnell am Tatort gewesen sein konnte. Und es war ihr noch viel unbegreiflicher, dass die Zeitung solche Bilder überhaupt abdrucken durfte. Aber das war nicht das Wesentliche. Das Wesentliche war die Schlagzeile, die besagte, ein Polizist hätte in der Nacht des 10. April eine weitere Person bei der alten Kapelle in Wittenrode gesehen. Der Name des Polizisten war Arnulf Ebeling. Er behauptete, in der Nacht, in der Lange und Julia in der Kapelle aufeinandertrafen, habe er in der Nähe einen fremden Mann gesehen, ehe er hineingestürmt war und auf Lange geschossen hatte. Die ermittelnden Beamten schenkten

226

dieser Aussage jedoch keinen Glauben und fanden auch sonst keine Beweise dafür, dass sich in jener Nacht noch eine weitere Person auf dem Berg aufgehalten hatte.

Der Artikel machte Julia in mehrfacher Hinsicht hellhörig. Wenn in jener Nacht im April tatsächlich noch eine weitere Person dort oben gewesen ist – wer ist es gewesen? Und warum hatte die Polizei diese Aussage einfach so unter den Tisch fallen lassen? Sie wusste ja aus eigener Erfahrung, dass Ebeling kein guter Polizist war, aber seine sieben Sinne hatte er noch zusammen.

Einen Moment überlegte Julia, ins Pflegerzimmer zu gehen, nach dem Telefon zu greifen und ihn einfach anzurufen, konnte sich dann aber doch nicht dazu durchringen. Was hätte sie auch sagen sollen? *„Hi, hier ist Julia Wagner. Vielleicht erinnern Sie sich noch an mich. Sie haben mir im April das Leben gerettet. Wie dem auch sei, ich habe hier gerade die Kopie eines Zeitungsartikels vor mir liegen, und da hätte ich noch ein paar Fragen an Sie ...“*

Sie tat es nicht. Stattdessen legte sie auch diesen Zeitungsartikel beiseite und griff nun doch nach der Wasserflasche. Sie trank einen Schluck, während sie mit der freien Hand nach dem nächsten Papier griff. Es war die Kopie eines rechtsmedizinischen Berichtes. Sie hob es an, warf einen Blick darauf, bekam das Wasser in den falschen Hals, prustete es wieder heraus und musste so heftig husten, dass ihr übel wurde. Es war wie ein schwindelerregender Sturz in die Tiefe. Zander hatte nicht gelogen. Ihr Vater war tatsächlich vergiftet worden. Man hatte einen Einstich in seinem rechten Oberarm gefunden, und in seinem Blut befand sich ... Ricin.

Julia erhob sich mit zitternden Gliedern, stellte sich ans Fenster, versuchte angestrengt zu atmen.

Es dauerte ein paar Minuten, ehe sie sich wieder auf den Boden setzte und nach dem nächsten Papier griff. Ein zweiter Obduktionsbericht, wieder der Name ihres Vaters, dasselbe Datum wie beim ersten – aber in diesem hier befand sich kein Wort von dem Gift. Lediglich die Todesursache durch Genickbruch wurde genannt, und diverse innere Verletzungen wurden diagnostiziert, verursacht durch den Autounfall.

Julia zog zuerst eine, dann beide Augenbrauen in die Höhe, als sie feststellte, dass Frau Dr. Hannelore Strickner nicht an der Obduktion ihres Vaters beteiligt gewesen war, jedenfalls fand sich nirgendwo ihre Unterschrift. Und das war nun wirklich überraschend, wenn man bedachte, dass die Strickner und Julias Vater sich damals ziemlich gut kannten. Sie hatten in mehr als einem Fall erfolgreich zusammengearbeitet. Und ausgerechnet diese Obduktion hatte sie nicht durchgeführt? Warum nicht?

Julia rieb sich über die Augen.

Zander hatte recht, ging es ihr durch den Kopf.

Ihr Vater wurde ermordet.

Aber warum?

Und von wem?

In einem Aufruhr wildester Gefühle griff Julia noch einmal nach dem Foto in dem silbernen Rahmen. Ihr Vater hatte, von der Sonne geblendet, die Augen zusammengekniffen. Ihre Mutter lächelte.

Perfekt.

Es war perfekt gewesen.

Nein.

Alles war gelogen.

Alles eine einzige Lüge.

Ihr gesamtes Leben eine einzige Lüge.

In der nächsten Sekunde wurde Julia unglaublich wütend. So wütend, dass sie den Rahmen mit dem Bild an die Wand schleuderte. Gleichzeitig schrie sie den verdammten, gleichgültigen, herzlosen und selbstgerechten Scheißgott im Himmel an. So lange und so laut, bis sie in sich zusammenfiel und nur noch von der Schwere ihrer Tränen erdrückt wurde.

32. KAPITEL

Schon wieder der Gärtner

Und der Mörder war schon wieder der Gärtner. Verärgert klappte Susanne das Buch zu, legte es auf den Nachttisch und schimpfte innerlich auf diese vermaledeiten Krimiautoren, die sich für etwas ganz Besonderes hielten, für den Nabel der Kreativität, und am Ende doch nicht mehr zustande brachten als einen Mörder, der schon wieder der Gärtner war.

Vielleicht empfand Susanne das Ende des Romans aber auch nur deshalb so unerträglich, weil ihr bewusst wurde, dass sie nicht einmal wusste, wer außerhalb der Klinik für den Garten zuständig war.

Sie löschte das Licht, klopfte sich das Kissen zurecht, drehte sich auf den Rücken und starrte in die Dunkelheit.

Nein, nicht lesen war auch keine Lösung. Sofort hatte sie wieder Britta Stark vor Augen, sah, wie sie ihr im Aufenthaltsraum gegenübergesessen und ganz subtil auf sie eingeredet hatte. Wie eine Videoschleife – und die Botschaft in Susannes Kopf war klar, deutlich und düster: *Mein bisher zumindest selbstbestimmtes Leben befindet sich ab heute im Auflösungszustand.* Die Anwältin hatte die Kontrolle übernommen. Weil Susanne sich bereit erklärt hatte, ihr zu folgen. In die Freiheit. Wohin sie Julia damit trieb, davon hatte sie nicht die leiseste Ahnung. Doch wohin auch immer das sein mochte, sie allein würde die Verantwortung dafür tragen. Niemand sonst.

„Jeder Mensch hat seine Seele schon mindestens zehnmal verkauft. Entscheidend ist allein der Preis, den man dabei heraushandelt."

Hatte Britta Stark es so gesagt? So oder so ähnlich auf jeden Fall.

Im nächsten Moment tat es im Zimmer links von Susanne einen heftigen Schlag. Erschrocken fuhr sie in die Höhe.

Offenbar hatte Julia gerade etwas an die Wand geworfen.

Dann ein verzweifelter Schrei.

„Lasst mich doch einfach alle in Ruhe!"

Julia saß auf dem Boden, inmitten von jeder Menge Papieren, Scherben und einem gefühlten See aus Tränen.

„Ich hab einen Schlag und einen Schrei gehört."

„Du sollst wieder gehen."

„Tut mir leid, aber das kann ich nicht." Susanne schloss die Tür hinter sich, suchte sich eine Stelle in Julias Nähe, an der keine Scherben lagen, und ließ sich dort im Schneidersitz nieder. „Ich hab mich noch nie einfach umgedreht, wenn es einem anderen Menschen schlecht ging."

„Ich will alleine sein."

„Das kann schon sein. Aber offen gestanden glaube ich nicht, dass du gerade allein sein solltest. Denn wenn Effinowicz mitbekommt, wie es dir geht und dass du hier völlig aufgelöst inmitten von Scherben sitzt, dann wird er sich gezwungen sehen, dich ruhigzustellen. Und offen gestanden würde ich dich nur ungern an dein Bett fixiert sehen wollen."

Keine Reaktion von Julia, und Susanne sah sich um. Ihr Blick streifte über die Papierseiten auf dem Boden und fiel dann auf einen Bilderrahmen, der kein Glas mehr besaß. Dann auf das Foto, das sich darin befand. Auf die hübsche Frau, den lachenden Mann und auf das Mädchen, vielleicht neun oder zehn Jahre alt, dessen Mund halb geöffnet war. Daddys kleiner Liebling, dachte Susanne. „Bist du das?", fragte sie unnötigerweise.

Keine Antwort von Julia, aber immerhin auch kein Schniefen und kein Schluchzen mehr.

Susanne atmete langsam ein, dann wieder aus. „Hör zu, ich hätte auch nicht damit gerechnet, dass ich heute Nacht noch hier sitzen würde. Eigentlich hatte ich mich gerade mit einem fürchterlich schlechten Buch abgefunden. Jetzt bin ich aber nun mal da und hab keinen Plan, wie ich mit der Situation umgehen soll. Ich komme nicht weiter, solange du nicht mit mir sprichst. Also werde ich dir einfach weiter Fragen stellen und überlasse es dir, sie zu beantworten, okay?"

Keine Antwort.

„Hast du Angst?"

Julia blickte weiter mit versteinerter Miene vor sich hin.

„Ich habe Angst", redete Susanne weiter. „Jeden Tag. Willst du wissen, wovor? Na ja, vor dem Leben. Obwohl es mir eigentlich nie schlecht ging. Mein Vater hat eine Menge Geld für mich hingelegt, mit der einzigen Erwartung, dass ich mich im Leben ordentlich benehme. Ausgerechnet darin war ich nicht sehr gut."

Julias Mimik blieb auch weiterhin versteinert.

Entmutigt starrte Susanne an die Decke. „Ich versuche, dich zu verstehen, Julia. Hilf mir dabei."

„Geh wieder. Das ist das Einzige, was du für mich tun kannst. Und das Beste, was du für dich selbst tun kannst."

„Solltest du diese Entscheidung nicht mir überlassen?"

„Du kannst diese Entscheidung nicht treffen."

Susanne versuchte Julias Blick auf sich zu ziehen, doch es gelang ihr nicht, also zog sie stattdessen ein Zigarettenpäckchen hervor. „Möchtest du?"

Julia schüttelte zuerst den Kopf, dann nickte sie und nahm die angebotene Zigarette entgegen. Ihre Hand zitterte.

„Wünschst du dir nicht insgeheim jemanden, mit dem du reden kannst?", fragte Susanne, während sie ihr Feuer gab. Und als daraufhin wieder nichts von Julia kam, sank allmählich ihre Laune in Richtung Nullpunkt. „Wollen wir eine Münze werfen? Kommt Kopf, antwortest du mir, kommt Zahl, darfst du weiter schweigen."

„Vielleicht", sagte Julia, ganz ohne Münze.

Susanne sah auf. Immerhin. „Hängt es mit deinem ehemaligen Beruf zusammen? Mit der Polizei?"

Nichts.

„Ehrlich gesagt kann ich mir das gar nicht so richtig vorstellen. Ich meine, dass du Polizistin warst."

Keine Antwort.

„Wenn du willst, erzähle ich dir, warum es mich hierher verschlagen hat. Ins Irrenhaus, meine ich."

Julia zog an ihrer Zigarette, nickte weder noch schüttelte sie den Kopf, also redete Susanne weiter: „Ich hatte ein paar Tage zuvor angefangen, in einer Kneipe zu arbeiten. Jemand meinte, das wär ein cooler Job. Gute Musik, keine schlechte Bezahlung. Außerdem durfte ich einmal in der Woche mit meiner Band auftreten. In meinem eigentlichen Job als Lehrerin habe ich nichts gefunden ..."

„Du bist Lehrerin?" Für einen Moment funkelte so etwas wie Aufmerksamkeit in Julias Augen.

Überrascht über das plötzliche, wenn auch nur leichte Interesse, wandte Susanne ihr das Gesicht zu. „Na ja ... zumindest habe ich die Fächer studiert, mit denen ich es hätte werden können."

„Kann ich mir jetzt kaum vorstellen."

Susanne lächelte schwach. „Wie auch immer, ich musste irgendwie anders Geld verdienen. Meinem Vater war das natürlich gar nicht recht, aber der war zu dem Zeitpunkt ohnehin schon so enttäuscht von mir, dass die Messlatte kaum noch tiefer hätte gelegt werden können." Sie betrachtete die dünne Rauchsäule, die von ihrer Zigarette aufstieg. „Ich hab den Job in der Kneipe angenommen und mich da auch tatsächlich wohlgefühlt. Das hielt allerdings nicht lange an. Wie konnte ich es auch anders erwarten?" Ein leichter, verzweifelter Zynismus legte sich in Susannes Stimme. „Eines Abends lernte ich eine Frau kennen. Wir verabredeten uns, wollten uns im Hinterhof der Kneipe treffen. Ich weiß gar nicht mehr, warum eigentlich. Vielleicht wollte ich ein bisschen knutschen, vielleicht war ich auch ein bisschen verliebt. Ich kann es dir heute wirklich nicht mehr sagen. Ich weiß nur, dass ich den Hinterhof betreten habe, und da war auf einmal dieser Kerl, der sie vergewaltigen wollte. Ich bin dazwischen gegangen, wollte ihr helfen. Aber der Typ war riesig. Auf dem Boden lagen überall Scherben, jemand hatte eine Glasflasche zerbrochen. Ich griff nach einer der Scherben und rammte sie ihm in den Rücken. Das war es."

„Bist du sicher, dass er sie vergewaltigen wollte?", fragte Julia, und Susanne seufzte leise auf.

„Tut mir leid. Was ist dann passiert?"

„Na ja, der Typ landete im Krankenhaus, zeigte mich an, und ich kam hierher. Hier warte ich auf den Prozess, und in der Zwischenzeit erstellt Malwik ein Gutachten über mich, das bezeugen wird, dass ich zu hundert Prozent irre und gemeingefährlich bin und nirgendwo anders als hierher gehöre."

„Das bist du nicht."

„Was?"

„Gemeingefährlich."

Noch einmal seufzte Susanne auf. „Die Richter werden das anders sehen. Ich hab leider schon zu viel Mist gebaut."

Daraufhin herrschte einen Moment lang Schweigen.

„Und was war mit der Frau?", fragte Julia dann.

„Sie verweigert die Aussage, die mich entlasten könnte."

„Wirklich?"

Susanne nickte. „Paradox, oder? Der Typ wollte sie vergewaltigen, ich wollte ihr helfen und krieg die Rechnung dafür." Einen Moment schwieg sie nachdenklich. „Als ich hier ankam, war das schon beinahe ein schicksalhaftes Gefühl", redete sie dann weiter. „Ich hab mich mit der Aktion quasi selbst zum Krüppel geschossen. Immer wieder hab ich mir die Frage gestellt, ob ich das Richtige getan hab. Oder nicht. Hätte ich wegsehen sollen und einfach nichts tun? Hätte ich die Polizei rufen und während dessen zusehen sollen, wie er sie vergewaltigt?"

„Du hättest in die Kneipe zurückgehen können und dort nach Hilfe schreien."

„Ja, aber der Gedanke kam mir in dem Moment gar nicht. Ich hab einfach rotgesehen." Niedergeschlagen schüttelte Susanne den Kopf. „Und eigentlich spielt es ja jetzt auch keine Rolle mehr. Ich bin hier, und ich werde hier bleiben."

Wieder ein Moment Stille.

„Du hattest recht", sagte Julia dann.

„Womit?"

„Manchmal wünsche ich mir tatsächlich jemanden, mit dem ich reden kann."

Erleichtert atmete Susanne durch, und aus einem Impuls heraus legte sie einen Arm um Julia und zog sie an sich.

Zuerst verspannte Julia sich, und es schien, als wolle sie sich sofort wieder aus der Umarmung befreien. Doch dann löste sich die Verspannung etwas, und sie murmelte: „Ich fühl mich so schmutzig. Ich fühl mich so verdammt schmutzig." Tränen befeuchteten schon wieder ihre Augen. „Ich bin eine Heulsuse."

Was Susanne in diesem Augenblick dachte, war nicht, dass Julia eine Heulsuse war, sondern ein Mensch, der lieber verbluten als zugeben würde, dass er verletzt war.

„Du brauchst Schlaf", sagte sie.

„Nein", widersprach Julia sofort. „Wenn ich schlafe, träume ich."

„Heute Nacht nicht." Susanne erhob sich und zog sie mit sich in die Höhe.

„Ich kann nicht …"

„Du musst schlafen. Du kannst ja schon nicht mehr geradeaus sehen."

Julia wusste, dass Susanne recht hatte, und gab nach. Sie ließ es zu, dass sie wie ein Kind ins Bett gebracht und zugedeckt wurde. Susanne legte sich neben sie auf die Decke und nahm sie dann wieder in den Arm. „Du wirst sehen, heute Nacht träumst du nicht."

Julia fröstelte so sehr, dass ihre Zähne aufeinanderschlugen. Sie schlug die Decke weg, eine Hand legte sie wieder über sie.

Dann stürzte sie in die Dunkelheit und war weg.

33. KAPITEL

Bald, schon sehr bald

3:20 Uhr

Auf dem Flur war es jetzt vollkommen still. Ein merkwürdiger Gegensatz zu der Betriebsamkeit, die noch vor wenigen Stunden hier geherrscht hatte.

Zander saß auf einem der harten Plastikstühle und starrte vor sich hin.

„Darf ich fragen, was Sie immer noch hier machen?", fragte Charlotte, die Arme vor der Brust verschränkt, und sah auf ihn hinab.

„Ich passe auf", antwortete er.

„Das ist schön. Und worauf genau?"

„Er ist ganz in der Nähe."

„Wer?"

„Tämmerers Mörder. Deshalb liegen Sie doch auch noch nicht im Bett, oder?"

„Mit dem Unterschied, dass ich hier ermittle. Sie nicht. Das kann Ihnen mächtige Scherereien einbringen, und das wissen Sie auch."

Zander grunzte. „Was für Scherereien meinen Sie?"

„Das muss ich Ihnen nicht sagen."

„Diese Sachen sollten einfach nicht passieren", murmelte er, als hätte er sie nicht gehört. „Ich bin schon so lange Polizist, und diese Sachen sollten einfach nicht passieren. Morde, Vergewaltigungen, Messerstechereien. Es sollte aufhören und ich in Rente gehen können."

Resigniert ließ Charlotte sich auf den Stuhl neben ihm sinken, streckte wenig ladylike die Beine von sich und betrachtete ihn argwöhnisch von der Seite. Er gab wirklich den perfekten Bullen ab. Sie zweifelte keine Sekunde daran, dass er ein fähiger

Ermittler war. Weder traute sie ihm zu, dass er bei irgendetwas schluderte noch dass er mittelmäßig arbeitete. Ganz im Gegenteil, sie war fest davon überzeugt, dass er wie eine programmierte Cruise-Missile treffsicher auf das Ziel zuschoss, wenn irgendwo etwas vergraben war, das ans Tageslicht geholt werden musste. Das war zweifellos gut für die Kollegen in Mainz. Sie selbst hingegen stellte es vor ein echtes Dilemma, denn Zander war ein echter Stein des Anstoßes für ihre Magenschmerzen. Keinem anderen hätte sie es erlaubt, zuerst in das improvisierte Büro einzudringen und sich dann auch noch in ihre Ermittlungen einzumischen. In jedem anderen Fall hätte sie überhaupt nicht diskutiert. Sie ahnte aber auch, dass Zander auf ein Ultimatum oder eine Drohung ihrerseits nur mit einem Achselzucken reagieren würde. Und als würde das noch nicht reichen, kam zu allem Übel auch noch die Geschichte um Sven Wagner hinzu, von der Charlotte sich insgeheim wünschte, sie hätte nie davon gehört. Zeit, einen tiefen Seufzer auszustoßen und zu fragen: „Glauben Sie, das bringt etwas?"

„Was meinen Sie?"

Sie deutete mit dem Kinn in Richtung Julias Zimmertür. „Sie sitzen doch nicht nur hier, weil Sie sich mir bei der Mördersuche aufdrängen wollen. Sie sitzen auch hier, um auf Frau Wagner ein Auge zu haben."

Zander ließ ein bisschen Zeit verstreichen. „Irgendwie schon", gab er dann zu.

„Apropos. Wie geht es ihr?"

„Sie hat mich schon wieder rausgeworfen. Dafür hat sie jetzt anderen Besuch."

„Wirklich? Wen?"

„Susanne Grimm."

„Ach was." Charlotte wunderte sich, doch bevor sie weiter darüber nachdenken konnte, fügte Zander hinzu: „Ich hab ihn ihr dagelassen."

„Wen?"

„Den Umschlag. Ich hab ihn ihr dagelassen." Er lächelte schwach. „Jetzt kann ich nur noch hoffen, dass es etwas in ihr anstößt."

Sie schwiegen einen Moment.

Dann fragte Charlotte: „Haben Sie Angst um sie?"

„Ja."

„Glauben Sie, dass sie umgebracht werden könnte?"

„Ja." Zander richtete sich auf. „Und was haben Sie jetzt vor?"

Charlotte sah ihn ungläubig an. „Ist das Ihr Ernst? Fragen Sie mich schon wieder nach meinem Fall?"

„Die Kacke um Sie herum dampft, Frau Gärtner. Und, nehmen Sie es nicht persönlich, aber jedermann zögert, Ihnen etwas zu beichten."

„Woher wollen Sie das wissen?"

„Man ist sich nie sicher, ob Sie auch wirklich zuhören. Und wenn Sie zuhören, nimmt man an, dass Sie nicht ernst nehmen, was man Ihnen sagt."

„Ich meine allerdings, ich höre sehr genau zu."

„Dann sehen wir das unterschiedlich."

„Das allerdings ist gut möglich", sagte Charlotte.

„Wenn ich recht habe, sollten Sie morgen früh noch einmal alle Zimmer durchsuchen."

„Warum? Glauben Sie, der Mörder hat Elisa irgendwo im Schrank versteckt?"

Zander zog eine rote Augenbraue in die Höhe. „Sehen Sie, genau das meine ich."

Charlotte seufzte leise auf. „In Ordnung. Ich hätte da zwei Verdächtige, die mir nur leider als eiskalte Killer so gar nicht gefallen wollen. Silvia Sattler und Felix Effinowicz hatten ein Techtelmechtel."

„Ein Techtelmechtel. Nennt man das hier im Norden so?"

Charlotte fuhr fort, ohne darauf einzugehen: „Es könnte durchaus sein, dass Tämmerer die beiden erpresst hat. Immerhin ist Silvia Sattler verheiratet und hat einen gewissen Stand hier in der Klinik. Sie ist nicht irgendwer. Und Professor Malwik wäre bestimmt alles andere als begeistert, wenn er erfährt, dass seine Psychiaterin mit dem Pfleger gepoppt hat."

„Sie werfen ja mit Fachbegriffen nur so um sich. Ich bin beeindruckt."

„Es könnte durchaus sein", redete Charlotte nach einem kurzen Seitenblick auf Zander weiter, „dass die beiden von Tämmerer beobachtet und erpresst worden sind. Allerdings ist das Problem bei Schlüssen, dass sie schlüssig sein sollten, und dieser hier erscheint mir so überhaupt nicht schlüssig. Zum einen passt Elisa nicht in die Geschichte. Zum anderen … Warum hätten die Sattler oder Effinowicz – oder beide gemeinsam – Tämmerer die Augen entfernen sollen?" Charlotte atmete tief durch. „Nein, das passt alles vorne und hinten nicht zusammen. Ich glaube, hier geht es um etwas ganz anderes. Unser Mörder ist ein ganz anderer, und er hat etwas ganz anderes im Sinn. Ja, ich bin mir sogar ziemlich sicher, dass er mich beobachtet und auslacht, während ich mich hoffnungslos im Kreis bewege, ohne dass es mich ihm auch nur einen Schritt näher bringt."

„Gut", sagte Zander.

„Gut?"

„Dann wird es ihm umso weher tun, wenn Sie ihm am Ende an die Kehle gehen. Sie werden ihn kriegen, da bin ich ganz sicher."

„Nett von Ihnen. Aber im Augenblick gibt es einen toten Patienten, einen angeschossenen Polizisten und eine weitere Patientin, die spurlos verschwunden ist. Die drei wären da ganz bestimmt anderer Meinung."

„Wie geht es dem Kollegen?", wollte Zander wissen.

„Er liegt im Krankenhaus, befindet sich aber nicht in Lebensgefahr", antwortete Charlotte. „Wenigstens das."

Einen Moment schwiegen sie.

„Was macht Sie eigentlich so sicher, dass es sich bei dem Mörder um einen Mann handelt?", wollte Zander dann wissen.

„Nun, der einfache Grund, dass Frauen statistisch äußerst selten Leuten direkt in den Kopf schießen. Und wenn sie es doch tun, nehmen sie in der Regel nicht auch noch irgendwelche Körperteile mit." Charlotte machte eine kurze Pause und sah Zander an. „Sagen Sie mal, spielen Sie gerade ein Spiel mit mir? Wollen Sie mich testen?"

„Nein. Reden Sie einfach weiter. Ich höre Ihnen zu."

Sie betrachtete ihn noch einen Moment prüfend, dann redete sie weiter: „Also, der Mörder muss einen Menschen verstecken, und wie wir inzwischen herausgefunden haben, ist der gesamte Gebäudekomplex ein einziger Albtraum. Wobei das noch stark untertrieben ist. Das Ganze ist ein regelrechtes Labyrinth, das sich vom verwinkelten Keller bis zu unzähligen kleinen Dachkämmerchen erstreckt, was bedeutet, dass sich dort nur zurechtfinden kann, wer sich gut auskennt. Davon abgesehen konnte er Elisa nur über eine begrenzte Distanz transportieren. Wahrscheinlich ist sie ab einem bestimmten Punkt nicht mehr freiwillig mit ihm gegangen, also musste er sie tragen. Das lässt auf einen großen Kraftakt schließen. Also haben wir es mit einem kräftigen Mann zu tun. Aber es geht ja nicht nur um die Distanz. Er muss auch an die Zeit denken. Er kann nicht allzu lange verschwinden, ohne dass es bemerkt wird. Und er ist ja auch tatsächlich immer wieder rechtzeitig zurück. Er kann sie also nicht zu weit von der Station entfernt versteckt halten."

Zander nickte. „Gehen Sie davon aus, dass er Tämmerer aus einem Impuls heraus ermordet hat?", fragte er weiter.

„Ich glaube zumindest fest daran, dass es hier um etwas … äh … Persönliches geht. Tämmerer war hier ein regelrechtes Hassobjekt. Vermutlich wurde er deshalb zuerst verprügelt und vergewaltigt und dann …"

Zanders Gesicht formte ein Fragezeichen. „Er wurde vergewaltigt?"

Charlotte nickte. „Verprügelt. Vergewaltigt. Und etwa zwei
Stunden später erschossen. Und gerade deswegen leuchtet es
doch ein, dass ..."

„Das heißt aber nicht zwangsläufig, dass es immer derselbe
Täter gewesen sein muss", warf Zander ein.

„Das mag sein. Ich finde aber trotzdem, dass sich ein Motiv
wie ,es ihm heimzahlen' in diesem Fall geradezu anbietet."

„Und ich bin mir sicher, dass das genau das ist, worauf sich
alle sofort stürzen würden." Zander löste mit einer müden Geste
seine Krawatte und öffnete den Hemdkragen. „Und dass es
deshalb zu einfach ist. Vielleicht zählte ja gar nicht Tämmerer
selbst, sondern nur der Akt." Er hatte das Gefühl, sich damit
einem entscheidenden Punkt zu nähern.

Charlotte hatte dieses Gefühl ganz und gar nicht. Sie sagte:
„Das klingt in meinen Ohren wiederum reichlich unwahrscheinlich."

„Es klingt ebenso unwahrscheinlich, dass ein Pädophiler ermordet und ohne Augen in einer geschlossenen Psychiatrie aufgefunden wird, ein Polizist direkt davor angeschossen und eine
Patientin darin spurlos verschwindet. Ich finde tatsächlich, wir
sollten uns mehr auf die Tat selbst konzentrieren. Haben wir
die Antwort darauf, warum der Mörder Tämmerer ausgerechnet die Augen entfernt hat, dann haben wir vielleicht auch die
Antworten auf alles andere."

„Oh. Da hätte ich doch schon etwas anzubieten", sagte Charlotte. „Dass ihm die Augen entfernt wurden, damit er auch im
Tod keine kleinen Mädchen mehr gierig anschauen kann. Oder
wahlweise, um ihm alles zu nehmen, was er sich jemals an
schändlichen Schweinereien mit diesen Augen angesehen hat.
Das macht für mich durchaus Sinn."

Sie schwiegen einen Moment.

„Wir müssen noch einmal ganz von vorne anfangen", sagte Zander dann.

Charlotte blinzelte. „Also, ich höre schon wieder die ganze Zeit: Wir. *Wir* machen gar nichts, Herr Zander. *Ich* leite die Ermittlungen in diesem Fall. *Sie* haben damit überhaupt nichts zu tun. Im Gegenteil, Sie haben sich schon genug eingemischt, was ich bisher nicht verhindern konnte. Ab jetzt allerdings sind Sie raus, und wenn Sie glauben, sich trotzdem weiter einmischen zu müssen, dann verspreche ich Ihnen, dass ich Sie unangespitzt in den Boden rammen werde. Ende der Diskussion."

„Sie sollten sich Sorgen machen."

„Seien Sie versichert, dass ich mir sogar sehr große Sorgen mache. Ich befürchte alles nur erdenklich Mögliche. Aber das ist mein Problem, nicht Ihres." Charlotte brach ab und fügte nach ein paar Sekunden hinzu: „Und wenn am Ende nur eine Kugel ins Herz helfen sollte, um dieses Monster zu stoppen, dann bitte, soll es so sein."

„Wie soll das gehen, ohne Waffe?", bemerkte Zander trocken.

„Ach, lassen Sie mich doch in Ruhe." Sie erhob sich und stob davon, während er sitzen blieb und weiter wachte.

Die Gestalt verteilte eine Mischung aus Kräutern in dem Weihwasser, das sich in dem metallenen Kessel befand. Goldsiegelwurzel, die die Augen offen hielt; Tollkirsche, die das Ich vom Körper befreite; Japanknolle, für die Kraft von hundert Mann; Minze, die alle Wege frei machte, und die Alraunwurzel für den Mut.

Eine ganze Stunde lang rührte die Gestalt in dem Kessel und ließ dabei ihre Gedanken schweifen … Es war ganz leicht, sich auf der Station zu bewegen, solange man nur wusste, wohin man wollte. Alle sahen sie nur die Spatzen in einer Hecke voller anderer Spatzen. Niemand sah den Schatten des Adlers, der darüber kreiste und wartete und beobachtete.

Die Gestalt drehte sich um neunzig Grad und ging dann dreizehn Schritte bis an den Rand eines aus Kerzen gebildeten Kreises. Sie trat in die Mitte, setzte sich und sagte den Namen dessen, den sie als Nächstes zu sich holen würde. Sie war ganz nahe dran.

Schon bald veränderte sich plötzlich das Bild vor ihren Augen. Der triste, halbdunkle Raum verwandelte sich, alles begann mit einem Mal zu leuchten. Und dann kam *er*, nahm eine menschliche Gestalt an, nahm die Form an, die die Gestalt erkennen und mit der sie in Kontakt treten konnte. Er sah glücklich aus, beinahe euphorisch.

„Bald", sagte die Gestalt zu ihm. „Schon sehr bald."

Weil ich alles richtig machen werde.

Es war von Anfang an so vorgesehen.

Eigentlich seit Anbeginn der Zeit.

34. KAPITEL

Versagt

Donnerstag, 28. Juli

Es war noch keine 6.00 Uhr, als Effinowicz mit schnellem Schritt in Richtung Umkleideraum eilte und dann durch die Tür stürmte. „Warum hast du das gemacht?"

Jan Jäger stand an seinem Spind und zog sich gerade die dünne Jacke aus. Er wandte sich nicht einmal um.

„Warum ist die Polizei auf einmal an meinem Privatleben interessiert, hm?", blaffte Effinowicz weiter. „Woher weiß die Kommissarin, dass Silvia und ich eine Bettgeschichte hatten? Dreh dich gefälligst um, wenn ich mit dir rede. Oder kannst du mir nicht in die Augen sehen?"

Jäger drehte sich um. Seine veilchenblauen Augen waren wie Eis, nur kälter.

„Woher weiß die Kommissarin von mir und Silvia?", fragte Effinowicz noch einmal.

„Weil ich es ihr erzählt habe."

Wirklich nahe gestanden hatten sie sich nie. Aber soeben zerbrach auch noch das letzte bisschen dessen, was die beiden Männer verband.

Effinowicz richtete sich zu voller Größe auf. Sein Puls lief auf Hochtouren. Seine Nackenmuskeln waren angespannt. „Und ich dachte, ich kenne dich wenigstens ein bisschen."

Jäger schwieg.

„Warum, Jan? Was hast du dir davon versprochen?"

„Es ist nun mal eine Tatsache, dass du die Sattler gevögelt hast. Die Polizei musste das wissen. Du musst eben ein bisschen vorsichtiger sein, mit wem du es treibst."

Effinowicz' Hand schoss nach vorne und krallte sich um Jägers Hals, sodass dieser rot wurde wie eine Tomate und ihm die Augen aus den Höhlen quollen.

„Wenn du noch einmal so sprichst, koche ich Suppe aus deinen verdorbenen Knochen. Hast du mich verstanden?"

„Felix!", ging Heide dazwischen, die in diesem Moment den Raum betrat. „Lass ihn los. Sofort!"

Effinowicz schubste Jäger zurück. „Ich hab die Schnauze voll von diesem wandelnden Fluch!" An seinen Kollegen gewandt, zischte er: „Bist du dir eigentlich darüber im Klaren, wer dir hier ständig den benebelten Kopf rettet, du Arschloch? Weißt du eigentlich, wem du es zu verdanken hast, dass du den verfickten Job hier überhaupt noch machen darfst? Hast du mal gezählt, wie oft wir alle dir immer wieder aus der Scheiße geholfen haben, weil du nichts im Griff hast? Nichts!"

Zwischen zusammengebissenen Zähnen stieß Jäger hervor: „Ich hab alles im Griff. Ich hab kein Problem mit meinem Leben."

Effinowicz machte eine wegwerfende Handbewegung. „Quatsch nicht, Jan. Jetzt wollen wir mal Klartext reden: Du bist am Ende. Du bist ein Freak. Du hast deine Leute im Stich gelassen. Statt die Person zu werden, zu der du das Zeug gehabt hättest, hast du alles falsch gemacht. Alles. Du bist einfach nur tragisch. Ich sollte Mitleid mit dir haben. Aber selbst das krieg ich nicht mehr hin. Und jetzt solltest du zum Himmel beten, dass ich nicht zu Malwik gehe und ihm meine Version der Geschichte erzähle."

Jäger schüttelte den Kopf. „Das wirst du nicht machen, Felix. Und weißt du auch, warum nicht?"

Doch Effinowicz hörte ihn schon nicht mehr. Er hatte den Raum bereits wieder verlassen und die Tür hinter sich zugeschlagen.

6:42 Uhr

Julia schlug die Augen auf. Sie lag auf dem Rücken. Die Decke hatte sie weggetreten, und das Laken klebte auf ihrer Haut. Als sie den Kopf wandte, stellte sie fest, dass Susanne immer noch da war. Sie lag auf der Seite und atmete leise.

Für einen Moment lag Julias Blick auf ihr. Dann setzte sie sich mühsam auf und kroch mit so wenigen Bewegungen wie möglich aus dem Bett.

Kurz darauf verließ sie das Zimmer und machte sich auf den Weg zum Duschraum. Während sie unter dem lauwarmen Wasserstrahl stand, dachte sie darüber nach, dass alle behaupteten, weinen täte gut. Weinen würde helfen. Das war gelogen. Man fühlte sich danach keineswegs besser. Weinen nützte überhaupt nichts.

Zehn Minuten später zog Julia sich wieder an und machte sich über den Flur zurück in ihr Zimmer. Ihre Narben fingen an zu schmerzen. Der Schmerz nahm solche Dimensionen an, dass sie glaubte, jeden Moment krepieren zu müssen. Was sicher nicht die schlechteste aller Lösungen gewesen wäre.

Einen Moment blieb sie in der Mitte des Zimmers stehen und musterte Susanne noch einmal. Seltsamerweise sah sie im Schlaf älter aus. Als wäre die Person, die sie der Welt präsentierte, eine jüngere Frau, eine jüngere Version ihrer selbst.

Julia wandte sich ab und ging zum Tisch, wobei sie die rechte Hand auf die Narbe unterhalb des Herzens drückte und leise stöhnte, allerdings nicht leise genug, denn Susanne wachte sofort davon auf. Einen Moment blinzelte sie verständnislos, dann schien sie sich zu erinnern, setzte sich auf und wollte wissen: „Wo warst du?"

„Duschen."

„Okay. Und wie geht's dir inzwischen?"

„Gut."

„Prima. So siehst du nämlich auch aus. Wie das blühende Leben."

Keine Antwort mehr von Julia.

„Hör zu", redete Susanne weiter, „das mit gestern Nacht muss dir nicht peinlich sein."

„Es ist mir nicht peinlich. Ich möchte nur nicht mehr darüber reden."

„Ich aber."

Wieder keine Antwort, und Susanne richtete sich auf. „Ich will nicht aufdringlich sein, wirklich nicht, aber was gestern Nacht passiert ist, beschäftigt mich. Ich kann das nicht einfach so wieder vergessen."

Julia suchte auf dem Tisch nach ihren Zigaretten. „Du hast dich jetzt auf mich eingeschossen, ich weiß."

„Ich würde dir wirklich gerne helfen und verstehe nicht, warum du mir nicht vertraust. Was hab ich falsch gemacht?"

„Nichts." Julia hatte die Zigaretten gefunden und wandte sich in Richtung Tür. „Es liegt nicht an dir. Es liegt an mir."

„Julia, was hat man dir angetan, dass du glaubst, dein ganzes Leben dafür opfern zu müssen?"

„Mach die Tür hinter dir zu, wenn du gehst."

Kurz darauf hatte Julia das Zimmer verlassen.

Charlotte befand sich währenddessen bereits am Telefon. Wie es schien, schlief ihr Chef ebenfalls so gut wie nie.

„Sie haben die Pressekonferenz nicht vergessen, Frau Gärtner, nein?", hörte sie Jockels Stimme am anderen Ende. „Heute Nachmittag?"

„Natürlich nicht."

„Dann erwarte ich Ihre Instruktionen. Was kann ich der Presse sagen?"

„Wir sind auf dem richtigen Weg."

„Sie hätten Politikerin werden sollen."

„Dafür lüge ich nicht gut genug."

„Also?"

„Es ist noch zu früh. Wir kommen voran, aber wir haben noch keine zählbaren Erfolge."

„Also schon wieder improvisieren. Das ist nicht sehr erbauend, Frau Gärtner. Und so lasse ich Sie auch nicht davonkommen. Inzwischen haben wir nicht nur einen Toten ohne Augen, nein, wir haben auch noch einen angeschossenen Kollegen und eine Patientin, die spurlos verschwunden ist. Ich erwarte bis heute Abend einen detaillierten Zwischenbericht, aus dem klar hervorgeht, welche Spur Sie bisher bis wohin verfolgt haben. Ansonsten sehe ich mich gezwungen, meine Konsequenzen zu ziehen. Ich denke, wir haben uns verstanden."

35. KAPITEL

Zweifel und der nackte Wahnsinn

8:23 Uhr

Von Zander war weit und breit nichts zu sehen. Und immerhin, das war doch schon mal was. Dass Charlotte sich einen seiner Ratschläge von letzter Nacht zu Herzen genommen hatte, musste er schließlich nicht wissen.

„Noch mal von vorne", sagte sie zu ihren Männern. „Aber dieses Mal umso gründlicher, meine Herren. Es ist wichtig, dass es gewissenhaft gemacht wird." Sie hörte selbst, wie gereizt ihre Stimme klang. Es gab keinen Grund, ihre schlechte Laune an den Kollegen auszulassen, aber etwas in ihr scheuerte an ihren Nerven. Schlimmer und unangenehmer als je zuvor. Eine Art schwebender Zustand, so als wolle man zu einer langen Wanderung aufbrechen, habe sich aber noch nicht für eine Richtung entschieden. Sie wusste, es lag allein an ihr, und sie durfte sich jetzt nicht von ihren Gefühlen beherrschen lassen, besonders nicht von ihrer eigenen Angst vor dem Versagen. Sie fühlte sich nicht überfordert, auch wenn ihr Unterbewusstsein versuchte, ihr genau das zu suggerieren. Sie wandte sich an Michael Tech. „Stellen Sie sich einen Moment lang vor, Sie wären ein Mörder."

„Das wird schwierig, Frau Kommissarin."

„Versuchen Sie es trotzdem. Stellen Sie sich vor, Sie wären so richtig böse. Impulsiv, aber auch clever. Ein Besessener. Ein Spinner, der sich in einer Gruppe von anderen Spinnern befindet. Und Sie finden heraus, dass einer dieser Spinner ein Pädophiler ist."

Tech begann schon wieder im Ohr zu bohren. Sein hageres Gesicht mit der spitzen Nase leuchtete bleich. „Schlimm. Pädophile kann ich gar nicht ab."

„Stellen Sie es sich vor."

„Na gut.“

„Stellen Sie sich vor, Sie begegnen diesem Menschen Tag für Tag, in einer geschlossenen Umgebung. Sie können ihm nicht aus dem Weg gehen. Das macht Sie wütend. Richtig wütend.“

„Okay.“

„Stellen Sie sich weiter vor, Sie warten eines Abends auf diesen Menschen. Irgendwo, wo Sie mit ihm alleine sind.“

„Wo könnte das sein?“

Charlotte seufzte ungeduldig. „Das ist doch im Moment völlig egal. Sie warten an diesem Ort, und dann geben Sie es ihm so richtig.“

„In Ordnung.“

„Sie vergewaltigen ihn.“

„Auf gar keinen Fall.“

„Sie vergewaltigen ihn, aber damit sind Sie noch nicht mit ihm fertig.“

„Nein?“

„Nein. Sie haben ihn gedemütigt, vielleicht sogar gebrochen, aber Sie sind noch nicht am Ende.“

„Was sollte ich denn sonst noch mit ihm machen wollen?“

„Ihn umbringen.“

„Oh. Tja. Dann würde ich das wohl tun. Wenn ich es unbedingt wollte.“

„Wann?“

„Wie? Wann?“

„Sie haben ihn verprügelt und vergewaltigt. Wie lange würden Sie danach warten, bis Sie ihn umbringen?“

„Ich würde es sofort machen. Wenn ich ihn derart hassen würde, würde ich ihn sofort umbringen.“

„Eben. Und genau da liegt der Haken. Warum hat der Mörder zwei Stunden gewartet, ehe er Tämmerer umbrachte?“

Der Vergewaltiger muss nicht zwangsläufig auch der Mörder sein. Das waren Zanders Worte gewesen.

Das erste Zimmer. Ilona Walter. Hell. Ordentlich. Aufgeräumt wie immer. Kein Körnchen Staub. Und auch sonst nichts. Zwar war die hübsche Frau heute auffallend nervös, spielte unablässig mit einem Haarband, ansonsten aber war hier nichts zu holen.

„Ich finde ja, die Frau hat was", meinte Tech, kaum dass sie das Zimmer wieder verlassen hatten und über den Flur schritten.

Charlotte lächelte nur dünn und schwieg.

„Ich kann mir beim besten Willen nicht vorstellen, dass sie eine eiskalte Killerin ist", redete er weiter. „Dafür ist sie zu … Ich weiß nicht. Und wieso sollte sie Elisa Kirsch entführen? Und wie sollte sie es fertiggebracht haben, Tämmerer zu vergewaltigen? Selbst wenn sie es technisch irgendwie möglich hätte machen können, wäre sie dafür immer noch nicht stark genug."

Charlotte antwortete immer noch nicht. Sie war schon wieder in Gedanken. Immer mehr drängte sich ihr der Gedanke auf, dass sich die Wahrheit um Weinfried Tämmerers Tod in einer ganz anderen Welt verbarg. Einer Welt, zu der sie noch keinen Zugang gefunden hatte. Sie jagte ein Phantom. Unfassbar. Unsichtbar. Und doch so real wie sie und Tech.

„Frau Gärtner?"

„Entschuldigung, ich habe gerade nachgedacht. Hier gibt es einfach zu viele Ungereimtheiten, und ich hasse Ungereimtheiten. Lassen Sie uns weitermachen."

Das nächste Zimmer. Stefan Versemann. Auch hier alles genauso wie beim letzten Mal. Ordentlich. Sauber. Aufgeräumt. Mama wäre stolz auf ihren Jungen.

Der Junge stand übrigens in der Mitte des Zimmers, spielte schon wieder mit der Kordel seiner Jogginghose und sagte: „Elisa ist doch nicht wirklich etwas passiert, oder?"

„Das können wir im Augenblick leider noch nicht sagen, Herr Versemann."

„Der Gedanke, dass auch ihr etwas passieren könnte, ist mir gestern Abend gar nicht gekommen." Er verstummte.

„Im Moment wissen wir noch gar nicht, was genau passiert ist", sagte Charlotte. „Wir versuchen, nacheinander alle Möglichkeiten in Betracht zu ziehen und dann auszuschließen."

In diesem Moment kam ein Kollege hereingeeilt und rief: „Wir haben etwas gefunden!" Er hielt ein kleines, in Leder gebundenes Buch in die Höhe.

„Was ist das?", fragte Charlotte.

„Ein Tagebuch."

„Von wem?"

„Susanne Grimm."

Charlotte nahm das Buch entgegen und schlug es auf. Die Handschrift war kräftig, aber nicht immer leserlich. Vor zwei Tagen war hineingeschrieben worden: *Ich habe den Tod gesehen.* Am gestrigen Tag ebenfalls nur eine Eintragung: *Ich habe ein Gewissen, aber ich bin auch unendlich feige. Soll ich es ihr sagen?* Heute eine Eintragung: *Ich werde verrückt, mache mir Sorgen. Sie sieht schlecht aus.*

Charlotte klappte das Tagebuch wieder zu und sah den Kollegen an. „Sonst noch etwas?"

„Was meinen Sie?"

„Wie sieht's mit Augen aus? Oder mit einer Waffe?"

Der Beamte schüttelte den Kopf.

„In Ordnung. Dann behalte ich das hier, und Sie machen weiter."

In dieser Sekunde entbrannte vor der Tür unbeschreibliches Geschrei ...

Draußen auf dem Flur bot sich Charlotte ein dramatisches Bild: Zuerst war da Robert Campuzano, der mit dem Finger auf Susanne deutete und giftete: „Ich schlag dir den Schädel ein, wenn du nicht sofort aus meinen Augen verschwindest!"

Und dann war da Susanne, die in der Tür zu ihrem Zimmer stand und wenig beeindruckt zurückgab: „Ach Campuzano, schlag dir doch deinen eigenen Hohlkopf ein."

Irgendwer johlte.

Dann kam Heide Sacher ins Bild, die zweimal in die Hände klatschte, als würde sie damit dem Geplänkel ein Ende setzen können. Was nicht der Fall war. Dann trat eine weitere Person auf den Plan: Zekine Yilmaz. Die stürzte wie eine Furie auf Campuzano zu, krallte sich an seinem Ärmel fest und schrie: „Du hast ihn umgebracht! Du hast ihn umgebracht! Ich weiß es!"

Dann wieder Campuzano, der die junge Türkin bei den Haaren packte, versuchte, sie von sich wegzuziehen, und schrie: „Weg von mir, du Schlampe!"

Zekine jedoch, völlig außer sich, ließ sich nicht abschütteln. Sie schrie: „Tämmerer ist tot, weil niemand dich aufgehalten hat!"

Heide Sacher wirkte in diesem Augenblick wie ein General, der machtlos zusehen musste, wie seine Truppen verrücktspielten. Noch einmal klatschte sie in die Hände, was dieses Mal ebenso wenig Wirkung zeigte wie eine Minute zuvor. Immer mehr Patienten kamen auf den Flur und verfolgten interessiert das Geschehen.

Und auch Jan Jäger eilte nun herbei, während Campuzano weiterhin versuchte, Zekine von sich wegzuschieben, und dabei laut brüllte: „Lass die Finger von mir, du Schlampe!"

Zekine brüllte nicht weniger laut: „Mörder!", und rammte ihm ein Knie zwischen die Beine. „Du hast es getan! Du! Du! Du!" Dann krallte sie sich in seine Haare, ehe sie versuchte, ihm mit den Fingern in die Augen zu stechen.

Charlotte stand einen Moment wie paralysiert, dann setzte sie sich – gleichzeitig mit Heide Sacher und Jan Jäger – in Bewegung, um dazwischenzugehen, was zur Folge hatte, dass kurz darauf alle zusammen in einem einzigen Wirrwarr über den Boden rollten.

Zekine kreischte, Campuzano schrie. Arme und Beine flogen wild hin und her. Hände grapschten, Beine traten. Es wurde geschlagen und gezerrt. Und Zekine, die immerfort schrie: „Du hast es getan! Du hast es getan!"

Weitere Schritte eilten herbei. Charlotte spürte, wie jemand sie zur Seite schob, und sah dann aus den Augenwinkeln, wie die junge Frau in die Höhe gezogen wurde. Dann Professor Malwiks beruhigende Stimme: „Es ist alles in Ordnung, Frau Yilmaz. Ganz ruhig. Ruhig! Himmel, was tun Sie denn da?"

„Zwingen Sie ihn, es zu sagen! Zwingen Sie ihn, es zu sagen!"

„Wir geben Ihnen jetzt etwas Gutes. Dann werden Sie ein bisschen schlafen, und danach sieht die Welt gleich wieder ganz anders aus. Sie werden sehen."

„Halt!", rief Charlotte. „Das geht nicht! Ich muss zuerst mit Frau Yilmaz sprechen!"

„Sind Sie ja wohl nicht ganz bei Sinnen!", zischte Malwik in ihre Richtung. „Sehen Sie sich die Frau doch an! Sie ist überhaupt nicht in der Lage, mit Ihnen zu sprechen. Kein Mensch kann von mir erwarten, dass ich das zulasse. Wir werden sie jetzt erst einmal beruhigen. Und danach – wenn es ihr wieder besser geht – können Sie mit ihr sprechen."

Zähneknirschend beobachtete Charlotte, wie Heide Sacher, Jan Jäger und Malwik mit ihrer Patientin aus ihrem Blickfeld verschwanden. Dann wandte sie sich um und bemerkte gerade noch, wie Susanne zurück in ihr Zimmer gehen und Campuzano sich ebenfalls aus dem Staub machen wollte.

„Stopp!", rief sie aus. „Herr Campuzano! Frau Grimm! Wir müssen uns mal unterhalten! In mein Büro! Herr Campuzano, Sie zuerst."

36. KAPITEL

Arschlöcher! Arschlöcher! Arschlöcher!

9:52 Uhr

„Ich muss pissen."

Charlotte umrundete den Tisch, ohne den Blick von Campuzanos Kopf zu nehmen. Erst als sie wieder am Ausgangspunkt stand, sagte sie: „Nun, dann würde ich sagen, es hängt von meiner Entscheidung ab, wann Sie die nächste Toilette aufsuchen werden."

„Von Ihrer Entscheidung? Ich muss pissen, Mann!" Er sprach die Worte nicht sehr deutlich aus, was an der geschwollenen Lippe liegen mochte, die Zekine Yilmaz ihm mitgegeben hatte. „Außerdem streite ich alles ab."

Als sich Charlotte über den Tisch beugte, stiegen ihr der Moschusgeruch, den sein Körper verströmte, und sein säuerlicher Atem in die Nase. „Sie haben Tämmerer also nicht vergewaltigt und zwei Stunden später umgebracht?"

„Nein. Und jetzt muss ich wirklich dringend pissen. Ich hab Rechte! Ich will mit einem Anwalt sprechen, und dem werd' ich dann sagen, dass Sie all meine Rechte missachtet haben."

Charlotte lächelte herablassend. „Aber warum sollte ich denn die Rechte eines Menschen missachten, mit dem ich mich nur nett unterhalten möchte? Außerdem ist er so groß und stark, da hätte ich ja Angst um mein Leben."

„Sie sind nicht halb so witzig, wie Sie denken."

„Sie auch nicht. Kommen wir zurück zum Thema: Warum sollte Zekine Yilmaz völlig grundlos behaupten, Sie hätten Tämmerer umgebracht?"

„Was weiß denn ich? Weil sie ein irres Miststück ist. Ich hatte ein paar Konflikte mit Tämmerer, okay. Aber gekillt hab ich ihn nicht. Und auch sonst hab ich ihm nichts getan. Das können Sie vergessen."

„Sie haben Tämmerer im Gebetsraum den Kopf in einen vollen Wassereimer gedrückt."

„Na und? Das hatte er verdient."

„Anders kriegen Sie keinen hoch, nicht wahr, Herr Campuzano?"

„Verdammte Scheiße!" In einer einzigen Bewegung erhob er sich von seinem Stuhl. „Das muss ich mir von einer Bullenschlampe wie dir nicht sagen lassen!"

„Setzen Sie sich sofort wieder hin!"

Einen Moment lang sahen sie sich in die Augen. Dann ließ Campuzano sich widerwillig zurück auf den Stuhl sinken.

„Wer weiß, was im Gebetsraum noch passiert wäre, wenn Frau Grimm nicht dazwischengegangen wäre", kam Charlotte zum Thema zurück.

„Noch so 'ne irre Schlampe. Hier drinnen gibt's 'nen Haufen Müll, Frau Kommissarin, und die Tusse gehört dazu. Ein dreckiger Nervbolzen ist das. Hören Sie, ich muss jetzt wirklich dringend pissen. Ich hab Rechte!"

„Beantworten Sie meine Fragen, umso schneller kommen wir zum Ende."

„Tämmerer war 'ne Drecksau. Das hab ich ihm ins Gesicht gesagt, und deshalb hab ich ihm auch ein paar Manieren beigebracht." Campuzano beugte sich nach vorne, drückte das Brustbein gegen die Tischkante. „Mehr aber auch nicht. Mit Mord hab ich nix zu tun. Und vergewaltigt hab ich ihn auch nicht. Das werden Sie mir nicht anhängen können. Das können Sie vergessen." Er setzte sich wieder zurück, griff nach seinen Zigaretten und zündete sich eine an. Sein Blick glitt dabei über den Ausschnitt von Charlottes Bluse und blieb bei ihren Brüsten hängen. „Sind Sie eigentlich auch so 'ne verschissene Lesbe? Ich mein, wenn, wär's auch egal, schätz ich. Aber dann hätten wir was gemeinsam, wir stünden beide auf Pussys." Er lachte auf, als hätte er gerade einen besonders guten Witz gemacht.

„Selbst wenn es so wäre, Herr Campuzano, hätte ich den Vorteil, dass ich jederzeit eine haben kann, während Sie nach einer Verurteilung wegen Mordes mit ziemlicher Sicherheit nie wieder eine sehen werden." Charlotte schritt zur Tür und öffnete sie. „Sie können gehen. Vorerst."

„Ist das wirklich schon wieder nötig?"

„Leider ja." Charlotte schob das Tagebuch über den Tisch. „Was hat es damit auf sich?"

Susanne sah das Buch nicht einmal an. „Nichts. Ich hab es irgendwann einmal als Tagebuch gekauft, aber es wurde nie mehr als ein Notizbuch für lächerliche Gedanken daraus. Warum ist es so wichtig für Sie?"

„Ich weiß nicht, ob es wichtig ist. Aber ich kann auch nicht ausschließen, dass es wichtig werden könnte."

„Es spielt überhaupt keine Rolle."

„Alle Schlussfolgerungen, die ich nach diesem Gespräch ziehen werde, dürfen Sie getrost mir überlassen, Frau Grimm."

„Wie ich gerade sagte, es ist nicht mehr als ein Notizbuch für lächerliche Gedanken. Und mehr werden Sie daraus auch nicht machen können." Susanne spitzte die Lippen. „Magere Kost."

„Oh, das würde ich so nicht sagen. Vorgestern zum Beispiel – zur Erinnerung: Tämmerers Todestag – haben Sie eine Eintragung über den Tod gemacht."

Ein kleines, freudloses Lächeln zeigte sich auf Susannes Gesicht. „Immerhin hab ich an dem Tag zum ersten Mal in meinem Leben einen ermordeten Menschen gesehen."

Charlotte räusperte sich. „Und gestern dachten Sie darüber nach, es *ihr* zu sagen. Wem? Und vor allem: *Was?*"

Susanne schwieg. Ihre eigenen längst gedachten Gedanken klingelten in ihren Ohren: *Du musst es Julia sagen. Jetzt ist die*

Gelegenheit. Aber du tust nichts. Warum nicht? Willst du dich bloß weiter in Schwierigkeiten bringen, bis du irgendwann gar nicht mehr aus der Scheiße rauskommst? Das war es gewesen, was hinter diesen Worten steckte, aber das konnte sie der Kommissarin ja schlecht sagen.

Charlotte zog indessen ungeduldig die Augenbrauen nach oben. „Frau Grimm, ich erwarte eine ganz einfache Antwort auf eine ganz einfache Frage."

„Ich weiß es nicht mehr. Und selbst wenn ich es wüsste, würden Sie es doch nicht verstehen."

„Lassen wir es auf einen Versuch ankommen. Sie schreiben, Sie hätten ein Gewissen, aber Sie wären auch unendlich feige. Und dann überlegen Sie, ob Sie es ihr sagen sollen. Sie hatten nicht zufällig darüber nachgedacht, mir von dem Mord an Tämmerer zu erzählen?"

„Nein, das war es ganz sicher nicht. Daran würde ich mich erinnern."

„Sie haben also auch weiterhin nichts mit dem Mord zu tun, Sie haben nichts gesehen, und Sie wissen nichts, was wichtig für die Aufklärung sein könnte", fasste Charlotte zusammen.

Susanne nickte. „Glauben Sie es oder glauben Sie es nicht, Frau Kommissarin, aber ich bin hier nicht der Bösewicht. Ich nehme an, ich kann jetzt gehen?"

Charlotte bewegte sich keinen Millimeter. „Wie gut kennen Sie Frau Wagner?"

Susanne, die gerade hatte aufstehen wollen, hielt in der Bewegung inne. „Warum fragen Sie mich das?"

„Nun, Sie waren letzte Nacht in ihrem Zimmer. Das wundert mich, wo Sie doch angeblich kaum Kontakt miteinander haben."

„Es ging ihr nicht gut, und da habe ich nach ihr gesehen."

„Weshalb ging es ihr nicht gut?"

„Fragen Sie sie selbst." Ohne ein weiteres Wort verließ Susanne das Büro und machte die Tür hinter sich zu.

Selbst unter Einwirkung eines starken Beruhigungsmittels hatte Zekines Raserei noch eine ganze Weile angehalten, sodass man sich gezwungen sah, sie zusätzlich zu fixieren.

„Was um Himmels willen ist denn bloß in sie gefahren?", sagte Professor Malwik atemlos.

„Das weiß nur Gott alleine", antwortete eine nicht weniger erschrockene Heide Sacher. Die junge Frau wirkte so schmächtig, so ausgezehrt. Ein wandelndes Skelett im Grunde, die Knochen nur notdürftig durch dünne Haut zusammengehalten. Wo nahm sie nur all die Kraft her? „Solange das alles noch im Gange ist, kommt hier niemand zur Ruhe."

Erneut lauschten sie den gedämpften Schreien hinter der verschlossenen Tür. „Mörder! Mörder! Mörder!"

Heide verzog das Gesicht. „Ich hoffe, dass die Medikamente bald wirken. Gerade macht sie mir nämlich wirklich Angst. Man weiß überhaupt nicht, woran man bei ihr ist."

„Arschlöcher! Arschlöcher! Arschlöcher!"

„Morgen wird es ihr wieder besser gehen", sagte Malwik hoffnungsvoll. „Sie werden sehen. Sie werden sehen." Dann wandte er sich um und verschwand mit schnellen Schritten.

Heide wandte sich an Jan Jäger und sagte ernst: „Das geht so nicht weiter. Das geht so einfach nicht weiter."

37. KAPITEL

Very very bad people

Zwei Stunden später stand Susanne reglos im Pflegerzimmer, den Telefonhörer in der Hand, während Britta Starks Stimme einmal mehr völlig emotionslos zu ihr ans Ohr drang: „Gibt es etwas Neues?"

„Nichts", sagte Susanne. „Nichts Neues."

Irgendetwas in ihrer Stimme schien die Anwältin aufmerksam werden zu lassen, denn sie sagte: „Ich gehe davon aus, dass Sie sich inzwischen ein wenig mit Frau Wagner befasst haben, und vermutlich glauben Sie nun, Mitleid haben zu müssen. Aber seien Sie versichert, Frau Grimm, Mitleid ist hier nicht angebracht."

Nein? Susanne stellte die Frage nicht laut.

„Es gibt keinen Grund für Mitleid, ebenso wenig, wie es einen Grund gibt, ein schlechtes Gewissen zu haben. Was immer Sie tun und was auch immer noch geschieht, Frau Grimm, Sie sind für Frau Wagner nicht mehr als genau das, was Sie zu sein scheinen: eine reine Zufallsbekanntschaft. Mehr wird es nie sein, und als mehr sollten Sie es auch niemals anfangen zu sehen."

Susanne schwieg weiter, die Anwältin sprach weiter. Dieses Mal allerdings packte sie das Eisen von der anderen Seite an: „Sehen Sie, ich habe mich noch nie länger als höchstens zwei Stunden in einer geschlossenen Psychiatrie aufgehalten, und ich bin sehr froh darüber. Ich bin mir sicher, eingesperrt – weggesperrt – zu sein ist die grausamste aller Strafen. Überleben wäre meine einzige Hoffnung. Die Freiheit mein einziger noch verbleibender Gedanke."

Die Frau war gut. Wirklich gut.

„Vergessen Sie nie das Dunkel, aus dem Sie schon sehr bald wieder treten werden. Sie werden endlich wieder Farben sehen, und diese Farben werden Sie selbst wählen können. Das ist das Einzige, woran es sich zu denken lohnt. Alles andere sind verschwendete Fantasien. Also bitte, erzählen Sie mir, was es Neues gibt. Sie können mir vertrauen. Wir haben beide dasselbe Ziel."

Davon war Susanne nicht überzeugt. Um Zeit zu gewinnen, suchte sie in ihren Hosentaschen nach Zigaretten und wollte sich eine anzünden, aber Heide Sacher bellte sofort: „Im Pflegerzimmer ist Rauchen verboten!"

Susanne steckte die Zigarette wieder weg. Es dauerte noch einen Moment, dann sagte sie: „Der Rothaarige war gestern da und hat ihr Papiere dagelassen."

„Was für Papiere?", fragte Britta Stark sofort.

„Ich hab sie nicht gelesen. Sie lagen gestern Nacht auf dem Boden in ihrem Zimmer, deshalb habe ich sie gesehen."

„Kümmern Sie sich darum."

„Worum?"

„Um diese Papiere."

Susanne bekam ein Flimmern vor den Augen. „Aber wie soll ich …?"

„Besorgen Sie uns diese Papiere, Frau Grimm. Das ist überaus wichtig. Ich gebe Ihnen jetzt eine Nummer, die Sie sofort anrufen, sobald Sie sie haben. Suchen Sie sich etwas zum Schreiben."

Susanne sah sich um, fand einen Stift und einen Block und fing an zu notieren. Es war eine Handynummer. Keine Vorwahl, die man irgendwie hätte zuordnen können.

„Mir ist nicht ganz klar, worauf das alles hinausläuft", sagte sie.

„Darüber sollten Sie auch nicht nachdenken", gab Britta Stark zurück. „Erledigen Sie nur Ihre Aufträge."

Die Tür des improvisierten Büros war nur angelehnt. Es klopfte, und als sich nichts rührte, klopfte es erneut. „Frau Gärtner?", ertönte Zanders Stimme. Dabei drückte er mit der linken Hand gegen die Tür, um sie weiter aufzustoßen, wobei er beinahe das Gleichgewicht verlor, als Charlotte sie von innen mit Schwung aufzog. „Herr Zander, was führt Sie schon wieder hierher an die Front?"

„Dasselbe wie Sie. Die Suche nach Wahrheit und Gerechtigkeit." Von seiner rechten Hand baumelte eine Plastiktüte. „Haben Sie sehr viel zu tun, oder kann ich reinkommen und mit Ihnen sprechen?"

Charlottes Blick legte sich auf die Tüte. „Was ist da drin?"

„Zwei Pizzen, die ich mitgebracht habe. Wie gesagt, es sind zwei. Und Sie sehen aus, als hätten Sie seit zwei Tagen keine richtige Mahlzeit mehr gehabt."

„Nun ja, Tatsache ist, dass ich kurz vorm Verhungern bin. Also bitte, kommen Sie schon rein, bevor die Pizzen kalt werden."

Ein leichtes Lächeln wärmte Zanders Gesicht, während er das Büro betrat und die Tür hinter sich schloss. „Sie brauchen jemanden, der sich um Sie kümmert, Frau Gärtner."

„Danke. Dafür habe ich zu Hause meine Mutter."

„Einen Mann." Zander setzte sich. „Am besten einen Polizisten. Dann könnten Sie abends gemeinsam auf der Couch sitzen, Händchen halten und sich über die neueste Leiche unterhalten und den entsprechenden Obduktionsbericht."

„Und schon regen Sie mich wieder auf. Und dabei sind Sie gerade mal seit …", Charlotte sah auf die Uhr, „drei Minuten hier."

Er lächelte und schob ihr einen der beiden Kartons zu. „Guten Appetit."

Einen Moment aßen sie schweigend, dann sagte Zander: „Eigentlich hatte ich drei Pizzen mitgebracht, eine habe ich Julia dagelassen, aber ich gehe nicht davon aus, dass sie sie essen wird."

Charlotte hörte einen Anflug von Bitterkeit in seiner Stimme, und aus einem Impuls heraus legte sie eine Hand auf seinen Arm. „Es wird ihr nichts passieren, Herr Zander. Es kann ihr überhaupt nichts passieren." Trostworte. Der Mann ging in seiner grenzenlosen Loyalität durch die Hölle, das war ihm deutlich anzusehen.

„Julia war immer eigensinnig", sagte Zander leise. „Und stur. Sie hat ihr Ding immer gnadenlos durchgezogen. Das hat sie ausgemacht. Und jetzt muss ich zusehen, wie sie sich von einer Kämpferin in einen Menschen verwandelt, der jeden Schlag einsteckt. Ich hab Angst, dass sie an der Sache zerbricht." Er sah auf und Charlotte in die Augen. „Ich will sie wieder wütend sehen. Ich will, dass sie aufsteht, dass sie schreit und wütet und kämpft. Ich will die alte Julia zurück."

„Ich kann verstehen, dass Sie frustriert sind", sagte Charlotte. „Aber Sie sind ein intelligenter Mann, und deshalb wissen Sie, dass es nicht so bleiben wird, wie es jetzt ist. Sie wird wieder aufstehen." Sie beugte sich etwas nach vorne. „Hören Sie, ich habe keine Ahnung, worum es in dieser Geschichte geht, aber eines weiß ich ganz bestimmt: Frau Wagner hat noch immer eine gestochen scharfe Wahrnehmung von dem, was um sie herum vor sich geht. Das hat sich nicht geändert, nur weil sie jetzt hier ist."

„Vielleicht. Trotzdem ist es schwer für mich." Zander brach kurz ab. „Ich hatte im April schon ein paar Wochen nichts mehr von ihr gehört, aber ich habe mir da noch keine Gedanken gemacht. Julia war noch nie die Zuverlässigste, wenn es darum ging, sich regelmäßig zu melden." Erneut brach er ab, holte tief Luft. „Dann bekam ich auf einmal einen Anruf. Von meinem Chef. Das war am Geburtstag meiner Schwester. Er wollte nicht am Telefon mit mir sprechen, also fuhr ich zu ihm ins Präsidium. Und dann sagte er es mir. Das war der Moment, in dem ich dachte, ich werde zum ersten Mal in meinem Leben ohnmächtig. Zu dem Zeitpunkt wusste noch niemand etwas Genaues. Nur, dass Julia in einem kleinen Kaff in der Nähe von Hannover angeschossen worden und ihr Zustand kritisch war. Also hab ich meine Sachen gepackt und bin losgefahren."

„In welchem Zustand war sie, als Sie sie zum ersten Mal im Krankenhaus besuchten?"

„In einem sehr schlechten. Körperlich wie psychisch. Und besuchen? Besuchen durfte ich sie erst gar nicht, weil sie sich von Anfang an weigerte, mit mir zu sprechen."

Charlotte nickte. „Sie ist schwer traumatisiert. Und ganz ehrlich, Herr Zander, wäre ich an ihrer Stelle, ich wäre es auch. Bedenken Sie, Wolfgang Lange hat einem ihrer Freunde den Hals durchgeschnitten, ihre Freundin vor ihren Augen an ein Kreuz genagelt und ihr selbst zwei Kugeln in den Leib geschossen." Sie schüttelte den Kopf. „Ich habe mir den Fall damals durchgelesen. Das war so ziemlich das Kränkste, was mir je unter die Augen kam. Und genau deshalb können wir beide uns nicht einmal ansatzweise in das hineinversetzen, was zurzeit in ihr vor sich geht. Es wäre vermessen, das auch nur annehmen zu wollen."

Plötzlich wurde Zanders Blick eiskalt. „Der Kerl hat sie gebrochen."

„Aber er hat sie nicht getötet."

„Nein. Aber ich weiß, wie sie vorher war, und ich sehe, wie sie jetzt ist." Zander sah auf und Charlotte an. „Sie hat sich entschieden."

Immer noch lag ihre Hand auf seinem Arm. „Ich glaube nicht, dass hier schon irgendetwas entschieden ist."

„Jeder sagt mir das." Er lächelte unbeholfen. „Aber ich glaube langsam nicht mehr daran. Mittlerweile gibt es einen glasklaren Beweis dafür, dass ihr Vater ermordet wurde. Die Julia, die ich einmal kannte, die hätte Himmel und Hölle in Bewegung gesetzt, um seinen Mörder zu finden. Aber jetzt … ist es ihr egal."

„Ich denke nicht, dass es ihr egal ist. Ganz im Gegenteil. Aber die Sache mit Lange ist erst drei Monate her. Sie müssen ihr etwas mehr Zeit geben."

Zander holte tief Luft.

Daraufhin schwiegen sie. So lange, bis Charlotte aufstand und Kaffee in zwei Tassen füllte.

„Und wie läuft's bei Ihnen so?", fragte Zander in ihren Rücken. „Ich habe gehört, Sie sind heute Morgen schon wieder in eine Schlägerei geraten?"

Sie wandte sich zu ihm um. „Woher wissen Sie das schon wieder?"

„Ich bin ein Bulle." Er nahm die Tasse entgegen, die sie ihm reichte, und schüttete Zucker in den Kaffee. „Und Sie haben, wie ich ebenfalls hörte, noch einmal die Zimmer durchsucht. Es war sehr klug von Ihnen, auf meinen Rat zu hören."

Charlotte seufzte leise auf. „Manchmal, Herr Zander, denke ich, Sie legen es geradezu darauf an, dass ich Ihnen auf die rote Glocke haue."

Er lächelte, während er Milch in die Tasse goss, bis die Flüssigkeit den Rand berührte. „Sie brauchen jemanden, der Ihre Hand hält, und Sie wissen es."

„Lassen Sie mich raten, dieser Jemand sind Sie."

„Ich wüsste jedenfalls keinen Besseren. Also, wie ist es gelaufen?"

Charlotte knirschte mit den Zähnen. „Also gut. Meinetwegen. Wir haben heute Morgen tatsächlich noch einmal alle Zimmer durchsucht und dabei ein Tagebuch mit merkwürdigen Eintragungen gefunden. Allerdings hat mich das kein Stück weitergebracht. Außerdem gibt es jetzt eine Zeugin, die behauptet, Robert Campuzano wäre der Mörder. Diese Zeugin ist allerdings dank eines Nervenzusammenbruchs im Augenblick nicht ansprechbar. Die besagte Schlägerei übrigens."

„Haben Sie mit Campuzano gesprochen?"

„Natürlich. Aber an den ist im Augenblick nicht ranzukommen. Er ist kalt wie ein Stein und glatt wie ein Aal."

„Hat er ein Alibi für beide Tatzeiten?"

„Jedenfalls kein überzeugendes. Er sagt, er lag in beiden Fällen im Bett und habe geschlafen wie ein Baby.“

„Was wissen Sie sonst noch über ihn?“

„Dass er kein angenehmer Bursche ist.“ Charlotte wedelte mit der Hand. „Er ist der Leadsänger einer Band, die in Art und Texten schwer den frühen *Bösen Onkelz* ähnelt. Sie bewegen sich immer gerade so am Rande der Legalität, was gewaltverherrlichende und rassistische Texte angeht. Ansonsten hat Campuzano schon einiges auf dem Kerbholz. Einmal ging er auf den Sänger einer konkurrierenden Band los, der seitdem nicht mehr singen kann, weil er ihm den Kehlkopf zudrückte. Das brachte ihm die erste Anzeige ein. Eine weitere Anzeige zog er sich damit zu, dass er einem Journalisten zwei Zähne ausschlug und die Nase brach, weil der seiner Meinung nach nicht anerkennend genug über ihn geschrieben hatte. Wieder eine andere Anzeige bekam er, weil er in einem Hotel total betrunken und mit jeder Menge Drogen im Blut die Möbel demolierte, bevor die Sicherheitsleute ihn unter Kontrolle bekamen.“

„Ein wirklich nettes Kerlchen“, sagte Zander. „Ich bin sicher, seine Mutti hat ihn lieb.“

„Ja. Ganz bestimmt hat sie das.“

„Weshalb ist er hier?“

„Er macht einen Kokainentzug und arbeitet an seinen Aggressionen. Auflage vom Gericht. Ich weiß nicht, wie es mit den Drogen steht, aber an den Aggressionen müssen sie noch weiter arbeiten.“

„Was haben Sie konkret gegen ihn?“

„Alles, außer Beweisen.“ Charlotte atmete tief durch. „Er sitzt mir gegenüber und grinst mich an, weil er weiß, dass ich weiß, dass er Dreck am Stecken hat, ich aber wenigstens im Augenblick nichts gegen ihn unternehmen kann. Er genießt es, mit mir zu spielen, und lacht sich insgeheim ins Fäustchen. So ist das.“

„Sie müssen ihn unvorbereitet erwischen", sagte Zander.

„Oh, das würde ich wirklich gerne. Das Problem ist nur, dass der Typ nicht mehr unvorbereitet ist, seit er aus den Windeln raus ist."

Daraufhin herrschte einen Moment Stille.

Zander lehnte sich zurück, nahm die Kaffeetasse in beide Hände und trank einen Schluck. „Wem gehört das Tagebuch?", fragte er dann.

„Susanne Grimm."

„Haben Sie mit ihr gesprochen?"

„Natürlich."

„Und das Gespräch hat auch nichts gebracht?"

„Nein. Ebenfalls eine Sackgasse." Charlotte nahm Zanders nächste Frage vorweg und fügte hinzu: „Aber sie halte ich auch nicht für eine Mörderin. Irgendetwas ist mit ihr, das spüre ich sicher. Aber eine Mörderin ist sie nicht."

„Was wissen Sie genau über sie?"

„Sagen Sie bloß, Sie haben sich nicht schon längst selbst über sie erkundigt?" Charlotte tat überrascht und drückte sich eine Hand an die Brust. „Frau Grimm war letzte Nacht in Frau Wagners Zimmer, und Sie haben sich nicht sofort darangemacht, Erkundigungen über sie einzuziehen? Sie überraschen mich, Herr Zander."

Er verzog keine Miene. Lediglich ein leichtes Zucken seiner Gesichtsmuskeln gab ihr zu verstehen, dass er ihr Schlagfertigkeit zugestand.

„Aber ich helfe Ihnen natürlich gerne, wenn ich kann", fügte Charlotte hinzu. „Frau Grimms Vater ist Chefarzt in einer Krebsklinik. Die Mutter arbeitete als Immobilienmaklerin, ehe die Kinder zur Welt kamen, und als sie dann im passenden Alter waren, nahm sie den Beruf wieder auf. Es gibt noch einen Bruder, fünf Jahre älter und ein Traumsohn. Anwalt. Betreibt mit zwei Partnern eine Kanzlei."

„Und Susanne Grimm selbst?"

„Wie ich bereits sagte, ich halte sie im Grunde nicht für gefährlich. Sie schießt lediglich in manchen Situationen ein wenig schnell aus der Hütte, um es mal so zu formulieren. Was im Übrigen auch ihren Aufenthalt hier verursacht hat. Nichtsdestotrotz ist sie sehr intelligent, hat zwei Sprachen studiert, bekam allerdings als Lehrerin keinen Fuß auf den Boden. Stattdessen schlug sie sich mit verschiedenen Jobs durch. Mal mit Nachhilfe. Mal arbeitete sie an einer Würstchenbude, im Sommer auch gerne mal als Eisverkäuferin. Ehe sie hier landete, arbeitete sie hinter der Theke in einer Kneipe."

„Weshalb ist sie hier?"

„Sie hat einem mutmaßlichen Vergewaltiger eine Glasscherbe in den Rücken gerammt. Nun wartet sie hier auf den Prozess." Charlotte hob resigniert die Hände in die Höhe. „Was ich auch versuche und was ich auch tue, ich habe keinerlei Chance, irgendjemandem irgendetwas zu beweisen."

„Sie sind noch nicht am Ende, Frau Gärtner."

„Nein?"

„Nein. Was Sie schaffen müssen, ist, jemanden zum Auspacken zu bewegen. Wenn Sie nur einen Einzigen hier zum Reden kriegen können ..."

„Sie meinen, den Widerstand brechen? Das schwächste Glied in der Kette finden?"

Zander lächelte. „Genau das."

Charlotte nickte. „Das schwächste Glied scheint mir Zekine Yilmaz zu sein. Nur komme ich an sie nicht heran, weil sie, wie ich bereits erwähnte, dank eines Nervenzusammenbruchs nicht ansprechbar ist. Jedenfalls im Augenblick nicht."

„Und was haben Sie nun weiter vor?"

„Was soll ich vorhaben? Weiter nach Informationen suchen, die mich zum Mörder bringen, und darauf hoffen, dass ich so schnell wie möglich mit der Frau sprechen kann."

„Ich kann es einfach nicht vergessen", sagte Julia zur gleichen Zeit. „Es ist, als wäre es erst letzte Woche passiert."

Silvia Sattler sah sie aufmerksam an. „Halten Sie drei Monate denn für besonders lange?"

Schweigen.

„Sie haben gewusst, dass es seine Zeit braucht. Und dass Sie sich diese Zeit nehmen müssen."

Julia runzelte die Stirn. Zu gerne hätte sie eine Zigarette geraucht. Bei diesen Sitzungen vermisste sie das Rauchen am meisten.

„Was denken Sie inzwischen über ihn?", durchbrach Silvia Sattler ihre Gedanken, und es war klar, wen sie meinte.

Für die Antwort darauf waren Worte eigentlich gar nicht ausreichend. Hier wäre eine ganz andere Sprache erforderlich gewesen. Julia gab sich Mühe, versuchte es trotzdem: „Alles, was er getan hat, war im Nachhinein betrachtet psychopathisches Verhalten wie aus dem Lehrbuch. Unfassbar, dass ich das nicht erkannt habe." Sie brach ab, starrte einen Moment vor sich hin, dann fügte sie hinzu: „Ich bin in jener Nacht zur alten Kapelle gefahren, weil er mich gesteuert hat. Nicht, weil ich so gut im Ermitteln bin."

„Psychopathen können Menschen sehr gut lesen."

Allerdings, dachte Julia. Laut sagte sie: „In dem Moment, in dem er auf mich schoss und ich mir sicher war, dass ich sterben würde, da hab ich zum ersten Mal seit Jahren wieder gebetet. Zu einem Gott, an den ich nicht glaube." Sie sah Silvia Sattler an. „Scheinheilig, oder? Aber irgendwie fand ich, das wäre der geeignete Moment, mir schnell noch einen Gott zu erfinden."

Sie schwiegen einen Moment, dann sagte die Psychiaterin: „Sie erwarten, dass die Träume und Erinnerungen, nun, da Wolfgang Lange ja tot ist, möglichst schnell verblassen oder gar ganz verschwinden. Aber so einfach ist es leider nicht." Ihre Stimme klang sanft wie immer und war dabei gleichbleibend ruhig. Manchmal brachte das Julia auf die Palme. Heute stachelte es ihr Verlangen nach einer Zigarette nur noch mehr an. Sie erhob sich und trat zum Fenster. Durch die Gitter hindurch konnte sie in den in der Sonne brütenden Park schauen. Der Raum, in dem sie sich befanden, war hingegen still und kühl.

Und wieder schwiegen sie. Julia hasste es, wenn jemand anders als sie selbst Schweigen als Instrument einsetzte. Immerhin war genau das eigentlich ihre Stärke.

„Das ist eine klassische Verhörtechnik", sagte sie.

„Was meinen Sie?", fragte Silvia Sattler in ihren Rücken.

„Ich kenne das aus meinem Job bei der Kripo. Wenn man nur lange genug den Mund hält, fühlen die Leute sich gezwungen, draufloszuplappern, nur um die Stille zu vertreiben."

Die Psychiaterin lächelte schwach. „Bei Ihnen hingegen funktioniert es nur mühsam. Erzählen Sie mir von Ihren Träumen. Sie haben schon lange nicht mehr davon gesprochen."

Julia wandte sich zu ihr um. Ihre Narben schmerzten schon wieder. Ihr Schädel pochte; selbst ihre Zähne taten ihr weh. Sie drehte den Hals zur Seite, bis sie es knacken hörte. Erst dann sagte sie: „Es wird nicht besser. Immer dasselbe Muster. Meistens träume ich von Lange und höre sein boshaftes Lachen. Es ist wie ein böser Spuk, der einfach nicht verschwindet."

Silvia Sattler machte sich ein paar Notizen. „Träumen Sie auch noch von Ihrem Vater?", wollte sie wissen.

„Ja."

„Was genau geschieht in diesen Träumen?"

„Er bringt mich an Orte, die mir bekannt vorkommen. Hinterlässt Sinneseindrücke, die derart intensiv sind, dass es mir vorkommt, als müsste ich platzen. Davon abgesehen hinterlässt er nichts als schlechte Gefühle und jede Menge Fragezeichen. Ich will mich nicht mit ihm auseinandersetzen. Ich will nicht mehr von ihm träumen. Ich will ihn nicht mehr sehen. Ich will

270

das alles nicht." Julia trat vom Fenster weg und ging zurück zu ihrem Stuhl.

„Haben Sie schon einmal darüber nachgedacht, ob er Ihnen nicht vielleicht etwas ganz Bestimmtes sagen will?", bemerkte Silvia Sattler. „Sie irgendwohin führen?"

„Wenn es so ist, dann sollte er mal langsam etwas konkreter werden. Das Einzige, was er bis jetzt damit erreicht, ist nur, dass er mich völlig in den Wahnsinn treibt."

Einen Moment schwiegen sie, dann sagte die Psychiaterin: „Ich möchte Ihnen etwas zeigen." Sie griff in die oberste Schublade ihres Schreibtisches und zog einen Zeichenblock heraus. „Das hier ist von Ihnen."

„Ich weiß." Julia sah nicht einmal richtig hin. „Ich kenne meine Bilder."

„Sie haben dieses hier in der Ergotherapie gemalt." Die Psychiaterin schob den Block über den Schreibtisch. „Damit haben Sie viel Zeit zugebracht."

Julia sagte nichts darauf. Was sollte sie auch sagen? Sie kannte die Kohlezeichnung. Sie zeigte einen Wagen, so groß, dass die Häuser am Straßenrand dagegen klein wirkten wie Hundehütten. Darin saßen vier Gestalten. Um sie herum war die Kohle verwischt, sie besaßen keine Konturen, keine Gesichtszüge.

„Haben Sie das aus dem Gedächtnis gezeichnet?"
Nicken.

„Sind Sie das mit Ihren Eltern?"
Kopfschütteln.

Silvia Sattler beugte sich etwas über den Tisch. „Dieses Bild zeigt eine andere Situation aus Ihrer Kindheit, richtig? Etwas, was zuvor nicht da war und woran Sie sich jetzt wieder erinnern."

Julia biss sich auf die Unterlippe. Es dauerte noch einen Moment, ehe sie antwortete: „Nein. Ich hätte genauso gut Kreise und Quadrate malen können. Ich erinnere mich an nichts, und das ist auch gut so."

Wieder kritzelte die Psychiaterin etwas in ihre Aufzeichnungen, und Julia beobachtete es unwillig. Es erinnerte sie daran, wie sie sich früher selbst Notizen gemacht hatte, wenn sie Hinweise und Beweisstücke in einem Fall dokumentieren wollte. Jetzt war sie selbst der Fall. „Sie sollten das nicht tun", sagte sie.

Silvia Sattler sah auf. „Was meinen Sie?"

„Diese Notizen. Sie sollten das nicht tun."

„Das gehört zu meinem Job. Ich bin Ihre Therapeutin. Was könnte passieren, wenn Sie sich erinnern?"

Julia schwieg wieder.

„Frau Wagner? Was könnte passieren, wenn Sie sich erinnern?"

„Es könnten weitere unschuldige Menschen zu Opfern werden, wenn ich es tue."

„Haben Sie keine Angst um sich selbst?"

„Nein. Ich habe Angst um Zander. Und um Eva. Ich würde es nicht verkraften, wenn ihnen auch noch etwas passiert, und deshalb wäre es der falsche Weg." Julia brach ab und sah in Richtung Fenster.

„Ja, das mit den richtigen und falschen Wegen ist so eine Sache", bemerkte Silvia Sattler. „Man läuft und läuft, und manchmal verliert man dabei das eigentliche Ziel aus den Augen. Das kenne ich gut. Wenn ich das allerdings so sagen darf, Frau Wagner, Sie machen auf mich nicht den Eindruck, als würden Sie sich leicht verirren. Sie haben vielleicht im Augenblick den Weg verloren. Aber das wird so nicht bleiben. Irgendwann werden Sie an eine Gabelung gelangen und müssen sich entscheiden, und Sie wissen das."

Julia antwortete nicht darauf. Ihr Blick wanderte vom Fenster zur Uhr, und von nun an wartete sie nur noch darauf, dass die Therapiestunde endlich zu Ende war.

Susanne blickte ebenfalls auf die Uhr. Sie hatte noch ungefähr zehn Minuten.

Wenn sie das Gespräch mit Frau Doktor Sattler aus irgendeinem Grund früher beendet, bin ich erledigt.

Während sie das dachte, schloss sie die Tür hinter sich und sah sich um. Diese trostlosen Zimmer – von Sadisten entworfen, die nie dazu gezwungen waren, hier auch nur eine Nacht verbringen zu müssen. Sie zögerte noch ein letztes Mal, schreckte eine Sekunde lang vor sich selbst zurück, dachte darüber nach, umzudrehen und wieder zu gehen, und tat es dann doch nicht.

Der Raum war abgedunkelt, der Vorhang zugezogen, das Bett nicht gemacht. Julias Geruch lag schwach in der Luft, und Susanne gestand sich ein, dass sie Angst hatte. Sie hörte ihr eigenes Herz pochen und bildete sich ein, auch Julias Herzschlag um sich herum zu hören.

Mit verschwommenem Blick sah sie sich um. Auf dem Boden lag nichts mehr. Und auf dem Tisch lagen nur ein Skizzenblock und ein paar Stifte. Susanne ging zum Schrank, öffnete ihn und stellte erstaunt fest, dass Julia nicht viel besaß. Der Schrank war beinahe leer bis auf Bettwäsche und ein paar Handtücher, was beides der Klinik gehörte, zwei Paar Jeans, zwei Paar Turnschuhe und fünf T-Shirts. Das war es. Auf den T-Shirts allerdings lag ein dicker brauner Umschlag. Susanne griff danach, sah kurz hinein, dann stolperte sie wie ferngesteuert wieder aus dem Zimmer.

Im hellen Licht des Flurs war sie einen Moment lang wie orientierungslos. Jemand warf ihr einen schiefen Blick zu und sah ihr hinterher, sie bemerkte es nicht. Sie ließ die Tür hinter sich ins Schloss fallen und eilte davon.

Dieses Mal war nicht Britta Stark am anderen Ende. Dieses Mal war es ein Mann. Aber der sprach genauso emotionslos, ohne Höhen und Tiefen, wie die Anwältin.

„Frau Grimm, wie ist es, der eigenen Freiheit plötzlich wieder so nahe zu sein?"

„Ich habe die Papiere", sagte Susanne statt einer Antwort.

„Sehr gut. Das haben Sie sehr gut gemacht. Sie haben ebenso in unserem wie in Ihrem eigenen Interesse gehandelt."

„Und was, wenn sie bemerkt, dass sie nicht mehr da sind?"

„Dann wird sie nicht zuerst bei Ihnen suchen. Vertrauen Sie uns. Wir lassen die Papiere so schnell wie möglich holen."

„Was? Wie wollen Sie das anstellen? Hier wimmelt es nur so von Polizei. Sie kommen hier nicht so einfach …"

„Die Papiere werden abgeholt werden. Kümmern Sie sich in der Zwischenzeit weiter um Frau Wagner."

„Aber ich …"

„Vergessen Sie niemals Ihre Freiheit, um die es geht. Sie ist das Einzige, was Sie interessieren sollte. Handeln Sie danach."

38. KAPITEL

Tick, tack

Julia hätte nicht sagen können, wie lange sie nach dem Gespräch mit Frau Dr. Sattler unter der Dusche stand. Sie hatte das dringende Bedürfnis, den ganzen Dreck abzuwaschen, der ihr die Haut zu verkleben schien. Doch all das Wasser nützte nichts. Mit der flachen Hand schlug sie ein paarmal gegen die nackten, nassen Fliesen, voller Verzweiflung und Hilflosigkeit, dann drehte sie das Wasser ab und schlang sich ein Handtuch um den Körper.

Kaum hatte sie die Duschwanne verlassen und sich angezogen, wurde die Tür geöffnet.

„Alles okay?", fragte Susanne. „Du siehst ziemlich fertig aus."

„War nur ein Scheißtag. Willst du duschen? Ich bin gleich fertig." Julia packte ihre Sachen zusammen und ging zur Tür. Bei Susanne angekommen, blieb sie noch einmal stehen. „Tut mir übrigens leid wegen heute Morgen. Ich weiß, dass du nur helfen willst, aber ..."

„Schon okay", sagte Susanne schnell. „Du hast ja recht. Mit allem."

Julia nickte langsam und wollte den Duschraum verlassen, als ihr mit einem Mal schwindlig wurde. Sie begann heftig zu frieren, konnte sich nicht erinnern, je im Leben so gefroren zu haben. Ihr ganzer Körper wurde starr, und dann ging alles so schnell, dass sie überhaupt nicht wusste, wie ihr geschah. Ein Geräusch in ihrem Kopf begann mehr und mehr anzuschwellen, so als würde eine unkontrollierbare Macht versuchen, in ihr Gehirn einzudringen. Vor ihren Augen erschien eine Tür – und das war nicht die Tür zum Duschraum. Plötzlich war Julia an einem ganz anderen Ort. Vor ihr lag jemand auf dem Boden, reglos.

Es dauerte einen Moment, bis Julia die Gestalt erkannte: Es war ihr Vater. Etwas begann in ihrer Brust zu kribbeln, wurde zu einem stechenden Schmerz. Ihr Atem ging immer schwerer.

„Julia?" Susannes Stimme. „Was ist? Du bist ganz …"

Die Tür vor Julias Augen schloss sich wieder, ihr Vater auf dem Boden verschwand.

Alles wurde schwarz, und sie sackte in sich zusammen.

Wusst ich's doch! dachte Robert Campuzano und fixierte dabei sein Spiegelbild.

Das war genau drei Minuten vor seinem Tod und ungefähr sieben Stunden vor der Aufklärung des Falles. In diesen sieben Stunden sollte noch allerhand passieren. Julia würde in dieser Zeit mit einem entscheidenden Teil ihrer Vergangenheit konfrontiert werden – leibhaftig. Susanne von ihren eigenen Dämonen aufgefressen. Charlotte würde am Tiefpunkt ihrer Polizeikarriere sein und – auch wenn sie das niemals zugegeben hätte – dankbar dafür, dass Zander an ihrer Seite blieb. Und der würde für einen winzig kleinen Moment darüber nachdenken, dass alleine sterben vielleicht doch nicht die Lösung war.

Von jetzt an also noch drei Minuten bis zu Campuzanos Tod.

In drei Minuten würde er sich denken: *Hätte ich es nicht besser wissen müssen? Wachsamer sein? Mehr nachdenken müssen?*

Jetzt aber beschäftigte ihn etwas ganz anderes. Die Vorfreude. Sie nahm ihn völlig in Anspruch. Sein letzter Gedanke würde sein: *Vermutlich genau das, was mich getötet hat.*

Noch zwei Minuten.

Er dachte: *Ich bin eben ich.* Und das passiert nun mal, wenn zu viel Selbstüberschätzung die Vernunft verdunkelt. Man sieht nur noch in einem ganz bestimmten Winkel und übersieht dadurch die wirklich wichtigen Dinge. Und so blickte Campuzano weiter in den Spiegel und begegnete seinem eigenen von sich überzeugten Lächeln.

Noch eine Minute.

Gleich würde er feststellen, dass es tatsächlich die Selbstüberschätzung war, die ihn in diesen wenigen Minuten, die sein Leben vom Tod trennten, blind gemacht hatte. Jetzt aber streckte er erst noch einmal den Körper und richtete sich auf.

Dann drehte er sich vom Spiegel weg und trat aus dem Badezimmer. Langsam wurde es draußen dunkel, man konnte es durch das ungeputzte Fenster gerade noch so erkennen. Außerdem überall zentimeterdick Staub im Zimmer. Aber immerhin, er hatte aufgeräumt.

Der Wecker auf dem Nachttisch tickte.

Tick, tack.

Die letzten Sekunden.

Fünf, um genau zu sein.

Jetzt wurde ihm klar, wo sein Fehler gelegen hatte. Aber da war es schon zu spät.

Das allerletzte Ticken des Weckers war dann unglaublich laut.

Tick.

Campuzano blickte in zwei kalte Augen, und darin lag die banale Wahrheit: Es war vorbei.

Tack.

Das Ende war eine Explosion in seinem Kopf. Alles flog wild durcheinander. Sein Gehirn zerbarst.

Das war der Augenblick, in dem er starb.

Was war da draußen los?

Der alte Viktor Rosenkranz öffnete die Tür zu seinem Zimmer, weil unermüdlich Schritte auf dem Flur hin und her eilten. Mehr als sonst. Schneller als sonst. Das fiel ihm auf.

Die Tür einen Spaltbreit geöffnet, wanderte sein Blick über den Flur. Aber seltsamerweise war dort draußen überhaupt niemand zu sehen. Nur eine Gestalt, etwas weiter hinten am Fenster. Sie drehte ihm den Rücken zu, trotzdem erstarrte der alte Mann bei ihrem Anblick. Und als die Gestalt sich dann zu ihm umdrehte, erstarrte er vollends. Er sah ein Gesicht matt aufleuchten, dann einen Mund, der sich öffnete.

Für einen kurzen Moment schloss Viktor die Augen, und als er sie das nächste Mal wieder öffnete, stand die Gestalt direkt vor ihm, lächelte ihn an. Doch dieses Lächeln sah grundfalsch aus.

Wie angewurzelt stand der alte Mann da, unfähig, sich zu rühren.

Das konnte nicht wahr sein.

Das konnte unmöglich wahr sein.

39. KAPITEL

Höllenqualen

Als Julia das nächste Mal die Augen öffnete, reichte ihr eine Hand einen Becher mit Wasser. Zuerst war sie sich nicht sicher, ob sie sich die Hand nicht nur einbildete. Falls es keine Einbildung war, dann gehörte die Hand Susanne. Falls doch, hatte sie vorhin vermutlich einen Schlaganfall erlitten, oder so etwas Ähnliches.

Probeweise griff Julia nach dem Becher und schlug dabei mit dem Handgelenk gegen den Nachttisch. Vor lauter Schmerz sah sie Sterne, versuchte, tief durchzuatmen, griff erneut nach dem Becher und trank dann endlich einen großen Schluck. Dann sah sie Susanne an, die mit aufmerksamem Blick neben ihr auf der Bettkante saß und fragte: „Wie geht's dir?"

„Hast du mich hierhergebracht?", Julia versuchte sich etwas aufzurichten, aber ihr war immer noch ganz schummrig im Kopf, deshalb beließ sie es bei dem Versuch.

„Nein. Jäger. Ich hab ihm gesagt, dass ich hier warte und ein Auge auf dich hab, bis du wieder zu dir kommst."

„Das hättest du nicht tun müssen."

„Ich weiß. Aber als du auf einmal vor mir auf den Fliesen lagst, hat mir das echt Angst gemacht. Was war denn auf einmal los mit dir? Du warst plötzlich so weiß wie ein Bettlaken. Als hättest du einen Geist gesehen oder so was Ähnliches."

Julia antwortete nicht darauf. Was sollte sie auch sagen? Sie war sich ja selbst nicht im Klaren darüber, was es gewesen war. Sie hatte ihren Vater tot vor sich auf dem Boden liegen sehen, und es hatte sich absolut real angefühlt, so als wäre er mit ihr im Duschraum gewesen ...

„Du hattest heute ein Einzelgespräch, oder?", unterbrach Susanne ihre Gedanken.

„Hmm."

„Vielleicht lag es daran."

„Ja. Vielleicht."

Langsam rutschte Susanne von der Bettkante auf den Boden, lehnte sich mit dem Rücken gegen das Gestell und faltete die Hände im Schoß. „Ich weiß, dass du es nicht willst, aber ich würde dir wirklich gerne helfen."

Julia legte den Kopf zurück und starrte an die Decke. „Du kannst mir nicht helfen. Niemand kann mir helfen. Das muss ich schon alleine tun."

Einen Moment schwiegen sie, dann sagte Susanne: „Ich könnte dir den Hals umdrehen, wirklich."

„Warum?"

„Weil du Höllenqualen leidest, das ist nicht zu übersehen. Ich weiß nicht, was da alles in dir arbeitet. Schuldgefühle. Albträume. Selbstverachtung. Vorwürfe. Trauer. Aber du, du verblutest lieber, als dass du dir helfen lässt. Erstickst lieber daran, ehe du redest. Warum redest du nicht? Wer bist du, Julia?"

„Du würdest es nicht verstehen, Susanne. Nicht einmal einen Bruchteil davon."

„Versuch es."

Die Uhr tickte. Zweimal, dreimal ... achtmal, dann fragte Julia plötzlich: „Warst du ein glückliches Kind?"

Überrascht sah Susanne auf. Das schien nicht das gewesen zu sein, was sie erwartet hatte. „Äh ... nein. Irgendwie nicht. Ich hätte glücklich sein sollen, die Umstände waren schon irgendwie gegeben, aber ich war es nicht." Sie dachte einen Moment nach. „Ich habe ständig nach Aufmerksamkeit gesucht. Aber nach der Art, die nichts mit Geld zu tun hatte."

„Und wenn du auf der Bühne gestanden hast, hast du diese Aufmerksamkeit bekommen?"

Susanne blinzelte. „Du hast dir gemerkt, dass ich in einer

Band gespielt habe? Ich dachte, du hättest mir gar nicht richtig zugehört, als ich das erzählte."

Julia lächelte dünn. „Also?"

„Ja, es war ein gutes Gefühl. Ich habe es sehr genossen. Und du? Warst du ein glückliches Kind?"

„Ja. Jedenfalls so lange, bis meine Eltern bei einem Autounfall ums Leben kamen. Da war ich zehn."

„Das tut mir leid. Was ist danach passiert?"

„Ich kam in ein Waisenhaus. Katholisch, mehr muss ich nicht sagen."

„Also streng?"

„Hmm."

„Na ja, du hast es immerhin überlebt."

„Ich habe vor allem gelernt, dass vor die Hunde geht, wer sich nicht anpasst."

„Und? Hast du dich angepasst?"

„Manchmal hat man keine andere Wahl." Julia starrte wieder an die Decke.

„Stimmt es eigentlich, dass ein Polizist, sobald er ein Haus oder eine Wohnung betritt, ganz automatisch die gesamte Umgebung in sich aufnimmt?", wechselte Susanne das Thema. „Die Einrichtung. Dinge, die herumliegen und so weiter? Ich hab das mal irgendwo gelesen."

„Ja, das stimmt. Das hat man so in sich, und das kriegt man auch nicht mehr aus sich raus, selbst wenn man mit der Polizei schon lange nichts mehr zu tun hat."

„Dann habe ich wohl Glück, dass du noch nicht in meinem Zimmer warst."

„Warum? Würde ich dort deine dunkle Seite entdecken?"

„Vielleicht." Susanne ließ den Blick zum Fenster schweifen, dann auf die Uhr auf dem Nachttisch. 20:05 Uhr.

Dann sagte Julia etwas, womit sie selbst nicht gerechnet hatte. Sie sagte: „Lass uns weiterreden, bitte."

Zekine Yilmaz lag in ihrem Bett und starrte an die Decke. An ihrem Hals und an den Handgelenken waren Blutergüsse zu erkennen; die Spuren mussten noch von der Prügelei mit Campuzano am Morgen stammen.

Charlotte zog sich einen Stuhl heran und setzte sich zu ihr ans Bett. Dann begann sie, vorsichtig und ganz langsam, so als spräche sie zu einem Kind: „Ich werde Ihnen jetzt ein paar Fragen stellen, Frau Yilmaz, ja?"

Zekine reagierte nur mit einem trägen Nicken.

„Erinnern Sie sich noch daran, was heute Morgen geschehen ist?"

Erneutes Nicken.

„Sie haben sich mit Robert Campuzano geschlagen. Sie haben gesagt, er hätte etwas sehr Schlimmes getan. Sie haben gesagt, er hätte etwas mit Tämmerers Tod zu tun."

Zekine schloss die Augen. Ihre Lippen bebten. Sie antwortete nicht, aber sie nickte wieder.

„Und jetzt brauche ich Ihre Hilfe, Frau Yilmaz. Meinen Sie, dass Sie sprechen können?"

Zekine öffnete den Mund, brachte leise hervor: „Ja."

„Ich muss wissen, ob Sie etwas gesehen haben. Und wenn ja, was."

„Fragen Sie ihn."

„Sie meinen Campuzano? Das habe ich bereits getan. Aber er ist für mich im Augenblick nur sehr schwer zu fassen. Deshalb muss ich von Ihnen wissen, was Sie gesehen haben. Sie haben doch etwas gesehen, richtig?"

Zekine seufzte, als wäre ihr das alles schon wieder viel zu viel.

„Bitte, Frau Yilmaz. Es ist sehr wichtig. Wir müssen herausfinden, was vorgestern Abend passiert ist." Charlotte legte vorsichtig eine Hand auf den Arm der jungen Frau. Er war dünn und zerbrechlich. „Ich kann Sie nicht zwingen, mit mir zu reden, wenn Sie nicht wollen. Aber ich glaube, dass Robert Campuzano ein sehr gefährlicher Mann ist. Ein sehr kranker Mann. Und falls er etwas mit Tämmerers Tod zu tun hat, muss er bestraft werden."

„Er ist böse."

„Er hat Tämmerer wehgetan, richtig?"

Zekine rieb zaghaft die Bettdecke zwischen den Fingern. „Er hat ihn geschlagen."

„Und Sie haben es gesehen?"

Nicken. „Im Duschraum … Sie waren im Duschraum, und er hat … Er hat ihm … wehgetan."

Charlotte nickte. Im Duschraum also. „Was hat Campuzano Tämmerer getan, Frau Yilmaz? Bitte reden Sie mit mir. Wir müssen ein Verbrechen aufklären, und wir brauchen Sie dafür, damit wir ihn verhaften können."

„Er hat gesagt: ‚Jetzt kriegst du, was du verdienst, du Arsch'."

„Wer? Campuzano zu Tämmerer?" Was für eine Frage. Umgekehrt würde es wohl kaum gewesen sein, aber Charlotte musste es ganz genau wissen – und vor allem hören.

Erneutes Nicken.

„Und dann? Was geschah dann?"

„Dann hat er ihm … Er hat ihm … Er hat ihm den Duschkopf … Er hat ihm … Er hat ihn … vergewaltigt."

„Er hat ihn mit dem Duschkopf vergewaltigt?"

Wieder nicken.

„Hat Tämmerer sich gewehrt?"

„Nein. Er war … er konnte nicht."

„Und was haben Sie getan, Frau Yilmaz?"

Keine Antwort.

„Haben Sie einem der Pfleger davon erzählt?"

Zekine lag in ihrem Bett, als wäre sie in Beton gegossen. Erneutes Kopfschütteln.

„Warum nicht? Effinowicz hatte Nachtschicht. Sie hätten es ihm erzählen können. Sie hätten ihn dazuholen können. Tammerer helfen."

„Er hat mich gesehen."

„Wer?"

„Campuzano? Er hat gesehen, dass ich gesehen habe … Ich hatte Angst. Große Angst …"

„Trotzdem hätten Sie …"

„Effinowicz war nicht alleine."

„Nein? Wer war bei ihm?"

„Frau Doktor Sattler."

Jetzt verstand Charlotte. „Effinowicz war gerade mit Frau Doktor Sattler zugange, weswegen er von dem, was in der Dusche passierte, nichts mitbekam", fasste sie zusammen. Was für ein Szenario. Aber das erklärte nun immerhin auch, warum die Sattler am nächsten Tag das Techtelmechtel so abrupt beendet hatte. Das schlechte Gewissen. Das Wissen darum, dass sie beide ihrer Aufsichtspflicht nicht nachgekommen waren. Dass das alles vielleicht hätte verhindert werden können, wenn sie es nicht gerade irgendwo miteinander getrieben hätten.

„Es …", setzte Zekine an und durchbrach damit ihre Gedanken. „Es war noch jemand da. Und hat … zugesehen, wie Campuzano Tämmerer …"

Charlotte sah auf. „Wer?"

„Er wollte nicht helfen." Zekines Stimme verlor sich, aber ihre Atemgeräusche wurden nun sehr laut. Sie begann fast zu keuchen.

„Wer war noch da, Frau Yilmaz?"

Die junge Frau öffnete den Mund. Ihre Lippen zitterten. Und dieses Zittern war erschreckend, weil es sie wie eine Welle zu durchlaufen schien. In der nächsten Sekunde sprach sie es aus: „Jäger. Er wollte es so. Er hat Campuzano auf Tämmerer gehetzt. Wie einen Bluthund! Ja, genau so! Wie einen Bluthund!"

Aus dem Tagebuch von Annegret Lepelja, 1881:

Das letzte Licht erloschen. Schatten, Formen überall. Die Nacht beginnt.

Ganz zurückgezogen habe ich mich nun von Gott. Möge er mich hören, während ich ihn verfluche. Oh, wie ich wünsche, dass er mich sieht, wie ich die friedliche Erde des Tunnels einsauge. Oh, wie ich wünsche, dass Gott weiß, dass mein Ziel bald erreicht ist, während er verloren hat.

Einst ängstigte mich der Tunnel, glich er doch einem dunklen Schlund, der sich öffnet, um mich zu verschlingen. Doch habe ich ihn mir nun erobert. Hier ist Platz für mein Lager. Platz für das große Ende. Für den Neuanfang.

Noch ein letztes Mal überprüfe ich alles und weiß, dass ich nicht werde schlafen können in dieser Nacht.

Alles wird gut werden, sage ich mir, und während von den Mauern etwas klingt, das wie Totenklagen erscheint, spreche ich den Namen meines Sohnes.

Einmal, zweimal.

Immer wieder.

Dieses war das vierte Kind.

40. KAPITEL

Wehgetan. Sehr weh.

21:04 Uhr

Mit verschränkten Armen und rebellischem Gesichtsausdruck saß Heide Sacher Charlotte gegenüber. „Ich verlange eine Erklärung dafür, warum ich wie eine Verbrecherin in Ihr Büro geführt werde."

Charlotte stellte das Aufnahmegerät an und sagte klar und deutlich: „Gespräch mit Heide Sacher in Zusammenhang mit der Vergewaltigung und Ermordung von Weinfried Tämmerer. Ermittlungsleiterin: Charlotte Gärtner." Daraufhin klärte sie Heide über ihre Rechte auf und endete mit den Worten: „Haben Sie das verstanden, Frau Sacher?"

Die Pflegerin blickte verwirrt. „Was soll das? Ich ..."

„Haben Sie das verstanden, Frau Sacher?"

„Natürlich habe ich es verstanden. Ich bin nicht auf den Kopf gefallen. Aber ich bestehe darauf ..."

„Ich nehme an, Sie haben keine Ahnung, wo sich Herr Jäger gerade aufhält, richtig?"

Als Heide daraufhin nur blinzelte und schwieg, füllte Charlotte einen kleinen Pappbecher mit lauwarmem Wasser und trank einen Schluck. Dann sah sie die Pflegerin so lange an, bis diese den Blick abwandte. „Sehen Sie, genau das ist mein Problem, Frau Sacher. Eigentlich wollte ich ja gar nicht mit Ihnen, sondern mit Herrn Jäger sprechen, nur scheint der auf ganz wundersame Weise spurlos verschwunden zu sein. Jedenfalls befindet er sich nicht mehr hier auf der Station. Und auch zu Hause scheint er nicht zu sein, zumindest haben meine Kollegen ihn auch dort nicht angetroffen. Deshalb spreche ich jetzt mit Ihnen. Das verstehen Sie sicher."

Heide schwieg weiter.

„Wo ist er, Frau Sacher?"

„Das weiß ich nicht."

„Er ist Ihr Kollege. Sie machen jeden Tag zusammen die Schichten. Und da wollen Sie mir erzählen, Sie hätten nicht mitbekommen, dass er auf einmal nicht mehr da war?"

„Ich habe wirklich keine Ahnung, was Sie von mir wollen." Heide versuchte, auch weiterhin beherrscht zu bleiben, doch ihre Finger zitterten, es war deutlich zu sehen.

„Aber das habe ich Ihnen doch gerade erklärt." Charlotte beugte sich etwas nach vorne. „Hören Sie mir genau zu und sehen Sie mich an, Frau Sacher. Ich möchte Sie jetzt ganz deutlich warnen: Es gibt ziemlich hohe Strafen, wenn man die Polizei in einem offiziellen Verhör anlügt. Und das hier *ist* ein offizielles Verhör. Ich kann Ihnen also versichern, dass es besser für Sie wäre, wenn Sie versuchen würden, diesen Ärger zu vermeiden. Wenn Sie mit mir kooperieren, werde ich tun, was in meiner Macht steht, um Ihnen und auch Herrn Jäger zu helfen. Wenn Sie mich jedoch weiterhin anlügen, dann kann weder ich noch irgendjemand sonst etwas für Sie beide tun. Also, noch einmal: Wo ist er?"

„Ich lasse nicht zu, dass Sie ihn mit Dreck bewerfen."

„Ich bin nicht hier, um ihn mit Dreck zu bewerfen. Ich will wissen, was genau vorgestern Nacht passiert ist. Und ich will wissen, wo er steckt."

Heide fuhr sich mit der Zunge über die Lippen. „Ich weiß es wirklich nicht. Er war auf einmal nicht mehr da."

„Und wann ist Ihnen das aufgefallen?"

„Ich weiß nicht genau. So um kurz nach 19.00 Uhr." Die Stimme erstarb, und Heide schwieg wieder.

„Und da kam es Ihnen nicht in den Sinn, mir sofort Bescheid zu geben? Immerhin ist er Ihr Kollege, es hätte ihm etwas passiert sein können."

Heide starrte an die Wand, antwortete nicht.

„In Ordnung." Charlotte atmete einmal tief durch. „Dann versuchen wir es andersherum: Was ich inzwischen sicher weiß, ist, dass es Jan Jäger war, der Tämmerers Diagnose an die Patienten verpfiffen hat. Ich nehme an, das wissen auch Sie längst. Vermutlich wussten Sie das von Anfang an. Und ich nehme weiter an, dass Jäger es nicht nur getan hat, um die Leute gegen Tämmerer aufzuhetzen. Nein, ich gehe davon aus, dass sein Plan von Anfang an Manipulation war. Er wollte, dass sich einer der Patienten in einem Meer aus Hass und Abscheu zu einem Mord hinreißen lässt. Und bei Robert Campuzano scheint dieser Plan aufgegangen zu sein."

„Um Gottes willen." Heide brach der Schweiß aus. „Nein. Jan wollte nicht Tämmerers Tod. Er wollte nur, dass er …"

„… nichts mehr zu lachen hat. Damit haben wir immerhin schon mal die halbe Wahrheit. Hören Sie, Frau Sacher, ich gehe davon aus, dass Jäger einen guten Grund hatte für seinen Plan. Einen wirklich guten Grund. Er erscheint mir nämlich ganz und gar nicht wie ein Mensch, der einfach nur auf perverse Gewaltfantasien abfährt."

Heide schloss für einen Moment die Augen. „So ist es auch nicht." Sie öffnete die Augen wieder und sah Charlotte an. „So ist es wirklich nicht. Sie können sich überhaupt nicht vorstellen, was ihn seit Jahren treibt."

„Wissen Sie es denn?"

Nicken.

Charlotte füllte einen weiteren Pappbecher mit Wasser und schob ihn zu der Pflegerin über den Tisch. „Dann erzählen Sie es mir. Alles, was ich möchte, ist Licht in diese Sache bringen."

„Er hat es mir im Vertrauen erzählt."

„Um Loyalität unter Kollegen und Freunden geht es hier aber schon lange nicht mehr. Hier sind schreckliche Dinge geschehen und Jan Jäger hatte auf die ein oder andere Weise seine

Finger im Spiel. Also bitte, was ist es, was ihn zu dieser Aktion veranlasst hat?"

Heide griff nach dem Becher, trank einen Schluck. Dann stellte sie ihn auf den Tisch zurück und sagte leise: „Er hat mir von den Bildern erzählt."

„Von welchen Bildern?"

„Den Bildern in seinem Kopf. Sein ganzes Leben schon trägt er sie mit sich herum. Und immer wenn er Tämmerer sah … Jan wollte, dass auch er einmal an den Falschen gerät."

„Von was für Bildern sprechen Sie?"

Heide räusperte sich, schob den Becher etwas von sich. „Bilder von seinem Stiefvater … und von ihm. Jan sagte, sie wären immer da. Wie ein Schatten. Glauben Sie mir, Frau Kommissarin, wir beide können uns nicht vorstellen, was der Junge durchgemacht hat."

„Erzählen Sie es mir."

Heide tat es erst nach kurzem Zögern. „Immer wenn seine Mutter aus dem Haus war, dann hat sein Stiefvater sich um ihn gekümmert. So hat Jan es mir gesagt. Wörtlich sagte er: ‚Wenn sie nicht da war, dann hat er es mir gegeben.'"

„Sein Stiefvater hat ihn vergewaltigt?", hakte Charlotte nach.

Die Pflegerin nickte, für einen Moment herrschte Stille im Raum.

„Warum sagen Sie jetzt nichts mehr, Frau Kommissarin?", fragte Heide dann. „Fehlt Ihnen die Fantasie, sich vorzustellen, was für einen Schaden ein erwachsener Mann bei einem kleinen dünnen Jungen anrichtet, wenn er so etwas tut? Was glauben Sie, warum Jan seit Jahren Tabletten nimmt und trinkt, als gäbe es kein Morgen? So viel, dass er teilweise richtige Aussetzer hat und sich später an nichts mehr erinnert. Manchmal weiß er morgens nicht mehr, was er am letzten Abend getan hat. Manchmal weiß er abends nicht mehr, was er morgens getan hat. Können Sie sich vorstellen, wie schlecht es einem Menschen gehen muss, wenn es erst einmal so weit ist?"

„Dann muss er sich in Behandlung begeben", sagte Charlotte. „Damit er doch noch eine faire Chance auf eine gute Zukunft bekommt."

Heide lachte trocken auf. „Stellen Sie sich vor, genau dasselbe habe ich auch zu ihm gesagt, aber das Einzige, was passierte, war, dass er unglaublich wütend wurde. ‚Wie oft bist du gegen deinen Willen in den Arsch gefickt worden, Heide?', hat er mich angeschrien und hinzugefügt: ‚Ich wünschte, du hättest es erlebt, denn dann wüsstest du, dass es danach keine Zukunft mehr gibt. Gar keine.' Und dann hat er mich stehen lassen."

„Hat er nie darüber nachgedacht, seinen Stiefvater anzuzeigen?", fragte Charlotte. „Ich weiß nicht, ob er weiß, dass es für solche Fälle keine Verjährung gibt …"

Mit brennenden Augen sah Heide sie an. „Auch darauf habe ich ihn angesprochen, und er sagte: ‚Das könnte ich nicht. Ich könnte heute noch nicht vor ihm stehen, ohne wie ein kleines Kind zu zittern'."

„Und aus diesem Grund wollte er, dass Tämmerer büßt", fasste Charlotte zusammen. „Wenn schon nicht sein Stiefvater, dann eben ein anderer Kinderficker. Hauptsache Genugtuung, war es so?"

Heide nickte. „Es dauerte tatsächlich nicht lange, bis ich begriff, dass er es war, der Tämmerer verpfiffen hat. Aber es dauerte noch eine ganze Weile, bis ich begriff, dass sein Ziel von Anfang an Campuzano war. Jan konnte sich in ungefähr ausmalen, was passieren würde, wenn dieser Mensch von Tämmerers Pädophilie erfuhr. Und so war es dann auch. Campuzano hat Tämmerer wehgetan. Sehr weh. Und das wollte Jan." Heides Seufzer verriet ehrliche, tiefe Trauer. „Ich wusste nicht, was ich danach noch tun oder sagen oder wie ich überhaupt noch an ihn herankommen sollte. Er ist mir mit jedem Tag mehr entglitten. Aber ich konnte ihn doch auch nicht verraten. Nicht nach allem, was ich über ihn weiß."

Es wurde erneut für einen Moment still im Raum.

Dann sagte Charlotte: „Bisher wissen wir nur, dass Campuzano Tämmerer verprügelt und vergewaltigt hat. Den Mord können wir ihm noch nicht nachweisen. Aber *wenn* er ihn umgebracht hat, Frau Sacher, dann wissen Sie, was das für Herrn Jäger bedeutet."

„Jan wollte nicht, dass Campuzano ihn umbringt. Dass er ihn demütigt, ja. Aber an einen Mord hat er überhaupt nicht gedacht. Das hat er mir selbst gesagt. Er hat einen Fehler gemacht, für den er nun bitter bezahlt. Aber er ist kein Mörder. Kein Mörder, Frau Kommissarin."

„Wo ist er?", fragte Charlotte, während sie zielstrebig an Tech vorbei den Flur hinaufmarschierte.

Er folgte ihr auf den Füßen. „In seinem Zimmer. Aber was ist, wenn er sich nicht so einfach verhaften lässt?"

„Dann haben Sie hoffentlich Ihre Waffe griffbereit."

„Sie meinen, ich soll ihn erschießen?"

„Ich meine, Sie sollen auf ihn zielen und ihn in Schach halten." Vor Campuzanos Zimmertür blieb Charlotte stehen. „Ich gehe als Erste rein."

Tech antwortete nicht, aber da er direkt hinter ihr stand, ging sie davon aus, dass er sie verstanden hatte.

Keine Sekunde später öffnete sie die Tür, und sofort traf es sie wie ein Schlag. Ganz kurz hatte sie einen Eindruck von eisiger Kälte, sie wich zurück und dann erst bemerkte sie den Gestank. Es stank nach Tod und Elend. Sie konnte kaum noch atmen. Tech, der sich direkt hinter ihr befand, schien es ebenfalls zu riechen, denn er keuchte auf: „Lieber Gott!" Und fingerte nach einem Taschentuch.

Die Luft im Zimmer schien wie geronnen.

Endlich fand Tech ein verknäultes Taschentuch. Und gerade noch rechtzeitig, denn kaum blickte er an Charlotte vorbei, hob sich sein Magen.

Robert Campuzano lag nackt und bäuchlings über seinem Bett. Seine Knie ruhten auf dem Boden. Er sah aus, als hätte er sich hingekniet, um ein Gebet zu sprechen. Aber er betete nicht. Jemand hatte ihn erschossen. Von hinten in den Kopf.

Vor dem Bett lag eine Serviette, auf die erneut eine 5 gemalt worden war. Aber dieses Mal auch noch etwas anderes: *Abrakadabra.*

„Was zum Teufel ..." Das Herz trommelte gegen Charlottes Brust. „... geht hier vor sich?"

Tech konnte ihr die Frage nicht mehr beantworten, er war bereits in Richtung Toiletten gerannt, um sich zu übergeben.

41. KAPITEL

Was für Triebe auch immer

Von alldem bekamen Julia und Susanne noch nichts mit. Sie saßen inzwischen nebeneinander auf dem Fußboden, mit den Rücken an das Bettgestell gelehnt, und redeten, ließen sich einfach treiben, irgendwohin, ohne Aussicht auf Land und ohne Orientierung, aber das war egal, sie trieben einfach weiter. Vom Flur her drangen gedämpft Geräusche zu ihnen herein, aber so weit entfernt, als kämen sie aus einer ganz anderen Welt.

„Ich finde es immer noch total spannend, dass du mal bei der Polizei warst", sagte Susanne.

„Warum?", gab Julia zurück. „Was fasziniert dich so sehr daran?"

„Ich weiß nicht. Vermutlich wünschte ich mir, du hättest mich damals festgenommen und verhört." Susanne lächelte leicht. „Dann hätte ich wenigstens die Aussicht genießen können."

Julia lächelte ebenfalls leicht, antwortete aber nicht darauf, und so schwiegen sie einen Moment.

„Warum hast du aufgehört?", fragte Susanne dann. „Nein, warte. Lass mich die Frage anders stellen: Warum bist du überhaupt zur Polizei gegangen?"

„Idealismus. Ich wollte die Guten beschützen und die Bösen verfolgen. Das klassische Klischee eben."

„Und warum hast du aufgehört?"

„Weil man zu viel von diesem Idealismus verliert, wenn man den Beruf macht. Jedenfalls war es bei mir so." Julia brach kurz ab, dachte einen Moment nach, dann fügte sie hinzu: „Früher, weißt du, habe ich das Gute noch erkannt, wenn ich es gesehen habe."

„Und heute?"

„Ist das nicht mehr der Fall. Ich sehe es nicht einmal mehr, wenn ich in den Spiegel gucke."

„Und was siehst du stattdessen?"

„Gar nichts mehr."

Susanne wusste nicht, was sie darauf sagen sollte, deshalb schwieg sie einen Moment.

„Ich glaube, dass du eine gute Polizistin warst", sagte sie dann. „Und ich glaube, dass du viele Verbrecher überführt und ins Gefängnis gebracht hast."

Julia antwortete nicht darauf, und sie fügte hinzu: „Ich bin der Meinung, dass es manchmal schon reicht, die Dinge einfach anzugehen und zu machen. Es wenigstens zu versuchen."

„Vielleicht."

Susanne starrte an die Wand. „Ich bin genauso verwirrt und allein wie du, Julia. Ich will auch nur irgendwie mit dem Leben davonkommen. Frei atmen. Luft."

Einen Augenblick sahen sie wieder schweigend an die gegenüberliegende Wand.

„Ich bin dran mit fragen", sagte Julia dann.

„Was möchtest du wissen?"

„Ich weiß nicht … Erzähl mir von deinem ersten Kuss."

„Warum willst du ausgerechnet das wissen?"

„Keine Ahnung. Es interessiert mich einfach."

„Na gut." Susanne suchte nach ihren Zigaretten. „Sie hieß Maria Chidocoro, war eine Klassenkameradin von mir und ein echt hübsches Mädchen. Später kamen wir zusammen, und ich war schwer verliebt."

„Wie alt warst du?"

„Dreizehn." Susanne hob eine Hand in die Höhe. „Ich war schon immer ein echt böses Mädchen, etwas anderes hab ich nie behauptet."

Julia lachte. Ja, sie lachte tatsächlich. „Und weiter? Wie ist es passiert? Der Kuss, meine ich."

„Hm. An einem Wochenende hat sie bei mir übernachtet, wie Schulfreundinnen das eben manchmal so machen. Wir überlegten, dass wir noch ein bisschen planschen könnten. Wir hatten nämlich einen Pool. Eindeutig das Coolste bei uns zu Hause. Der Pool. Na ja, und das haben wir dann auch getan. Wir haben geplanscht und rumgealbert, sie hat mich angesehen, ich hab sie angesehen. Dann hat sie sich zu mir rübergebeugt und mich geküsst."

„Richtiger Kuss oder Kinderkuss?"

„Kinderkuss. Der richtige Kuss kam etwas später." Susanne lächelte in der Erinnerung. „Und bei dir?"

Julia hob die Schultern in die Höhe. „Ehrlich gesagt wusste ich mit dreizehn noch gar nicht, was ein richtiger Kuss ist. Ich war ein echter Spätzünder."

„Na ja, von Wissen konnte bei mir mit dreizehn auch noch keine Rede sein." Susanne lachte leise auf, vielleicht über die Erinnerung, vielleicht auch über die Absurdität der ganzen Situation. „Erzähl schon", forderte sie dann.

„Okay. Mein erster Kuss ist im Waisenhaus passiert."

„Geschah er aus Mangel an Alternativen oder weil du sie wirklich mochtest?"

„Weil ich sie mochte. Wir lagen nebeneinander auf dem Bett und lernten. Das Fenster war offen, draußen fing es an zu regnen. Ich beugte mich über sie, um es zu schließen, und dann ... ist es passiert."

„Wie alt wart ihr da?"

„Fünfzehn." Julia lächelte in der Erinnerung.

„Kinderkuss oder echter Kuss?"

„Kein Kinderkuss."

„Und was ist dann passiert?"

„Nichts. Wir haben danach nie wieder darüber gesprochen."

„Warum nicht?"

„Ich weiß nicht ... Wenn man so eng mit jemandem zusammenlebt und aufwächst, dann ist man einfach zu ..." Julia suchte nach den richtigen Worten. „... zu verletzlich. Sie war meine beste Freundin. Ich wusste alles über sie und sie alles über mich. Vermutlich mehr als jeder andere Mensch." Sie brach ab, spürte eine vertraute Traurigkeit und fügte hinzu: „Es war einfach zu kompliziert. Davon abgesehen war sie mit fünfzehn schon eine echte Hete. Daran hat auch der Kuss nichts geändert. Aber sie ist immer noch ein Teil von mir, und das wird sie immer bleiben."

„Du warst verliebt in sie", stellte Susanne fest.

„Verliebt?" Darüber dachte Julia einen Moment nach. „Vielleicht. Trotzdem könnte ich mir heute noch nicht vorstellen, dass ich sie jemals lieben könnte wie eine Geliebte."

„Bist du dir da ganz sicher?"

„Abgesehen davon, dass sie mich inzwischen hasst."

„Nein, tut sie nicht."

„Doch, tut sie."

„Hast du sie danach gefragt?"

„Nein."

„Woher willst du es dann wissen?"

„Wie auch immer." Julia legte den Kopf in den Nacken. „Ich hab sie gehen lassen. Genau genommen hab ich sie sogar zweimal gehen lassen. Damit sie ihr eigenes Leben leben kann. In Ruhe und in Frieden. Und glücklich. Weil es das ist, was sie verdient hat." Sie senkte den Kopf wieder und sah Susanne an. „Denn wenn ich eine Sache im Leben gelernt habe, dann das: wie man Dinge und Menschen loslässt. Wie man weiterzieht, alle Brücken hinter sich sprengt und sich an immer neue Umstände gewöhnt."

„Vielleicht ist das manchmal sogar mutiger, als zu bleiben", gab Susanne zurück.

„Keine Ahnung. Auf jeden Fall ist es mein Leben."

„Das heißt, es gibt dort draußen niemanden, der dein Fels in der Brandung ist?"

„Nein. Bei dir?"

„Nein."

Sie schwiegen einen Moment, starrten wieder an die Wand. Dann sagte Susanne: „Schon ziemlich lange her, oder?"

„Was immer dir gerade durch den Kopf geht", gab Julia zurück. „Es ist nicht gut. Gar nicht gut."

Trotzdem sahen sie sich an, und ihre Blicke hielten einander fest.

Was immer es dann war, Lust, Hormone, was für Triebe auch immer, Julia hätte es hinterher nicht mehr sagen können. Auf jeden Fall war plötzlich sie es, die Susanne küsste, mit einer Mischung aus Wut und Verzweiflung, weil sie im gleichen Moment wusste, dass es falsch war. Unmöglich. Völlig daneben. Aber sie hatte sich schon so lange nicht mehr fallen lassen und musste dieses Gefühl einfach mal wieder erleben. Sie hatte es so lange entbehrt, dass sie die Empfindungen, die es auslöste, förmlich zu überwältigen drohten.

Sie wird mich halten, küssen, berühren, und ich werde mich für einen kurzen Moment nicht einsam fühlen. Ich werde für ein paar Minuten nicht nachdenken.

Einfach nur fühlen.

Nicht nachdenken.

Und so waren es genau zwei Bewegungen bis aufs Bett, die sie machten, weil es in diesem Augenblick so einfach war. Weil Julia ein so großes Verlangen, eine Sehnsucht nach Wärme, nach Schutz, nach Geborgenheit empfand.

Ein Kleidungsstück nach dem anderen fiel zu Boden, und alles veränderte sich in dem Moment, in dem Haut auf Haut traf. Ihr Atem mischte sich, und als sie sich bewegten, hatte Julia das Gefühl, ihre Gliedmaßen verflüssigten sich, schmolzen unter Susannes Wärme.

Sie ließ die Hände über ihre Taille gleiten, zog sie so nah wie möglich an sich heran, und eine Weile genügte es, sie einfach nur zu spüren.

Ihre Blicke fanden sich, und selbst als sie sich dann küssten, sahen sie sich noch in die Augen.

Als ihre Hände in beinahe synchronen Bewegungen ihre Körper erkundeten, sie sich gegenseitig einatmeten, zuckte jede einzelne Berührung wie ein Blitz durch Julias Körper, jedes ihrer Nervenenden summte und sirrte. Ihre Muskeln spannten sich an. Sie schloss die Augen, hörte Susanne etwas flüstern, was sie nicht verstand, spürte, wie sie ihren Hals, ihre Schultern, ihr Gesicht küsste.

Als sie wenig später kam, zersprang Julia regelrecht. Sie zerbarst, zersplitterte in winzige Teile. Es fühlte sich an, als löse sie sich auf, und sie war dankbar dafür.

42. KAPITEL

Ein Killer mit einer Agenda

„Nun, hier ist das Offensichtliche tatsächlich das Offensichtliche." Frau Dr. Hannelore Strickner nahm für einen kurzen Moment die rote Diorbrille von der Nase. „Dem Mann wurde zuerst in den Hinterkopf geschossen. Danach wurde ihm die Zunge herausgeschnitten. Sieht man davon ab, gibt es keine Zeichen für äußere Gewaltanwendung. Er scheint sich völlig freiwillig nackt vor das Bett gekniet zu haben. Und das Ganze kann auch noch nicht sehr lange her sein, höchstens drei Stunden."

Charlottes Gesicht hatte immer noch keine Farbe. Ihre Kleidung klebte am Körper, und unter der Haut und um die Augen herum konnte man feine blaue Äderchen erkennen. Alles stand still. Nicht einmal die Staubkörner in der Luft schienen in Bewegung. Deshalb war Zanders Stimme auch wie ein Schock für sie. Wie ein langer Nagel, der über eine Tafel gezogen wurde.

„Mir fallen hier spontan drei Dinge auf", sagte er. „Erstens, der Charakter der beiden Morde. Fast wie Ritualmorde. Zweitens, die Opfer sind fast gleich alt, nicht wahr? Tämmerer war etwas über vierzig, Campuzano knapp darunter. Und drittens, der Körperbau der beiden. Sie waren beide groß und von muskulöser Statur."

„Bis jetzt sind wir uns einig", brachte Charlotte hervor.

„Und es gibt noch einen vierten Punkt", fuhr Zander fort. „Der Mörder verfügt über eine ziemliche Risikobereitschaft. Immerhin geht es dort draußen auf dem Flur zu wie auf einem Bahnhof. Er aber gelangte völlig unbehelligt in dieses Zimmer. Wie ist ihm das gelungen?"

Die Strickner setzte die rote Brille wieder auf und griff nach ihrem metallenen Koffer. „Nun denn, wenn ich den Mann auf meinem Tisch hatte, kann ich Ihnen Näheres zu jenen Dingen sagen, von denen ich etwas verstehe. Auf Wiedersehen, Herr und Frau Kommissar." Damit verschwand sie einmal mehr so schnell, wie sie gekommen war.

Daraufhin folgte ein langes Schweigen, während sie beobachteten, wie Campuzanos Leiche in einen Metallsarg gelegt und abtransportiert wurde.

„Verdammt!", entfuhr es Charlotte. „Verdammt, verdammt, verdammt! Das hätte nicht passieren dürfen."

Zander griff nach ihrem Arm. „Kommen Sie, gehen wir in Ihr Büro. Hier haben wir genug gesehen."

Sie war derselben Meinung und hatte deswegen keinerlei Einwände.

Und so kam es, dass Charlotte fünf Minuten später in der Mitte ihres improvisierten Büros stand, sich völlig erschöpft und – mit einer Leiche mehr am Hals als noch zu Tagesbeginn – völlig deplatziert fühlte. Verzweifelt versuchte sie, irgendwie verlorenen Boden zurückzugewinnen, als Professor Malwik völlig außer sich und ohne anzuklopfen hereingestürmt kam.

„Wunderbar!", rief er aus. „Hervorragend! Da können Sie ja mächtig stolz auf sich sein, Frau Kommissarin! Jetzt haben wir noch einen Toten mehr. Dazu ist einer meiner Pfleger wie vom Erdboden verschluckt, übrigens ebenso, wie immer noch eine meiner Patientinnen wie vom Erdboden verschluckt ist."

Charlotte blies die Wangen auf, ließ die Luft dann langsam wieder heraus. „Herr Professor, Ihr Pfleger ist verschwunden, weil er es war, der den Tämmerer bei den Patienten verpfiffen hat. Und zwar aufgrund der Tatsache, dass er schon sein ganzes Leben ein heftiges Trauma mit sich herumträgt, nämlich dem, dass er von seinem Stiefvater schwer sexuell missbraucht wurde. Der Mann ist psychisch fertig, am Ende, ein Wrack. Wollen Sie mir ernsthaft erzählen, Sie hätten davon nichts gewusst?"

„Das habe ich tatsächlich nicht."

„Nein?" Charlotte machte ein zweifelndes Gesicht. „Sie hatten zu keinem Zeitpunkt den Verdacht, dass er Tämmerer verraten haben könnte? Nicht den geringsten? Das glaube ich Ihnen nicht."

„Zumindest gab es nie einen belastbaren Beweis dafür." Malwik richtete sich zu seiner vollen Größe auf, womit er Charlotte trotzdem nur bis zur Schulter reichte. „Davon abgesehen mag Jäger Tämmerers Diagnose ausgeplaudert haben, das heißt aber noch lange nicht, dass er auch ein Mörder ist. Wenn Sie das glauben, Frau Kommissarin, befinden Sie sich auf dem Holzweg."

„Immerhin war er sich nicht zu schade, einen Ihrer Patienten in Richtung einer schweren Straftat zu manipulieren."

„Um ihn dann kurz darauf selbst umzubringen? Ich bitte Sie, Frau Kommissarin, das ist doch lächerlich." Mit dem Zeigefinger deutete Malwik sich selbst auf die Brust. „Vielleicht haben wir in Bezug auf Herrn Jäger Fehler gemacht ..." Er deutete auf Charlottes Brust. „...aber wer weiß, wie viele meiner Patienten *Sie* mit Ihrer Vorgehensweise noch in Gefahr bringen. Ganz sicher aber schwöre ich Ihnen, dass ich Sie für sämtliche weiteren Störungen verantwortlich machen werde! Sie ..."

„Wir wissen es nicht mit Sicherheit, aber vielleicht stand Robert Campuzano von Anfang an auf der Liste des Mörders", schaltete Zander sich ein.

„Oh!", wandte Malwik sich an ihn. „Jetzt vermuten Sie also einen Killer mit einer Agenda! Und wie lange, denken Sie, wird er Sie wohl noch an der Nase herumführen, ehe Sie ihn schnappen? Und wie viele meiner Patienten werden bis dahin noch dran glauben müssen?" Er drehte sich wieder in Richtung Charlotte. „Meiner Meinung nach haben Sie den Mörder mit Ihrer Art und Weise nur noch weiter herausgefordert, und so wie ich die Dinge sehe, gedenken Sie auch nicht, damit aufzuhören. Nur Gott ... und vielleicht ein paar ganz besonders schlaue Psychiater, zu denen ich offenbar nicht gehöre, wissen, warum das so ist. Allerdings – und da seien Sie sich sicher – werde ich weitere Aktionen Ihrerseits von nun an zu verhindern wissen!" Damit machte der Professor auf dem Absatz kehrt und stürmte wieder davon. Lediglich seine Worte blieben mitsamt der Drohung in der Luft hängen.

Zander sah Charlotte an. Deren Blick streifte über die Magnettafel, über das Sammelsurium an Fakten, die dort hingen, die losen Fäden, die einzelnen Puzzlestücke, in ihrem Kopf jetzt ein einziges Getöse. Die beiden *M*. Motiv und Möglichkeit. Was übersah sie hier? Was entging ihr? Immer mehr Getöse. Sie allein war schuld an Campuzanos Tod. Weil sie viel zu spät reagiert hatte. Dann noch einmal das Gespräch mit Heide Sacher, wie im Zeitraffer. Jan Jägers verpfuschtes Leben, in jeder Einzelheit. In viel zu vielen Einzelheiten. In …

„Frau Gärtner?"

Sie wandte sich zu Zander hin. „Er tut mir leid."

„Wer?"

„Jan Jäger."

„Ich verstehe Sie, aber der Mann hat eine schwere Straftat begangen."

„Trotzdem tut er mir leid." Charlotte sah Zander an. „Niemand hat dem armen Jungen geholfen, weder dem kleinen noch dem großen."

„Das weiß ich, und trotzdem …"

„Jetzt seien wir doch mal ehrlich, Herr Zander, was davon können wir uns schon vorstellen, hm? Wir mit unseren großen, glücklichen Familien, die wir einmal in der Woche fröhlich plappernd gemeinsam beim Essen sitzen." Plötzlich zitterte Charlotte wie Espenlaub, bekam nur noch mit Mühe Luft, hatte den Eindruck, zu ersticken. Doch die Worte mussten aus ihr hinaus. „Wenn wir abends von unserem Papi einen Gutenachtkuss bekamen, dann ist es bei einem Gutenachtkuss geblieben. Er ist nicht zu uns unter die Bettdecke gekrochen, um uns zu betatschen." Charlotte drehte sich zur Seite. Ihr Schädel drohte zu zerspringen. „Unsere Kindheit hat uns groß werden lassen, Herr Zander, währenddessen wurde unsere Kinderseele nicht getötet." Charlotte drehte sich zur Seite, ihre Gedanken überschlugen sich. „Und deshalb haben wir keine Vorstellung davon. Nicht die geringste." Sie brach ab. „Lassen Sie mich bitte einen Moment allein."

Zander nickte, und sie ließ sich für einen Augenblick auf einen Stuhl sinken, senkte das Gesicht auf die Kniescheibe. Ganz bestimmt kam sie dagegen an. Sie musste es nur für einen kurzen Moment zulassen und dann darauf warten, dass es wieder verblasste. Und wenn ihr das gelungen war, dann würden nur das Kopfweh und die Übelkeit zurückbleiben.

Und tatsächlich wirkte Charlotte, als sie Zander wenig später wieder hereinholte, zwar immer noch bleich, aber immerhin schon etwas gefasster. „Ich werde jetzt meinem Chef Bericht erstatten und dann meinen Kopf öffentlich von ihm auf einen Pfahl spießen lassen."

„Wenn Sie wollen, reden wir beide mit ihm."

„Danke. Aber ich befinde mich auch so schon in einer ausgesprochen undankbaren Situation. Ich stecke in einer entsetzlichen Ermittlung fest, die mir mehr und mehr entgleitet, während mein Chef von mir erwartete, dass ich den Mistkerl schnappe, noch bevor die Presse ihm einen Namen geben kann. Nun, das ist mir bekanntlich nicht gelungen. Stattdessen haben wir nun noch einen weiteren Toten. Wenn ich jetzt auch noch mit einem Kommissar aus Mainz ankomme, der nebenberuflich schräge Verschwörungstheorien um Sven Wagner verfolgt – und gleichzeitig der ehemalige Kollege von dessen Tochter ist –, dann sprengt das die Skala dessen, was ich mir überhaupt noch leisten kann. Dann macht er Hackfleisch aus uns beiden. Vor allem aus mir. Sie verspeist er als Aperitif."

Zander lockerte seine Krawatte. „Einen Aperitif kann man nicht verspeisen."

„Wirklich, Sie müssen mir nicht ständig aufs Neue beweisen, dass Sie ein Klugscheißer sind, Herr Zander."

Er lächelte dünn. „Entschuldigen Sie, aber es fällt mir wirklich schwer, zu glauben, dass Sie überhaupt vor irgendeinem Menschen auf dieser Welt Angst haben."

„Oh, Angst ist in diesem Fall nicht das richtige Wort", bemerkte Charlotte angespannt. „Ich würde meinem Chef nur lieber so lange aus dem Weg gehen, bis ich den Tarnumhang von Harry Potter habe, mit dem ich mich unsichtbar machen kann. Wie soll ich ihm das bitte schön erklären? Er wird mich fragen, ob das vielleicht ein schlechter Scherz sein soll, worauf ich ihm sagen werde, leider nicht, und übrigens ist das zweite Opfer unser Hauptverdächtiger. Verstehen Sie, was ich Ihnen sagen will?"

„Er wird es akzeptieren. Was soll er sonst machen?"

„Mannomann", entfuhr es Charlotte. „Ich hätte Ihre Leitung für weniger lang gehalten."

„Hören Sie, es ist noch nicht aller Tage Abend. Auch wenn ich nicht den Finger drauflegen kann, ich bin mir sicher, wir haben die Antwort direkt vor der Nase. Ich habe da so ein ganz besonderes Bauchgefühl."

„Dasselbe wie bei Sven Wagner?"

„Ja." Zander nickte. „Und dieses Gefühl sagt mir, dass wir am Ende gewinnen werden. Ich verspreche es Ihnen. Schon alleine, weil ich dem Mistkerl ins Gesicht sehen will, der anderen Menschen die Augen ausreißt und ihnen die Zungen herausschneidet."

Charlotte nickte. Das wollte sie ebenfalls. „Und ich nehme an, Sie haben bereits einen Plan? Sie haben ganz bestimmt einen Plan. Sie haben doch immer einen Plan."

Er nickte noch einmal. „Wir brauchen Hilfe."

„Von wem?"

„Von einer verdammt guten Ermittlerin."

43. KAPITEL

Das Richtige denken

Kein Wort, kein Geräusch. Nichts.

So lange, bis Susanne meinte: „Das müsste jetzt die Stelle sein, an der du sagst, das hätten wir nicht tun dürfen."

Julia drehte sich auf den Rücken. „Du hast das Drehbuch gelesen." Sie wartete auf eine Antwort, doch Susanne reagierte nicht mehr. Völlig schockiert konnte diese einen Moment lang überhaupt nichts mehr rühren. Ihr Blick lag auf den beiden Narben auf Julias Oberkörper. Sie war nicht fähig, wegzusehen, spürte, wie sich ihre Lippen bewegten. Trotzdem dauerte es noch lähmende Sekunden, ehe sie herausbrachte: „Was …?"

„Da hat ein Psychopath auf mich geschossen." Julias Stimme war völlig ruhig. Sie hätte ebenso gut über das Wetter sprechen können.

„Julia, was zum Teufel geht vor in deinem Leben?"

„Es ist wirklich besser, wenn du das nicht weißt."

„Warum?"

„Weil du dann auch zur Zielscheibe wirst. Und das will ich nicht."

„Gesunder Menschenverstand war noch nie meine Stärke, das solltest du langsam wissen."

Julia antwortete nicht mehr, erhob sich stattdessen und schritt zum Tisch. Dort griff sie nach einer Wasserflasche und trank einen Schluck.

„Rede mit mir", forderte Susanne. „*Bitte.*"

Nur langsam drehte Julia sich zu ihr um. Dann kam sie zum Bett zurück und setzte sich auf die Kante. „Ich wäre für sie gestorben, Susanne."

„Für wen?"

„Ich wäre gestorben, wenn ich Eva damit hätte retten können."

Susanne kam jetzt überhaupt nicht mehr mit. Sie wollte fragen, wer zum Teufel Eva war, aber Julia sprach schon weiter: „Wenn er mir die Waffe in die Hand gedrückt hätte, ich hätte mir direkt ins Herz geschossen. Oder in den Kopf. Ich hätte nicht eine Sekunde darüber nachgedacht. Wenn er sie nur dafür hätte gehen lassen. Aber er hat mir den Gefallen nicht getan. Kein Erbarmen."

„Langsam, Julia, ich kann dir nicht folgen. Von wem sprichst du?"

Vor der Tür rannte jemand den Flur entlang.

Für einen kurzen Moment schloss Julia die Augen, öffnete sie dann wieder. „Kein Erbarmen", sagte sie noch einmal. „Ich habe es mit Menschen zu tun, die kein Erbarmen kennen. Sie töten alles, was mir etwas bedeutet, und wenn ich ihnen die Gelegenheit biete, dann töten sie auch mich."

Susanne spürte, wir ihr übel wurde. Galle begann sich ihre Kehle hinaufzuarbeiten. Sie begann zu schwitzen, wie sie noch nie in ihrem Leben geschwitzt hatte. Alle möglichen Bilder überschlugen sich in ihrem Kopf, und plötzlich erkannte sie den Preis. Jetzt war es bei ihr. Das, was sie nicht hatte sehen wollen. Und jetzt ertrug sie es nicht, noch mehr zu sehen. „Julia, hör mir zu. Ich muss dir etwas sagen."

Aufmerksam sah Julia sie an, und ausgerechnet in diesem Moment klopfte es an die Tür. Heide Sacher steckte den Kopf herein. „Frau Wagner, ich habe Sie schon überall gesucht. Sie sollen sofort zu Kommissarin Gärtner kommen. Bitte, beeilen Sie sich." Damit zog sie sich wieder zurück, steckte den Kopf aber kurz darauf noch einmal herein. „Übrigens werde ich keine Meldung machen über das, was ich gerade gesehen habe. Hier draußen ist die Hölle los, und ich habe ganz andere Sorgen. Ihr Glück."

Jan Jäger kniff die Augen zusammen, denn der Mond war die einzige Lichtquelle auf dem Friedhof. Er wartete, bis sich seine Augen an die Dunkelheit gewöhnt hatten, dann sah er sich um. Nichts. Lauschte. Nichts. Natürlich, er war der einzige Mensch weit und breit. Wer außer ihm trieb sich wohl sonst noch in der Dunkelheit auf einem Friedhof herum?

Der Handballen, in den er sich geschnitten hatte, schmerzte, aber Jäger mochte diesen Schmerz. Er hielt ihn im Hier und Jetzt. Er mochte es, sein eigenes Blut fließen zu sehen. Er liebte das Pochen, das sich in dem geritzten Körperteil ausbreitete.

Meistens allerdings ritzte er sich die Oberarme. Dort, wo ein T-Shirt gerade noch die Narben verdecken konnte. Heute jedoch nicht.

Nicht heute.

Jäger ging weiter. Er wusste, dass er sich nicht verlaufen würde. Er war schon oft hier gewesen, hätte sich blind zurechtgefunden. Allerdings war er erschöpfter, als er gedacht hätte. Die letzten Stunden waren anstrengend gewesen.

Aber er hatte keine andere Wahl.

Er war hier, und er würde das Richtige tun. Dieses Mal würde er das Richtige tun. Endlich hatten sich die Dinge in seinem Kopf zusammengefügt.

Jetzt hatte er Annegret Lepeljas Grab erreicht. Er kniff die Augen zusammen, um besser sehen zu können.

Das Richtige tun.

Das Richtige denken.

Es war Zeit, dem Ganzen ein Ende zu bereiten.

44. KAPITEL

Mit der 5 schuf er sie

Charlotte war am Rotieren, als Julia endlich an die Tür des improvisierten Büros klopfte.

„Frau Wagner! Das wurde aber auch Zeit. Kommen Sie herein." Um es ihr leichter zu machen, schenkte sie koffeinhaltigen Kaffee aus einer Kanne in eine Tasse und stellte sie auf den Tisch. „Setzen Sie sich."

Julia blieb stehen, wo sie war.

Charlotte deutete auf die Magnettafel. „Wir versuchen gerade, die Handschrift unseres Mörders zu entziffern. Und wir tun uns dabei, zugegeben, etwas schwer. Deshalb meinte Herr Zander, dass es unbedingt erforderlich wäre, Ihre Meinung dazu zu hören."

Julias Blick fiel auf Zander, der am Tisch saß und keine Miene verzog. Dann sah sie Charlotte wieder an. „Tut mir leid. Aber ich bin raus, was das betrifft."

„Ich weiß", sagte Charlotte. „Versuchen Sie es trotzdem. Bitte."

„Glauben Sie mir, Sie brauchen mich dafür nicht. Zander ist ein großartiger Ermittler. Es gibt keinen Fall, den er nicht lösen kann. Er …"

„Es geht um Menschenleben", unterbrach Charlotte. „Wir haben inzwischen einen weiteren Toten."

Julia sah auf. „Wen?"

„Robert Campuzano. Schauen Sie sich die Fotos an. Bitte."

Unwillig schob Julia die Hände in die Taschen ihrer Jogginghose und trat zur Magnettafel. Weinfried Tämmerers Leiche hatte sie selbst gefunden, sie wusste also, wie er auf seinem Bett gelegen, wie er ausgesehen hatte. Elisa Kirsch war noch nicht gefunden worden, weshalb von ihr noch nichts an der

Wand hing. Ihr Blick legte sich also auf die Fotos von Robert Campuzano. Es waren mehrere, und jedes einzelne war gestochen scharf.

„Wurde er in dieser Stellung gefunden?", wollte sie wissen.

Charlotte nickte. „Außerdem wurde ihm, wie Sie sehen, die Zunge entfernt."

Aufmerksam stand Julia vor der Tafel. „Dieser Mörder ist nicht desorganisiert, das steht fest. Er tötet die Opfer, entfernt ihnen die Körperteile und behält dabei alles unter Kontrolle, auch sich selbst." Sie brach kurz ab, dann fügte sie hinzu: „Hier ist nichts rein zufällig geschehen. Er hat alles genau so geplant."

„Und was bedeutet das?"

„Er hat etwas damit vor."

„Mit den Körperteilen? Ja, aber was?"

„Keine Ahnung. Um das herauszufinden, bräuchten wir seine psychologische Visitenkarte. Hat er wieder etwas hinterlassen?"

Charlotte nickte und reichte die eingetütete Serviette an Julia weiter. Aufmerksam betrachtete diese sie von allen Seiten, dann sagte sie: „Er folgt einem Muster. Irgendwas Rituellem. Gehen wir davon aus, dass auch Elisa tot ist, dann wäre Campuzano das dritte Opfer in drei Tagen und ..."

„Elisa Kirsch ist bisher aber nur verschwunden", wandte Charlotte ein. „Für etwas anderes gibt es bisher noch keinen Beweis."

„Julia hat aber recht", schaltete Zander sich ein. „Keiner von uns hat es bisher ausgesprochen, aber wir alle wissen es. Elisa ist nicht mehr am Leben."

Julia nickte. „Und das Problem ist, dass es vermutlich mit jedem Mord leichter für den Mörder wird. Beim ersten Mal hat er vielleicht noch damit gerechnet, erwischt zu werden. Aber das geschah nicht. Deshalb glaubt er jetzt, Recht und Gesetz gelten nicht für ihn. Er hält sich für etwas ganz Besonderes." Sie hob die Serviette in die Höhe und deutete auf die Zahl.

Charlotte kniff die Augen zusammen. „Helfen Sie mir auf die Sprünge, Frau Wagner."

„Zahlen wurde schon immer eine magische Kraft nachgesagt." Julia betrachtete noch einmal die Serviette. „Im Guten wie im Schlechten. Sie können Glück und Reichtum bedeuten, aber auch Unglück und Krankheit."

„Und wofür steht die Zahl 5, wissen Sie das?"

Julia zog leicht die Schultern in die Höhe. „Es gibt verschiedene Zahlensymboliken, ich kenne mich aber nur etwas mit der biblischen aus. Dessen Ursprung ist *Jod*, das ist der Zahlenwert 10. Aufgespaltet ergibt sich daraus 5 und 5, was die rechte innere männliche Seite und die linke äußere weibliche Seite des von Gott geschaffenen Menschen ergibt."

Charlotte warf Zander einen Blick zu, doch der bedeutete ihr, ruhig zu bleiben und weiter zuzuhören.

„Die biblische Zahlensymbolik beruht nicht nur auf Zahlen", erklärte Julia weiter, „sondern im Wesentlichen auch auf dem Zahlenwert der zweiundzwanzig hebräischen Konsonanten-Buchstaben. Die Zahl des Namens Abraham, zum Beispiel, wird nur durch die Einfügung des *He*, der Zahl 5, auf zweihundertachtundvierzig erhöht …"

„Frau Wagner …"

„… und mit dieser Zahl wird die Zahl der Teile des menschlichen Skeletts angegeben, also dessen, was den Menschen durch diese Welt trägt." Julia hob den Kopf und sah Charlotte an. „‚Mit der 5 schuf er sie', Frau Kommissarin. Es ist die Zahl des Geistes und des Jenseitigen."

„*Schuf er sie?*", wiederholte Charlotte. „Was soll das heißen? Dass unser Mörder Gott spielt und einen Menschen erschaffen will, oder wie? Das ist doch Wahnsinn!"

„Mit gesunder Logik hat das hier nichts zu tun."

„*Abrakadabra.*"

Julia und Zander hatten gleichzeitig gesprochen. Charlotte sah von einem zum anderen.

„Aber könnte es nicht doch viel einfacher sein, nämlich so, dass der Mörder den beiden Männern etwas heimzahlen wollte?", wandte sie sich schon beinahe verzweifelt wieder an Julia. „Dass er Tämmerer die Augen entfernt hat, damit der keine kleinen Kinder mehr damit ansehen kann? Und Campuzano die Zunge, sodass der nichts Schmutziges mehr damit von sich geben kann? Würde das denn nicht viel mehr Sinn machen?"

Julia überlegte einen Moment, dann sagte sie: „Nein, ich glaube nicht, dass es darum geht."

Charlotte rieb sich über die Schläfen, spürte den Anflug einer Migräne.

„Lasst uns weitermachen", sagte Zander. „Wir sind gerade auf einem guten Weg." Er wandte sich an Charlotte. „Erinnern Sie sich noch daran, wie wir uns gestern Nacht darüber unterhalten haben, dass der Mörder nur ein Mann sein kann?"

Sie nickte.

„Vielleicht war das ein Irrtum."

„Sie meinen, wir haben es mit einer Frau als Täter zu tun?" Charlotte schob die Unterlippe nach vorne, hob die Augenbrauen in die Höhe. „Das kann ich mir beim besten Willen nicht vorstellen."

„Es gibt immerhin ein paar Argumente, die doch dafür sprechen. Erinnern Sie sich zum Beispiel noch daran, wie Campuzanos Zimmer heute Abend aussah? Sie waren vorher schon einmal dort. Was ist Ihnen aufgefallen?"

„Es war aufgeräumt."

„Und wie war es, als Sie das erste Mal dort waren?"

„Es war ein Schweinestall."

Zander nickte. „Wenn ein im Grunde völlig chaotischer und unstrukturierter Mann wie Robert Campuzano ganz plötzlich sein Zimmer aufgeräumt, was für einen Grund könnte das haben, außer dem, dass er eine Frau empfangen will? Dazu kommt, dass er einer Frau gegenüber keinen Grund zur Skepsis gehabt hätte. Vermutlich hat er Sex erwartet und war deshalb völlig unvorbereitet auf einen Angriff."

Charlotte trank einen Schluck Kaffee, stellte die Tasse dann wieder ab. „Wie Campuzano da so vor seinem Bett kniete, sah es für mich aber eher so aus, als würde er beten. Oder um Gnade flehen. Natürlich, er war nackt, aber …"

In diesem Moment klopfte es an die Tür, und Frau Dr. Strickner steckte den Kopf herein. „Ich erhielt gerade einen Anruf, der interessant für Sie sein könnte, Frau Kommissarin, und da ich noch in der Nähe war, dachte ich …" Sie brach ab, als sie Julia entdeckte, die immer noch an der Magnettafel stand. Einen kurzen Moment blickte sie verwirrt drein, doch in der nächsten Sekunde hatte sie sich schon wieder im Griff. „Im Blut von Robert Campuzano befand sich Ketamin-Hydrochlorid. Das ist ein dissoziatives Narkosemittel. Verwandt mit Phencyclidin. Auch PCP genannt."

„PCP?" Zander sah auf. „In Campuzanos Blut wurde PCP gefunden?"

„Ketamin", korrigierte Charlotte.

„Das ist im Prinzip dasselbe", schaltete die Strickner sich wieder ein. „Nur ist Ketamin sicherer. Außerdem hat es eine kürzere Wirkzeit. Wirkt halluzinogen. Die Patienten haben das Gefühl, von ihrem Körper losgelöst zu sein, sodass kleinere Eingriffe vorgenommen werden können."

„Wie kommt man an Ketamin?", wollte Charlotte wissen.

„Heutzutage kann man alles auf der Straße kaufen", erklärte die Strickner. „Das illegale Ketamin, das die Dealer anbieten, ist meistens aus Tierkliniken gestohlen worden. Die Junkies spritzen es sich intramuskulär."

„Wenn wir von kurzer Wirkzeit sprechen, welche Zeiträume muss ich mir da vorstellen?", wollte Charlotte weiter wissen.

„Zwanzig bis dreißig Minuten. Das hängt von der Dosis ab. Die Nachwirkungen können dann durchaus eine Stunde oder länger anhalten."

„Und wie wirkt es sich aus?"

„Es blockiert die Nervenbahnen, unterdrückt die Motorik, simuliert oft eine Lähmung, ohne die Atmung oder den Blutkreislauf zu beeinträchtigen. Deshalb ist es auch als Vergewaltigungsdroge sehr beliebt."

Charlotte seufzte. „Dann können wir also feststellen: Campuzano wurde mit einer Vergewaltigungsdroge außer Gefecht gesetzt, daraufhin in genau die Position gebracht, in der er gefunden wurde, erschossen, und danach wurde ihm die Zunge herausgetrennt." Immerhin, er hat nichts gespürt. Aber war das wirklich ein Trost? Für Campuzano vermutlich schon. Für Charlotte, nein. Sie schluckte, öffnete den Mund und wollte noch etwas sagen, als im nächsten Moment drei Dinge gleichzeitig passierten.

Zum einen verabschiedete sich Hannelore Strickner und verließ das Büro wieder. Das war zweifellos das Unspektakulärste. Zum Zweiten aber veränderte sich genau in dieser Sekunde etwas in Julias Blick. Sie sah der Pathologin hinterher und folgte ihr dann nach draußen, ohne noch ein weiteres Wort zu verlieren. Und das Dritte war, dass genau in diesem Moment Charlottes Handy klingelte. Ihr Chef war am anderen Ende, und etwas in seiner Stimme ließ sie nur noch hoffen, dass ihr Kopf mit dem Gesicht nach oben in den Korb rollen würde, ehe ihr letzter Vorhang fiel, damit ihr wenigstens noch ein letzter Blick in den Himmel vergönnt war.

45. KAPITEL

Kein Erbarmen, zweiter Teil

„Frau Doktor!"

Hannelore Strickner blieb stehen und wandte sich zu Julia um. Ein paar Sekunden sahen sie sich an. Dann sagte Julia: „Sind Sie religiös?"

„Nicht besonders. Warum fragen Sie?"

Julia hob die Schultern in die Höhe. „Ach, ich habe mich gerade eben ein bisschen mit Zander und Frau Gärtner über die Bibel unterhalten. Und wo ich jetzt gerade so schön warm zitiert bin, fällt mir eben, in dieser Sekunde, noch ein weiterer, ganz bestimmter Vers ein: ‚Als nun Judas, der ihn verraten hatte, sah, dass Jesus zum Tode verurteilt war, da reute ihn seine Tat. Er brachte den Hohepriestern und den Ältesten die dreißig Silberlinge zurück …' Und so weiter. Keine Ahnung, aus was für einem Evangelium. So sehr interessiert es mich dann auch wieder nicht."

„Matthäusevangelium." Hannelore Strickners Blick war aufmerksam. „Worauf wollen Sie hinaus?"

„Ach, auf tausend Dinge." Julias Gesicht blieb unbewegt. „Anfangen würde ich aber gerne mit meinem Vater. Ich weiß, das hat Sie damals auch schwer getroffen. Der Unfall, bei dem meine Eltern starben."

„Das hat es tatsächlich." Die Ärztin wartete weiter ab.

„Haben Sie eigentlich keine Sekunde die Möglichkeit eines Verbrechens in Erwägung gezogen?", fragte Julia.

Keine Antwort. Zeit verging.

„Haben Sie?"

„Sie wissen so gut wie ich, dass in einem derart spektakulären Fall immer untersucht wird, ob es sich um ein Verbrechen handeln könnte, Frau Wagner. Beweise dafür wurden allerdings nicht gefunden."

„Das wundert mich, dass Sie das sagen, wo Sie doch an der Autopsie dieses spektakulären Falles, wie Sie es selbst nennen, gar nicht teilgenommen haben. Und das als eine der besten und anerkanntesten Gerichtsmedizinerinnen Niedersachsens, die Sie damals schon waren. Ich kann mir beim besten Willen nicht vorstellen, dass Sie die Untersuchung der Leiche meines Vaters freiwillig an einen völlig unbekannten Arzt abgegeben haben. Gab es einen bestimmten Grund dafür?"

Keine Antwort.

„Nur damit wir uns richtig verstehen", fügte Julia hinzu. „Ich rede von einem Arzt, der damals mit ziemlicher Sicherheit bestochen wurde. Es gab nämlich zwei Autopsieberichte. Einen offiziellen und einen, der es nie in die Ermittlungsakte schaffte."

Zufrieden stellte sie fest, dass die Strickner für den Bruchteil einer Sekunde zuckte, als hätte man ihr eine Ohrfeige verpasst. „Was wollen Sie, Frau Wagner?"

„Ich will die Wahrheit wissen."

„Ich weiß überhaupt nicht, wovon Sie reden."

„Ich rede von Ricin, Frau Doktor. Mein Vater wurde damit vergiftet."

Die Strickner blinzelte, und Julia spürte, wie immer mehr Wut in ihr hochkochte. Bislang waren es eher Verzweiflung und Erschöpfung gewesen, die sie erfüllten. Verzweiflung, weil ihr bisheriges Leben auf einer einzigen Lüge aufgebaut war. Erschöpfung, weil sie dieses neue Wissen völlig überforderte. Fragen über Fragen schossen in ihrem Kopf herum wie Billardkugeln: Wer spielte was für ein Spiel? Wer war Freund, und wer war Feind? Wer hatte was gewusst und trotzdem nichts gesagt? Oder getan? Nun aber wandelten sich Verzweiflung und Erschöpfung endlich um in Zorn.

Die Strickner indessen schluckte hart.

„Mein Vater wurde ermordet, und anstatt Sie kümmerte sich ein völlig unbekannter Arzt um die Obduktion", sprach Julia weiter. „Ein Arzt, der von irgendwem geschmiert wurde. Denn wenn es nicht so gewesen wäre, dann wäre das wahre Obduktionsergebnis ja wohl an die Öffentlichkeit gelangt. Das geschah aber nicht. Stattdessen gab es einen manipulierten Obduktionsbericht, in dem von einem Tod durch Genickbruch und inneren Verletzungen die Rede ist. Verursacht durch den Autounfall."

Mit Zufriedenheit stellte sie fest, dass es der Ärztin nicht möglich war, ihr in die Augen zu sehen.

„Ich konnte Ihren Vater damals nicht obduzieren. Es war mir nicht möglich. Und von dem Gift … weiß ich nichts."

Julia blickte sie so geringschätzig an, wie es geringschätziger kaum ging. „Frau Doktor, mein Vater und Sie haben sich damals ziemlich gut gekannt. Sie haben mehr als einmal eng zusammengearbeitet. Sie haben ihn geschätzt, so wie er Sie geschätzt hat. Und genau deshalb konnte es Ihnen überhaupt nicht egal sein, wer nach seinem Tod die Autopsie an ihm durchführte. Nicht Ihnen." Sie hob die Hände in die Höhe. „Warum lügen Sie mich an? Wir reden hier von meinem Vater. Habe ich es nicht verdient, zu erfahren, was damals wirklich passiert ist?"

„Es tut mir leid, Frau Wagner." Damit presste die Strickner die Lippen zusammen und wollte an ihr vorbeigehen, doch Julia griff nach ihrem Arm und hielt ihn fest. Was eine Premiere war. Niemand fasste Hannelore Strickner einfach so an, es sei denn, sie forderte ihn explizit dazu auf, was – man muss es nicht extra erwähnen – noch nie der Fall gewesen war.

„Bitte, lassen Sie es", sagte die Ärztin eindringlich. „Lassen Sie die Toten ruhen. Glauben Sie mir, Sie werden damit nicht zurechtkommen. Sie sind sich überhaupt nicht im Klaren darüber, was für eine Kette von möglichen Ereignissen Sie in Gang setzen." Damit zog sie ihren Arm zurück und wollte die Station nun endgültig verlassen, doch so schnell gab Julia nicht auf. Sie stellte sich ihr in den Weg.

Und so standen sie sich in einer Art Duell der Blicke gegenüber, bei dem Julia nicht als Erste die Augen abwandte. „Haben
Sie deshalb im April schon nur so ungern mit mir gesprochen?",
fragte sie. „Sie erinnern sich? An jenem Tag, an dem ich Sie in
Ihrem Büro aufsuchte. Jener Tag, an dem mir zum ersten Mal
dämmerte, dass mit der Legende um meinen Vater etwas nicht
stimmt."

Keine Antwort.

„Sie haben immer gewusst, dass diese ganze verdammte Geschichte irgendwann einmal ans Licht kommen würde", redete
Julia weiter. „Aber Sie haben es verdrängt, sich rausgehalten,
weit genug von allem entfernt, um die nötige Distanz zu schaffen, aber ich sage Ihnen jetzt etwas: Sie sind trotzdem noch viel
zu dicht dran."

„Frau Wagner, glauben Sie mir, wenn ich Ihnen sage, sollten
Sie nicht aufhören, werden Sie schon sehr bald überhaupt nichts
mehr im Griff haben."

Julia bildete sich ein, ein leichtes Beben in der Stimme der
Ärztin zu hören. Aber das war jetzt auch egal. Da hatte sich
eine schreckliche Lüge durch ihr ganzes Leben gezogen, wie
ein langer dunkler Fluss, der nun alles mit sich riss. Und diese
Frau hatte geschwiegen und tat es immer noch. In diesem Fall
war auch Schweigen eine Lüge.

Das würde Julia ihr nicht verzeihen.

Da war es ihr auch völlig egal, dass die Strickner sie vermutlich nur schützen wollte. Jedenfalls nahm sie das an, und das
sagte sie ihr auch, woraufhin die Ärztin antwortete: „Da draußen sind Leute, die bereit sind, alles zu tun, um sich selbst zu
schützen. Deshalb sollten Sie froh sein über alles, was Sie nicht
wissen. Und glauben Sie mir, das sage ich Ihnen nur, weil ich Sie
tatsächlich immer sehr mochte."

„Das ist lustig, dass Sie das sagen. Wo doch ich es bin, die die
Konsequenzen dieser ganzen Scheiße zu tragen hat."

„Frau Wagner, es tut mir wirklich leid."

Das war es nun wirklich. Die Strickner trat um Julia herum und verließ eiligen Schrittes die Station.

Die Augen des Menschen, so sagt man, sind etwas ganz und gar Individuelles. Sie spiegeln alle Freude wider, ebenso wie alle Tragik, die sie während eines Lebens ansehen müssen. In den Augen, so heißt es weiter, liegen Lüge und Wahrheit.

Für einen kurzen Moment war Susanne eingeschlafen und hatte dabei in Julias Augen geblickt, jetzt schlug sie die eigenen auf, schaute auf die Uhr. 23:52 Uhr. Julia war noch nicht zurück.

Die Luft im Zimmer war stickig und schwer.

Susanne drehte sich auf die Seite und entdeckte im Halbdunkeln einen Schatten an der Wand, der dort nicht hingehörte. Und sie bemerkte einen ganz bestimmten Geruch in der Luft, der nicht ihrer war. Ihr blieb fast das Herz stehen. Kein Laut, kein einziger Laut. Der Schatten bewegte sich, wurde größer, aber kein einziger Laut. Nichts als Stille.

Sie konnte nichts anderes tun, als ihn einfach nur weiter anzustarren. Obwohl sie es kaum sehen konnte, spürte sie, dass sein Blick sie maß und bewertete. So lange, bis er leise sagte: „Die Papiere."

Kein Erbarmen.

Alles in Susannes Kopf schien ausgelöscht. In Gedanken war sie längst alle Möglichkeiten durchgegangen und wusste, dass sie keine Wahl hatte. Deshalb gab sie ihm den Umschlag.

Und nun stand sie da, vielleicht zwei Meter von ihm entfernt.

Kein Erbarmen.

Das Ganze war mehr als nur eine Nummer zu groß für sie, das immerhin verstand sie jetzt. Sie hatte keine Vergleichsmöglichkeiten und wusste nicht, wie sie sich in einer solchen Situation verhalten sollte. Sie wusste nur, dass sie Angst hatte. Angst vor diesem Mann, den sie kaum sehen, fast nur erahnen konnte. Angst, weil etwas von ihm ausging, das ihr das Blut in den Adern gefrieren ließ. Etwas Brutales. Dieser Mensch war roh.

Er griff nach dem Umschlag, öffnete ihn und hielt die Papiere in Richtung des hellen Mondlichtes. Das alles passierte in beinahe atemloser Stille. Schließlich hefteten sich seine Augen wieder auf Susanne. „Das haben Sie sehr gut gemacht."

Susanne zitterte wie Espenlaub. Trotzdem musste es aus ihr raus. Sie musste es einfach fragen: „Was hat sie Ihnen getan?"

Er strich sich mit dem Finger übers Kinn, und eigentlich war sie sicher, dass er nicht darauf antworten würde. Doch dann öffnete er den Mund, genau in dem Moment, in dem die Tür aufging.

Was dann geschah, dauerte nur den Bruchteil einer Sekunde und geschah doch viel zu langsam. Den Bruchteil einer Sekunde, in dem Julia in der Tür stand und im Halbdunkeln den Mann mit dem blassen, kalkweißen Gesicht gemeinsam mit Susanne am Fenster stehen sah; den Bruchteil einer Sekunde, in dem sie den braunen Umschlag erkannte, den er in der Hand hielt, den Umschlag mit ihren Papieren. Das alles zu realisieren und in sich aufzunehmen brauchte nur den Bruchteil einer Sekunde. Und geschah doch, wie gesagt, viel zu langsam. Denn dann ging auch schon alles ganz schnell. Bereits in der nächsten Sekunde schlug er ohne Vorwarnung zu.

Susanne spürte, wie etwas in ihr splitterte. Sie rief noch: „Julia!" Oder jedenfalls glaubte sie, dass sie das tat, allerdings hörte sie dabei ihre eigene Stimme nicht. Es war, als würde sie nur in ihrem Kopf schreien, während sie mit schreckgeweiteten Augen beobachtete, wie der Mann Julia packte und ihr mit einer Hand den Mund zuhielt. Hilflos sah sie weiter mit an, wie Julia sich wehrte, dann aber abrupt in der Bewegung innehielt, als ihr offenbar klar wurde, dass ihr eine Pistole in den Rücken gedrückt wurde.

Was für ein Stoß ins Herz.

Bemerkenswert defensiv verließ Charlotte an Zanders Seite die Psychiatrie, eine deutlich kleinlautere Version ihres normalen Selbst.

Es war nicht das erste Mal, dass sie in Schuld und Unzulänglichkeitsgefühlen badete, aber es war noch nie so schlimm gewesen wie in diesem Augenblick. Ihr Ego lag völlig am Boden. Und gerade als sie glaubte, dieses innere Fegefeuer kaum noch länger zu ertragen, wollte Zander unnötigerweise von ihr wissen: „Alles in Ordnung?"

„Klar. Alles bestens. Sie müssen übrigens nicht mit mir gehen."

„Ach, Sie wissen doch, ich bin wie eine Klette."

„Sollten Sie nicht besser auf Frau Wagner aufpassen?"

„Ich glaube, dass Sie mich im Moment dringender brauchen." Hätte Zander nur geahnt, wie sehr er sich irrte. „Außerdem bin ich gleich wieder zurück." Auch hier irrte er sich, aber das konnte er nicht wissen.

Einen Moment gingen sie schweigend nebeneinander her.

„Sie geben jetzt aber nicht auf, oder?", sagte Zander dann.

„Was soll ich wohl sonst machen? Falls es Ihnen entgangen ist, mein Chef hat mich soeben abgeschossen wie eine Tontaube. Der Fall wurde mir entzogen."

Zander schwieg, und Charlotte fügte hinzu: „Zuerst ein Pädophiler. Jetzt ein nicht unbekannter Musiker, dessen Tod noch mehr Staub aufwirbeln wird. Die Presse wird sich die Finger danach lecken." Sie brach ab. „Was mir allerdings am meisten wehtut, ist die Tatsache, dass der Fall ausgerechnet an Tech übertragen wurde."

Zander schnaubte trocken. „Völlig inkompetent, der Mann. Überhaupt nicht in der Lage, selbstständig zu denken. Wenn ich es nicht besser wüsste, würde ich sagen, da läuft was ganz anderes im Hintergrund …"

Inzwischen hatten sie den roten BMW Z4 erreicht. Charlotte schloss auf, setzte sich hinters Steuer und starrte dumpf aus der Frontscheibe.

Erst nach ein paar Sekunden sagte sie: „Ich würde ja sagen, Tech wird es in den Sand setzen. Da ich das aber bereits selbst getan habe, verkneife ich mir diesen Kommentar." Ihr Handy klingelte, sie ignorierte es.

„Ihr Handy", sagte Zander nach ein paar Sekunden endlosen Läutens.

Charlotte hob nur die Schultern. Das Einzige, was ihr zu schaffen machte, war, dass es viel zu laut klingelte.

„Gehen Sie ran", forderte Zander. „Vielleicht ist es wichtig."

„Was ist? Haben Sie schon wieder ein Bauchgefühl?"

„Auf jeden Fall habe ich das sichere Gefühl, dass hier noch nichts zu Ende ist. Also gehen Sie ran."

Widerwillig griff Charlotte nach dem Handy und meldete sich. „Gärtner."

„Jan Jäger."

Sofort saß Charlotte kerzengerade. „Herr Jäger, wo stecken Sie? Sie wissen, dass Sie gesucht werden."

„Ja, das weiß ich. Aber dafür habe ich gerade keine Zeit. Ich möchte mich mit Ihnen treffen, Frau Kommissarin. Alleine. Ich denke, ich habe interessante Informationen für Sie."

„Was für Informationen?"

„Nicht am Telefon. Ich warte beim Grab von Annegret Lepelja auf Sie."

46. KAPITEL

Prinzessin

Die angespannte Stille im Raum wurde nur vom Ticken der Uhr auf dem Nachttisch unterbrochen.

Wie viele Sekunden waren es? Zehn? Zwanzig? Fünfzig?

Dann sagte der Mann mit dumpfer Stimme: „Schön leise sein", schleifte Julia zum Sessel und warf sie hinein wie einen Sack Mehl, ehe er die linke Hand an ihre Kehle legte und ihr mit der rechten die Pistole an die Schläfe hielt. „Du bewegst dich nicht, wenn ich es nicht sage, Prinzessin."

„Lassen Sie sie los. Bitte." Susannes Stimme zitterte. „Sie haben doch, was Sie wollten."

Er blieb, wo er war, beugte sich dann so weit zu Julia hinunter, dass er ihr ins Ohr flüstern konnte: „Na? Dämmert dir schon was?"

Die ganze Zeit war ihr Gehirn wie erstarrt gewesen, jetzt aber spürte Julia das Adrenalin nur so durch ihren Körper rauschen. Unmerklich richtete sie sich etwas auf, konzentrierte sich. Sehen konnte sie ihn nicht, weil er hinter ihr stand, also konzentrierte sie sich auf seine Stimme. Sie hatte einen leichten Akzent, und sie war sehr tief, fast so tief wie Zanders. Und was war das für ein Geruch, der von ihm ausging? Süß und ungewöhnlich … es kam ihr bekannt vor, aber woher? Während Julia darüber nachdachte, redete er weiter: „Jetzt, wo ich dir plötzlich wieder so nahe bin, denke ich mir nichts, außer: Es ist so verdammt schade um sie."

Wieder so nahe? In Julias Kopf überschlug sich alles.

„Du bist deinem Vater unglaublich ähnlich, weißt du das?"

Julia spürte, wie ihr Mund aufklappte, aber es kam nichts heraus.

„Wettest du gerne?", redete er weiter. „Vielleicht willst du ja ein bisschen was darauf setzen, wie lange du noch am Leben bist."

Julia wurde bewusst, dass ihre Hände die Armlehne des Sessels umklammerten. Sie ließ los und wischte mit den Händen über die Knie.

„Du bist deinem Vater nicht nur äußerlich ähnlich. Du hast auch dasselbe aufbrausende Temperament wie er. Auch dich muss man mit allen Mitteln im Zaum halten. Und man braucht ein Brecheisen, um dich zu knacken, genau wie bei ihm."

„Ich weiß inzwischen, dass er umgebracht wurde", sagte Julia.

„Ich weiß, dass du es weißt. Und das ist nicht gut. Das ist überhaupt nicht gut."

„Was …" Julia konzentrierte sich, setzte noch einmal an: „Was für eine Rolle spielte meine Mutter bei dem Mord?"

Er lachte leise und trocken auf. „Deine Mutter war genau wie deine kleine Freundin hier. Man kann ihnen einfach nicht trauen."

Julia warf Susanne einen Blick zu. Die stand schlaff mit dem Rücken an der Wand, die Lippen leicht geöffnet, so als würde sie einer ganz anderen Unterhaltung lauschen. Aber natürlich hörte sie zu. Deshalb zitterte sie ja auch wie Espenlaub.

„Wenn es nach mir ginge", sagte er weiter in Julias Ohr und schnalzte dabei mit der Zunge, „wärst du längst tot."

Julia schluckte.

„Und die Welt würde nur zusehen", redete er weiter. „Ich weiß das. Und du weißt es auch. Aber sie sieht ja ohnehin nichts, die Welt. Ja, das Leben ist grausam. Aber irgendwann muss man sich entscheiden. Man muss eine Wahl treffen."

„Das nennen Sie eine Wahl?" Julia hörte selbst, wie dünn und zerbrechlich ihre eigene Stimme klang. „Ich kann mich nicht erinnern, dass ich eine Wahl hatte."

„Oh doch, die hattest du. Du hattest eine Wahl, Prinzessin."

„Was immer Sie mit meinem Vater zu schaffen hatten, was habe ich damit zu tun?"

Er lächelte. Sie konnte es nicht sehen, aber spüren. „Dir dämmert wirklich nichts, oder?"

„Sollte ich Sie kennen?"

„Oh ja, das solltest du." Wieder beugte er sich hinunter an ihr Ohr. „Wie geht es eigentlich deiner rothaarigen Freundin?"

Julia hörte selbst, wie ihre Stimme brach. „Wenn Sie sie anfassen, jage ich Ihnen eine Kugel in den Kopf."

„Du stirbst, noch bevor du die Chance dazu bekommst. Ich biete dir an, auch darauf zu wetten."

Die Frage, ob Julia sich auf die Wette einlassen wollte, wurde nicht mehr geklärt. Wenige Sekunden später war er mitsamt dem braunen Umschlag verschwunden.

Charlotte erahnte ihn, noch bevor sie ihn sah. Nur eine kaum wahrnehmbare Bewegung in der Dunkelheit, dann stand er auf einmal vor ihr und sagte: „Danke, dass Sie gekommen sind, Frau Kommissarin."

„Warum treffen wir uns ausgerechnet hier?" Das war definitiv nicht die erste Frage, mit der sie sonst ein Verhör einleitete, aber es schien ihr im Augenblick die dringlichste. Dabei fiel ihr wieder einmal auf, wie schmal und feingliedrig Jan Jäger war. Sein auffälligstes Merkmal waren und blieben die veilchenblauen Augen, die selbst jetzt, im Dunkeln, zu leuchten schienen.

Er machte einen Schritt nach vorne. „Ich nehme an, Sie wissen inzwischen Bescheid und halten mich für so etwas wie einen Todesengel."

„Ich halte Sie für einen zutiefst zerrissenen und traumatisierten Menschen. Stellen Sie sich einer polizeilichen Untersuchung, Herr Jäger. Jetzt haben Sie noch eine Chance."

Er machte einen weiteren Schritt nach vorne. Dabei entartete ein leichtes Blinzeln seiner Augen zu einem kurzen Zucken. „Wie weit sind Ihre Ermittlungen inzwischen gediehen?"

„Wir kommen voran", log Charlotte. „Warum sind Sie abgehauen?"

„Sagen wir, meine Position war ungünstig, und deshalb wollte ich mir lieber meine eigene Theorie bestätigen."

„Welche Theorie?"

Jäger richtete sich etwas auf. „Dass die Morde in der Psychiatrie etwas mit Annegret Lepelja zu tun haben."

„Aber natürlich." Charlotte richtete sich ebenfalls auf. „Herr Jäger, Sie sind hiermit festge..."

„Sie müssen mir zuhören, Frau Kommissarin. Ihnen ist ein Fehler unterlaufen. Sie müssen die Vergangenheit – und alles, was Elisa vor ihrem Verschwinden sagte – ernst nehmen. Es muss nicht alles gestimmt haben, aber vielleicht gibt es doch den ein oder anderen Funken Wahrheit in alldem. Woher wollen Sie es wissen, wenn Sie es nicht überprüfen? Vor allem: Wie viele Menschen sollen noch sterben, für eine Vergangenheit, die offenbar selbst nicht sterben kann?"

Ihre Blicke verhakten sich ineinander, keiner ließ den anderen aus den Augen. „Denken Sie an die Liebe", sagte Jäger noch. „Suchen Sie nach ihr in diesem Stück." Dann zog er ein Messer aus seiner Jackentasche. Nicht um zu töten, sondern um zu sterben. „Sich aus dieser Erniedrigung zu erheben, Frau Kommissarin, dieser regelmäßigen, das war schwierig. Es war all die Jahre, als würde ein tiefer Riss mitten durch mich hindurchgehen. Als hätte ich Tag für Tag eine weitere Dosis Tod injiziert bekommen. Aber jetzt ist alles klar. Keine Erinnerungen mehr. Keine offenen Wunden. Aber auch keine Alternativen. Nur noch vergessen. Sonst nichts." Seine veilchenblauen Augen leuchteten noch ein letztes Mal auf. Dann schnitt er sich mit einer einzigen Bewegung die Pulsadern auf.

Charlotte stand für den Bruchteil einer Sekunde völlig erstarrt. Dann machte sie einen Schritt nach vorne, wollte ihn auffangen, ehe er zu Boden sackte, als plötzlich jemand hinter ihr auftauchte. Sie hörte es kaum, spürte es mehr. Sie wirbelte herum, war aber nicht schnell genug. Bereits in der nächsten Sekunde bekam sie schmerzhaft einen Ellbogen gegen die Stirn. Im nächsten Augenblick sah sie nur noch Sterne. Der Schmerz trieb ihr die Tränen in die Augen, dann wurde ihr schwarz vor Augen. Den Schuss, der kurz darauf krachte, hörte sie schon nicht mehr.

47. KAPITEL

Dämonen

Nur ganz langsam trieb Charlotte wieder aus der Dämmerwelt empor. Sie hörte Worte, wusste, dass sie da war, auf diesem Friedhof, fühlte sich aber gleichzeitig getrennt davon, so als erlebe sie alles, was vor sich ging, durch dickes Glas.

Nur mühsam öffnete sie die Augen und blickte in den wolkenverhangenen Himmel. Jedenfalls so lange, bis Zanders runder Kopf in ihrem Blickfeld erschien. „Sie sehen aus, als hätten Sie mit einer Hand voll Backsteinen gekämpft."

„Genau so fühle ich mich auch." Schwer atmend wollte Charlotte sich aufsetzen, wurde aber sofort von ihm in Schach gehalten. „Sie haben verdammtes Glück gehabt, dass ich mitgekommen bin." Tief und forschend sah er ihr in die Augen. „Wie heißen Sie?"

„Jetzt hören Sie gefälligst auf mit dem Mist! Was ist mit Jäger?"

„Der ist verschwunden." Zander hob die Hände in die Höhe. „Ich weiß, es klingt absurd. Aber er ist tatsächlich spurlos verschwunden."

„Was?", entfuhr es Charlotte. „Wie zum Teufel kann das sein? Er hat sich eben noch vor meinen Augen die Pulsadern aufgeschnitten. Da kann er ja schlecht anschließend einfach so vom Friedhof spaziert sein."

„Nicht in der normalen Welt", stimmte Zander zu.

„Ich dachte, Sie haben alles im Blick!"

Seine Augen ruhten immer noch auf ihrem Gesicht. „Beruhigen Sie sich. Und versuchen Sie nicht dauernd aufzustehen. Wenn Sie jetzt aufstehen, fallen Sie sofort wieder um. Sie haben ganz bestimmt eine Gehirnerschütterung. Ich sollte Sie ins Krankenhaus bringen."

„Sie können es ja mal versuchen. Ich will wissen, wohin Jäger verschwunden ist. Und wer hat mich überhaupt umgehauen? Wo kam diese ... Gestalt auf einmal her?"

„Ich habe keine Ahnung." Erneut hob Zander beide Hände hoch in die Luft, wie ein Zauberer, der dem Publikum zeigen will, dass er nichts darin versteckt hat. „Auf einmal war sie da, kam wie aus dem Nichts, hat zugeschlagen, ich kam aus meinem Versteck, hab vor ihr auf den Boden geschossen, und noch während ich dann hierhergerannt bin, um nach Ihnen zu sehen, war sie auch schon wieder verschwunden. Und Jäger gleich mit. Frau Gärtner, Sie müssen bei solchen Einsätzen unbedingt eine Waffe tragen. Warum zum Teufel tragen Sie keine Waffe?"

Charlottes Miene verdunkelte sich. Sie öffnete den Mund, schloss ihn aber sofort wieder. Sie hörte ihr eigenes Blut in den Ohren rauschen, während sie sich im Geiste noch einmal in der Notaufnahme befand ...

Die Türen öffneten sich mit einem schmatzenden Geräusch. Ein junges Mädchen wurde hereingefahren. Die Sanitäter machten laut ihre Angaben, erste Zugänge wurden gelegt, und das Mädchen wurde intubiert. Die Pupillen waren weit geöffnet, der Körper fühlte sich kalt an. Die Temperatur wurde angesagt: fünfunddreißig Grad. Der Blutdruck sank immer weiter ab.

Das Mädchen blutete sehr stark. Es war von einer Kugel in den Unterleib getroffen worden, die ihn so gut wie zerfetzt hatte. Die Kugel war aus Charlottes Waffe gekommen. Die Ärzte taten was sie konnten, aber der Schaden war angerichtet. Das Mädchen starb drei Stunden später.

Charlotte war entsetzt. Die Eltern des Kindes nicht weniger. Sie konnten nicht verstehen, warum ihr kleines Mädchen sterben musste.

„Mein Baby", flüsterte der Vater mit einer Stimme, die vor Kummer fast versagte. „Sie war doch meine Kleine."

„Wie konnte das passieren?", wollte die Mutter erschüttert wissen. „Wie um Himmels willen konnte das passieren?"

Charlotte hatte es ihnen erklären wollen. Aber sie brachte nicht über die Lippen, dass die Kugel ein Querschläger gewesen war, der Schuss abgegeben bei einem Polizeieinsatz, in den dieses Kind durch puren Zufall geraten war.

Stattdessen hatte sie das Krankenhaus verlassen und war zu ihrem Wagen gegangen. Von diesem Tag an hatte sie keine Waffe mehr angerührt.

Es tut mir so leid, dachte sie jetzt wieder. *Es tut mir so unendlich leid.*

Laut sagte sie: „Die hätte mir eben auch nicht geholfen." Mühsam erhob sie sich und wankte ein paar Meter. „Das akzeptiere ich einfach nicht. Zwei Menschen können sich doch nicht einfach so in Luft auflösen!"

„Es war genau so, wie ich es Ihnen gesagt habe."

„Und wenn ich Sie jetzt frage, ob Sie die Gestalt erkannt haben, die mich zusammengeschlagen hat, dann werden Sie das sicher wieder verneinen, hab ich recht?"

„Ich habe nichts gesehen außer einem schwarzen Gewand. Aber ich habe Jäger sehr genau zugehört. ‚Denken Sie an die Liebe‘, hat er gesagt. ‚Suchen Sie nach ihr in diesem Stück.‘"

„Ich habe es gehört, ich stand ihm direkt gegenüber. Und ich bleibe trotzdem dabei, dass das hier mit Liebe überhaupt nichts zu tun hat. Im Gegenteil, unser Mörder ist voller zerstörerischem Hass."

„Ich glaube, Sie täuschen sich, Frau Gärtner. „Ich denke, der Mörder ist tatsächlich auf Annegret fixiert."

„Lächerlich. Davon abgesehen, dass es völlig unlogisch ist, mit wem sollten wir uns darüber unterhalten? Die Einzige, die sich offenbar mit Annegrets Geschichte auskannte, war Elisa. Und die kann sie uns ja leider nicht erzählen."

Zander schwieg einen Moment, dann sagte er: „Ich muss Ihnen etwas gestehen ..."

Resigniert hob Charlotte die Hände in die Höhe. „Was?"

„Nachdem Sie mir auf diesem Friedhof zum ersten Mal von Annegret erzählten, habe ich mich ein wenig schlaugemacht ..."

„Wollen Sie damit sagen, Sie kennen die Geschichte um sie?"

Zander nickte. „Ja."

Noch nie in ihrem Leben hatte Susanne sich so elend gefühlt. Und noch nie in ihrem Leben hatte sie sich so sehr geschämt. Sie schwitzte und zitterte am ganzen Körper. Erst jetzt wurde ihr alles so richtig bewusst – was sie gesehen, was sie gehört, worauf sie sich eingelassen hatte. Das war der Moment, in dem ihre eigenen Dämonen sie bei lebendigem Leib auffraßen.

„Was hast du getan?" Julias Stimme war wie ein Messerstich ins Herz, und ihr Blick traf sie wie ein scharfes Stück Metall. Susanne konnte nichts anderes tun, als sich abzuwenden, weil sie es nicht schaffte, ihr in die Augen zu sehen.

„Was", setzte Julia noch einmal an, „hast du getan, Susanne? Und lüg mich jetzt nicht an."

Dabei hatte Susanne gar nicht die Absicht, zu lügen. Was für eine Lüge hätte sie jetzt auch noch vorbringen können? Sie hörte sich selbst, wie sie leise sagte: „Eine Anwältin hat mich aufgesucht, deinetwegen."

„Wie war ihr Name?"

„Britta Stark."

„Was wollte sie genau?"

„Ich sollte ihr über alles Bescheid geben, was du tust. Sie wollte sogar wissen, was du denkst. Das hat sie gesagt."

„Sie wollte, dass du dich mit mir anfreundest." Eine Feststellung, keine Frage.

Susanne nickte.

„Und mich aushorchst."

Noch einmal nickte Susanne. „Julia, bitte, ich …"

„Was hat sie dir dafür geboten?"

„Egert würde die Anzeige gegen mich zurücknehmen. Die Anklage würde fallen gelassen. Ich bekäme meine Freiheit zurück." Hilflos sah Susanne Julia an. Sie wollte es unbedingt erklären, hatte aber keine Ahnung, wie ihr das am besten gelingen könnte. „Hör mir zu, bitte … Ich weiß, dass ich es nicht hätte tun sollen. Aber ich hatte so eine unglaubliche Angst, nie wieder hier rauszukommen. Ich dachte, ich werde mit jedem weiteren Tag nur noch verrückter hier drin. Und dann kam auf einmal diese Anwältin und bot mir die Chance …" Susanne brach ab, wartete auf eine Reaktion von Julia. Und die kam. Sie holte aus und schlug ihr mit voller Wucht ins Gesicht.

Einen Moment war Susanne viel zu verblüfft, um zu reagieren. Sie griff sich an die Wange, wollte etwas sagen, doch die Worte blieben ihr im Halse stecken.

„Was bist du für ein Miststück!", zischte Julia. „Was bist du nur für ein verlogenes, hinterhältiges Miststück!" Sie wandte sich in Richtung Tür.

„Bitte, Julia!", sagte Susanne in ihren Rücken. „Tu mir das nicht an!"

„Was?" Julia drehte sich noch einmal um. „Was soll ich dir nicht antun? *Ich* habe dich nicht verkauft. Ich hab kein Spiel mit dir gespielt, leichtfertig und ohne zu kapieren, worum es eigentlich geht." Sie schlug sich mit der flachen Hand auf die Brust. „Dein Leben in Freiheit, Susanne, bedeutet vielleicht meinen Tod. Hast du das inzwischen verstanden?"

„Ich wusste doch nicht …" Unglücklich hob Susanne die Hände in die Höhe. „Ich wollte es dir vorhin sagen. Wirklich. Kurz bevor die Sacher ins Zimmer kam."

„Du kannst dir gar nicht vorstellen, wie tröstend ich das finde."

„Bitte, Julia, ich häng da jetzt mit drin. Also sag mir, worum es geht. *Sprich mit mir.*"

Die Antwort darauf war nicht mehr als ein Zischen: „Das hast du doch gerade selbst gesehen. Du hast dich mit Mördern eingelassen. Hast du das Wort verstanden, Susanne? *Mörder*. Menschen, die keine Sekunde zögern, andere Menschen umzubringen."

„Aber das wusste ich doch nicht. Wie hätte ich das ahnen können?"

„Was hast du denn gedacht, warum sie dich auf mich ansetzen?" Mit dem Zeigefinger deutete Julia auf Susanne. „Du bist vieles, aber nicht naiv. Du wusstest ganz genau, dass da ein falsches Spiel gespielt wird. Erzähl mir nicht, dass du nicht wenigstens fünf Minuten darüber nachgedacht hast, ob du mich nicht vielleicht in Gefahr bringen könntest."

Susanne schwieg betreten, und Julia warf die Hände in die Höhe. „Lieber Gott, ich bin so sauer, ich könnte dir glatt noch eine reinhauen. Aber hey, wenn jemand weiß, was es bedeutet, am schwächsten Punkt getroffen zu werden, dann ja wohl ich. Und dein schwächster Punkt ist nun mal dein Wunsch nach Freiheit. Da lässt man schon mal einen anderen Menschen über die Klinge springen. Das versteh ich natürlich, deshalb lass ich es." Sie öffnete die Tür und wollte hinausgehen, doch Susanne war schon bei ihr, schnappte sie am Handgelenk und zog sie noch einmal zurück. „Warum haben diese Leute deinen Vater umgebracht?"

„Das weiß ich nicht."

„Warum sind sie jetzt hinter dir her?"

„Keine Ahnung."

„Bist du diesem Mann vorher schon einmal begegnet?"

„Auch das weiß ich nicht."

„Na, du scheinst ja eine ganze Menge nicht zu wissen."

„Ich weiß immerhin, dass ich dich nicht mehr sehen will. Also lass mich gefälligst los und hör auf, mir nachzulaufen."

Susannes Stimme war eindringlich. „Bitte, Julia! *Bitte!*"

In Julias Augen war so ziemlich alles zu lesen: Wut, Hass, Enttäuschung. Ein bunter Mix aus allem. Trotzdem sagte sie nach ein paar Sekunden: „Ich bin die letzten zwanzig Jahre davon ausgegangen, dass meine Eltern bei einem Autounfall ums Leben kamen. Jetzt erfahre ich, dass mein Vater ermordet wurde und meine Mutter vielleicht seine Mörderin ist. Vermutlich wurde ich als Kind entführt, um meinen Vater gefügig zu machen, vielleicht sogar von dem Mann, der eben noch in diesem Zimmer war. Allerdings erinnere ich mich nicht wirklich daran. Vor drei Monaten wollte mich ein Psychopath namens Wolfgang Lange umbringen. Daher die beiden Narben. Das sind Schussverletzungen. Ich dachte einen Moment, mit seinem Tod wäre es zu Ende. Aber nein." Julia schob sich direkt vor Susanne, damit sie auch wirklich ihre gesamte Aufmerksamkeit hatte. „Ich würde dir wirklich gerne mehr sagen, aber ich weiß leider nicht mehr. Alles, was ich weiß, ist, dass derjenige, der die Anwältin bezahlt, auch derjenige ist, der mich gerne tot sehen würde. Verstehst du das, ja?"

„Aber es ist nicht der Typ von eben", sagte Susanne.

„Nein, davon gehe ich nicht aus. Das war nur ein Lakai. Jemand, der von jetzt an nur noch darauf wartet, mir eine Kugel in den Kopf jagen zu dürfen. So, jetzt weißt du alles. Ich hoffe, damit geht es dir besser." Erneut wandte Julia sich in Richtung Tür, drehte sich dann aber doch noch einmal um. „Ach, eins noch: Du hast einem Menschen eine Glasscherbe in den Rücken gerammt, Susanne. Das ist eine gefährliche Körperverletzung, vielleicht sogar schon versuchter Totschlag. In dem Fall ermittelt die Staatsanwaltschaft so oder so, wenn sie erst einmal Wind davon hat. Du bist also trotzdem nicht aus dem Schneider, selbst wenn Egert die Anzeige gegen dich tatsächlich zurückzieht. Die haben dich verarscht. Tut mir wirklich leid für dich." Damit verließ Julia endgültig das Zimmer und schlug mit Wucht die Tür hinter sich zu.

Einen Moment stand Susanne völlig starr. Dann war ihr erster Impuls, die Möbel zu zerlegen, alles in Stücke zu schlagen, aber das würde jetzt auch nichts mehr ändern. Sie verließ in aller Eile das Zimmer, folgte Julia, und noch bevor diese ihr eigenes Zimmer betreten konnte, hatte sie sich vor sie in den Türrahmen gestellt.

„Geh mir aus dem Weg."

„Ich werde hier stehen bleiben, bis du mir alles gesagt hast, was ich wissen muss."

„Geh mir aus dem Weg."

„Nein."

Unnachgiebig starrten sie sich in die Augen.

Schließlich atmete Julia tief durch und ließ für einen Moment den Kopf sinken. Als sie dann wieder aufsah, sagte sie: „Diese Leute wollten vermutlich wissen, ob ich etwas über den Mord an meinem Vater weiß. Ob ich *überhaupt* etwas weiß. Darum ging es ihnen, und deshalb brauchten sie dich. Und du ...", mit dem Finger tippte Julia auf Susannes Brust, „hast ihnen genau das geliefert, was sie haben wollten. Jetzt wissen sie es, und ich steh auf der Abschussliste. Du kannst stolz auf dich sein, Susanne. Wirklich. Du hast einen guten Job gemacht. Und jetzt rate ich dir dringend, mir aus dem Weg zu gehen, bevor ich mich wirklich noch vergesse."

Susanne öffnete den Mund, um etwas zu sagen, doch die Worte blieben ihr im Halse stecken. Ihre Augen weiteten sich vor Schreck.

Julia folgte ihrem Blick mit den Augen, und dann sah auch sie es ...

Zuerst hatte Susanne gedacht, dass das unmöglich sein konnte. Es war, als würden ihre Augen eine ganze Weile brauchen, um das Bild, das sie vor sich sah, an ihr Gehirn weiterzugeben. Dann jedoch begannen alle Alarmglocken in ihr zu schrillen. In der nächsten Sekunde setzte sie sich auch schon in Bewegung. Nach ein paar Schritten begann sie zu laufen.

Die Tür zum Zimmer des alten Viktor Rosenkranz stand ein Stück weit offen. Sie erkannte einen seiner Hausschuhe. Daneben lag ein blasser Fuß, ein Männerfuß.

„Viktor!", rief Susanne, während sie auf das Zimmer zu-stürmte. Die wenigen Meter dehnten sich zu Kilometern.

Der alte Mann lag auf dem Boden, eine Hand auf dem Bauch, die andere seitlich abgewinkelt. Sein Kopf war unnatürlich ver-dreht, die Lippen leicht geöffnet, die Augen geschlossen. Und überall war Blut. Es färbte das Violett seines Pullovers regelrecht schwarz. Jemand hatte auf ihn geschossen.

„Oh mein Gott." Susannes Herz raste. „Viktor!"

Der alte Mann reagierte nicht. Er rührte sich auch nicht.

Sie sank neben ihm auf die Knie, berührte seine Wange, ver-suchte, ihn dazu zu bringen, die Augen zu öffnen. „Viktor!" Verzweifelt versuchte sie seinen Puls zu finden, aber sie zitterte so stark, dass sie überhaupt nichts fand. Also drückte sie ihr Ohr an seine Brust, der feuchte Stoff seiner Kleidung klebte an ihrer Wange, während sie lauschte. Sie hielt die Luft an, bis sie end-lich das schwache Schlagen seines Herzens spürte und das fast unmerkliche Heben und Senken seines Brustkorbes.

Jemand trat hinter sie. Es war Julia, die sagte: „Ich hole Hilfe." Und dann wieder verschwand.

Susanne sah ihr einen Moment hinterher, dann wandte sie sich dem alten Mann wieder zu. Das hier war nicht die Wirklichkeit. Gleich wachte sie auf, und alles war wieder in Ordnung. Na ja, jedenfalls so in Ordnung, wie es unter den gegebenen Umstän-den in Ordnung sein konnte.

„Alles wird gut", sagte sie und griff nach Viktors Hand. „Se-hen Sie mich an, Viktor. Sehen Sie mich an!"

Seine Augenlider flatterten, doch sie öffneten sich nicht. Langsam öffnete er die Augen und murmelte: „Das ... Jesus-kind ..."

Hastig sah Susanne sich um. Die Puppe lag etwa einen halben Meter von ihm entfernt. „Es ist hier", sagte sie, weil sie wusste, dass sie ihn unbedingt wach halten musste. „Das Jesuskind ist hier. Ihm ist nichts passiert."

„Du musst … darauf … aufpassen.“ Damit verlor sich die Stimme des alten Mannes.

„Viktor, nicht die Augen zumachen!“ Angst schoss durch Susannes Herz wie eine Pistolenkugel. „Reden Sie mit mir. Um Himmels willen, reden Sie mit mir!“

Dann erklangen wieder Schritte. Effinowicz sank neben ihr auf die Knie. „Der Krankenwagen ist unterwegs. Ich werde ihm in der Zwischenzeit das Hemd ausziehen, um die Blutung zu stillen. Reden Sie währenddessen weiter mit ihm, Frau Grimm. Sorgen Sie dafür, dass er bei uns bleibt.“

Susannes Stimme zitterte. „Ich will, dass Sie mich ansehen, Viktor. Sehen Sie mich an.“

Seine Lider flatterten erneut. Seine Nasenflügel bebten. Er drückte ihre Hand so fest, dass sie seine Knochen spürte. Dann spannten sich plötzlich seine Muskeln an. Sein Kopf begann zu zittern, und sie nahm die Schwingung auf wie eine Stimmgabel. Von seinen Lippen kam ein Gurgeln, Speichel sickerte ihm aus dem Mund.

„Wann kommt der verdammte Notarzt?“, schrie Susanne.

„Kann nicht mehr lange dauern“, sagte Effinowicz. Dann, an Viktor gewandt: „Herr Rosenkranz! Halten Sie durch. Halten Sie noch ein bisschen durch. Hören Sie mir zu. Halten Sie durch. Sie müssen auf mich hören …“

Plötzlich ging ein Ruck durch den Körper des alten Mannes, er biss die Zähne aufeinander und rollte mit den Augen. Aus seiner Kehle kamen gurgelnde Laute. Der Krampf war mit erschreckender Heftigkeit gekommen und fuhr durch seinen Körper. Er zitterte heftig, grunzte, verdrehte die Augen, und die Muskeln an seinem Hals traten hervor wie Stahlseile.

Als der Notarzt endlich kam, bildete Susanne sich ein, leises Flügelschlagen zu hören. Dann schossen ihr die Tränen in die Augen.

48. KAPITEL

Wie in einem Horrorfilm

„Der Name Annegret Lepelja ging mir einfach nicht mehr aus dem Kopf", sagte Zander in Charlottes Richtung. „Dabei beschäftigte mich weniger der Gedanke, dass Sie etwas übersehen haben könnten, als vielmehr das Gefühl, dass vielleicht etwas falsch interpretiert worden war. Es muss einen anderen als die offensichtlichen Gründe für all das geben. Deshalb …"

„Herr Zander, bitte, kommen Sie zum Punkt."

Er räusperte sich. „Ich habe herausgefunden, dass es noch einen einzigen Nachfahren von Annegret Lepelja gibt. Er heißt Nicolaus Lepelja und wohnt gar nicht weit von hier. Ich habe ihn gestern besucht."

Charlotte starrte Zander an, blinzelte. „Mein lieber Herr Zander, ich möchte ja gar nicht schon wieder darauf herumreiten, dass Sie sich einmal mehr in meine Ermittlungen eingemischt haben. Die Erfahrung hat mir gezeigt, dass Ihnen das ohnehin völlig schnuppe ist und Sie ja sowieso machen, was Sie wollen. Aber wenn Sie sich schon eingemischt haben, warum haben Sie mir dann verdammt noch mal nichts davon erzählt?"

„Ich wusste ja bis vorhin selbst nicht, ob das, was ich von Lepelja erfahren habe, von irgendeiner Bedeutung ist."

„Vorhin?", fragte Charlotte. „Wann vorhin?"

„Als Julia die Erklärung für die Zahl 5 lieferte. *Mit der 5 schuf er sie.* Da kam mir zum ersten Mal der Gedanke, dass es hier tatsächlich um etwas ganz anderes gehen könnte."

Charlotte gab sich Mühe, ruhig zu bleiben. „Und da kam es Ihnen nicht in den Sinn, mir sofort von Ihren Gedanken zu erzählen?"

„Oh, ich wollte, aber der Anruf Ihres Chefs kam mir zuvor, wonach Sie wie von einem Bienenschwarm verfolgt aus der

Klinik gestürmt sind. Und dann rief auch schon Jäger an." Zander brach ab und fügte ernst hinzu: „Und selbst wenn ich es Ihnen gesagt hätte, Frau Gärtner, Sie hätten es einfach abgetan. Nicht eine Sekunde hätten Sie mir zugehört."

Charlotte wandte sich ab und ging ein paar Schritte. Nach ein paar Sekunden kam sie zurück. Er hatte recht, und sie wusste es. „Also bitte, sagen Sie mir, was Sie wissen."

Zander räusperte sich und begann: „Nicolaus Lepelja ist der Urgroßneffe von Annegret. Sie hat damals in genau dem Haus gewohnt, in dem er heute wohnt. Zuerst behauptete er, er wüsste nicht viel über sie, nur das, was seine Mutter ihm als Kind erzählte. Dass Annegret eine Hexe gewesen sei, eine Mörderin und so weiter. Am Ende kam er dann aber doch zum Kern, und der lautet: Annegret hat um 1880 herum ihren einzigen Sohn verloren, und das hat sie nicht verkraftet. Er hieß Paul, die beiden haben sehr aneinander gehangen."

„Wie alt war der Kleine?", wollte Charlotte wissen.

„Acht."

„Woran ist er gestorben?"

„Nun ja, er war wohl schon immer ein wenig kränklich. Empfindlich eben. Dann bekam er eines Tages eine Lungenentzündung. Er starb, und danach hatte Annegret niemanden mehr."

„Was war mit ihrem Mann?"

„Das war ein stadtbekannter Säufer. Ist da schon ein paar Jahre tot gewesen. Angeblich im Suff in einer Pfütze ertrunken."

„Was ist dann passiert?", fragte Charlotte weiter. „Nachdem der Sohn gestorben war."

„Annegret zog sich mehr und mehr zurück. Sprach mit niemandem mehr. Ging nicht mehr aus dem Haus. Sie ging regelrecht an ihrer Trauer zugrunde."

„Aber das ist noch nicht die ganze Geschichte, oder?"

„Nein. Ein paar Wochen nach Pauls Tod soll eine Hexe mit Annegret in Verbindung getreten sein. Ihr Name war Svetlana. Niemand wusste, woher sie kam, aber der Geschichte nach tauchte sie aus einer Bank aus Nebel auf." Zander brach einen Moment ab, redete dann weiter: „Annegret glaubte, durch sie die Erleuchtung gefunden zu haben. Allerdings keine gute Erleuchtung. Sie bildete sich ein, sie könnte ihren toten Sohn zurückbekommen."

„Wie das?"

„Nun ja, es heißt, Svetlana hätte Annegret aufgetragen, sich fünf Körperteile von fünf Kindern zu besorgen."

„*Fünf* Körperteile?", entfuhr es Charlotte.

Zander nickte. „Was Annegret dann auch getan hat. Sie hat fünf Kinder umgebracht und sich die entsprechenden Körperteile besorgt. Natürlich ist ihr toter Sohn trotzdem nicht wieder von den Toten auferstanden. Sie wurde wegen fünffachen Mordes angeklagt und zum Tod durch den Galgen verurteilt. Das war es. Ende der Geschichte." Er brach ab und sah Charlotte an: „Frau Gärtner?"

„Ich komme mir gerade vor wie in einem Horrorfilm", sagte Charlotte. „Ich kann fast die Musik dazu hören."

„Also, ich bin ja normalerweise nicht dafür, herumzufantasieren", bemerkte Zander. „Allerdings muss ich zugeben, dass tatsächlich eine ganz ekelhafte Logik hinter alldem stecken könnte. Und es wäre immerhin eine Erklärung dafür, warum Tämmerer die Augen und Campuzano die Zunge entfernt wurden. Und damit hätten wir dann auch endlich ein Motiv: Unser Mörder arbeitet an der Wiederauferstehung eines geliebten Menschen."

Charlotte schüttelte den Kopf. „Das ist lächerlich. Absolut lächerlich. Nicht mal in der Legende um Annegret hat es funktioniert. Ihr Sohn ist nicht wieder von den Toten auferstanden. Wieso sollte unser Mörder sich einbilden, bei ihm könnte es gelingen?"

„Weil ihm vielleicht ein noch viel tieferer Stachel im Fleisch sitzt, als Annegret ihn je in sich trug. Was der Grund dafür ist, dass er glaubt, er könne es besser machen als sie." Zander brach ab und fügte nach ein paar nachdenklichen Sekunden hinzu: „Ja, ich glaube tatsächlich, dass es genau so ist: Er ist fest davon überzeugt, dass es bei ihm funktioniert. Mit der zweiten Serviette hat er es ja auch deutlich gesagt: *Abrakadabra*. Gehen wir davon aus, dass er Annegrets Tagebuch in den Händen hat, dann muss das für ihn so etwas wie der heilige Gral sein."

Wie vom Blitz getroffen, richtete Charlotte sich auf. „Was für ein Tagebuch? Von was für einem Tagebuch sprechen Sie?"

„Annegret soll ein Tagebuch hinterlassen haben."

„Woher wissen Sie das?"

„Nicolaus Lepelja hat mir davon erzählt."

„Gibt es dieses Tagebuch noch? Und wenn ja, wo befindet es sich gerade?"

Zander deutete mit dem Daumen hinter sich. „Lepelja meinte, er hätte es schon vor einiger Zeit, zusammen mit anderen Büchern, an die Klinik gespendet, weil er mit dem ganzen Scheiß nichts mehr zu tun haben wollte. Was man ja irgendwie auch verstehen kann. Es ist bestimmt kein Spaß, der Nachfahre einer bekannten Kindsmörderin zu sein."

Charlotte deutete ebenfalls mit dem Finger in Richtung Klinik. „Das heißt, das Tagebuch von Annegret Lepelja befindet sich schon die ganze Zeit dort drinnen in der Klinik?"

„Zumindest war es dort die ganze Zeit." Zander zuckte mit den Schultern. „Inzwischen ist es dort aber nicht mehr. Ich habe nachgesehen. Es gibt zwar im Gebetsraum eine Vitrine, in der sich alle möglichen Bücher befinden …"

Charlotte erinnerte sich daran, wie Jäger davon erzählt hatte.

„… aber darin ist kein Tagebuch. Deshalb gehe ich davon aus, dass es der Mörder an sich genommen hat. Würde ja immerhin Sinn ergeben."

Charlotte dachte angestrengt nach, versuchte verzweifelt, Ordnung in die vielen Fäden zu bringen, die lose in ihrem Kopf baumelten. „Nein", sagte sie dann. „Nein, ich glaube, dass jemand anderes das Buch an sich genommen hat."

„Wer?"

Charlotte dachte an die Worte von Karl Waffenschmied: „Auf jeden Fall hätt er mich gestern aufm Flur fast umgerannt. Dabei hat er 'n Buch verloren. Das hat er dann ganz hektisch wieder aufgehoben und is wie der Blitz von 'ner Station gezischt. Dabei hatt er so 'ne grünlich-gelbe Farbe im Gesicht. Richtig gruselig."

„Jemand, der vermutlich mehr weiß, als wir beide ahnen."

49. KAPITEL

Gott wird den Drachen vertreiben

Was Michael Tech gegen 1:29 Uhr von sich gab, hatte zwar weder Punkt noch Komma, war dafür aber gespickt mit Flüchen jedweder Art, während er von links nach rechts sprintete und dann wieder von rechts nach links, mit wehenden Haaren und langen Sätzen.

Schließlich kam er zu Susanne zurück und sagte: „Plaudern wir ein wenig, Frau Grimm. Erzählen Sie mir, warum Sie den alten Mann umgebracht haben."

Susanne, die sich gerade mühte, mit zitternden Fingern und roten Augen ein neues Päckchen Zigaretten aus der Folie zu pellen, sah irritiert auf. „Ich?" Ihr Blick ging in Richtung Julia, die mit dem Rücken an der Wand lehnte, die Arme vor der Brust verschränkt. „Julia! Der denkt, ich hätte Viktor das angetan!"

Keine Reaktion von Julia. Sie sagte nichts, bewegte sich nicht, zuckte mit keiner Wimper.

„Ich versuche mir nur einen Reim auf all das zu machen", fügte Tech hinzu.

Susanne sah ihn wieder an. „Und ich versuche, mir einen Reim darauf zu machen, wie Sie auf so einen Schwachsinn kommen! Warum hätte ich Viktor etwas antun sollen? Er war harmlos. Ein harmloser alter Mann."

Tech legte den Kopf in einem ganz merkwürdigen Winkel zur Seite. „Ich glaube, dass es eine Verbindung zwischen Ihnen beiden gab. Eine Verbindung, die etwas mit den anderen beiden Morden zu tun hat."

„Sagen Sie mal, sind Sie noch ganz bei Trost?"

„Ich glaube, dass der alte Viktor etwas wusste", sprach Tech weiter. „Etwas über Sie. Und mit diesem Wissen hat er Sie erpresst. Und deshalb haben Sie ihn erschossen."

Susanne schnappte nach Luft wie ein Fisch auf dem Trockenen. „Sie haben sie ja wirklich nicht mehr alle!"

„Dann überzeugen Sie mich vom Gegenteil, Frau Grimm." Tech lächelte ein Lächeln, das seine Augen nicht erreichte. Kaum einmal die Wangen. „Warum sollte es nicht so sein?"

„Weil Viktor über achtzig und schwer dement war", schaltete Julia sich nun doch ein. „Wie hätte er Susanne erpressen sollen? Er konnte sich ja kaum noch an das erinnern, was er vor zwei Minuten gesagt oder getan hatte."

Tech wandte ihr den Blick zu. „Selbst wenn es im ersten Moment unwahrscheinlich erscheint", sagte er mit etwas im Ton, was Überzeugung darstellen sollte, „so gibt es doch gute Gründe, einen Moment länger darüber nachzudenken."

„Und mit was für einem Motiv soll Susanne die anderen beiden Morde begangen haben?", wollte Julia wissen.

„Das weiß ich noch nicht. Allerdings ..."

„Und wo hat sie die Tatwaffe versteckt?"

Wieder sah Tech Julia einen Moment lang an. „Auch darauf habe ich im Moment noch keine Antwort ..."

„Dann steht Ihre Beweisführung aber auf ziemlich wackligen Beinen." Julia richtete sich etwas auf. „Davon abgesehen kann Susanne Viktor nicht angegriffen haben, weil sie fast den ganzen Abend mit mir zusammen war."

„Was heißt das, fast?"

„Ich war einmal kurz weg, bei Frau Gärtner im Büro, und in der Zeit hatte sie Besuch. Sie war also kaum länger als ein paar Minuten allein."

„Ein paar Minuten hätten gereicht, um den alten Mann zu erschießen", stellte Tech fest.

„Das ist Käse." Julia winkte ab, und er wandte sich wieder an Susanne. „Wer hat Sie besucht, Frau Grimm?"

Susanne warf wiederum Julia einen Blick zu.

„Ein alter Bekannter von mir", sagte diese.

„Wer? Setzen Sie mich ins Bild, Frau Wagner."

„Das geht Sie nichts an."

Tech hob die Hände in die Höhe. „Sie erzählen mir gerade, ein alter Bekannter von Ihnen – der offenbar als Alibi dienen soll, dessen Namen Sie aber nicht nennen wollen – wäre im Zimmer meiner Hauptverdächtigen gewesen. Was aber nicht sein kann, weil innerhalb der letzten Stunden niemand die Klinik betreten, geschweige denn wieder verlassen hat, von dem wir nicht wüssten."

„Tja, da können Sie mal sehen, wie gut Ihre Leute ihren Job machen", sagte Julia. „Der Mörder konnte völlig unbehelligt Campuzano umbringen und kurz darauf den alten Viktor erschießen, ohne dass auch nur einem von Ihnen irgendetwas aufgefallen wäre. Und wer hier sonst noch so alles ein und aus geht, ohne dass Sie es bemerken, davon haben Sie nicht mal den blassesten Schimmer, Herr Tech." Julia weigerte sich auch weiterhin mit konstanter Bosheit, ihn *Herr Kommissar* zu nennen.

Und daraufhin folgte auch erst einmal Schweigen.

Tech war allerdings dermaßen leicht zu durchschauen, dass sie die Worte, die er dann als Nächstes sagte, stumm mitsprechen konnte: „*Ich bin davon überzeugt, die Mörderin gefunden zu haben.*"

„Und noch einmal: Sie kann es nicht gewesen sein."

„Und noch einmal: Ein paar Minuten hätten gereicht, um den alten Mann zu erschießen." Ja, Tech war sich sicher. „Sie hat den alten Viktor unschädlich gemacht, weil er sie erpresste, das ist das Motiv."

„Welches Sie nicht beweisen können." Julia verschränkte wieder die Arme vor der Brust. „Persönliche Eindrücke reichen leider nicht aus."

„Das Motiv herauszufinden wird der nächste Schritt der Ermittlung sein."

„Ich war es wirklich nicht", sagte Susanne dazwischen und wischte sich den Schweiß von der Stirn. „Ich hab Viktor nichts getan. Es war genau so, wie Julia gesagt hat. Wir waren fast den ganzen Abend zusammen."

Tech wandte ihr den Blick zu. „Bis auf die paar Minuten, in denen Frau Wagner Sie alleine ließ. Bevor Sie den Besuch erhielten."

Susanne nickte.

„Von einem alten Bekannten, dessen Namen auch Sie nicht nennen wollen."

„Dessen Namen ich nicht kenne."

„Warum hat er Sie dann besucht?"

Wieder warf Susanne Julia einen Blick zu.

„Er war wegen mir bei ihr", sagte diese.

Tech lächelte dünn. „Warum, Frau Wagner?"

„Ich habe es Ihnen schon einmal gesagt, das geht Sie nichts an." Julia stieß sich von der Wand ab und begann an den Fingern aufzuzählen. „Hören Sie, Sie wollen Susanne einen Mord anhängen, und das kriegen Sie nicht hin. Sie versuchen mit aller Gewalt, ein Motiv zusammenzubasteln. Das kriegen Sie nicht hin. Sie wollen ihr die beiden anderen Morde unterschieben, und auch das kriegen Sie nicht hin, denn dafür werden Sie weitere Motive aus dem Hut zaubern müssen, und das kriegen Sie erst recht nicht hin. Was auch immer Sie hier versuchen, Sie kriegen es nicht hin."

Susanne schluckte und zog an ihrer Zigarette.

Tech hingegen drehte jetzt erst so richtig auf. Offenbar gab es ihm ein gutes Gefühl, eine Tatverdächtige vorweisen zu können, auch wenn seine Theorie noch so haarsträubend war. „Ich habe die Mörderin. Davon bin ich überzeugt."

„Um Himmels willen, seien Sie doch nicht so dumm!", entfuhr es Susanne.

„Gehen Sie auf Ihr Zimmer, Frau Grimm. Und bleiben Sie dort. Ich komme auf Sie zurück."

Charlotte stieg aus ihrem Wagen und richtete den Blick nach vorne. Es gab keine Straßenbeleuchtung, nur eine Laterne am Haus des Pastors spendete ein fahles Licht. Sie ging darauf zu, klingelte, und als nichts geschah, blickte sie durchs Fenster.

Zander, der um die Ecke verschwunden war, rief leise: „Frau Gärtner …"

Sofort war sie bei ihm. „Was ist?"

„Riechen Sie das?"

Charlotte nickte.

Sie folgten dem Geruch, der immer stärker wurde und schon bald darauf scharf in ihren Kehlen brannte. Dann vernahmen sie eine Stimme, die ein unverständliches Lied sang. Schließlich waren sie hinter dem Haus angekommen und sahen nun eine Art Lichtung, in deren Mitte sich ein gewaltiges Feuer befand, das die gesamte Szene in ein eigentümliches, gespenstisches Licht tauchte.

Pastor Gans hatte sich in ein langes, dunkles Gewand gehüllt. Während Zander und Charlotte sich ihm von hinten näherten, reckte er die Arme in die Höhe und starrte wie hypnotisiert in Richtung Himmel. *Ich erbitte deinen Segen, oh Herr, für ihre Seelen.* Dann begann er wieder zu singen. Sein Oberkörper wiegte dabei langsam hin und her, und während er dann den Arm hob, um das Buch, das er in der Hand hielt, ins Feuer zu werfen, machte Zander eilig einen Satz nach vorne und schnappte es sich.

„Wir stören nur ungern, Herr Pastor", sagte Charlotte gleichzeitig, „aber Sie verstehen sicher, dass wir das nicht zulassen können."

Erschrocken starrte Theo Gans sie an. Und da er *wirklich* zutiefst erschrocken war, nutzte Charlotte die Gelegenheit und fügte hinzu: „Ich nehme an, das ist das Tagebuch von Annegret Lepelja. Wann haben Sie verstanden, dass der Mörder in der Psychiatrie ihre Morde kopiert?"

Mit zitternden Fingern griff der Pfarrer in seine Hosentasche, fischte ein Päckchen Tabak heraus und begann, sich umständlich eine Zigarette zu drehen. „Weinfried Tämmerers Tod hat mich sehr schockiert."

„Das ist nicht die Antwort auf meine Frage."

„Nein. Natürlich nicht. Als ich erfuhr, dass ihm die Augen entfernt worden waren, da kam mir zum ersten Mal der Gedanke …"

„Und als Ihnen dieser Gedanke kam, da kam es Ihnen nicht gleichzeitig in den Sinn, der Polizei von Ihrer Vermutung zu erzählen?"

„Es gibt Dinge, über die man nicht einmal mit der Polizei spricht. Außerdem war ich ja auch gar nicht sicher."

Charlotte machte einen kleinen Schritt nach vorne. „Indem Sie es für sich behalten haben, klebt Blut an Ihren Händen, Herr Pastor."

Gans zündete die Zigarette an und inhalierte tief. „Wie gesagt, ich war mir ja gar nicht sicher. Erst nach dieser Beichte …" Er brach ab und klappte den Mund zu.

„Nach welcher Beichte?", fragte Charlotte sofort.

Keine Antwort.

„Nach welcher Beichte, Herr Pastor?"

Es dauerte noch einen Moment, dann sagte Gans: „Der Mörder hat mir gebeichtet. Ich habe ihm eine Mordbeichte abgenommen."

„Was?" Charlotte befürchtete, sie bekäme auf der Stelle einen Schlaganfall. Ihr Hals schwoll auf jeden Fall schon einmal bedenklich an, und ihr Herzschlag vervierfachte seine Frequenz ohne Vorwarnung.

Die Hand des Pfarrers fing nun derart an zu zittern, dass er beinahe die Zigarette zwischen den Fingern verlor. Unruhig verlagerte er das Gewicht von einem Bein auf das andere. „Ich konnte es Ihnen nicht sagen, Frau Kommissarin. So eine Beichte geschieht im Vertrauen. Ich musste mich darauf verlassen, dass Sie den Mörder von selbst überführen."

„Was?", entfuhr es Charlotte noch einmal, woraufhin Zander eine Hand auf ihren Arm legte. Mit einer einzigen, heftigen Bewegung schüttelte sie sie sofort wieder von sich ab und zischte: „Sagen Sie mir jetzt nicht, dass ich mich beruhigen soll!" Dann wieder an Theo Gans gewandt: „Womit hat ein eiskalter Mörder wohl ein solches Gottvertrauen verdient, Herr Pastor?"

Gans starrte zu Boden. „Ich bin ein geweihter Priester Gottes. Ich muss die Menschen mit ihren Sorgen und Nöten ernst nehmen. Alle Menschen. Gott wird den Drachen vertreiben."

Noch einmal legte Zander eine Hand auf Charlottes Arm, und wieder schüttelte sie sie ab. „Ich will Ihren Glauben ja nicht diskreditieren, Herr Pastor, aber nach Tämmerer sind noch zwei weitere Verbrechen geschehen. Wo, bitte schön, ist da irgendwas von Ihrem Gott vertrieben worden?"

Gans' Gesicht lief rot an. „Ich weiß, dass Sie es nicht verstehen, und doch handelt es sich bei der Wahrung des Beichtgeheimnisses um eine der grundlegenden Pflichten meines Amtes. Ich konnte es Ihnen nicht sagen. Unmöglich."

Charlotte nahm den Blick nicht von ihm. „Sie haben die Stimme bei der Beichte erkannt, nicht wahr? Sie wissen, wer der Mörder ist."

Der Pastor schwieg, und nach etwa zehn schrecklich langen Sekunden, in denen sie alle drei vollkommen unbeweglich dastanden, nahm Charlotte endlich den Blick von ihm und wandte sich an Zander. „Also gut. Lassen Sie uns lesen, was in dem Buch steht, damit wir die Sache endlich zum Ende bringen können."

50. KAPITEL

Feuer!

1:52 Uhr

Es war nicht leicht, Karl Waffenschmied zu sein.

Immer diese Konturen vor den Augen.

Konturen, die immer mehr Form annahmen, hin und her zu wippen begannen. Daraus wurden dann Striche. Figuren. Menschen. Dann Worte. Wortfetzen. Dann vermischte sich alles zu einem einzigen Brei, ohne Anfang, ohne Ende.

Nein, es war wirklich nicht leicht, Karl Waffenschmied zu sein.

„Waffenschmied", sagte er leise. Das war sein Name. Und wenn sie ihn nicht gerade Säufer oder Schnorrer nannten, dann nannten ihn auch alle so.

Okay, vielleicht war er ein Säufer und vielleicht auch ein Schnorrer – aber er war trotzdem kein Verlierer. Er hatte nur einfach nie den passenden Job gefunden. Er hatte eben kein Glück. Was konnte er dafür?

Die Konturen formten sich weiter, wurden zu einem farbigen Bild. Er sah Erika, seine Frau. Er hatte sie nie schlagen wollen. Das war der Teufel in ihm gewesen. Der Teufel Alkohol. Warum verstand sie das nicht?

Sie hatte ihn am frühen Abend angerufen, um ihm zu sagen, dass sie die Scheidung eingereicht hatte.

„Ich werde mich von dir scheiden lassen, Karl."

Nach über zwanzig Jahren Ehe.

Okay, er hatte sie nicht immer anständig behandelt, aber das war doch der Teufel in ihm gewesen.

Jemand hatte ihm diesen Teufel eingepflanzt, dessen war Waffenschmied sich sicher.

Aber wer?

Die Antwort rückte näher. Bis er sie fast greifen konnte. Die Verschwörung. Die verdammte Verschwörung! Alles hing zusammen. Malwik, der Oberdoc, Silvia Sattler, sein steter Schatten, die Pfleger. Alle hingen sie mit drin.

Das wusste Waffenschmied schon lange. Und weil er das schon lange wusste, hatten sie es jetzt auch auf ihn abgesehen.

Er war nicht verrückt. Denn wenn er verrückt wäre, dann würde er sich ja schließlich nicht fragen, ob er verrückt war. Nicht wahr?

Und jetzt hatten sie ihm Erika genommen. Um ihn endgültig fertigzumachen. Konnte nicht anders sein.

Aber wer würde ihm das glauben? Das eben war das Problem, wenn man Karl Waffenschmied hieß. Vielleicht hingen all die Polizisten dort draußen ja mit drin.

Nein, er hatte keine Lust, auch nur noch eine einzige weitere Nacht in dieser Klinik zu verbringen. Um sich auch noch killen zu lassen. Und damit blieb nur eine einzige Möglichkeit, um hinauszuschreien, was er wusste.

Manchmal musste man eben sehr laut schreien, um gehört zu werden.

Susanne bewegte sich nach links zum Bett, ließ sich daraufsinken. Erhob sich wieder, ging zum Schrank. Dann zum Fenster, blickte hinaus. Schließlich lief sie nur noch hin und her. Am Ende stand sie beim Nachtschränkchen. Natürlich erreichte nichts von dem, was sie jetzt noch sagte, noch irgendwie Julias Ohren. Nichts würde das jemals wieder zusammenflicken können.

Was hatte sie auch erwartet? Dass sie ihr einfach so verzeihen würde? Dass sie sie in den Arm nehmen und sagen würde: „Alles halb so wild, Susanne. Okay, du hast mich verraten und verkauft, hast mir erbarmungslose Killer auf den Hals gehetzt, aber hey … alles halb so wild."

Susannes Blick fiel auf den schlechten Krimi, der immer noch auf ihrem Nachttisch lag. Sie griff danach und schleuderte das Buch in die Luft, sodass es wirbelnd der Decke entgegenflog. Kurz vor dem Erreichen seines Ziels erlag es der Schwerkraft, fiel wie ein Stein herunter und knallte aufgeschlagen auf den Fußboden.

Nein. Alles noch viel schlimmer.

„Es ist mir völlig gleichgültig, ob du vor mir stehst, sitzt oder kniest, Susanne, es interessiert mich nicht."

Das war es, was Julia zu ihr gesagt hatte, kaum dass sie sich ihr nach dem Gespräch mit Tech auf ein Neues in den Weg gestellt hatte.

„Bitte, benutz deinen Verstand!" Susannes Stimme war eindringlich gewesen. Mit aller Macht hatte sie versucht, Julias Blick festzuhalten, es war ihr nicht gelungen. „Ich wollte das so nicht!"

„Weißt du, das Traurige ist, dass ich dir das sogar glaube", war Julias Antwort darauf gewesen. *„Vielleicht würde es mir viel weniger ausmachen, wenn ich nicht wüsste, dass du im Grunde ganz anders bist. Wenn ich nicht wüsste, dass hier vor mir ein mitfühlender, aufrichtiger und anständiger Mensch steht. Das ist es, was mich so unglaublich wütend macht. Aber wie auch immer, jetzt ist es zu spät."*

Susanne hatte gespürt, wie ihr schon wieder die Tränen in die Augen schossen. *„Zu spät wofür?"*

Ausgerechnet in diesem Moment hatte Tech dazwischengefunkt: *„Frau Grimm, in Ihr Zimmer! Sofort!"* Und sie, Susanne, hatte weder die mörderische Wut noch all die Hilflosigkeit, die sie in diesem Augenblick durchströmte, noch länger zurückhalten können. *„Ach, lecken Sie mich doch am Arsch!"* hatte sie in seine Richtung gebrüllt.

„Was haben Sie gerade gesagt?"

„Ich sagte, lecken Sie mich am Arsch!" Damit hatte Susanne sich wieder an Julia gewandt und die Frage noch einmal wiederholt: *„Zu spät wofür?"*

„*Für dich. Für mich*", hatte Julia geantwortet. „*Aber vor allem für dich. Diese Leute haben dich jetzt in den Fängen, Susanne. Sie kennen deinen Namen, und sie werden dich überall finden. Was willst du jetzt machen?*"

Das war es. Damit hatte Julia Susanne mit einer einzigen Bewegung zur Seite geschoben und war in ihrem Zimmer verschwunden.

Susanne selbst war von zwei Beamten ergriffen und in ihr eigenes Zimmer gebracht worden. Und da stand sie nun, wieder in der Mitte des Raumes. Erst jetzt fiel ihr auf, dass sie immer noch Viktors Puppe in der Hand hielt. Sie hatte sie die ganze Zeit nicht losgelassen.

In der nächsten Sekunde verlor Susanne endgültig die Nerven. Sie zersplitterte innerlich, nichts hielt sie mehr zusammen. Sie schrie laut auf und warf mit aller Wut die Puppe an die Wand.

Er hatte seine Hauptverdächtige, dessen war Tech sich sicher. Genau genommen traute er Susanne nicht so weit, wie er spucken konnte. Die alles entscheidende Frage war nur: Wie konnte er ihr die einzelnen Morde nachweisen? Julia Wagner hatte es ihm deutlich gesagt: Seine Beweisführung stand auf mehr als wackligen Beinen. Genau genommen hatte sie nicht einmal Beine.

Julia Wagner. Tech mochte sie nicht, und er war sich sicher, dass das auf Gegenseitigkeit beruhte. Warum mochte er sie eigentlich nicht? fragte er sich. Weil sie all seine Theorien so mühelos widerlegte? Sie auseinanderpflückte wie einen vertrockneten Blumenstrauß? Nein, das war es nicht. Jedenfalls nicht nur.

Auch wenn er es selbst unter Folter nicht zugegeben hätte, Tech beneidete Julia. Nicht um das, weswegen sie am Ende hier gelandet war. Aber um das, was sie zuvor bei der Polizei geleistet hatte. Was sie konnte. Was ihr zu eigen war.

Er erinnerte sich noch gut an die interne Stellenausschreibung, auf die er sich vor drei Monaten beworben hatte. Vor allem aber erinnerte er sich noch sehr gut an die Worte seines Chefs: *„Wolfgang Lange ist Geschichte, Herr Tech. Nun suchen wir nach einer kompetenten Person für einen leitenden Kommissarposten in unserer Abteilung für Kapitalverbrechen. Wir suchen jemanden mit logischer Kombinationsgabe, unbeugsamer Entschlossenheit, juristischer Fingerfertigkeit und von schierer Pfiffigkeit. Die geeignete Person dafür hatte ich jahrelang im Auge. Nur leider ... sind die Dinge am Ende anders gelaufen, als wir alle uns das erträumt hätten.“*

Tech hatte damals nicht genau gewusst, was gemeint war. Inzwischen wusste er es. Er war ja schließlich nicht ganz blöd. Ralf Jockel hatte all die Jahre darauf gehofft, dass Julia Wagner eines Tages von Mainz nach Hannover und damit in seine Einheit zurückkehren würde. Sie wäre seine Wunschkandidatin gewesen. Aber dann hatte sich Schlag auf Schlag alles verändert, hatte sozusagen eine ganz eigene Dynamik entwickelt: Zuerst hatte sie von heute auf morgen den Dienst quittiert. Dann wäre sie ausgerechnet von Wolfgang Lange um ein Haar erschossen worden. Und schließlich hatte sich das saubere Image ihres Herrn Vaters in Staub aufgelöst. Diese Wolken hatte nun wirklich niemand am Horizont heraufziehen sehen können. Aber damit war Julia selbstverständlich raus.

Trotzdem bekam Tech die Stelle nicht. Stattdessen bekam er Charlotte Gärtner vor die Nase gesetzt. Die war ihm auch auf die Nerven gegangen, wie sie permanent an ihm vorbeigestapft war, als gäbe es nur sie alleine. Als wäre er überhaupt nicht wichtig. Aber nun war ja auch sie raus. Weil sie es vermasselt hatte. Und plötzlich hatte Jockel den erstaunten Tech mit offenen Armen empfangen und ihm den Fall übertragen. Weil *er* immer noch da war. Er war jetzt im Spiel. Er konnte alles erreichen. Er war geschmeidiger als Julia Wagner und Charlotte

Gärtner zusammen. Und tüchtiger. Und effizienter. Er war einfach besser. Er war die Spinne im Netz.

Trotzdem rumorte es in ihm. Ein innerer Hochdruck. Gerne hätte er einen Kaffee getrunken, aber er trank nie Kaffee. Kaffee brachte seinen Magen zum Rebellieren. Er drehte sich um, kniff ein paar Sekunden die Augen zusammen, starrte auf das Zimmer von Susanne Grimm. Er hatte extra einen Kollegen davor postiert, damit sie nicht abhandenkam. Gleich würde er sie noch einmal verhören. Alleine. Ohne die Wagner in der Nähe. Er schnaubte und trat auf den Kollegen zu, der vor dem Zimmer postiert war.

„Ist sie noch drin?" Besser man fragte nach.

„Jedenfalls ist sie nicht an mir vorbeispaziert", gab der Beamte zurück. „Allerdings scheint sie ziemlich wütend zu sein. Gerade hat sie irgendwas gegen die Wand geworfen."

Tech zuckte mit den Schultern. „Lassen wir sie noch ein bisschen schmoren, dann bring ich sie zu einem Geständnis. Und danach wird es ihr sicher besser gehen."

In diesem Moment schrie jemand: „FEUER!"

Alarmiert wandte Tech sich um, und tatsächlich drangen aus einem der Zimmer dichte Rauchwolken. Und dann brach das völlige Chaos aus.

Aus dem Tagebuch von Annegret Lepelja, 1881:
Dies sind nicht mehr die Hände, die einst so zärtlich waren. Hände, die so liebevoll streichelten. Dies sind rote, fleischige Klauen.

Jetzt erst begreife ich.

Ich sehe ein.

Doch immerhin habe ich es bald erreicht. Ich werde ihn wiedersehen. Seine Gestalt. Zwei Hände, zwei Arme, zwei Beine, ein Kopf. Er wird auferstehen. In seiner ganzen Gestalt. Nur ich konnte ihm erneutes Leben schenken. Nur ich konnte ihn wieder zu einem Ganzen formen.

Ich erwarte nicht, dass die anderen verstehen.

Wie könnten sie? Sie wissen nicht, was ich weiß. Sie füh-
len nicht, was ich fühle.

Jetzt sehe ich sie. Sie kommen mit Feuer. Sie ducken sich
und schleichen sich an. Ich sehe sie dennoch.

Dieses war das fünfte Kind.

51. KAPITEL

Glaubst du alles, was du siehst?

Später sollte Susanne sich noch gut an die einzelnen Plastikteile der Puppe erinnern, die überall auf dem Boden verstreut lagen. Und an die einzelnen Buchseiten, die dazwischenlagen. Und daran, wie sie in Zeitlupe darauf zugeschritten war und sie irritiert aufgehoben hatte.

Die Seiten waren ziemlich alt und es waren genau vier an der Zahl.

Susanne hob sie einzeln in die Höhe und betrachtete sie eingehender. Zuerst dachte sie, es wären nur irgendwelche harmlosen Skizzen. Doch dann, plötzlich, schob sich etwas in ihrem Kopf zusammen. Tatsächlich, es schob sich zusammen, noch ehe sie an den Tisch trat und die Seiten aneinanderlegte. Sie hatte es im Kopf, noch ehe sie die Papiere ein paarmal hin und her sortiert hatte, bis sie so lagen, wie es einen Sinn ergab.

Und es ergab tatsächlich einen Sinn. Denn was sich am Ende aus den vier zusammengelegten Seiten ergab, war eine Skizze. Sie mochte ziemlich alt und das Gebäude zu dem Zeitpunkt, als sie gezeichnet wurde, noch ein Kloster gewesen sein, aber die Räumlichkeiten waren immer noch dieselben. Susanne erkannte ganz klar den Grundriss, erkannte die einzelnen Räume. Und sie erkannte sofort, dass es der heutige Gebetsraum war, der mit einem X markiert worden war. Und sie erkannte, dass sich unterhalb des Gebetsraumes ein Tunnel befand. Es war klar und deutlich direkt vor ihren Augen aufgezeichnet.

Vorsichtshalber blinzelte sie ein paarmal, aber es war und blieb direkt vor ihren Augen: Es gab einen Tunnel, der vom Gebetsraum, unter dem Kloster entlang, hinaus in die Freiheit führte. Genauer, zum Friedhof. Der alte Viktor hatte den Plan die ganze Zeit in der Puppe mit sich herumgetragen.

Zur gleichen Zeit zog Zander ganz vorsichtig das Gummiband von Annegret Lepeljas Tagebuch und stellte dabei fest, dass diesem ein seltsamer Geruch entströmte.

„Setzen Sie sich!", fuhr Charlotte Theo Gans an, der hin und her lief wie ein Panther im Käfig. Er tat es – mangels Sitzgelegenheiten – zwar nicht, aber immerhin hörte er auf, hin und her zu laufen.

Zander indessen ging in die Hocke, um im Licht des Feuers besser sehen zu können. *Annegret Lepelja.* Die ins Leder eingeprägten Buchstaben waren noch gut lesbar. Das gelbliche Papier der Seiten hingegen war so trocken, dass er Angst hatte, es würde unter der Berührung seiner Finger zu Staub zerfallen.

Er konzentrierte sich auf die erste Seite, und es zeigte sich ihm eine prachtvolle Zierschrift, immer noch in kräftiger Tinte, die allerdings inzwischen eine sepiafarbene Färbung angenommen hatte. Zwischen einigen Seiten lag Seidenpapier.

„Worum geht's?", fragte Charlotte, die ihm über die Schulter blickte.

Zander blätterte und sagte: „Hier, auf den ersten Seiten, erzählt Annegret von ihrem Leben. Von ihrem Mann und von ihrem Sohn. Erzählt davon, wie die beiden gestorben sind. Den Tod ihres Mannes empfand sie als keinen großen Verlust. Den Tod ihres Sohnes Paul hat sie hingegen nicht verkraftet. Er las laut vor: „In mir wütet nichts als Feuer. Ich bin voller Hass und Zorn. Zur Hölle mit Gott!" Er blätterte weiter. „Hier erzählt sie von ihrem ersten Zusammentreffen mit Svetlana." Er räusperte sich und begann erneut, laut zu lesen: „Als ich nichts mehr fühlte als nur noch Trauer, Hass und Wut. Als es in meinem Inneren nur noch blutete, da kam sie wie aus dem Nichts. Ihr Geruch, ganz seltsam, eine Mischung aus faulen Früchten und saurer Milch. ‚Ich bin die Herrin über Licht und Schatten', so waren ihre Worte. Ich verstand nicht, und sie sagte: ‚Fühle die Seele deines Sohnes über dir schweben. Fange sie ein und mache ihn wieder lebendig.' Ich verstand immer noch nicht, und sie sagte: ‚Ich werde es dich lehren.'" Zander brach ab, blätterte weiter und las dann wieder vor: „Nie ahnte ich, welch befreiendes Gefühl es sein könnte, den Hass aus sich bersten zu lassen. Nun bin ich süchtig. Wie sich mit einem Schlage alles verflüchtigt und leicht wird. Wie alle Werte zerrinnen. Ja, es quält mich, doch ist es nun nicht mehr aufzuhalten." Wieder blätterte er weiter. „Hier erzählt sie dann von den Morden. Eins, zwei, drei, vier, fünf. Sie hat tatsächlich fünf Kinder umgebracht. Hier stehen die Namen: Benjamin Thom, Gustav Ullrich, Magnus Viehbrock, Luther Wecht, Zacharias Zahlmann. Alles Jungs." Er blätterte ein weiteres Mal, und plötzlich wirkte er, als hätte er die Büchse der Pandora geöffnet, starrte wie gebannt auf die Buchstaben vor sich, wobei er sich die Hand vorstellte, die sie geschrieben hatte, von Gott verlassen. „Und hier kommt die Anleitung."

„Die Anleitung wofür?", fragte Charlotte.

„Zur Wiederauferstehung." Zander räusperte sich. „Auf Erden und in alle Ewigkeit."

„Gütiger Gott." Charlotte beugte sich noch etwas weiter über seine Schulter. „Das steht da tatsächlich?"

Er nickte und las wieder laut vor: „Unfehlbares Mittel, in das Leben zurückzukehren, durch die mir innewohnende Kraft, basierend auf dem wahrheitlichsten Verfahren und von einstmaligen Irrtümern gereinigt … Fünf Mal verstreicht ein Leben, da du es beenden musst, ihm den Atem entreißen. Beginnest mit den Augen, auf das erneut gesehen werden kann. Desgleichen nimmst du dir die Zunge, die im Ewigkeitsprozess auf ein Neues zu dir sprechen wird. Zwei Nieren, die den Körper reinigen, der schon bald auferstehen wird. Ein kräftiges Herz, das wieder für dich schlagen soll, reiß an dich."

Nein, das hier war mit nüchterner Logik nicht zu erklären, das wusste Charlotte immerhin. Das hier war immun gegen jede Logik. Erst recht immun gegen die Logik eines nüchtern denkenden Polizisten. „Das ist … eine Anstiftung zum Serienmord.“

„Ja.“ Zander hielt dabei das Tagebuch etwas in die Höhe. „Eine Teufelsrezeptur, festgehalten bis in alle Ewigkeit.“

„Aber bis jetzt sind nur vier Körperteile aufgezählt“, sagte Charlotte. „Was ist mit dem fünften?“

„Das fünfte Element ist kein Körperteil. Hier steht, dass man eine Menge von fünf Litern benötigt.“

„Fünf Liter wovon?“

„Blut. Dem fünften Opfer soll man fünf Liter Blut entnehmen. In dieses Blut soll man dann die Organe legen. Und Knochen von dem Menschen, den man zurückhaben möchte. Genauer: die Beine, die Arme und den Schädel.“

Charlotte rieb sich ungläubig über das Gesicht in den Händen. „Das bedeutet, dass unser Mörder sich die entsprechenden Leichenteile besorgt haben muss. Ist das richtig?“

„Ja“, sagte Zander, senkte den Blick, konzentrierte sich erneut auf das Tagebuch und las wieder vor: „Und ich nahm von der Hand der Hexe und es war süß und doch so bitter. Es öffnete sich mir der Höllenschlund. Ich folterte und tötete und ich verschlang … Außerdem steht hier noch, dass Svetlana offenbar ein *Invasor* war, was immer das bedeuten mag. Und hier geht's jetzt ans Eingemachte. Wie man den geliebten toten Menschen ansetzt.“

Charlotte kniff die Augen zusammen. „Ansetzt? Wie man eine Bowle ansetzt oder wie soll ich das verstehen?“

„So in etwa. Hier steht, wenn man Augen, Zunge, Nieren, Herz und die Knochen hat, dann soll man alles zusammen in dem Blut verkochen. Und dann steht hier noch, dass es sich bei dem Ort des Ansetzens um ein geografisches Gebiet handeln muss, welches durch den Einflussbereich des Toten bestimmt wird. Erst der Ort schafft zwischen den einzelnen Bestandteilen und dem Blut eine Verbindung.“

„Das heißt, der Mensch, den unser Mörder zurückhaben will, muss ganz in der Nähe der Klinik beerdigt sein? Verstehe ich das richtig?"

„Ja. Und dann kommen hier noch eine ganze Menge merkwürdiger Sprüche und Rezepturen. So was wie Formeln, die ich jetzt aber nicht wiederholen möchte. Und dann schließt sich der Kreis. Angeblich hat man damit den Tod besiegt. Wenn man sich an all das hält, was hier steht, steht in Kürze die verstorbene große Liebe wieder leibhaftig vor einem." Zander war fast am Ende angekommen und sah zu Charlotte auf. „Was halten Sie davon?"

„Ich weiß gerade überhaupt nicht, was ich denken soll", sagte Charlotte. Sie wandte sich an Pastor Gans, der die ganze Zeit über nichts gesagt hatte. „In dem Buch steht, diese Svetlana wäre ein *Invasor* gewesen. Was bitte schön ist ein *Invasor*, Herr Pastor?"

„Darunter versteht man einen Dämon mit engem Wirkungskreis", antwortete er. „Sozusagen einen bösen Geist mit festem Wohnsitz. Man könnte es auch einen *Schläfer* nennen, aber das klingt eigentlich nicht bedrohlich genug."

„Bedeutet das, dieser Geist hält sich eine ganze Zeit in einem bestimmten Umfeld auf und wartet auf seine Chance?", versuchte Charlotte zu verstehen.

„So in etwa, ja. Svetlana war eine ‚Schläferin', und Annegrets Schmerz hat sie aktiviert. Damit hat sie sie gefangen genommen. Das ist das richtige Wort. Sie hat ihre Seele *gefangen genommen*."

Charlotte hatte einen dieser Momente, in denen man nicht genau weiß, ob man wach ist oder träumt. „Ich will das einfach nicht glauben. Dass tatsächlich jemand dieses Tagebuch gelesen hat und nun Wort für Wort für sich umsetzt."

Zander widmete sich nun dem Ende des Buches und stellte fest: „Die letzten Seiten wurden offenbar herausgerissen."

Dann, plötzlich, richtete er sich wie elektrisiert auf. „Hier steht noch, dass es unterhalb des Klosters einen Tunnel gibt."

Sofort war Charlotte wieder bei ihm. „Ist das näher beschrieben?"

„Nein. Wie gesagt, die letzten Seiten fehlen. Aber hier steht immerhin, dass es diesen Tunnel gibt und dass er vom Kloster ...", Zander sah zu Charlotte auf, „...bis hinaus zum Friedhof führt."

„Das muss der Weg sein, den der Mörder benutzt." Auch Charlotte war jetzt wie elektrisiert. „Ganz bestimmt hat er die letzten Seiten des Tagebuches."

„Das würde Sinn machen", stimmte Zander zu. „Immerhin würde das erklären, wie er auf dem Friedhof jedes Mal so schnell verschwinden konnte. Gestern und heute schon wieder."

Charlotte nickte und wandte sich noch einmal an Theo Gans. „Ich frage Sie jetzt ein letztes Mal: Wer hat bei Ihnen gebeichtet, Herr Pastor?"

Gans schüttelte den Kopf. „Ich kann nicht. Es tut mir wirklich leid."

„Es tut Ihnen leid? Das macht die Opfer leider auch nicht mehr lebendig."

Zander legte eine Hand auf Charlottes Schulter und zog sie einen Schritt zurück. „Lassen Sie uns gehen. Wir fahren noch einmal zurück zum Friedhof und suchen dort das Ende dieses Tunnels. Wir sind ganz nahe dran. Ich spüre es deutlich."

Und so war es tatsächlich.

Sie hatten gerade das Universum eines Geisteskranken auf sein Ziel und seinen Bewegungsradius reduziert. Jetzt mussten sie ihn nur noch kriegen.

Auf der Fahrt zurück zum Friedhof sprachen sie nur wenig.

„Worüber denken Sie nach?", wollte Zander wissen, als zu lange nichts von Charlotte kam.

„Über Wiederauferstehung", antwortete sie, ohne den Blick von der Straße zu nehmen. „Und über Allmacht und irre Mörder, die an ein – ich wage das Wort kaum auszusprechen – Rezept aus dem Jahre 1881 glauben, das der reinste Scherz ist. Das alles ist so … unbegreiflich. Ich meine, in was für einer Welt leben wir denn?" Charlotte brach ab und fügte nach ein paar Sekunden hinzu: „Je länger ich bei der Polizei bin, desto mehr stelle ich fest, dass wir uns mit immer irreren Mördern herumschlagen müssen. Wo zum Teufel ist die gute alte Hausfrau geblieben, die ihrem Mann in einem Anfall von Eifersucht mit der Bratpfanne den Schädel einschlug? Ganz klassisch, ganz einfach."

„Unser Mörder ist nicht irre", merkte Zander an.

„Nein? Was ist er dann? Klären Sie mich auf. Ich bin ganz Ohr."

„Natürlich ist er schwer gestört. Aber nicht in dem Sinne, den wir tagtäglich in der Psychiatrie gesehen haben. Das hier ist eine andere Art von Wahnsinn. Dieser Mörder ist ein Idealist."

„Danke. Jetzt geht es mir schon viel besser."

„Er glaubt an das, was er tut. Wie ich bereits sagte, das Tagebuch ist für ihn so etwas wie der heilige Gral."

Sie schwiegen einen Augenblick, dann fügte Zander hinzu: „Denn, seien wir doch mal ehrlich, im Grunde hat die gesamte Menschheit schon immer danach gesucht."

„Wonach? Was meinen Sie?"

„Nach der Macht, über Leben und Tod entscheiden zu können. Nach Belieben über unser Dasein zu verfügen. Was unseren Mörder betrifft … Er kann und will nicht zulassen, dass der Tod einen Menschen, den er liebt, auf gewöhnliche Weise zu sich holte. Er glaubt, er hat mit dem Tagebuch Herrschaft über Leben und Tod erlangt. Und diese will er nun für sich selbst nutzen, indem er wieder zum Leben erweckt und sich damit auf einen Thron setzt, von dem aus er sein unheilvolles Werk betrachten und belächeln kann."

Charlotte warf Zander einen Blick zu. „Wirklich, Sie reden manchmal daher."

Er lächelte. „Sie meinen, klug und gebildet?"

„Ich meine: Es ist an der Zeit, den ganzen Mist zu beenden und diesen Kerl von seinem – was auch immer für einen – Thron herunterzuholen. Und zwar dringend."

52. KAPITEL

Es lebe das Klischee

Dieser verflixte Waffenschmied hatte schon wieder sein Bett angezündet! Und dieses Mal hatte er sich richtig Mühe gegeben. Tech war fix und fertig. Kaum hatten sie das Feuer wahrgenommen, waren alle gleichzeitig und von allen Seiten auf das Zimmer zugestürmt. Jemand schrie nach einem Feuerlöscher, dann waren sie hineingestürmt, Pfleger, Ärzte, die Beamten. Auch Tech selbst.

Durch die dichten, schwarzen Rauchwolken hatte man kaum etwas erkennen können. Aber hören konnte man ihn. Und wie! Immer wieder hatte Waffenschmied etwas von einer Verschwörung gebrüllt, und es hatte ewig gedauert, bis man ihn endlich unter Kontrolle hatte. Ebenso wie das Feuer. Beide schienen für eine unendlich lange Zeit kaum zu bändigen.

Nun rieb Tech sich über die Stirn. Immerhin, das Feuer war nun gelöscht und Waffenschmied an ein Bett fixiert. Natürlich nicht an sein eigenes, denn das hatte er ja abgebrannt. Außerdem hatte er Medikamente bekommen, aber die wirkten offenbar noch nicht so richtig, denn immer noch hörte man ihn laut und deutlich schreien: „Verschwörung! Verschwörung!"

Tech seufzte leise auf und konzentrierte sich. Er hatte jetzt ganz andere Sorgen. Zeit, den Fall aufzuklären. Ein für alle Mal und endgültig.

Er wandte sich um, und erst jetzt fiel ihm auf, dass der Beamte, der vor Susanne Grimms Zimmer gesessen und aufgepasst hatte, mit ihm gemeinsam in Waffenschmieds Zimmer gerannt war.

Alle Alarmglocken in Tech begannen zu läuten. Er setzte sich in Bewegung und stürmte auf das Zimmer zu. Dann stieß er die Tür auf.

Susanne war nicht mehr da.

*Nicht schon wieder Tränen! Scheiß doch endlich auf die Trä-
nen!*

Nur umgeben von Stille und Staub wischte Susanne sich mit
dem Handrücken über die Wangen. Dann schob sie wieder mit
aller Kraft, versuchte, die Vitrine zur Seite zu schieben. Vor lauter Anstrengung stöhnte sie dumpf. Dann verließ sie wieder der
Mut, und sie sank in die Knie. Wie viele Stufen waren es gewesen bis hierhin? Bis zu dem Punkt, an dem sie jetzt war? Ohne
Zukunft, mit einem Strafverfahren an der Backe und einem un-
terbelichteten Kommissar, der jetzt auch noch eine mehrfache
Mörderin aus ihr machen wollte; vermutlich den Rest ihres Lebens auf der Flucht und sowieso von allen guten Geistern verlassen. Kein Zuhause mehr. Keine Eltern, zu denen sie gehen
konnte. Und zu all dem auch noch eine Verräterin. Zu einem
Nichts geschrumpft.

*Gib es zu. Gib es endlich zu: Du hast versagt auf der ganzen
Linie.*

Hitzewellen stiegen in Susanne auf, unwirklich, befremdlich.

Sie riss sich zusammen, richtete sie sich wieder auf und wischte
sich noch einmal die Tränen vom Gesicht. Die Frage, was sie dort
unten erwarten würde, beschäftigte sie ebenfalls schon die ganze
Zeit. Eine Stimme in ihrem Kopf riet ihr klar und deutlich, sofort wieder umzukehren. *Bleib, wo du bist.* Trotzdem schob sie
wieder mit aller Kraft an der Vitrine. Konnte es sein, dass das
Ding von Sekunde zu Sekunde schwerer wurde? *Eins … zwei …
drei! Nicht aufgeben jetzt!*

„Tech ist mit seinen Leuten unterwegs und sucht dich."

Ein Adrenalinstoß, heißer als die stickige Luft um sie herum,
ließ Susanne herumfahren. „Lieber Gott im Himmel!", entfuhr
es ihr. „Hast du mich erschreckt! Was machst du hier?"

Julia schloss die Tür hinter sich und kam auf sie zu. Die Frage
beantwortete sie nicht. Stattdessen sagte sie: „Kannst du mir mal
sagen, was du hier machst?"

„Ich hab in Viktors Puppe eine Skizze gefunden. Es gibt einen Weg von hier nach draußen."

Da Julia sie nur ansah, als hätte sie jetzt endgültig den Verstand verloren, zog Susanne die vier Buchseiten aus ihrer Hosentasche und legte sie auf den Boden. „Hier, sieh es dir selbst an."

Julia ging in die Hocke, betrachtete die zusammengelegten Seiten. „Wie kam das ausgerechnet in Viktors Puppe?", wollte sie wissen.

„Keine Ahnung. Aber wenn ich einen Tipp abgeben müsste, dann würde ich sagen, er hat den Plan irgendwann durch Zufall in die Hände bekommen und beschloss – in einem klaren Moment –, damit abzuhauen, um nach seinen Kindern zu suchen. Was bestimmt ein Spitzenplan war. Vermutlich hatte er ihn nur wenig später schon wieder vergessen. Wahrscheinlich wusste er noch, dass die Puppe irgendwie wichtig ist, aber es fiel ihm nicht mehr ein, worum es genau ging."

Julia nickte. „Das wäre möglich."

Susanne schob die vier Buchseiten wieder zusammen und richtete sich auf. „Und jetzt will ich wissen, ob es stimmt, was da aufgezeichnet ist. Ich hab schon alles abgesucht. Wenn es hier irgendwo einen Ausgang gibt, dann kann der sich nur hinter dieser Vitrine befinden." Sie begann wieder zu schieben. „Ein Ausgang, direkt in die Freiheit."

„Das ist Schwachsinn, Susanne. Es gibt keinen Weg von hier nach draußen. Tech wird jeden Moment hier sein, und dann …"

„Hilf mir schieben, dann werden wir es gleich wissen."

Julia seufzte. „Bitte, wenn es dir hilft, wieder in der Realität anzukommen." Sie fasste mit an, und gemeinsam schoben sie die Vitrine zur Seite.

„Glaubst du es eigentlich auch?", fragte Susanne unter größter Kraftanstrengung.

„Was?", gab Julia ebenso angestrengt zurück.

„Dass ich einen Menschen umbringen könnte."

„Nein."

Der Schrank war zur Seite geschoben, und sie sahen sich einen Moment lang an.

„Du bist vieles", sagte Julia. „Aber eine Mörderin bist du nicht. Tech ist ein Vollidiot."

Dann wandten sie die Köpfe und blickten auf eine Tür. Ein Totenschädel und zwei übereinandergekreuzte Knochen waren mit weißer Farbe daraufgemalt.

Julia rollte mit den Augen. „Es lebe das Klischee."

„Das ist er", sagte Susanne, deren Gefühle sofort in Aufruhr waren. „Das ist der Weg in die Freiheit!"

Julia musste von dem vielen Staub um sie herum niesen. Dann noch einmal. Erst dann merkte sie an: „Und für die würdest du alles tun, ich weiß. Aber vergiss eins nicht, bevor du dich auf den Weg machst, fort von einer Hölle, die dir mit Sicherheit folgen wird: Der Plan könnte dich nicht nur in die Freiheit, sondern auch direkt in die Arme des Mörders führen."

„Wie scharfsinnig von dir." Susanne legte die rechte Hand auf die Türklinke. „Ich werde es trotzdem versuchen."

„Nicht, dass es mich interessiert, aber du gehst ein unkalkulierbares Risiko ein."

„Wenn es mich erwischt, dann erwischt es mich eben. Glaubst du im Ernst, das hält mich auf?"

„Nein." Julia hob die Hände in die Höhe. „Nein, das glaube ich tatsächlich nicht. Ich glaube nicht, dass dich jetzt noch irgendetwas davon abhalten wird. Aber selbst wenn es gelingen sollte, Susanne, die werden dich suchen. Sie werden sich an deine Fersen heften und dich so lange jagen, bis du am Boden liegst. Und dann kommst du tatsächlich nie wieder raus."

„Ich will es wenigstens versuchen." Susanne öffnete die Tür.

Julia rieb sich über die Augen, versuchte, einen klaren Entschluss zu fassen, was nicht einfach war. Schließlich sagte sie: „Warte."

„Was ist?"

„Lass mich vorgehen."

Susanne blinzelte erstaunt. „Heißt das, du willst mitkommen?"

„Das heißt, dass du vermutlich schon sehr bald tot bist, wenn ich dich alleine gehen lasse. Hast du irgendetwas, worin du den Plan aufbewahren kannst? Auch wenn ich keine Sekunde daran glaube, dass es diesen Tunnel tatsächlich gibt, wissen wir nicht, was dort unten auf uns wartet. Und falls es irgendetwas mit Wasser sein sollte, würde ich ungern zusehen, wie sich die Karte in Pappmaschee verwandelt."

„Warte." Susanne zog ein kleines, silbernes Döschen hervor. „Er könnte in mein Zigarettenetui passen." Sie faltete die Buchseiten vorsichtig zusammen und legte sie hinein. „Siehst du? Passt."

„Hast du auch eine Taschenlampe?"

Auch diese zog Susanne aus der Tasche ihrer Hose. „Mit der habe ich nachts im Bett gelesen. Siehst du, sie hat hier hinten einen Klipp. Winzig zwar, aber sie leuchtet ziemlich hell."

„Das gibt mir Hoffnung." Julia atmete tief durch. „Trotzdem will ich es der Form halber noch einmal gesagt haben: Selbst wenn es funktionieren sollte und wir einen Weg nach draußen finden, du wirst nicht weit kommen."

„Vielleicht. Aber ich bin verrückt genug, es zu versuchen."

Julia wartete noch ein paar Sekunden, blinzelte, strich sich den langen Pony zur Seite.

„Was ist los?", fragte Susanne. „Schiss?"

Ein letzter Blick von Julia, dann trat sie durch die Tür.

53. KAPITEL

Unter die Erde

2:24 Uhr

„Und wo sollen wir nun anfangen?", fragte Charlotte. „Ich meine, es ist ja nicht so, als wäre der Friedhof so klein, dass man ihn mit nur drei Schritten überqueren könnte."

„Bei Annegrets Grab", gab Zander zurück. „Das ist der einzige Ort, der Sinn macht. So schnell, wie die Gestalt heute Abend verschwunden ist, kann sich der Ausgang des Tunnels nur irgendwo dort befinden."

Daraufhin schalteten sie ihre Taschenlampen ein und machten sich auf den Weg.

„Und den armen Jäger hat die Gestalt gleich mit nach unten genommen, oder wie?", sagte Charlotte nach ein paar Metern.

„Scheint zumindest so. Wie geht es eigentlich Ihrem Kopf?"

„Prima."

Es schien, als überlege Zander, ob es sich lohnte, etwas darauf zu sagen. Er entschied sich wohl dagegen und schwieg.

„Irgendetwas kommt auf uns zu", murmelte Charlotte. „Ich hab überhaupt kein gutes Gefühl."

Auch darauf antwortete er nicht, und so sagten sie den Rest des Weges überhaupt nichts mehr. Erst beim Grab angekommen, meinte Zander: „Erinnern Sie sich noch daran, wie Sie erwähnten, wie unglaublich Sie es doch finden, mit wie viel Marmor wir Menschen unsere Toten seit Jahrhunderten belasten?"

„Klar erinnere ich mich daran. Und so ist es ja auch." Charlotte sprach leise, leuchtete einmal um die eigene Achse. Warum, hätte sie nicht sagen können, aber das ungute Gefühl in ihr wuchs beständig weiter an. Sie atmete tief durch, leuchtete Zander an.

„Worauf wollen Sie hinaus?"

Er ging in die Hocke. „Das Erste, was mir an dem Grabstein auffiel, war, dass er für über einhundert Jahre noch sehr gut erhalten aussieht."

„Ich erinnere mich, dass Sie es erwähnten."

„Allerdings hab ich mir da noch nichts weiter dabei gedacht."

Zander steckte die Taschenlampe zwischen die Zähne und tastete den Grabstein ab. Dann nuschelte er: „Das ist der Eingang."

„Lächerlich. Das ist ein Grab."

„Nein. Ist es nicht."

„Nein?"

„Nein." Ganz mühelos verschob Zander die vermeintliche Marmorplatte. „Kein Marmor. Kein Grab. Hier liegt nicht Annegret Lepelja. Wo immer sie beerdigt wurde, hier war es jedenfalls nicht. Aber zugegeben, clever ausgedacht." Er leuchtete in ein Loch, das in nichts als Dunkelheit führte. Was immer dort unten warten mochte, es stank auf jeden Fall schon mal wie die Pest. Gelinde gesagt. Schwer, dumpf, übel, wie ein Volltreffer auf den Solarplexus.

„Allein die Warnung auf dem Grabstein", fügte Zander hinzu. „‚Sie war eine Dienerin des Teufels. Lasst sie ruhen. Seid gewarnt.' Natürlich machte jeder einen großen Bogen um das Grab."

Charlotte leuchtete ebenfalls nach unten, legte sich dabei die freie Hand vor die Nase. „Das Loch hat noch nicht mal einen Durchmesser von einem Meter. Da runterzukommen dürfte für uns beide eine echte Herausforderung darstellen. Davon abgesehen sieht es aus wie der Eingang zur Hölle. Und es stinkt auch genauso."

Zander leuchtete ihr ins Gesicht. „Was ist los, Frau Kommissarin? Haben Sie etwa Schiss?"

Julia und Susanne befanden sich inzwischen in einem Raum, der nicht mehr Umfang hatte als ein Fahrstuhl. Kein Fenster, kein Licht. Mit der Lampe leuchtete Susanne auf den Boden. „Eine Falltür." Sie bückte sich und hob sie an. Etwas drang aus der Tiefe zu ihnen empor. Fäulnisgeruch. Wie der Atem alter Gräber. „Pfui Teufel!" Sofort richtete sie sich wieder auf und wandte sich ab.

„Noch kannst du es lassen", hustete Julia, die es ebenfalls getroffen hatte wie ein Fausthieb.

„Vergiss es. Niemals." Obwohl es Susanne den Magen umdrehte, wandte sie sich dem Loch wieder zu und leuchtete nach unten. „Siehst du irgendwo eine Leiter?"

Julia blickte ebenfalls nach unten, nickte dann. „Ich geh voraus. Du leuchtest mir."

Während sie wenig später eine alte Holzleiter hinunterstieg und darauf achtete, nicht auszugleiten, hielt Susanne sich so dicht hinter ihr, wie es möglich war.

Unten angekommen, kam es ihnen so vor, als atmeten sie durch eine Plastiktüte, so dicht war die unbewegliche Luft um sie herum mit Gestank angefüllt. Irgendwo fielen Wassertropfen zu Boden und hallten in der Stille. Davon abgesehen konnte man die Hand kaum vor Augen sehen. Selbst ihre Körper waren nur mehr noch blaugraue Silhouetten.

Während Susanne leuchtete, überquerte Julia vor ihr einen schlammigen, gewölbten Boden. Es schmatzte und sog unter ihren Füßen. Sie deutete auf eine Tür und sagte: „Da dies die einzige Tür ist, die es hier gibt, müssen wir da wohl durch. Ich wieder zuerst."

Susanne nickte, leuchtete weiter und blieb weiter direkt hinter ihr.

Kurz bevor sie die Tür erreichten, versanken sie mit den Füßen in etwas Weichem.

„Nicht drüber nachdenken!", sagte Julia sofort.

Susanne gab sich Mühe.

Sie traten durch die Tür und kamen nun in einen Raum, der so niedrig war, dass sie gerade noch aufrecht stehen konnten. Der Gestank war hier noch intensiver, jedenfalls kam ihnen das so vor, ansonsten gab es nichts weit und breit außer nackten Wänden und einer weiteren Falltür. Gemeinsam zogen sie sie auf und ihr Blick fiel auf eine weitere Treppe, die noch weiter nach unten führte. Das graue Licht der kleinen Lampe schaffte es gerade so bis zum Boden, sie konnten eine schwarze Wasserlache und die skelettierten Reste eines Fasses ausmachen.

„Hier geht's in Richtung Freiheit", sagte Susanne, wobei ihre Stimme deutlich machte, dass sie sich in diesem Augenblick gar nicht so recht darüber freuen konnte.

„Oder direkt in die Arme des Mörders", gab Julia zurück.

In der nächsten Sekunde hörten sie von unten eine Art Platschen.

„Was war das?", fragte Susanne.

„Keine Ahnung. Leuchte noch mal nach unten."

Sie tat es. Ein weiteres Platschen. Rhythmisch. Nicht wie ein Mensch, der durch Wasser ging. Das Geräusch von Wasser, das auf Wasser tropfte.

„Wasser", sagte Julia und blickte Susanne wieder an. „Das ist deine letzte Chance, noch können wir es lassen."

Susanne erwiderte den Blick volle zehn Sekunden lang, spürte dabei einen metallenen Geschmack im Mund und ein Schaudern, das ihr durch Mark und Bein ging. Trotzdem sagte sie: „Lass meine Hand unterwegs nicht los, okay?"

Plitsch, platsch.

Immer wieder dieses Geräusch, während sie Stufe um Stufe die Treppe hinabstiegen.

Dann auf einmal ein ganz anderes Geräusch. Es kam nicht von unten, nein, es erstreckte sich direkt über ihnen: *Wumm!* Dann ein ohrenbetäubendes Poltern und Rumpeln.

Susanne erschrak derart heftig, dass sie das Gleichgewicht verlor. Sie versuchte noch, sich irgendwo festzuhalten, erreichte aber nichts mit den Händen. Wild griff sie um sich, packte dabei Julias Schulter, und dann war auch schon alles zu spät. Sie stürzten gemeinsam ab, eiskaltes Wasser teilte sich unter ihrem Gewicht, schlug über ihnen zusammen und durchnässte sie innerhalb von Sekunden bis auf die Knochen.

Der Aufprall raubte Julia den Atem. Hastig holte sie Luft, schluckte dabei von dem schleimigen Wasser, würgte und spuckte. Dann schoss sie wieder nach oben und richtete sich keuchend auf. In diesem Moment hatte sie das sichere Gefühl, dass eine ganze Anzahl ihrer Sinne außer Funktion war. Ihre Augen tränten, der Blick war verschwommen, es pfiff und knackte in ihren Ohren, kein Geruch drang in ihre Nase – was unter den gegebenen Umständen sicher nicht das Schlimmste war –, und auch ihre Hände schienen vollkommen taub.

In der nächsten Sekunde schoss auch Susanne neben ihr aus dem Wasser.

„Verdammte Kacke!", zischte Julia. „Was sollte das?"

„Ich bin erschrocken", zischte Susanne zurück. „Ich dachte, die Decke stürzt jeden Moment über uns ein. Was war das?"

„Keine Ahnung. Hast du deine Lampe noch?"

„Ja."

Julia spürte, wie sie mehr und mehr anfing zu zittern. Dazu ein Brennen, zuerst nur leicht, dann immer stärker, als wenn sich das glühende Ende einer Zigarette näherte: ein Krampf in den Waden, der ihr in die Schenkel und den Unterleib zog. „Wir müssen aus dem kalten Wasser raus", sagte sie, bewegte sich mühsam ein paar Schritte nach vorne und knallte dabei mit dem Kopf gegen Holz. „Autsch!"

„Was ist?"

„Nichts. Weiter."

Wieder machte es *wumm* über ihnen, und wieder durchflutete sie beide gleichzeitig eine Schockwelle.

„Julia, was ist das? Das hört sich an, als stürzte jeden Moment das gesamte Kloster über uns ein."

„Lass uns weitergehen. Bleib dicht hinter mir, okay?"

Sie rückten näher zusammen. Susanne leuchtete um sich. Schwaches Licht tanzte über nackte schwarze Wände. Sonst nichts. Und dann doch wieder eine Tür. Auf der linken Seite, etwas erhöht. Nicht mehr als ein blasses Rechteck.

„Hier lang!", sagte Julia und schleppte sich mühsam durch das hüfthohe Wasser, das jedoch mehr und mehr abnahm, je höher und näher sie der Tür kam.

Susanne folgte ihr so schnell sie konnte.

Wumm!

Kaum waren sie durch die Tür, standen sie vor einer weiteren.

„Mein Gott, das ist ja das reinste Labyrinth!", stieß Susanne aus.

„Ja", gab Julia zurück. „Und genau deshalb hätte ich dich auch von diesem dämlichen Plan abhalten sollen."

„Verdammt richtig, das hättest du."

„Ich weiß selbst, dass ich vollkommen wahnsinnig bin. Weiter. Ich wieder zuerst." Julia trat durch die Tür hindurch.

Susanne fluchte und spuckte, als sich dichte Spinnweben über ihr Gesicht legten. „Ich schwöre, wenn ich hier raus bin, trink ich eine Flasche Wodka. Auf ex."

„Wenn. Leuchte noch mal."

Susanne tat wie geheißen. Ließ das Licht der Taschenlampe erneut herumkreisen, und nun lag vor ihnen ein Gang, der etwa zehn Meter weit reichte. Dann kam eine Art Kreuzung. Hier ging es nur noch nach links oder nach rechts.

„Na super", machte Susanne, holte den Plan aus dem silbernen Döschen und leuchtete darauf.

„Was sagt er?", wollte Julia wissen. „Links oder rechts?"

„Links."

„Dann weiter. Verdammt noch mal nach links."

„Bleiben Sie auf jeden Fall immer direkt hinter mir", sagte Zander eindringlich.

Sie befanden sich in einem feuchten, erdigen Gang, und da dieser ziemlich niedrig war, mussten sie auf allen vieren kriechen. Er kroch voraus und betastete dabei jeden Klumpen, jeden Haufen Erde.

„Ich weiß, das wird mir leidtun", murmelte Charlotte hinter ihm. „Oh ja, das wird es. Ich sehe überhaupt nichts, trotz Taschenlampe, und vermutlich ist das, was gleich kommt, tatsächlich die Hölle. Und wir bewegen uns direkt darauf zu."

„Sie wollen den Fall lösen", gab Zander zurück. „Deshalb sind wir hier. Hier wird es enden."

„Sie glauben also nicht, dass der Mörder einfach weglaufen wird, wenn er uns entdeckt?"

„Das wäre das Vernünftigste. Aber ich glaube nicht, dass er das tun wird. Er ist genauso scharf wie wir, die Sache hinter sich zu bringen."

Daraufhin krochen sie einen Moment schweigend weiter.

Charlotte wusste, dass es zwei gegen einen stand, aber wenn man alles Übrige mit in Rechnung stellte, standen ihre Chancen so toll trotzdem nicht. Sie wünschte, sie hätte besser sehen können, was sich vor ihnen befand, um eine ungefähre Vorstellung davon zu bekommen, womit sie es zu tun hatten. Tatsächlich aber kam sie sich vor wie blind. Und jetzt begann es auch noch von oben herabzutröpfeln, ein Gefühl von feinen, spitzen Nadeln auf der Kopfhaut.

„Ich würde übrigens, wenn das alles vorbei, gerne einmal mit Ihnen essen gehen", sagte Zander.

„Wie bitte?"

„Wir sollten uns mal richtig unterhalten", fügte er hinzu. „Uns besser kennenlernen."

„Das ist zweifellos die romantischste Einladung, die ich seit Langem erhalten habe, Herr Zander, allerdings kriechen wir gerade auf allen vieren durch ein Erdloch und haben keine Ahnung, was uns erwartet, erst recht nicht, wodurch wir genau kriechen. Könnten wir das vielleicht auf später verschieben? Nur für den Fall, dass es noch ein Später geben wird."

„In Ordnung. Verschieben wir es auf später."

Im nächsten Moment betastete Zander etwas mit der Hand, was kein Klumpen und kein Haufen Erde war. Im Gegenteil. Er hatte eine glatte Oberfläche, war weich, und es gab nach. Und dann roch er es. Blut. „Oh, verdammt!", entfuhr es ihm.

Charlotte blinzelte. Dann hoben sie gleichzeitig ihre Taschenlampen an und warteten darauf, dass es ihnen gelang, den Blick zu fokussieren.

„Oh, mein Gott!", entfuhr es dann auch Charlotte.

Zander hatte keine Zeit mehr, nach seiner Waffe zu greifen. Als er den dunklen Schatten sah, der sich vor ihnen auftat, sich wie eine Kobra aus dichtem Gras erhob, blieb ihm gerade noch genug Zeit, seine Größe abzuschätzen, dann ließ die Wucht eines Schlages zwei rote Punkte vor seinen Augen zerplatzen, ehe ihn ein zweiter Schlag traf und ein höllischer Schmerz durch ihn hindurchzuckte. Er hörte, wie er selbst laut aufschrie. Dann sah er nichts mehr. Und spürte nichts mehr.

54. KAPITEL

Auferstehung

Um Julia und Susanne herum befand sich nun nur noch dunkle, bröckelige Erde. Langsam bewegten sie sich weiter vorwärts. Julia, die immer noch voranging, tastete mit der Hand an der Wand entlang.

„Glaubst du, du kannst mir irgendwann verzeihen?", fragte Susanne in ihren Rücken.

„Ich weiß es nicht." Das kam klar und deutlich, aber zumindest nicht bitter oder verletzt.

„Warum bist du mit mir gekommen?"

„Auch das weiß ich nicht." In der nächsten Sekunde verlor Julia den Halt unter den Füßen. Sie rutschte mit der Hand von der Wand ab, verlor das Gleichgewicht und fiel kopfüber in ein Loch. Dabei schlug sie derart schmerzhaft mit der Schulter auf, dass sie einen Moment lang glaubte, das Bewusstsein zu verlieren. Sie wollte einen Schrei ausstoßen, und sofort drang Erde – und noch etwas undefinierbar anderes – in ihren Mund, dazu in ihre Augen und in ihre Nase, sodass sie keine Luft mehr bekam. Ihr Herz begann zu rasen, und sie spürte gerade, wie Panik sie ergriff und sie hysterisch zu werden drohte, da packte Susannes Hand sie am Gelenk und zog sie mit aller Kraft nach oben.

Nach einer Ewigkeit, wie es Julia schien, brach sie an ihrer Seite zusammen. Und mindestens genauso lange dauerte es, bis sie hervorbrachte: „Danke."

Susanne antwortete nicht, atmete nur schwer.

Erst nach schier endlosen Sekunden richtete Julia sich auf und sah an sich hinunter. Alles an ihr war mit etwas Schmierigem, Schleimigem bedeckt. *Nicht darüber nachdenken.* Sie blickte in Susannes Richtung. „Lass uns noch mal auf den Plan sehen, okay?"

Susanne nickte, zog erneut das kleine Döschen hervor, holte die Buchseiten heraus und leuchtete.

„Hier müssen wir sein", sagte sie nach ein paar Sekunden und deutete mit dem Finger auf die entsprechende Stelle. „Das heißt, wir befinden uns ganz in der Nähe des Friedhofes. Es kann nicht mehr weit sein."

In der nächsten Sekunde vernahmen sie einen Schrei.

Dann war es eine gute Minute vollkommen still.

„Hast du das auch gehört?", fragte Susanne dann.

Julia nickte. Es war nur ein gedämpfter Schrei gewesen, aber sie hatte ihn sofort erkannt. Unter Hunderttausenden hätte sie ihn sofort erkannt.

Was verdammt noch mal machte Zander hier unten?

Ein dünnes Kichern entwich dem Mund der Gestalt, während sie sich im Halbdunkel des Raumes bewegte. Darauf hatte sie gewartet. Dafür hatte sie gelebt. Für diesen Augenblick.

Die Wiederbelebung.

Die Auferstehung.

Der Blick der Gestalt fiel auf die Kommissarin. Es war höchst unwahrscheinlich, dass sie verstehen würde, es war höchst unwahrscheinlich, dass *irgendjemand* verstehen würde.

Natürlich war die Ermordung eines jeden Menschen bedauerlich. Vermutlich sogar falsch. Aber in diesem Fall notwendig. Heute Nacht wurde eine Brücke über das Tal des Todes geschlagen, um auf der anderen Seite ein neues Leben entstehen zu lassen. Die Liebe würde triumphieren und sich nun, am Ende, gegen denjenigen kehren, der das Leben nahm.

Die Gestalt beobachtete, wie Charlotte langsam wieder zu sich kam. Sie lächelte. Alles war nun bereit.

Sie bewegten sich auf das Ende zu.

Es kam Charlotte vor, als treibe sie an diesem Abend nun schon zum zweiten Mal in der Tiefe eines Ozeans. Fern über ihr, sehr fern, das blaue Wasser. Die von der Sonne beschienene Wasseroberfläche war wie ein leuchtender Punkt.

Sie öffnete die Augen, sah aber zunächst kaum etwas. Sie roch nur. Einen fauligen Gestank. Sie versuchte, den Kopf davon wegzudrehen, strengte ihre Augen dafür umso mehr an und versuchte, ihre Umgebung wahrzunehmen. Sie wusste nicht, wo sie war, aber sie wusste instinktiv, dass dies hier ein Ort voller Schatten und nie ans Licht gehobener Geheimnisse war.

Um sie herum waren überall Kerzen. Es war kalt und feucht. Sie selbst lag auf einem harten Betonfußboden. Es gab eine Tür, aber die war ungefähr fünf Meter von ihr entfernt. Zu weit weg. Viel zu weit weg.

Vor ihr auf den Boden waren mit rotbrauner Farbe irgendwelche Zeichen gemalt: Links ein Kreuz, rechts ein Stern, dazwischen stand ein metallener Kessel. Alles zusammen eingerahmt von den Konturen eines Sarges.

Charlotte versuchte, die Beine zu bewegen, und merkte, dass es nicht ging. Ihre Fußknöchel waren mit Paketklebeband umwickelt. Sie versuchte, die Hände zu bewegen, konnte aber kaum mit den Fingern wackeln.

Für einen Moment schloss sie die Augen wieder. So würde sie also ins Gras beißen. Irgendwo unter der Erde, zusammengeschnürt wie ein Paket. Aber immerhin, ihre Augen funktionierten noch. Sie wandte den Kopf und entdeckte Zander, der ein paar Meter entfernt von ihr lag. Er atmete. Immerhin, er atmete.

Im nächsten Moment hörte Charlotte ein Kichern, ganz leise und rasch wieder unterdrückt. Dann ein Rascheln, und jetzt erkannte sie, dass sie nicht alleine war. Jemand stand irgendwo im Halbdunkeln und beobachtete sie.

Charlotte fühlte ihr Herz pochen, versuchte, ruhig zu atmen. *Noch bin ich am Leben. Und Zander auch.* Da sie wusste, dass sie etwas sagen musste, zwang sie sich dazu. „Warum verstecken Sie sich vor mir? Sind Sie zu feige, um mir in die Augen zu sehen?"

Die Kerzen im Raum, die die ganze Zeit reglos gebrannt hatten, begannen plötzlich zu flackern. Dann tauchte eine Gestalt vor Charlottes Augen auf, mit einem Becher in den Händen, den sie ihr vor den Mund hielt.

„Vergessen Sie es. Ich werde das Zeug auf gar keinen Fall trinken."

Die Gestalt setzte sich in Bewegung, trat hinter sie, legte den Arm um ihren Kopf, über die Augen und zog ihn nach hinten. Dann packten Finger ihren Unterkiefer und zwangen ihn nach unten, bohrten sich tief in ihre Haut, bis das Kiefergelenk nachgab.

Charlotte wandte und drehte sich, versuchte, es zu verhindern, aber es war ein sinnloser Kampf, gleich darauf flutete eiskalte, schleimig klumpige Flüssigkeit in ihren Mund und rann hinab in ihren Magen.

Die Gestalt ließ sie wieder los und trat zurück in das Licht der Kerzen. Dann schien es, als beginne sie zu meditieren.

Charlottes Kehle wurde wund, ihre Zunge schwoll an. Müdigkeit kroch ihr in den Körper und löschte Schalter für Schalter alle Lichter aus.

Am Ende blieb noch ein einziger, ein letzter Gedanke: *Ich hätte Ja sagen sollen, als er mich fragte, ob ich mit ihm essen gehe.*

Dann war alles schwarz.

55. KAPITEL

Zombie

Seltsamerweise war der erste Gedanke, den Zander hatte, als er wieder zu sich kam, dass sich seine Hose widerlich anfühlte, total verklebt und schmutzig, und dass er überhaupt nicht darüber nachdenken mochte, worin er gerade lag.

Er richtete sich etwas auf und sah sich um. An der Decke und an den Wänden befanden sich keine Lampen. Die einzige Lichtquelle waren Kerzen; die jedoch reichten aus, um das zu erkennen, was er niemals hätte sehen wollen. „Ach, du lieber Gott", entfuhr es ihm, während sein Blick über ein Regal an der Wand glitt, das aus fünf Etagen bestand. Jede Etage enthielt ein Glasgefäß, und in jedem Gefäß befanden sich Körperteile. Zwei Augen. Eine Zunge. Drei Gläser waren noch leer. Aber für das dritte war bereits gesorgt. Zander dachte an die Leiche, die er vorhin ertastet hatte, kurz bevor die Gestalt ihn angriff.

Die Kerzen knisterten.

„Schön, dass Sie wieder unter uns weilen, Herr Kommissar."

Zander wandte den Kopf und blinzelte. Obwohl die Gestalt sich nur als grauer Schatten vor dunklerem Hintergrund abzeichnete, erkannte er sie sofort.

„Willkommen in meinem Reich."

Elisa Kirsch stand etwa zwei Meter von ihm entfernt, eine Pistole mit Schalldämpfer in den Händen, und sie klang fröhlich, ja, richtiggehend aufgekratzt. „Schön, dass Sie gekommen sind."

Es sah zwar so aus und sie benahm sich auch entsprechend, aber ganz so geisteskrank, wie sie wirkte, war sie gar nicht. Plötzlich verstand Zander. Dass Elisa es nämlich hatte kommen sehen. Dass sie von Anfang wusste, dass es hier enden würde. Dass sie es darauf angelegt hatte. Dass sie sie manipuliert hatte.

Dass sie gerade so viel Spuren hinterlassen hatte, dass sie ihn und Charlotte damit in ihr Netz locken konnte.

So, wie sie sich nun bewegte, wie sie sich ihren Weg durch die Schichten von Schatten bahnte, erinnerte Elisa jetzt an einen Zombie.

Zander hustete, während sein Blick noch einmal durch den Raum wanderte, und jetzt entdeckte er Charlotte. Sie lag in der Ecke auf dem Boden, Hände und Füße mit Paketband umwickelt, die Oberlippe aufgeplatzt, und einen Moment befürchtete er, sie wäre bereits tot. Sofort schickte er ein Gebet zum Himmel und machte Gott allerhand Versprechungen, die er wahrscheinlich nie würde einhalten können, aber es war ihm ernst. *Bitte, lass sie noch am Leben sein.* Immerhin, er selbst war nicht gefesselt, was bedeutete, sie hatten noch eine minimale Chance, deshalb setzte er zum Sprechen an, merkte aber sofort, dass seine Stimme ihm nicht gehorchte. „Was …?" Er brach ab.

Elisa drehte für einen Moment den Kopf in seine Richtung, doch bevor die flackernden Lichter die Augen erreichten, wandte sie sich schon wieder von ihm weg, machte zwei Schritte und drehte sich dann doch noch einmal zu ihm um. „Was, Herr Kommissar?"

Zander straffte sich. Reden, reden, reden. Vielleicht brachte ihnen das zumindest eine kleine Galgenfrist. Etwas Besseres fiel ihm nicht ein. „Deshalb wurde die Pistole in der Klinik nicht gefunden. Sie hatten sie die ganze Zeit hier unten versteckt."

„Aber natürlich." Die Flammen in Elisas Augen tanzten. „Es ist übrigens die Pistole meines verstorbenen Mannes. Er war ein begeisterter Sportschütze, traf auf viele Meter Entfernung. Nun, ganz so gut bin ich leider nicht. Aber es reicht für das, wofür ich sie brauche. Der Schalldämpfer, nun ja …" Sie begann, ihn abzuschrauben. „Niemand wird es hören, wenn ich Sie hier unten erschieße."

Zander versuchte, nicht darauf zu achten, es zu ignorieren. „Also alles nur Scharade?", sagte er. „Elisa, die nicht unsympathische Irre, die die anderen in der Psychiatrie kennengelernt haben ... alles nur gespielt?"

Sie lächelte nur dünn, antwortete nicht darauf.

Er schluckte. „Geben Sie auf, Elisa. Das hat doch alles keinen Sinn. Sie können nicht wirklich glauben, dass Ihr Plan funktioniert."

„Sie können nicht glauben, dass Ihr Plan funktioniert", äffte sie ihn nach. „Natürlich wird es funktionieren. Ich will meinen Mann zurück, darum kämpfe ich. Ich musste mir nur das passende Material dafür besorgen. Annegret war keine verrückte, bösartige Hexe, sie war eine Heilige. Sie wurde von Gott zu mir geschickt."

„Menschen umzubringen und sie Material zu nennen klingt für mich aber nicht unbedingt nach Gottes Wort."

„Ach, Herr Kommissar, was wollen Sie jetzt von mir hören? Gott schickt uns Zeichen, zeigt uns Möglichkeiten auf, und entweder wir folgen ihnen oder wir tun es nicht. Wir sind unseres eigenen Schicksals Schmied. Wir selbst treffen die Entscheidungen. Und ich habe meine getroffen."

Zander hustete. „Und deshalb brachten Sie Tämmerer um und entführten sich dann anschließend ganz einfach selbst. Auf diese Weise konnten Sie unsichtbar für alle anderen und ganz nach Belieben schalten und walten. Mit dem Plan aus Annegrets Tagebuch war es ja auch kein Problem."

„Von was für einem Plan sprechen Sie? Ich brauche keinen Plan."

Nein? Zander wunderte sich, kam aber nicht dazu, weiter darüber nachzudenken, weil Elisa sich theatralisch eine Hand aufs Herz legte und hinzufügte: „Annegret plagte vor vielen, vielen Jahren derselbe Kummer wie mich. Auch sie aß nicht mehr, sprach nicht mehr, auch sie saß nur noch in ihrem Zimmer und weinte, bis sie keine Tränen mehr hatte. Auch sie wurde von der Qual und dem Schmerz aufgefressen. Was sie dann in ihrem Tagebuch aufschrieb, diente mir als Zeichen."

„Das war der Moment, in dem Sie beschlossen, zur Mörderin zu werden."

„Auge um Auge. Im wahrsten Sinne des Wortes, Herr Kommissar. Denn auch der Herr tötet tagtäglich. Frauen, Kinder, Männer. Und wir wissen beide, dass er es weit weniger human tut als ich."

„Warum haben Sie Pastor Gans den Mord gebeichtet?", wollte Zander wissen.

„Ich wollte ihn nur ein wenig ärgern, diesen Schwachkopf. Ich wusste doch, dass er mich niemals verraten würde. Dafür nimmt er seinen Beruf viel zu ernst."

Zander schluckte wieder und überlegte einen kleinen Moment lang, ob er Elisa vielleicht mit einem überraschenden Sprung erreichen könnte, ehe diese in der Lage wäre, die Pistole abzufeuern, gestand sich aber sogleich ein, dass das ausgeschlossen war. Er konnte sich nur weiter auf seine Zunge verlassen. Reden, reden und noch mal reden. Aber wie lange noch? „Und es wird trotzdem nicht funktionieren. Ihr Mann ist tot, und so wird es bleiben." Er war selbst überrascht, wie ruhig seine Stimme klang, obwohl er wirklich Angst hatte. Er blickte zu Charlotte hinüber, und ihm ging durch den Kopf, dass er sie vielleicht bald zum letzten Mal im Leben ansah.

Elisa indessen richtete sich etwas auf. „Aber nein. Ich bin doch fast am Ziel. Von Tämmerer habe ich die Augen. Von Campuzano die Zunge ..."

Mit dem Kinn deutete Zander auf die Leiche, über die er vorhin förmlich gestolpert wäre, wäre er nicht auf allen vieren gekrochen. „Und wer ist das?"

„Das ist mein Stiefvater."

Oh mein Gott! durchfuhr es Zander. Noch ein Irrer!

„So hat er wenigstens am Ende seines Lebens noch ein gutes Werk getan. Wenigstens eins."

Zander kniff die Augen zusammen. Einen Moment erkannte er den Mann nicht, der den Raum betreten hatte, weil sein Gehirn stillzustehen schien. Doch dann sah er, wer es war, und ein Film entstand vor seinen Augen, rückwärts abgespielt, wie im Zeitraffer, ein Film zweier gefallener Menschen.

Elisa und Jan Jäger. Was für ein Paar.

Und auch hier wieder … nichts als Scharade.

„Ich dachte, Sie wären tot", stellte er mit brüchiger Stimme fest.

„Sehr überzeugend, nicht wahr?" Etwas in Jägers veilchenblauen Augen war erloschen. Absolut tot. Er zeigte sein zerschnittenes Handgelenk. „Es war nicht sehr bedrohlich. Ritzen kann ich gut."

„Dann war es also Elisa, die Charlotte heute Abend auf dem Friedhof bewusstlos schlug. Und anschließend sind Sie beide hier unten verschwunden."

„Aber natürlich." Jäger lächelte dünn. „Der Grabstein war längst zur Seite geschoben, als Ihre Kollegin kam. Sie hat es nur nicht bemerkt. Aber wie sollte sie auch? Sie nahm ja alles, was mit Annegret Lepelja zu tun hatte, überhaupt nicht ernst." Er brach kurz ab, dann meinte er: „Traut man der kleinen Elisa gar nicht zu, welch enorme Kräfte sie entwickeln kann, nicht wahr?"

„Das Überraschungsmoment war auf Ihrer Seite."

„Vielleicht. Aber was am Ende zählt, ist der Erfolg."

Zander durchzuckte plötzlich ein ganz anderer Gedanke: Deshalb hatte Elisa nichts von dem Plan gewusst. Wer immer die Seiten aus dem Tagebuch gerissen hatte, sie war es jedenfalls nicht gewesen. Sie hatte schlicht keinen Plan gebraucht, weil sie niemals durch den gesamten Tunnel gekrochen war. Das musste sie auch gar nicht. Jäger würde schon dafür gesorgt haben, dass sie zur Klinik herein- und wieder hinauskonnte, wie es ihr gerade beliebte.

Wie auch immer. Er gestand es sich ein: Gegen beide zusammen hatte er keine Chance.

Also, was tun?

Weiterreden.

Er wandte sich erneut an Jäger. „Sie haben Ihren Stiefvater nun also umgebracht."

„Kommen Sie mir jetzt bitte nicht mit Moralpredigten, Herr Kommissar. Dieser Mensch …", Jäger deutete auf den toten Mann am Boden, „hat mich um mein Leben betrogen. Er hat alles, wirklich alles, kaputt gemacht. Welches andere Kind sitzt noch nackt und hilflos in seiner eigenen Kotze, mit nichts als Schmerzen und innerer Leere, sagen Sie mir das?"

Zander antwortete nicht darauf und Jäger fügte hinzu: „Es gab nichts – wirklich gar nichts –, was das jemals hätte wieder heilen können. Nichts."

Und so ist er böse geworden, dachte Zander bei sich. *Unglücklich und böse.* Er hätte genauso doch noch ein glücklicher und guter Mensch werden können. Unter anderen Umständen. Nur eine einzige Bewegung vielleicht, ein Schritt in eine andere Richtung, und alles hätte anders verlaufen können. Aber daraus war nichts geworden. Jäger war gestolpert. Gefallen. Und jetzt stand er da. Die Fähigkeit zur Empathie verloren. Vom Opfer zum Täter.

Vieles stimmte in diesem Gedankengang. Zu vieles. Aber es fehlte noch etwas: Weinfried Tämmerer. Der Mann, der als Patient in die Psychiatrie kam und damit dafür sorgte, dass endgültig alle Sicherungen in Jäger durchknallten. Was er zuvor noch *irgendwie* unter Kontrolle halten konnte, wurde in diesem Augenblick mit einem schicksalhaften Knall in die Luft gesprengt. Die Kraft, die Jäger von da an trieb, hatte nichts mit Willen zu tun. Sie war größer. Viel größer. Eine Urkraft: Hass. Blinder, grenzenloser Hass.

„Jetzt bin ich achtundzwanzig Jahre alt", sagte Jäger in Zanders Gedanken. „Und die meisten Jahre davon war ich tot. Aber dann begegneten Elisa und ich uns auf der Station. Und plötzlich bekam mein Leben eine ganz neue Wendung."

Zander schloss für einen kurzen Moment die Augen. Ließ die Bilder vor seiner Netzhaut verblassen, bis alles vollkommen schwarz war. Pechschwarz. Dann öffnete er sie wieder. „Ich nehme an, Sie kamen ins Gespräch, und dabei hat sie Ihnen von der Trauer um ihren verstorbenen Mann erzählt."

„Ja."

„Und im Gegenzug erzählten Sie ihr von Annegrets Tagebuch und davon, wie sehr auch diese unter der Trauer um ihren verlorenen Sohn litt."

Jäger schwieg, und Zander fügte hinzu: „Sie machten Elisa glauben, es gäbe eine Möglichkeit, ihren toten Mann zurückzuholen."

„Ich fand, diese große Liebe hatte eine zweite Chance verdient."

„Woher wussten Sie eigentlich von dem Tagebuch?"

„Es fiel mir an jenem Tag in die Hände, an dem die Bücher in der Vitrine nach Alphabet sortiert wurden. Es interessierte mich, ich las und verstand. Denn, wie ich gerade sagte, ich fand, dass die große Liebe zwischen Elisa und ihrem Mann eine zweite Chance verdient hatte."

„Nein." Zander schüttelte den Kopf. „Nein, das ist gelogen. Sie hatten einen ganz anderen Plan, Herr Jäger. Einen wirklich teuflischen Plan. Sie suchten nach jemandem, der Tämmerer für Sie umbrachte, weil Sie selbst den Mut nicht dazu hatten. Campuzano hat ihn vergewaltigt und gebrochen, aber Sie wussten, dass er ihn nicht umbringen würde. Campuzano war zweifellos vieles, aber er war kein Mörder. Sie aber wollten die pädophile

Sau tot sehen. Und da bot sich Elisa doch geradezu an. Sie, die ihren verstorbenen Mann so sehr vermisste, muss in ihrer Trauer geradezu wie ein Geschenk des Himmels für Sie gewesen sein. Deshalb haben Sie ihr von Annegrets Tagebuch erzählt und davon, dass es eine Chance gäbe, ihren Mann wieder von den Toten zurückzuholen. Sie haben es ihr ins Gehirn gepflanzt. Und damit haben Sie sie für Ihre ganz eigenen Zwecke gewonnen."

„Er sagte, wenn ich es tue, wenn ich Tämmerer töte, dann lässt er mich hinterher nicht im Stich", schaltete Elisa sich nun ein. „Das hat er mir versprochen. Und er hat sich daran gehalten."

Zander warf ihr einen mitleidigen Blick zu, wandte sich dann wieder an Jäger. „Wie auch immer, sie hat es getan. Und Sie hatten gewonnen. Tämmerer war tot. Elisas Preis waren die Augen des Toten, Ihrer war die Durchführung Ihres Willens. Jetzt aber kam auf einmal etwas ganz anderes hinzu. Auf einmal reichte Ihnen Tämmerers Tod nämlich nicht mehr. Dieses innere Feuer, das war jetzt ganz Ihres. Jetzt wollten Sie auch den anderen tot sehen. Den noch viel Grausameren. Den, der in Ihren Augen noch viel mehr Schaden angerichtet hat, als Tämmerer ihn jemals hätte anrichten können. Und so haben Sie das Spiel weitergespielt und Elisa auf ein Neues eingespannt. So war es doch, nicht wahr?"

Jäger reagierte immer noch nicht, und Zander atmete tief durch. „Laut dem Tagebuch brauchte sie ja immer noch vier Körperteile und da sagten Sie ihr, es gäbe da noch jemanden, der wäre geradezu perfekt, weil er ein schlechter Mensch sei und niemand ihn vermissen würde. Und erneut sprang Elisa darauf an. Sie hat Ihren Stiefvater getötet, Herr Jäger, weil Sie schon wieder nicht den Mut dazu hatten, es selbst zu tun."

„Ich rief ihn gestern Abend an", sagte Jäger nun. „Wissen Sie, was das für mich bedeutete? Nach all den Jahren wieder mit ihm zu sprechen? Ich hatte Glück, er war nüchtern. Und er hörte sich tatsächlich so an, als würde er sich freuen, meine Stimme zu hören. Können Sie sich das vorstellen? Ich sagte ihm, dass ich mich mit ihm treffen wolle, und er ging sofort darauf ein. Was für ein erbärmlicher Idiot. Wir trafen uns mit ihm, und Elisa hat den Mistkerl dann erschossen. Während sie ihm die Waffe in den Nacken drückte, hab ich ihm ins Gesicht gespuckt. Was denken Sie darüber, Herr Kommissar?"

„Ich denke, dass Sie sehr weit vom rechten Weg abgekommen sind."

„Wenn Sie das so sehen wollen. Ich halte das, was ich getan habe, eher für einen Geniestreich. Denn am Ende kam es so, wie es kommen musste: Er ist tot. Und kurz bevor er starb, hat er sich noch in die Hosen gepinkelt vor Angst. So, wie ich mir früher auch in die Hosen pinkelte. Und er hat gewinselt. Wie ich auch gewinselt hatte. Keine Gnade für mich damals. Heute keine Gnade für ihn. Das nenne ich ausgleichende Gerechtigkeit."

„Genau", schaltete Elisa sich wieder ein. „Und jetzt wird er mir die Nieren spenden. Endlich ein gutes Werk von ihm, nicht wahr? Jetzt fehlen mir nur noch das Herz und das Blut. Aber mit Ihnen und Ihrer Kollegin, Herr Kommissar, habe ich alles zusammen. Von Ihnen das gesunde, kräftige Herz. Und von ihr das Blut. Und damit wird es dann enden. Es wird mein Meisterstück."

In dem Moment verstand Zander, dass Elisa überhaupt nichts verstanden hatte. Hatte sie nicht zugehört? Wollte sie nicht verstehen? Verdrängte sie? Wollte sie mit aller Gewalt an das glauben, was ihr Jäger eingetrichtert hatte? Oder war sie schlicht so verrückt, dass nichts mehr zu ihr durchdrang?

„Elisa, verstehen Sie nicht, was passiert ist?", sprach er sie an.

Sie schien die Frage nicht gehört zu haben, denn sie schürzte die Unterlippe und sagte statt einer Antwort: „Ich gebe zu, der erste Mord war am schwierigsten. Ich kam zwar ohne Probleme in Tämmerers Zimmer, aber es dauerte doch länger, als ich dachte, bis ich endlich abdrückte. Und das mit den Augen … das war wirklich eine Heidenarbeit. Nicht angenehm." Pause.

„Campuzano hingegen, nun ja, das war ein Kinderspiel. Er war eine ruhelose Seele, getrieben vom Drang nach Abenteuern und Aufregungen. Außerdem dürstete er nach Sex und Leidenschaft. Das ist ein schöner Ausdruck, nicht wahr? Das alles gab es in der Psychiatrie aber leider nicht. Jedenfalls nicht für ihn. Da sollte Ilona Walter seine Erlösung sein. Seine Hure. Wir ließen ihm eine Nachricht zukommen, in dem sie sich ihm feilbot, und er fiel darauf herein. Er glaubte tatsächlich, er könne Sex mit dieser Frau haben. Können Sie sich das vorstellen, Herr Kommissar?"

„Warum musste Campuzano überhaupt sterben?", wollte Zander an Jäger gewandt wissen. „Sie hatten doch, was Sie wollten. Ihr Stiefvater war längst tot."

Als er keine Antwort darauf bekam, reimte er es sich selbst zusammen: „Elisa gab keine Ruhe, nicht wahr? Sie wollte unbedingt die letzten drei Teile haben, die ihr noch fehlten. Und da beschlossen Sie, Campuzano zu opfern, denn was machte das schon aus? Er war ein Freak, jedermann hatte Angst vor ihm. Kein angenehmer Geselle. Wer würde ihn schon vermissen?" Zander brach kurz ab, ließ den Pfleger dabei nicht aus den Augen. „Am Ende starb er nur, weil Elisa Sie in der Hand hatte. Aber was machen Sie, wenn sie alle fünf Teile beisammenhat und bemerkt, dass es doch nicht funktioniert? Was machen Sie, wenn sie verstanden hat, dass Sie sie nur benutzt haben? Wollen Sie dann Elisa umbringen? Das können Sie doch gar nicht, wie wir inzwischen wissen. Sie haben für einen Mord doch gar nicht den Mumm in den Knochen."

In Jägers Gesicht spiegelte sich nun etwas, was nicht zu deuten war.

Elisa indessen machte, als hätte sie all das überhaupt nicht gehört, eine kleine Geste mit der Hand. „Als ich in Campuzanos Zimmer kam, war er schon nackt. Wie lächerlich. Aber immerhin, dank der Pistole und der Drogen brachte ich ihn dazu, sich vor das Bett zu knien und noch ein kleines Gebet zu sprechen, ehe ich ihn erschoss. Vermutlich war es das erste Gebet seines Lebens. Und gleichzeitig das letzte."

„Wer hat ihm das PCP gespritzt?" Zander wandte sich erneut an Jäger. „Sie?"

Er lächelte leicht. „Natürlich. Ich nehme es selbst seit Jahren, um mich zu beruhigen, wenn die Bilder in meinem Kopf gar nicht mehr auszuhalten sind."

„Haben Sie sich das Zeug auf der Station beschafft?"

„Aber nein. Das wäre doch sofort aufgefallen. Man kann es überall auf der Straße kaufen, das ist kein Hexenwerk. Campuzano sagte ich, dass Malwik es angeordnet hätte und dass es gut wäre für seine Nerven. Und das war ja immerhin nicht gelogen, nicht wahr? Ich spritzte es ihm etwa eine halbe Stunde bevor Elisa die Sache übernahm."

„Und Viktor …", setzte Elisa wieder hinzu. „Nun ja, der gute alte Viktor. Er sah mich, als ich aus Campuzanos Zimmer kam. Das war dumm. Ihn wollte ich niemals umbringen. Natürlich, er war vergesslich, aber konnte ich mir wirklich sicher sein, dass er sich nicht doch in einem klaren Moment an mich erinnern würde? Dann wäre mein wundervoller Plan am Ende doch noch gescheitert, und das konnte ich unmöglich zulassen."

Zander hob die roten Augenbrauen in die Höhe. Der alte Viktor war auch tot?

„Denken Sie nicht schlecht von mir, Herr Kommissar", redete Elisa weiter. „Es ist doch alles für die gute Sache geschehen. Mein Mann war ein guter Mann. Gott hätte ihn mir nicht nehmen dürfen. Ich habe ihn geliebt." Ihre Augen wurden feucht.

Zanders Gehirn arbeitete auf Hochtouren. Gab es denn wirklich nichts, was er tun konnte, außer immer nur weiter zu reden? „Sie können Ihren toten Mann nicht wieder zurückholen, Elisa. Verstehen Sie das nicht? Sie wurden von Jäger benutzt. Er hat Sie manipuliert."

„Ach, was wissen Sie denn schon." Das flackernde Licht warf

Schatten an die Wände, die wie Geister aussahen, die um Elisa herumtanzten. „Es wird funktionieren. Ich habe alles im Griff, habe mich schließlich lange genug darauf vorbereitet. Und wer weiß, irgendwann vielleicht werden Sie mich sogar verstehen. Natürlich weiß ich, dass ich zur Mörderin geworden bin. Aber es gab nun mal keine andere Möglichkeit. Der Zweck heiligt die Mittel, nicht wahr?"

Immer weiter arbeitete Zanders Gehirn auf Hochtouren. Er hob die Hand und deutete auf Jäger. „Elisa, dieser Mann ist hinterhältig und feige. Er hatte nicht den Mut, selbst zu morden, deshalb brauchte er Sie. Und nur deshalb."

„Das ist nicht wahr. Er ist ein guter Junge."

„Er hat Sie zur Mörderin gemacht. Er weiß genau, dass Ihr Mann nicht wieder von den Toten auferstehen wird."

„Das ist nicht wahr. Er hilft mir. Er hat es versprochen."

Zander atmete tief durch. Nichts zu machen. Er kam nicht an sie heran. Dann eben andersherum: „Wollen Sie meine Kollegin und mich wirklich umbringen, Elisa? Polizisten? Haben Sie gut darüber nachgedacht?"

„Aber natürlich." Sie hob die Schultern. „Sie beide werden mir dabei helfen, meinen Mann wieder zum Leben zu erwecken. Ist das nicht ein gutes Gefühl? Sie sterben für eine gute Sache, Herr Kommissar."

Langsam bekam es Zander wirklich mit der Angst zu tun. „Sie können uns nicht einfach so töten, Elisa. Ein Teil von Ihnen weiß, dass Sie sich verrannt haben. Ein Teil von Ihnen weiß, dass Jäger Ihnen etwas vorgemacht hat. Dass er Sie nur benutzt hat. Tief in sich sehnen Sie sich doch danach, dass es endlich vorbei ist. Tief in sich wollen Sie, dass es endlich ein Ende hat."

Jäger lachte leise auf. „Freud ist out, Herr Kommissar. Und Sie und Ihre Kollegin sind es auch. Elisa ist mit ihrem Mann gestorben, und jetzt wird sie mit ihm gemeinsam wieder auferstehen. Das können Sie nicht verhindern."

Das war offenbar genau das, was Elisa hören wollte, denn sie nickte entschieden, sagte: „Genau." Und entsicherte die Waffe. „Ich bin eine Frau, die dem Diktat ihres Herzens folgt. Für mich gibt es nichts anderes. Und wenn irgendjemand behauptet, es wäre Wahnsinn, was ich tue, dann frage ich: Welches Herz ist wahnsinniger als jenes, dem bedingungslose Liebe entrissen wurde?"

„...urde ...", hallte es von den Wänden zurück.

„Elisa und ihr Mann werden wieder zusammenkommen", sprach Jäger weiter. „Dafür hat sie das alles getan, und dabei werde ich ihr auch weiterhin helfen." Er wandte sich an sie. „Tun Sie es, Elisa. Sie brauchen nur noch das Blut und das Herz. Sie sind ganz nahe dran."

„Geben Sie mir die Waffe, Elisa", sagte Zander gleichzeitig und hob die linke Hand in die Höhe. „Es ist vorbei."

„Aber nein", sagte sie. „Herr Jäger hat recht. Mein Mann befindet sich am falschen Ort, und ich gleiche dieses entstandene Unrecht wieder aus." Damit lächelte sie und hielt ihm die Pistole an seine Stirn.

Das ist der Moment, in dem die Erde aufhört, sich zu drehen.

Der Moment, in dem alle Uhren stehen bleiben, sich nichts mehr bewegt.

Der Moment, in dem man weiß, es gibt keine Hoffnung mehr.

Der Moment, in dem man mit dem Leben abschließt.

Und dann, wie aus dem Nichts, die Worte: „Warum ihn? Warum nicht mich?"

56. KAPITEL

Oh Shit! Tut das weh!

Zander blinzelte und benötigte einen schier endlos langen Moment, um zu begreifen, dass es tatsächlich Julia war, die da in der Tür stand, völlig durchnässt, mit Dreck überzogen und unbewaffnet, aber scheinbar völlig gelassen, die Hände tief in den Taschen ihrer Jogginghose vergraben, als ginge es hier um ein entspanntes Familientreffen.

Was sich in Jägers Augen abspielte, hätte Zander in diesem Moment nicht sagen können, Elisas Augen blickten auf jeden Fall weder ärgerlich noch aufgewühlt. Ganz im Gegenteil. Sie wirkten friedvoll, ja beinahe zärtlich. „Aber Sie sind ja ganz durchnässt, Frau Wagner."

„Der Weg hierher war leider nicht immer ganz trocken."

„Nun sind Sie aber hier. Und da Sie nun schon einmal hier sind, beschlossen Sie, Ihrem alten Freund das Leben zu retten? Ist es so?"

Julia nickte.

Ein winziges Zucken umspielte Elisas Kinn. Ihr Gesicht folgte der Bewegung, bis ein fast unsichtbares Lächeln ihre Lippen umspielte. „Nun, ich gebe zu, das berührt mich. Das berührt mich wirklich sehr." Sie wandte sich an Jäger. „Ist das nicht berührend, Herr Jäger?"

„Ja", sagte er. „Sehr berührend. Sie sollten Angst haben, Frau Wagner. Große Angst."

Zander konnte nicht glauben, wie gelassen Julia blieb. Sie sollte tatsächlich große Angst haben. Dies jedoch schien nicht der Fall zu sein. Immer noch die Hände entspannt in den Hosentaschen, sagte sie in Elisas Richtung: „Wovor sollte ich wohl noch Angst haben, was meinen Sie? Ich habe herausgefunden, dass mein Vater ermordet wurde, vielleicht sogar von meiner eigenen Mutter. Mein alter Kumpel Sandmann ist tot, weil ich nicht in der Lage war, ihn zu beschützen. Ich habe Killer am Hals, die nur darauf warten, mir eine Kugel in den Kopf zu jagen. Außerdem bin ich nass bis auf die Knochen, und ich kann nicht rauchen, weil meine Zigaretten den Sturz ins Wasser nicht überlebt haben. Nein, ich habe keine Angst. Ich bin wütend. Das ist das Einzige, was ich noch fühle: reine, selbstzerstörerische Wut. Sie sehen, wie aberwitzig das Ganze ist."

Daraufhin wurde es so still, dass Zander glaubte, die Wände leise vibrieren zu hören. Und währenddessen vergingen die Sekunden. Unendliche Sekunden, in denen Jägers Augen immer noch nicht zu erkennen waren, dafür aber Elisas, die Julia nicht losließen, während diese nicht einmal blinzelte.

„Also, was ist jetzt?", fragte sie. „Erschießen Sie mich oder nicht?"

Einen Moment hielt der menschliche Blick in Elisas Augen noch an, dann hob sie die Waffe an, und ein Riss ging durchs Universum, so als hätte irgendeine Macht im Himmel mit einem enormen Donnerschlag Zander das Stichwort gegeben. Er schrie: „Nein!"

Elisa wandte den Kopf und blickte zu ihm hin. „Beruhigen Sie sich, Herr Kommissar. Es ist alles in Ordnung. Frau Wagner und ich haben gerade ein Übereinkommen getroffen."

„Genau", sagte Julia. „Wir können noch stundenlang hier stehen, wir können es aber auch gleich hinter uns bringen."

„Sie haben es gehört." Elisa lächelte. „Sie will es so."

„Nein!", rief Zander noch einmal.

„Elisa weiß, dass Sie Ihren Mann bald wiedersehen wird", sagte Julia in seine Richtung. „Und ich bewundere ihren Mut. Wirklich."

Daraufhin wurde es erneut still. Julia schwieg. Zander schwieg. Jäger schwieg. Die ganze verdammte Welt schien mit einem Mal zu schweigen. So lange, bis Elisa einen kleinen Schritt nach vorne machte und hoffnungsvoll sagte: „Nicht wahr? Sie verstehen mich."

Julia nickte. „Ich frage mich schon die ganze Zeit, wie es wohl wäre, wenn mein toter Vater auf einmal wieder leibhaftig vor mir stünde. Ob er wohl immer noch so aussähe wie damals. Oder ob er sich verändert hätte."

„Ich bin mir sicher, er war ein sehr stattlicher und gut ausse-hender Mann. Und Sie haben Ihr hübsches Aussehen von ihm."

Julia lächelte. „Auf jeden Fall war er etwas ganz Besonderes."

Elisa machte einen weiteren kleinen Schritt auf sie zu. „Sie lieben ihn sehr."

„Ja, das tue ich. Weshalb ich ihn ebenso wenig loslassen kann, wie Sie Ihren Mann loslassen können. Und deshalb, Elisa, neh-men Sie von mir, was immer Sie brauchen, um ihn zurückzuho-len, aber bitte tun Sie Zander nichts. Er ist ein guter Mann, er hat eine Zukunft verdient, ein gutes Leben. Nehmen Sie mich, aber lassen Sie ihn gehen."

Später hätte Zander nicht mehr zu hundert Prozent sagen können, was genau als Nächstes geschah, weil es so unglaublich schnell ging, dass sein Gehirn eine ganze Weile brauchte, um zu verarbeiten, was seine Augen sahen. Doch diese eine Szene in je-nem Raum, in jener Nacht, tief unter der Erde, würde er niemals vergessen: Elisa, wie sie einen weiteren, einen letzten Schritt auf Julia zumachte, dann direkt vor ihr stehen blieb und sagte: „Sie werden nicht umsonst sterben, Frau Wagner."

„Ich weiß."

Bitte, Julia, tu mir das nicht an!

Und dann, noch während Zander es dachte, sah er, wie sich Julias Stirn mit unglaublicher Geschwindigkeit auf Elisa zube-wegte und deren Nasenrücken traf.

Ein lautes Knacken durchdrang die Stille, Elisa taumelte mit weit aufgerissenen Augen rückwärts und fiel zu Boden, wo sie mit gebrochener Nase und vor Schmerz schreiend liegen blieb, während Julia in die Knie sank, sich mit beiden Händen die Stirn hielt und zischte: „Oh Shit! Tut das weh!"

Zander blinzelte, Jäger blinzelte, als ihnen beiden gleichzeitig klar wurde, dass Elisa vor lauter Schreck und Überraschung die Waffe hatte fallen lassen. In der nächsten Sekunde hechteten sie gleichzeitig darauf zu. Jäger war zweifellos dünner und wendiger, und er bekam die Pistole auch tatsächlich zuerst zu fassen, allerdings hatte Zander einen ganz anderen Vorteil: Er warf sich mit seinen gesamten hundertzwanzig Kilo auf den schmächtigen Jäger und begrub ihn mitsamt Pistole unter seinem mächtigen Körper. „Ich kann stundenlang so auf Ihnen liegen bleiben", zischte er. „Ich kann mich aber auch noch ein bisschen hin und her bewegen und Ihnen so ganz langsam einen Knochen nach dem anderen brechen."

„Oh mein Gott", keuchte Jäger in Ermangelung jeglichen Sauerstoffs. „Gehen Sie runter von mir! Ich krieg keine Luft!"

„Sehr gut", sagte Zander zufrieden. „Dann stelle ich hiermit fest, dass Sie festgenommen sind. Und weiß Gott, ich habe mir noch keine Festnahme so redlich verdient wie diese."

57. KAPITEL

Der Wille, zu kämpfen

Samstag, 29. Juli
10:30 Uhr

„Sie waren wirklich tapfer."

Da Charlotte das Sprechen schwerfiel, verlegte sie sich darauf, sich mittels Block und Stift zu verständigen: *Danke.*

„Sie sind schon eine zähe Person." Zander lächelte. „Elisa hat Ihnen übrigens eine Mixtur aus Kräutern und weiß der Geier was eingeflößt. Es ließ sich nicht so ganz genau bestimmen. Auf jeden Fall dachte sie, sie könnte damit Ihr Blut reinigen. Aber es war nicht lebensbedrohlich. Gott sei Dank, möchte ich sagen."

Charlotte nickte ebenfalls erleichtert, und sie schwiegen einen Moment.

„Nun, da der Fall aufgeklärt ist und Sie mich nicht mehr brauchen, werde ich nicht länger wie Pattex an Ihnen kleben", sagte Zander dann.

Charlotte schrieb: *Ist schon in Ordnung. Kleben Sie ruhig weiter.*

„Ich dachte schon, Sie schicken mich jetzt wirklich zum Teufel."

Wo ist eigentlich Frau Wagner?

„Sie wartet vor der Tür. Möchten Sie sie sehen?"

Charlotte nickte, und Zander holte Julia herein.

Als Erstes schrieb Charlotte: *Sie haben uns beiden das Leben gerettet. Vielen Dank.*

„Gern geschehen", sagte Julia.

Charlotte schrieb weiter: *Susanne Grimm ist übrigens seit letzter Nacht aus der Psychiatrie verschwunden.*

„Wirklich?"

Sie wissen nicht zufällig, wo sie abgeblieben ist?

„Nein." Julia verzog keine Miene.

Sie hat also nicht mit Ihnen gemeinsam den Tunnel durchquert?

„Nein."

Für ein paar Sekunden begegneten sich ihre Blicke. Dann schrieb Charlotte: *Ich hatte nicht erwartet, dass Sie etwas anderes sagen würden.*

Julia las, nickte weder noch schüttelte sie den Kopf, und Charlotte schrieb: *Sie wird nicht weit kommen, und das wissen Sie.*

Unwillkürlich dachte Julia an jenen Moment in Susannes Zimmer, in dem diese sagte: *„Ich bin der Meinung, dass es manchmal schon reicht, es wenigstens zu versuchen."*

Sie richtete sich etwas auf und sagte: „Manchmal, Frau Kommissarin, ist schon alleine der Versuch es wert."

Ein sehr milder, leiser Regen fiel inzwischen auf die Stadt hinab. Julia stand vor dem Krankenhaus, schob die Hände in die Taschen ihrer Jeans und spürte die Tropfen auf ihrem Gesicht. Dabei hörte sie ihn, noch ehe sie ihn sah. Nur noch ein paar Schritte, dann wurden seine Umrisse sichtbar. Sie musste nicht einmal den Kopf bewegen.

Er stellte sich neben sie, hielt das Gesicht ebenfalls in den Regen und sagte: „Du hast uns dort unten das Leben gerettet. Das werde ich dir nie vergessen."

Julia wandte den Kopf, sah Zander an. „Du warst aber auch nicht schlecht. Wie du so auf dem armen Jäger gelegen hast, das hatte was. Ich befürchtete einen Moment ernsthaft, er bräche in der Mitte durch."

Er lächelte leicht, reichte einen Pappbecher mit Kaffee an sie weiter. „Ich war nicht halb so gut wie du dort unten."

„Dieselbe Methode, die auch Jäger angewandt hat." Julia nahm den Becher entgegen und trank einen Schluck. „Elisa wollte einfach nur verstanden werden."

„Und das hast du ihr großartig verkauft. In ihrer Patientenakte stand übrigens nichts davon, dass sie Witwe ist."

„Natürlich nicht."

Einen Moment schwiegen sie. Ein friedvoller Moment. Ein ruhiger Moment.

„Was hast du jetzt vor?", wollte Zander dann wissen.

Julia antwortete nicht darauf, sah stattdessen wieder in den grauen Himmel. Vermutlich hätte sie gar nicht darauf antworten können, selbst wenn sie es gewollt hätte. Weil sie überhaupt keine Ahnung hatte, wie es von nun an weiterging. Sie wusste nur, dass von jetzt an nichts mehr so sein würde, wie es einmal war.

Wie in einem Kaleidoskop schoben sich Bilder vor ihre Augen, eins nach dem anderen. Sie sah sich selbst als zehnjähriges Mädchen am Grab ihrer Eltern stehen. Sie sah die Jahre danach an sich vorbeiziehen, die Jahre im Waisenhaus bei Pastor Jordan. Sie sah Kerstin und Sandmann. Beide nicht mehr am Leben. Sie sah Eva am Kreuz hängen.

Dann hörte sie noch einmal die Stimme. *Vielleicht möchtest du ja etwas darauf setzen, wie lange du noch am Leben bist.*

Und plötzlich merkte sie, wie sich etwas in ihr manifestierte. Trotzig und wütend. Der Wille, Antworten auf all die offenen Fragen zu finden. Der Wille, zu kämpfen.

Die Worte hallten regelrecht in Julias Kopf:

Ihr hättet mich töten sollen, als ihr noch die Gelegenheit dazu hattet. Denn jetzt werde ich euch suchen. Ich werde jede beschissene Tür eintreten, bis ich euch habe. Und dann werde ich euch umbringen.

– ENDE –

Lesen Sie auch:

Tanja Noy

Höllenfrost

Ab Juli 2015 im Buchhandel

Band-Nr. 25841
10,99 € (D)
ISBN: 978-3-95649-187-0

Zander war als Erster am Tatort, der sich in einem Park befand, hinter einer Brücke mit einem Steinbogen und einem schmiedeeisernen Geländer. Die Kollegen hatten bereits sämtliche Eingänge abgeriegelt. Ein halbes Dutzend uniformierter Polizisten stand Schulter an Schulter innerhalb des abgesperrten Bereiches, um den Tatort so gut wie möglich vor neugierigen Blicken zu schützen.

Als Julia endlich bei ihm ankam, warf Zander einen ungeduldigen Blick auf seine Armbanduhr. „Das wird aber auch Zeit."

„Das ist eigentlich mein freies Wochenende." Sie deutete mit dem Daumen hinter sich, auf eine Horde Schaulustiger, die sich alle Mühe gab, etwas von dem mitzubekommen, was sich hier abspielte. „Haben die alle kein Bett, in dem sie liegen können?"

„Das sind noch die Harmlosen. Für die wirklich Irren ist es noch zu früh." Zander schüttelte den Kopf. „Dabei wollen die das garantiert nicht sehen."

„Will ich es sehen?"

„Nein, aber du musst. Komm mit."

Sie gingen in Richtung Bach und überquerten die Brücke.

„Noch hast du Zeit für drei Ave-Marias", bemerkte Zander. „Als gutes katholisches Mädchen hilft es dir vielleicht."

Julia warf ihm einen kurzen Blick zu. „Das denke ich nicht."

Auf der anderen Seite des Baches gingen sie noch ein paar Meter, dann erstarrte Julia in der Bewegung.

Als hätte jemand auf einen Pausenknopf gedrückt.

Einen Moment hörte sie nur ihr Herz schlagen und das Blut in ihren Ohren rauschen. Sie schloss die Augen und zählte bis fünf, doch als sie sie wieder öffnete, war das Bild immer noch da.

Die Leiche war völlig verkohlt, und es stank erbärmlich. Das, was einmal ein Mensch gewesen war, saß aufrecht, mit dem Rücken an die Eisenstange eines Schildes gelehnt, welches darauf hinwies, dass Hunde diesen Teil des Rasens nicht betreten durften. Es hatte kaum mehr Menschliches an sich. Haare und Gesichtszüge waren weggebrannt, lediglich ein Rachen aus einem unvollständigen Gebiss war übrig. Jegliche Kleidung war zu Asche geworden. Die verkohlten Arme waren auf merkwürdige Art und Weise links und rechts zur Seite gestreckt, was es im ersten Moment wie eine besonders perverse Kreuzigung wirken ließ. Oder wie ein abstraktes Kunstwerk, das den Wahnsinn seines Schöpfers in die Welt schrie.

Jemand berührte Julia, sie wandte sich jäh um.

„Alles in Ordnung?", fragte Zander.

Sie nickte.

„Ich rede mal mit den Kollegen. Du willst bestimmt ein bisschen eintauchen, oder?"

Noch einmal nickte Julia und sah ihm nach, wie er auf einen uniformierten Kollegen zuging und mit ihm sprach. Dann wandte sie sich wieder der Leiche zu, atmete tief durch und bereute es sofort. Sie blinzelte. Ein weiteres Leben vorbei, ausgelöscht. Sie blinzelte noch einmal, schob das vertraute Aufwallen von Mitleid und Trauer an den Rand ihres Bewusstseins, zu all den anderen Gefühlen.

So stand sie einen Moment vollkommen still und betrachtete den Wahnsinn vor ihren Augen. Lebende und tote Menschen hatten nicht die geringste Ähnlichkeit miteinander. Lebende und ermordete Menschen erst recht nicht. Bei jeder neuen Leiche blieb Julia für den Bruchteil einer Sekunde das Herz stehen – und es war immer derselbe Gedanke, der sie durchfuhr: *So etwas tun Menschen einander an.*

Sie riss sich zusammen, konzentrierte sich auf den Tatort und stellte fest, dass die Füße der Leiche von den Knöcheln abwärts erstaunlicherweise unversehrt waren, beide steckten noch in roten, hochhackigen Pumps. Den Rest der Beine hatte das Feuer zu dunklem Bernstein verfärbt, danach waren sie schwarz und von der Hitze rissig geworden.

Sie machte einen kleinen Bogen um die Leiche, suchte eine andere Perspektive. Wieder am Ursprungsort angekommen, ging sie in die Hocke und kniff die Augen zusammen.

„Und?", sagte Zander, als er ein paar Minuten später wieder bei ihr ankam. „Was denkst du?"

„Sieht aus wie eine Bühne", antwortete sie.

„Das dachte ich auch. Das hat was Rituelles."

„Hoffentlich nicht. Derart motivierte Mörder neigen dazu, es nicht bei einem Opfer zu belassen." Julia deutete auf die roten Pumps. „Wie hat er es geschafft, dass die Füße unversehrt geblieben sind?"

„Keine Ahnung." Zander zog ein Taschentuch aus der Innentasche seines Jacketts und fuhr sich damit über die Stirn. „Ich kann mir keinen Fall vorstellen, indem ein Körper so verbrennen kann, ohne dass ein Brandbeschleuniger benutzt wurde. Ich tippe auf Benzin."

„Hmm. Und warum hat er sie an die Stange gelehnt, ehe er sie anzündete?"

„Er hat sie in Position gebracht."

„Aber warum?"

„Das werden wir den Mistkerl fragen müssen, wenn wir ihn haben."

Julia richtete sich auf und rieb sich über die Nase. Der Gestank setzte ihr immer mehr zu. „Wer hat die Leiche gefunden?"

„Eine Joggerin."

„Hast du mit ihr gesprochen? Hat sie etwas gesehen?"

„Ich konnte nicht mit ihr sprechen. Ich habe es versucht, aber sie hat mich nur angestarrt. Sie steht unter Schock. Ich habe veranlasst, dass man sie in ein Krankenhaus bringt."

„Wann hat sie die Polizei alarmiert?"

„Um kurz nach 6:00 Uhr ging der Notruf ein. Als die Kollegen eintrafen, glühte noch die Asche."

„Das heißt, die Tat war einige Zeit zuvor geschehen."

Zander nickte, und Julia drehte sich einmal um die eigene Achse, ließ den Blick über das weitläufige Gelände schweifen. „Verbrennt sie genau hier, wo er sicher weiß, dass sie schnell gefunden wird. In einem öffentlichen Park. Ganz schön arrogant."

„Vielleicht eine Art Stellungnahme. So etwas wie: ‚Seht her, was ich getan habe!‘"

„Könnte sein. Was haben wir sonst? Wissen wir, wer das Opfer ist?"

„Nein. Aber wir können wohl annehmen, dass es sich um eine Frau handelt. Die roten Pumps und die schmalen Füße sprechen zumindest dafür."

In diesem Moment meldete ein Kollege, eine Handtasche gefunden zu haben. Sie war klein und zylindrisch, goldfarben, mit kleinen Steinen besetzt. Zander nahm sie entgegen, öffnete sie und fand darin einen hellroten Lippenstift, eine Puderdose, zwei Fünfzigeuroscheine und zwei Kondome. Keine Spur von Führerschein oder Ausweis. Ebenso wenig war ein Handy zu finden. „Hier ist noch was", sagte er und hielt eine kleine Goldmünze in die Höhe. „Die sieht ziemlich alt aus. Sieh mal, wie abgenutzt sie ist. Könnte ein Talisman sein. Etwas, das Glück bringen sollte."

„So viel zum Thema Glücksbringer." Julia wandte sich ab. Der Gestank war jetzt kaum noch auszuhalten. Ihr war schlecht.

Der Kollege, der die Tasche gefunden hatte, bemerkte in ihre Richtung: „Na, nimm dir das mal nicht so zu Herzen. Shit happens."

Julia hielt in der Bewegung inne und drehte sich zu ihm um.

„Was hast du gerade gesagt?" Sie blickte ihm direkt in die Augen. „‚Shit happens?' Hast du das gerade gesagt?"

Der Name des Kollegen war Klaus Bartosch. Er öffnete den Mund, um etwas zu antworten, doch sie schnitt ihm mit einer Handbewegung das Wort ab. „Glaubst du, die arme Frau sitzt jetzt irgendwo auf einer Wolke und denkt sich: ‚Na ja, was soll's? Shit happens!'?"

Betreten sah Bartosch sich um. Die Blicke der umstehenden Kollegen waren auf ihn gerichtet.

„Hier läuft irgendwo ein Mensch herum, dem es nicht das Geringste ausmachte, einen anderen Menschen mit Benzin zu übergießen und anzuzünden. Begreifst du, was das bedeutet? Nein, tust du nicht, sonst würdest du nicht solch einen unfassbaren Schwachsinn reden."

„Ich …"

„Ach, halt die Klappe." Sie wandte sich ab und ließ ihn einfach stehen.

„Was zum Teufel ist dein Problem?", rief Bartosch hinter ihr her.

„Du", gab sie zurück, ohne sich noch einmal umzudrehen. „Typen wie du sind mein Problem. Du nimmst dieser Frau die Würde, genau wie ihr Mörder."

Kurz darauf war sie verschwunden.

„Die hat's dir aber gegeben", sagte jemand.

„Arrogante … Kuh!", zischte Bartosch. „Die geht mir so was von auf die Nüsse!"

„Und wahrscheinlich liegt genau darin dein Problem", bemerkte Zander. „Dass sie deine Nüsse mit Sicherheit nicht interessieren. Wie wäre es jetzt wieder mit arbeiten?"

Bartosch streckte ihm den Mittelfinger entgegen, wandte sich ab und sagte von nun an gar nichts mehr.

Obwohl es draußen dunkel war, schaltete Julia das Licht im Hotelzimmer nicht ein. Sie hatte das sichere Gefühl, dass sich jemand mit ihr im Raum befand, wusste aber gleichzeitig, dass das nicht sein konnte. Sie war alleine.

Langsam bewegte sie sich in Richtung Fenster, blieb dort einen Moment stehen, sah hinaus, schob eine Hand in die Hosentasche und ergriff ein zerdrücktes Zigarettenpäckchen. Es war leer. Sie knüllte es zusammen und warf es auf den Tisch neben sich.

Dann wandte sie sich um, ging ins Badezimmer, und erst jetzt schaltete sie das Licht ein.

Sie zog sich aus und stellte sich unter die Dusche.

Als sie zehn Minuten später wieder aus der Duschkabine stieg, verschleierte Dunst den Badezimmerspiegel. Nur vage erkannte sie die Umrisse ihres nackten Körpers, ihres Gesichtes, der halblangen dunklen Haare, des langen Ponys, der ihr über das linke Auge fiel, es glich alles einem Schatten. Aber durch die Mitte der Scheibe zog sich ein klarer Streifen, so als hätte jemand mit der Hand darübergewischt. Die Tätowierungen, das Gitarrenriff von Judas Priest auf ihrem rechten Unterarm; auf der Innenseite des rechten Oberarms die geschwungenen, lateinischen Buchstaben: *Lebe das Leben wahr;* der Drache, der ihren gesamten Rücken einnahm, vom Genick bis zum Steißbein. Das alles gab es schon lange, die Narben auf der linken Seite ihres Oberkörpers hingegen nicht. Eine befand sich knapp unterhalb des Herzens, die andere etwas tiefer. Sie waren gut verheilt und trotzdem nicht zu übersehen, weil sie etwas erhaben waren. Es war Julia nicht möglich, die beiden Narben zu vergessen, weil sie fast immer schmerzten. Ein Phantomschmerz, natürlich. Narben schmerzten nicht, erst recht nicht nach acht Monaten. Trotzdem glaubte sie es zu fühlen, Tag für Tag.

Reglos stand sie weiter vor dem Spiegel, betrachtete ihr Ebenbild und versuchte gleichzeitig, sich darin zu finden. Ihr altes Ich. Vielleicht flammte da in ihren braunen Augen etwas auf, aber wenn, dann war es sofort wieder verschwunden. Sie hatte das Gefühl, ein ganz anderer Mensch zu sein, eine fremde Frau. Und genau genommen war es ja auch so. Immer neue Namen, immer neue Hotels, immer eine andere Person. Und doch stand sie hier.

Schließlich drehte Julia dem Spiegel den Rücken zu und trocknete sich ab.

Noch einmal – ein letztes Mal – versuchte sie nachzuspüren, ob sie irgendeine Form von Zweifel oder Unschlüssigkeit in sich spürte. Doch sosehr sie auch ihre Seele durchforstete, überall stieß sie auf den festen, unerschütterlichen Entschluss, und sie befand, dass es jetzt wirklich an der Zeit war. Sie hatte lange genug darüber nachgedacht.

Es geht nicht anders, dachte sie.

Sie zog sich frische Sachen an, verließ das Badezimmer, machte sich auf den Weg zu ihrem Rucksack und holte dort ein neues Päckchen Zigaretten heraus. Sie entfernte die Folie und zündete sich eine an. Dann setzte sie sich aufs Bett, rauchte langsam und in tiefen Zügen. Sie beobachtete den Rauch, wie er sich in Richtung Decke bewegte, um sich dort in durchsichtigen Dunst zu verwandeln.

Als sie zu Ende geraucht hatte, griff sie nach ihrem Handy und wählte die Nummer.

22:44 Uhr

Vor dem Café wehte ein kalter, rauer Wind über jede Menge Gerümpel hinweg, das auf der Straße lag, über eine Mülltonne, die beinahe überlief, und über schwarze Säcke voller Abfall. Nur wenige Menschen gingen an Julia vorbei, die Köpfe gesenkt. Sie selbst hatte sich die Kapuze ihres Sweatshirts über den Kopf gezogen und den Kragen ihrer Jacke nach oben gestellt. Als sie die Tür öffnete, ließ sie eine heftige Windböe leicht wanken.

Im Inneren des Cafés waren die Wände mit Kiefernpanelen vertäfelt, sodass man den Eindruck hatte, sich in einer großen Holzkiste zu befinden. Es hätte auch ein etwas größerer Sarg sein können. Die Einrichtung war heruntergekommen, mit wackligem Mobiliar und unglaublich staubigen Plastikblumen auf den Tischen. Mit nur vier Gästen war hier nichts los, was man nach einem kurzen Rundumblick auch sehr gut verstehen konnte.

An einem der Tische saß eine mittelgroße Frau mit einem grauen Pferdeschwanz. Sie blinzelte kurz, als Julia eintrat, und hob eine Hand. „Hier."

„Danke, dass Sie sich mit mir treffen", sagte Julia und setzte sich ihr gegenüber.

„Ich hatte gehofft, dass Sie sich noch einmal bei mir melden würden", gab Paula von Jäckle zurück. „Ich hatte große Angst um Sie und habe es noch. Deshalb hatte ich mich im letzten Sommer mit Ihrem alten Kollegen Zander in Verbindung gesetzt."

„Ich weiß. Er hat mir davon erzählt."

„Haben Sie ihm geglaubt?"

„Ich wollte es nicht, wollte es lange nicht wahrhaben." Julia machte eine kleine Handbewegung. „Was soll ich sagen? Sie sind ein Medium und ..."

„Immerhin nennen Sie mich jetzt nicht mehr Wahrsagerin." Paula lächelte dünn.

„Sie wissen, was ich davon halte."

„Allerdings. Das weiß ich."

„Andererseits hatten Sie bisher mit allem recht, was Sie sagten." Julia atmete tief durch. „Ich weiß inzwischen, dass mein Vater ermordet wurde und dass seine Mörder nun, über zwanzig Jahre später, hinter mir her sind. Aber egal, was ich auch tue, ich laufe gegen eine unsichtbare Mauer. Egal, wo ich grabe, ich stoße auf Beton. Also bitte, ich höre Ihnen zu. Erzählen Sie alles, was Sie mir sagen können."

Paula nickte. „Ich kann Ihnen sagen, dass Sie es mit einer Organisation zu tun haben." Sie brach ab und korrigierte sich schnell: „Nein, das ist nicht das richtige Wort dafür. Nennen wir sie ... eine Wesenheit."

Julia blinzelte. „Eine *was*?"

„Man könnte sie auch eine Geheimgesellschaft nennen. Eine Verbindung. Sie verkörpern nicht nur das Böse, sie sind es. Ich weiß nicht, woher sie kommen, aber ich weiß, dass es sie gibt. Und dass es mächtige Leute sind. Brutale Leute. Sie verfügen über gewaltige Macht, und sie töten ohne Skrupel."

„Reden wir hier von einer Art Mafia?"

„Nein. Das, worüber wir hier reden, ist etwas ganz anderes. Diese Menschen haben Geld und Macht, ja, aber das ist für sie nur Mittel zum Zweck, um ein anderes, ein größeres Ziel verfolgen zu können."

„Welches?"

Paula legte die Hände wie zum Gebet vor den Mund. „Ich hatte Ihnen im April, in Wittenrode, bereits gesagt, dass es zwei Mächte auf dieser Erde gibt, die einen ewigen Kampf gegeneinander führen: Gut und Böse."

„Ich erinnere mich."

„Betrachten wir es als eine langwierige Partie Schach", redete Paula weiter. „Das Schachbrett ist die Welt. Das Ziel ist der endgültige Sieg über die andere Seite."

„Und weiter?", sagte Julia. „Was habe ich damit zu tun?"

„Jeder von uns entscheidet sich irgendwann für eine der beiden Seiten. Für das Gute oder für das Böse."

„Ja, das habe ich schon verstanden, aber ..."

„Wie ich gerade sagte, diese Menschen sind das Böse. Sie aufzuhalten ist schwieriger, als ein U-Boot zu bremsen." Paula ließ

Julias Blick nicht los. „Sie, Frau Wagner, sind die Einzige, die sie aufhalten kann. Sie sind das Gegengift."

Julia saß einen Moment vollkommen still, dann lachte sie auf, sie konnte nicht anders. „Ja klar. Wer sonst, wenn nicht ich?"

Paula sah sich im Café um, als hätte sie Angst, jemand könnte ihnen zuhören. „Ich ahnte das von Anfang an, und ich habe es Ihnen damals in Wittenrode auch gesagt", wandte sie sich dann wieder an Julia. „Ich habe bereits in der ersten Sekunde Schatten um Sie herum gesehen. Schatten der Finsternis. Sie sind davon umhüllt wie ein Mantel. Das ist der Grund, warum Sie hier sind. Und das ist der Grund, warum diese Menschen Sie ausschalten wollen."

Julia öffnete den Mund, schloss ihn wieder. Setzte dann noch einmal an: „Sie wollen mir ernsthaft erzählen, ich sei dazu auserwählt, gegen das Böse anzutreten?"

„Ja."

„Sie verstehen, dass ich spätestens jetzt wieder aufstehen und gehen würde, wenn Sie nicht meine letzte Hoffnung wären."

„Ja, das verstehe ich. Trotzdem ist und bleibt es die Wahrheit."

Hilflos hob Julia die Hände in die Höhe. „Warum ausgerechnet ich? Warum nicht jemand anders?"

„Ich denke, Sie kennen die Antwort darauf", sagte Paula.

„Nein. Ich kenne die Antwort darauf nicht."

„Dann müssen Sie sie bekommen. Aber nicht hier."

„Wo dann?"

„Sie müssen noch einmal zurück nach Wittenrode. In die alte Kapelle."

„Auf gar keinen Fall. Das können Sie vergessen."

„Sie haben keine Wahl, Frau Wagner." Paulas Blick war ernst. „Ich will Ihnen nicht mehr Angst machen als nötig, aber ich glaube, nicht nur Sie sind in Gefahr. Es geht auch um Ihre Freundin."

„Eva?"

Lesen Sie auch von Tanja Noy:

„Der Teufel ist auf dem Weg zu Ihnen, Frau Wagner."

Tanja Noy
Teufelsmord

Über 20 Jahre sind vergangen seit drei grausame Morde in Julia Wagners niedersächsischer Heimat als „Teufelsmorde" Schlagzeilen machten. Doch jetzt taucht eine nach gleichem Muster zugerichtete Leiche auf. Eine Jugendfreundin Julias gesteht die Tat, bevor sie sich das Leben nimmt. Von der Unschuld ihrer Freundin überzeugt, beginnt Julia eigene Nachforschungen in einer verschworenen Dorfgemeinschaft, derer sie nie ein Teil war und die alle und alles von „draußen" als Bedrohung betrachtet. Während ihrer lebensgefährlichen Suche nach Antworten macht sie sich mächtige Feinde und erfährt dabei unfassbare Dinge über ihre eigene Vergangenheit.

Band-Nr. 25758
9,99 € (D)
ISBN: 978-3-95649-029-3
eBook: 978-3-95649-330-0
384 Seiten

Ein schlechter Scherz – oder tödliche Gefahr?
Die Galeristin Andrea Wahrig erhält eine anonyme
Morddrohung, als sie die spektakulären Bilder eines
jungen Berliner Künstlers ausstellen will …

Deutsche Originalausgabe

Cordula Hamann
Glasgesichter

Gesichter, farbenfroh gemalt auf Glas, im Todeskampf verzerrt – die spektakuläre Bilderserie des jungen Künstlers Maximilian Ross soll der Galerie von Andrea Wahrig den Durchbruch bringen. Da erhält sie einen anonymen Brief: „Sagen Sie die Ausstellung ab oder jemand, den Sie lieben, wird sterben." Andrea glaubt zunächst an einen schlechten Scherz. Bis ihre Mutter verschwindet. Und urplötzlich weigert sich auch Maximilian, seine Bilder auszustellen. War die Drohung etwa von ihm? Hat er etwas mit dem Verschwinden von Andreas Mutter zu tun? Fieberhaft beginnt Andrea nachzuforschen. Während sie dem grausamen Geheimnis des Künstlers immer näher kommt, liegen Pinsel und Farben schon bereit, für das nächste gläserne Totenbild …

Band-Nr. 25787
9,99 € (D)
ISBN: 978-3-95649-072-9
eBook: 978-3-95649-367-6
352 Seiten

Der 2. Fall für die Zuckers!

Deutsche Originalausgabe

Band-Nr. 25730
8,99 € (D)
ISBN: 978-3-86278-870-5
368 Seiten

Laura Wulff
Nr. 13

„Er trug die Kutte eines Mönchs …", so beschreibt die verwirrte alte Frau den Mörder, den sie in der gegenüberliegenden Wohneinrichtung für rehabilitierte Sexualstraftäter beobachtet haben will. Einzig mit dieser Aussage kann der Kölner Kriminalkommissar Daniel Zucker – nach einem Unfall, der ihn an den Rollstuhl fesselte, wieder frisch im Dienst – jedoch nicht anfangen zu ermitteln, ohne einen Eklat zu verursachen. Als Zeichnerin zu dem Fall hinzugezogen, stößt seine Frau Marie auf Hinweise, die ihren Chef in Verbindung mit den Straftätern bringen. Währenddessen beschließt Maries Cousin Ben, um Daniel zu helfen und seine eigenen Dämonen zu besiegen, das Vertrauen der Bewohner zu gewinnen. Wird es ihm gelingen, etwas über den Mord zu erfahren, ohne sich selbst in Lebensgefahr zu bringen?